La révolution tranquille au Manitoba français

Raymond-M. Hébert

La révolution tranquille au Manitoba français

Essai

Les Éditions du Blé
Saint-Boniface (Manitoba)

Nous remercions le Conseil des Arts du Canada et le Conseil des arts du Manitoba de l'aide accordée à notre programme de publication.

Maquette de couverture : Eric Ouimet
Photo de la 4e de couverture : Raymond Hébert en 1968 (Archives de l'auteur)
Mise en pages : Lucien Chaput

Les Éditions du Blé
340, boulevard Provencher
Saint-Boniface (Manitoba) R2H 0G7
http://ble.avoslivres.ca

Distribution en librairie :
Diffusion Prologue inc., Boisbriand (Québec)

Catalogage avant publication de Bibliothèque et Archives Canada

Hébert, Raymond, 1944-
La révolution tranquille au Manitoba français : essai / Raymond-M. Hébert.

Comprend des réf. bibliogr. et un index.
Publ. aussi en formats électroniques.

ISBN 978-2-923673-56-1

1. Canadiens français–Manitoba–Conditions sociales–Histoire.
2. Manitoba–Histoire–1945-. I. Titre.

FC3400.5.H43 2012 305.811'407127 C2012-905549-2

À la mémoire de mes deux grands amis,
toujours présents dans mon esprit.
Hubert Préfontaine (1935-1973)
Rossel Vien (1929-1992)

et

À mes amis et collaborateurs
du Courrier de Saint-Boniface *(1964-1968) :*
Bruno Lagacé, Jean-Guy Vaillancourt,
Bernard Mulaire, Roger Boulet, Roger Turenne,
Noëlie Palud-Pelletier et Claire Audet.

Remerciements

Je n'aurais pas pu écrire ce livre dans sa forme actuelle sans l'aide et le soutien de nombreuses personnes. Tout d'abord, j'aimerais remercier Bruno Lagacé, ami et collaborateur depuis les années 1960, qui m'a talonné pendant de nombreux mois, pour ne pas dire des années pour que je commence la rédaction de La révolution tranquille au Manitoba français, ce que j'ai finalement fait en 2011.

Pour ce faire, j'ai passé de longues heures agréables au Centre du Patrimoine de la Société historique de Saint-Boniface où j'ai effectué une bonne partie de ma recherche. L'archiviste, Julie Reid, m'a fourni d'innombrables services ponctuels au fur et à mesure que ma recherche avançait. Le directeur, Gilles Lesage, et l'adjointe Monique Gravel m'ont également aidé à maintes reprises. À l'Université de Saint-Boniface, le bibliothécaire Daniel Beaulieu m'a fourni une aide précieuse avec tout le professionnalisme que je lui connais depuis longtemps, tout comme l'a fait d'ailleurs Carole Pelchat, archiviste de l'Université.

J'aimerais remercier tout particulièrement le chancelier de l'archidiocèse de Saint-Boniface, l'abbé Léonce Aubin qui, avec la gentillesse et l'humanisme qui l'animent depuis toujours, m'a donné un accès inconditionnel au fonds d'archives de Mgr Maurice Baudoux, ce qui a enrichi considérablement mon livre, même si ce ne fut peut-être pas dans les directions qu'il aurait souhaitées.

Plusieurs des acteurs de l'époque et amis depuis toujours m'ont envoyé leurs témoignages ou leurs souvenirs des événements des années 1960, notamment Roger Boulet, Paul-Émile Leblanc et Bernard Mulaire, que je remercie sincèrement.

Merci aussi à Jean-Guy Vaillancourt, un autre ami et collaborateur avec qui j'ai discuté des événements de cette époque au cours de ma recherche et qui a gracieusement accepté d'écrire la préface de cet essai.

Patricia Turenne et Roger Turenne m'ont aidé à plusieurs reprises en répondant à mes questions ponctuelles ; de plus, Patricia s'est occupée de vérifier les renseignements biographiques des personnalités mentionnées en annexe.

Roger Legal, Anita Poiron, Rhéal Teffaine, Origène Fillion et Raynald Labossière m'ont aidé à clarifier certains éléments précis de mon livre. Je dois aussi des remerciements très spéciaux à Origène Fillion qui m'a embauché à deux reprises au Collège universitaire de Saint-Boniface, ce qui a éventuellement contribué à la rédaction du livre.

J'aimerais également remercier les Archives du Manitoba et le Service d'archives et des collections spéciales de l'Université du Manitoba.

Enfin, je suis très reconnaissant à Roger Léveillé des Éditions du Blé, qui a exprimé un vif intérêt à l'endroit de mon projet dès le départ et qui a ensuite pris un intérêt personnel dans la réalisation de chacune de ses étapes. Avec sa trentaine d'œuvres publiées et ses nombreuses années d'expérience dans le monde de l'édition, je n'aurais pas pu avoir un meilleur guide.

Je demeure toutefois entièrement responsable du contenu du livre, des faits qui y sont cités, ainsi que de leur interprétation. On pourrait sûrement en ajouter bien d'autres, mais j'espère que ce livre constituera un bon point de départ pour l'analyse de l'histoire contemporaine du Manitoba français.

Raymond-M. Hébert

Préface

Le 5 juillet 1960, le premier ministre Jean Lesage, entouré d'une « équipe du tonnerre », inaugurait une période de transformation en profondeur des structures institutionnelles et gouvernementales du Québec. On en vint à appeler cette période la Révolution tranquille. Elle fut marquée par la laïcisation d'établissements dirigés jusqu'alors par le clergé, notamment les écoles, les collèges et les hôpitaux, par une affirmation généralisée de la liberté d'expression dans tous les domaines et par une éclosion sans précédent des arts et de la littérature au Québec.

La Révolution tranquille eut un écho chez les minorités francophones, un écho qui fut particulièrement prononcé au Manitoba français.

Le politologue Raymond Hébert est éminemment bien placé pour écrire l'histoire, qui est en partie autobiographique dans son cas, de la révolution tranquille qui s'est opérée chez les Franco-Manitobains à partir des années 1960, car il a été à la fois un observateur circonspect de la vie politique, sociale et culturelle canadienne pendant cette période, en plus d'être un des principaux acteurs de la transformation des institutions du Manitoba français à compter des années 60.

J'ai connu Raymond Hébert dès mon arrivée au Manitoba pour y enseigner la sociologie au Collège de Saint-Boniface et à l'Université du Manitoba durant l'année académique 1964-1965. Il avait terminé son cours classique et obtenu son baccalauréat l'année précédente et venait de fonder un journal local bilingue, *Le Courrier*, dont il était le rédacteur. C'est en partie grâce à son aide et son appui que j'ai rédigé un article dans le journal *La Liberté et le Patriote* sur l'idéologie des Franco-Manitobains, article qui conserve encore aujourd'hui un certain intérêt et dans lequel je faisais un tour d'horizon des courants de pensée dominants et émergents dans ce milieu durant les années 60.

Lors de mon arrivée à l'Université de Californie à Berkeley l'année suivante, en septembre 1965, mon but était d'y faire mon doctorat sur les Franco-Manitobains, à partir d'un sondage conçu et amorcé par André Marsan qui m'avait précédé comme professeur de sociologie à Saint-Boniface, et à partir aussi de mon expérience d'un an à Saint-Boniface et des travaux que mes étudiants avaient rédigés sur les groupes locaux dans mes cours de sociologie. J'ai rédigé au début des années 70 avec Raymond Hébert un autre texte, un chapitre du livre *Minority Canadians* (vol. 2)[1] sur la minorité manitobaine de langue française, chapitre qui reprenait certaines des hypothèses de mon article du journal *La Liberté et le Patriote* et qui s'inspirait grandement des idées de Raymond et de son expérience à lui, car il venait alors de compléter sa maîtrise en sciences politiques à l'Université du Manitoba. J'ai changé d'idée quant au choix du sujet de ma thèse pour choisir plutôt le sujet du pouvoir idéologique de la papauté récente,[2] que je connaissais mieux que les groupes du Manitoba français, ayant fait trois années de sociologie à Rome de 1961 à 1964. En somme, le véritable expert sur le Manitoba à cette époque, il n'y a pas de doute, c'est Raymond Hébert et non pas moi.

---

[1] Raymond Hébert et Jean-Guy Vaillancourt, « French Canadians in Manitoba : Elites and Ideologies », dans Jean Elliot (ed.) *Minority Canadians, 2, Immigrant Groups*, Scarborough, Prentice Hall, 1971, p. 175-190.

[2] Jean-Guy Vaillancourt, *Papal Power. A Study of Vatican Control Over Lay Catholic Elites*, Berkeley, University of California Press, 1980, 362 p.

La période décrite dans cette œuvre conserve un intérêt particulier pour le sociologue que je suis, pour plusieurs raisons. D'abord, étant moi-même d'origine franco-ontarienne, cette province me fascinait, car au Manitoba, tout comme au Québec, le rôle des intellectuels laïcs progressistes (comme Raymond Hébert, Bruno Lagacé, Gilles de Lalonde, Rossel Vien et bien d'autres) et les actions qu'ils ont menées et auxquelles j'avais participé un tant soit peu durant le bref séjour que j'y ai fait, ont été très importantes, même si les conclusions auxquelles nous sommes arrivées dans notre chapitre sur les *Minority Canadians* étaient passablement pessimistes. Nous croyions en effet que le processus avait été subverti au dernier moment, à la fin du Rallye du Manitoba français, par l'élite traditionnelle. L'auteur en arrive à une conclusion très différente ici, à la lumière du déroulement des évènements qui s'ensuivirent durant une quarantaine d'années. En effet, les institutions modernisantes créées dans les années 60 et 70 ont survécu, contrairement à ce que nous anticipions alors.

Ma brève et modeste collaboration à l'étude des Franco-Manitobains a quand même pu être utile à la nouvelle génération franco-manitobaine. Ayant fait moi aussi mon cours classique chez les Jésuites mais à Sudbury en Ontario, au Collège du Sacré-Coeur et à l'Université de Sudbury, la situation des minorités francophones canadiennes à l'ouest du Québec m'a toujours intéressé et même fasciné pour des raisons à la fois personnelles et intellectuelles. Je suis donc heureux que Raymond Hébert ait décidé d'écrire cet ouvrage important, car nul mieux que lui ne pouvait le faire, après toutes ces années de professorat et de militantisme au Manitoba. Pour moi, ce livre constitue une merveilleuse lecture, qui me rappelle d'excellents souvenirs, et je suis certain qu'un grand nombre de lecteurs qui s'intéressent à la complexité de la situation des minorités françaises au Canada le trouveront aussi captivant et très instructif. Et pour nous Québécois, cela nous rappellera tout le chemin que nous avons fait depuis 40 ans, ainsi que ses racines dans la laïcisation et la liberté d'expression.

Avec le recul du temps, on peut constater que le changement de cap institutionnel au Manitoba, tout comme au Québec, a été profond et irréversible. Les nouvelles institutions nées durant les années 60 continuent d'évoluer, tant au Québec qu'au Manitoba. J'espère donc que ce livre trouvera un large auditoire, non seulement au Manitoba mais aussi dans toute la francophonie canadienne et internationale, et surtout au Québec où nous sommes portés hélas à négliger l'importance et le dynamisme des minorités francophones de l'Ouest canadien. J'espère aussi qu'il contribuera à éclairer les jeunes générations de francophones québécois et canadiens sur un passé qui n'a pas toujours été facile mais qui demeure important pour la suite de l'histoire de la survie du fait français au Canada.

Jean-Guy Vaillancourt
Professeur honoraire et associé
Département de sociologie
Université de Montréal

Mode d'emploi

J'ai eu beaucoup de plaisir à écrire ce livre, ce qui veut dire que j'ai pris des libertés en le rédigeant.

Il est partiellement autobiographique mais pas complètement, en ce sens que bien d'autres personnages que moi y figurent et que leurs voix y reviennent aussi souvent que la mienne. Il est partiellement universitaire mais pas complètement car je donne toutes mes sources et que ces sources (photocopies, etc.), à l'exception des sources disponibles en bibliothèque, sont intégralement accessibles pour consultation dans mon fonds d'archives au Centre du Patrimoine, à Saint-Boniface. Par contre, je limite les références au strict minimum pour ne pas alourdir le texte. Je cite bien des gens, parfois longuement, plus longuement que dans une œuvre strictement universitaire ou même journalistique. Il y a une motivation précise derrière cette irrégularité : c'est de redonner la voix à ces gens, Franco-Manitobains, souvent décédés ou oubliés depuis longtemps, et qui ont participé aux débats de l'époque. Souvent aussi, ils ne partagent pas mon point de vue, ce qui deviendra amplement évident à la lecture du texte. J'ai fait ce choix par souci d'équilibre analytique, mais aussi parce que c'est une forme d'excavation archéologique dans laquelle je me suis énormément plu. Souvent, les longues citations sont des versions écourtées de l'original. Dans ce cas, j'ai omis les points de suspension et j'en ai fait des textes qui semblent intégraux mais qui ne sont en réalité que partiels, quoique fidèles presque mot pour mot à l'original ; c'est à des fins de fluidité et de continuité mais c'est aussi une technique journalistique utilisée de plus en plus de nos jours, surtout pour de longues entrevues. Dans les textes d'archives, journalistiques ou autres, j'ai pris la liberté de corriger les coquilles plutôt que d'asperger mon texte de « sics » partout, comme des pissenlits.

J'ai toutefois tenté d'être le plus rigoureux possible dans mon récit des faits. Mes erreurs idéologiques et autres, et mes biais, je les assume pleinement. Et enfin j'aimerais m'excuser auprès de tous les gens que j'ai pu offenser durant cette époque des années 1960, soit par inadvertance ou délibérément. Je croyais qu'il fallait dire certaines vérités à l'époque et je le faisais avec la fougue de la jeunesse, sans trop me soucier des blessés. Certains m'attaquaient, ou attaquaient le *Courrier*, à chaque tournant. Leurs paroles aussi survivent, et j'en ai préservé un grand nombre, surtout les plus caustiques. C'était de bonne guerre !

R.-M. H.

Tableau des sigles

ACFM	Association des Canadiens français du Manitoba
ACPU	Association canadienne des professeurs d'université
ACU	Assemblée du cours universitaire
AÉCFM	Association d'éducation des Canadiens-français du Manitoba
AQM	Association Québec-Manitoba
BEF	Bureau de l'éducation française
CCFM	Centre culurel franco-manitobain
CUSB	Collège universitaire de Saint-Boniface
DSFM	Division scolaire franco-manitobaine
JFM	Jeunes Franco-Manitobains
MAEE	Manitoba Association for Equality in Education
OJC	Ordre de Jacques Cartier
SFM	Société franco-manitobaine
SHSB	Société historique de Saint-Boniface
USB	Université de Saint-Boniface

CHAPITRE 1

LA FORMATION D'UN JEUNE CONTESTATAIRE

Malcommodes

MALCOMMODES CES NORMANDS, dont fut sans doute mon premier ancêtre québécois Hébert, Augustin, un des moins illustres des dévots rassemblés par de Maisonneuve alors qu'il fonda Montréal en 1642. Augustin Hébert fut tué à l'extérieur des murs du fort par des Iroquois vers 1653 – malheureusement pour lui mais surtout pour sa progéniture, car de Maisonneuve décida d'attribuer son terrain au nouvel époux de la survivante. Et c'est ainsi que notre famille perdit à tout jamais la rue Saint-Paul... ou peut-être était-ce le musée de la Pointe-à-Callière ? Au fil des générations, un certain nombre d'entre eux s'installèrent vers Sorel, ville de malcommodes s'il en est une au Québec. On sait de façon certaine que bien des Hébert participèrent au mouvement des Patriotes en 1837-1838, dont certains sans doute comptent parmi mes cousins lointains. D'autres malcommodes. Ensuite il y eut mon cousin lointain Wilfrid Laurier, qui fit jurer anglophones comme francophones. Encore un malcommode, quoique peut-être un peu plus poli que les autres.

En France, un cousin lointain paraît-il, Jacques René Hébert, né en 1757, avait été impliqué profondément dans la Révolution française par le biais de son journal ultra-radical *Le Père Duchesne* ; ses efforts le menèrent à la guillotine de Robespierre le 24 mars 1794. La foule acclama ; un malcommode de moins.

C'est de la souche de Sorel (Saint-Pie-de-Guire, plus précisément) que provient mon arrière grand-père Joseph Hébert, à qui on attacha le sobriquet de Cou-croche, autant en raison d'une difformité physique qu'à cause de son métier d'usurier. Il quitta le Québec pour faire fortune aux États-Unis, et ses périples le menèrent éventuellement jusqu'au petit village de La Broquerie, au Manitoba, vers 1880. Sa candidature à la mairie du village ayant été contestée par un adversaire, Joseph rétorqua par son avocat que la contestation était invalide, ayant été rédigée en français et en anglais, alors que la nouvelle loi de 1890 instaurait l'anglais comme unique langue officielle dans la province. Malcommode. Durant les années 1890, il s'établit à Saint-Boniface, où il fonda la Pointe à Hébert et amassa une des plus grosses fortunes de Winnipeg. Plus tard, vers 1916, il eut des démêlés avec l'Archevêque de Saint-Boniface autour d'une question de terrain et cessa de pratiquer sa religion. Il fut enterré en-dehors du terrain consacré à l'époque. Malcommode, et sans regrets en plus. (Son fils Théobald offrit un autre terrain à l'archevêché vers 1935, offre qui fut refusée.)

Mon grand-père Théobald acquit une certaine notoriété comme conseiller municipal de Saint-Boniface… et mon père Georges, bien qu'il ait évité les controverses publiques et qu'il ait été bon pratiquant, était doué d'un sens de l'humour frisant l'ironie et le sarcasme qui s'est transmis jusqu'à un certain point à tous ses enfants. Il n'était pas « fort sur le français », comme on dit, surtout dans les institutions publiques comme la Ville de Winnipeg, où il travaillait comme recherchiste, même s'il parlait la langue et l'écrivait parfaitement.

Je fis mon apparition sur scène en 1944, mais c'est vraiment en 1955 que débute mon récit, alors que j'étais en 7e année. Cette année-là, une décision majeure s'imposait, décision qui allait être déterminante pour mon avenir. Il s'agissait de choisir si je continuerais mes études à l'école Provencher, dirigée alors par les frères marianistes, un ordre américain, ou si je m'orienterais vers le Collège de Saint-

Boniface qui offrait le cours classique des Jésuites. Durant l'été de 1956, mon père et ma mère me convoquèrent à une réunion au sommet. On me dit que la décision m'appartenait, mais je sentis très vite des raz de marée contradictoires. Mon père, diplômé de l'école Provencher et grand adepte des marianistes, préférait que je reste à Provencher pour terminer ma 12e année (ce qu'il avait fait) et ensuite peut-être aller jusqu'à l'Université du Manitoba. Ma mère, au contraire, fille de l'illustre famille saintbonifacienne des Couture, dont la matriarche, Eugénie, s'était assurée que tous ses fils passeraient par le Collège, et ayant atteint cet objectif, ne voulait rien de moins pour son premier fils. Conflit épique de valeurs. D'un côté, une formation progressivement anglaise dans le système scolaire public, aboutissant avec un peu de chance à la grande université anglophone et la perte progressive du français ; de l'autre, une formation classique chez les Jésuites, pendant huit ans, et axée surtout sur le latin, la philosophie, le français et d'autres matières jugées inutiles par mon père. Et tout ça en français, en plus ! Quelles seraient alors mes chances de succès sur le marché du travail, me demandait-il ?

Je m'en foutais. Tout ce que je savais, c'est que je détestais l'école Provencher, je détestais la plupart des élèves, mes camarades (c'était une école pour garçons seulement à l'époque), à une ou deux exceptions près. Et en plus, je n'aimais pas beaucoup les enseignants. J'avoue que je ne savais pas grand-chose au sujet du collège, mais rien ne pouvait être pire que l'école Provencher à mes yeux.

Alors me voilà, en septembre 1956, en Éléments latins A (équivalent de la 8e année) au Collège de Saint-Boniface. Et du coup, ma vie quotidienne fut transformée de fond en comble. Pour quiconque n'a pas vécu (ou subi !) l'expérience, soit comme pensionnaire ou comme externe, cette transformation est difficile à imaginer. Comme externe, j'avais la vie facile : ma journée commençait à 8 h 15 pour la première période d'étude et se poursuivait jusque 21 h 45, alors que se terminait la dernière étude. Entretemps, il y avait des cours, des récréations et ainsi de suite. On me permettait de rentrer chez moi une heure pour le dîner et une heure pour le souper, vu que je demeurais à deux pas du collège. Le samedi et le dimanche étaient surtout des journées d'études et de récréation, mais il fallait y être quand même, sous peine de punition. Donc, un régime de sept jours sur sept, sans répit (sauf les deux mois de vacances d'été) et ce pendant huit ans ! Petit détail, non sans importance dans notre récit : les samedis soir, les Jésuites nous présentaient souvent des films, dans des versions 16mm toutes abîmées, ce qui nous faisait croire, à nous petits citadins « sophistiqués », que nous regardions des films de l'ancien temps. Or, nous avons appris plus tard (à l'exception des élèves plus avertis comme mon camarade collégien Roger Turenne qui était déjà mordu du cinéma à l'époque) qu'on nous présentait des films d'avant-garde de l'époque et même ceux de la Nouvelle Vague française, les films de Truffaut, Fellini, Bergman, etc. Depuis l'arrivée des DVD, je passe mon temps en partie à me procurer et à visionner ces classiques.

Ce que j'ai appris au Collège

« La culture, c'est ce qui reste quand on a tout oublié », écrivait Édouard Herriot et nous rappelaient les Jésuites. Alors voici ce qui m'était resté, à l'arrivée de mes vingt ans :

Un esprit critique, une appréciation embryonnaire de l'art sous toutes ses formes, mais surtout, dans l'ordre, la musique, le cinéma et la littérature. En philosophie, une certaine approche logique et empirique, malgré les longues heures de philosophie scolastique dont on nous emplissait la tête. Côté contenu, un penchant pour l'existentialisme… même si ce n'était sûrement pas l'intention de saint Ignace ! Philosophie de rébellion à l'époque. Côté mathématiques et sciences : nul.

Pour Bernard Mulaire, c'est au Collège que nous avons appris que nous étions des hommes libres. Paradoxe s'il en est, pour un ordre reconnu pour sa rigidité pendant plusieurs siècles… mais voici comment il voit cet apprentissage :

> Tu dis que nous avions le courage d'utiliser notre liberté. C'est que nous « proclamions » notre liberté. Et notre capacité à le faire, selon moi, nous la devions au Collège. C'est le Collège qui nous avait préparés à utiliser notre liberté. Ce cours classique aux mains des jésuites a été la source de notre liberté d'expression, de notre capacité à l'utiliser. Depuis les Éléments latins jusqu'en Philo II, on a rédigé des travaux, on a collaboré à des journaux de classe, à *Frontières*, on a déclamé, pris la parole devant la classe lors d'élections d'étudiants, on a participé à des joutes oratoires, des pièces de théâtre, siégé à des conseils étudiants, etc. De plus, ne nous avait-on pas répété sans cesse que nous allions devenir les « leaders de demain », les « chefs de file de la communauté ». En sortant du Collège, nous étions persuadés d'avoir quelque chose à dire (communication personnelle, 5 déc. 2003).

Mais il y avait encore autre chose. Il y avait des scissions profondes parmi les Jésuites eux-mêmes à l'époque, dont la ligne de faille était en partie générationnelle. En effet, les jeunes jésuites, les Marc Pelletier, Edgar Dupont, Pierre Fortier et Robert Trempe, pour ne nommer que ceux-là, étaient en général beaucoup plus près de nous en âge que les autres. Robert Trempe, qui a quitté les Jésuites après son séjour à Saint-Boniface, en conserve les souvenirs suivants :

> Le climat du collège n'était pas toujours facilitant. Les jeunes jésuites, venus de l'Est, avaient plus de difficultés à se mettre dans une atmosphère de guérilla constante pour LA LANGUE, comme de valeureux et plus vieux Pères l'avaient vécue. L'internat créait aussi des conditions assez éprouvantes, pensions-nous, pour des grands *jacks* de 18 ans ! Une rivalité larvée entre le Petit Séminaire et le Collège,[1] entretenue par l'attitude de l'Archevêque et patriarche des lieux, n'aidait pas les choses. Et surtout la difficulté de

[1] Nous y reviendrons au Chapitre 6.

Lucien Paquin, professeur d'anglais progressiste au Collège de Saint-Boniface durant les années 1960. Il fut congédié par les jésuites quelques années plus tard, pour des motifs obscurs. (Photo : Roger Turenne)

percer ce milieu parfois tellement conservateur et clérical, je me souviens de mon combat pour enseigner Camus… en 1965 ! (communication personnelle, 16 mai 2012)

Mais la ligne générationnelle n'était pas absolue. Certains, comme André Surprenant, par exemple, ou encore le laïc Lucien Paquin, nous ont aussi marqués profondément par leur originalité et leur esprit critique par rapport à la société. Certains des « plus vieux » (je pense au père Martial Caron, par exemple, ou encore au père Lucien Hardy), avaient joué ce même rôle auprès de la génération précédente, mais ils n'étaient plus à l'avant-garde au moment où notre cohorte passait à travers l'entonnoir. Malgré tout, les autres (Marcel Dagenais, par exemple) nous impressionnaient par leur érudition et leur rigueur intellectuelle.

Roger Boulet voit les choses sous un angle un peu différent :

Le développement d'un esprit critique chez nous, jeunes collégiens, est fondamental. C'est vraiment cet esprit qui explique

> beaucoup de choses, y inclus le conflit entre les Jésuites et Mgr Baudoux, par exemple. Et c'est ce qui est au fond de l'esprit de ce temps là, de questionner... on dirait aujourd'hui en anglais « deconstruct ». Je crois que l'enseignement des jeunes jésuites avait déjà cet embryon de critique à l'égard de l'époque des lumières. Il m'a fallu des années pour m'en rendre compte.

Il souligne aussi le fait que certains parmi nous avaient subi une autre influence majeure, à savoir celle des Missionnaires Oblats, qui entretenaient le Juniorat de la Sainte-Famille à Saint-Boniface. Roger Boulet se souvient :

> J'y ai passé deux ou trois ans et j'en ai toujours très bon souvenir. C'était aussi une sorte de petit séminaire, bien que les bons Oblats ne forçaient pas trop l'affaire. L'éducation était un hybride entre l'éducation dans les écoles publiques et la formation classique. À partir de la Versification [11e année], les junioristes prenaient leurs classes au Collège d'ailleurs. C'est là qu'a eu lieu ma découverte de la musique classique (communication personnelle, 27 mars 2012).

Et puis, il y eut Pierre Coulombe, un jeune laïc québécois, sociologue, qui durant un seul cours d'été en 1963 a eu plus d'effet sur moi qu'à peu près tous les autres. D'abord il m'a fait découvrir la sociologie en tant que discipline subversive et dangereuse, porteuse d'approches théoriques comme l'analyse des élites, ou encore de méthodes d'analyses qui nous rapprochaient de la population, comme l'analyse participative, qui dit qu'on peut analyser un phénomène social tout en y participant activement. Grâce à lui j'ai découvert un auteur américain, Horace Miner, qui avait publié un livre en 1939 sur la paroisse de Saint-Denis-de-Kamouraska, au Québec. Miner, un Américain de Chicago, s'était immersé complètement dans cette paroisse pendant une année, en 1936-1937, pour en ressortir deux ans plus tard avec une analyse méticuleuse d'une société paroissiale, de ses structures, ses rituels, ses institutions et surtout, ses lieux de pouvoir. Une lumière s'alluma chez moi et brilla tellement fort qu'elle m'aveugla : Miner avait décrit ma paroisse ! Beaucoup plus tard, des auteurs comme Raymond Huel ont décrit comment le modèle de la paroisse québécoise avait été transposé au Manitoba au XIXe siècle par Mgr Taché, où il était demeuré intact jusque dans les années 1960. Il va sans dire que je n'ai jamais pu revoir le modèle paroissial manitobain de la même façon… une fois allumée, on ne peut plus éteindre une bougie intellectuelle.

On pourrait croire, par ces témoignages, que la vie au Collège était presque idyllique. Or, comme on peut s'en douter, c'était loin d'être le cas. Outre les longues heures (24 heures sur 24, pour les pensionnaires, pendant des mois à la fois, loin de leurs familles), il y avait la discipline qui, si elle était pratiquée de la sorte aujourd'hui, mènerait sans doute à des poursuites judiciaires. Voici comment l'auteur Paul Savoie a vécu quelques-uns de ces moments :

La strappe

avant-hier j'ai été pris en flagrant délit depuis un certain temps un copain et moi nous absentons de la messe du matin la messe est obligatoire mais je m'en fiche le préfet a constaté que les absences à la chapelle se multipliaient pour régler le problème il a décidé de prendre les présences lorsqu'il m'a demandé de lui rendre visite à son bureau et qu'il a exigé de moi des explications je n'avais rien à dire il m'a dit que c'était inutile de faire le brave parce que mon copain avait déjà tout avoué cette rencontre à l'amiable n'était que pour la forme simplement pour régler les comptes il a dit c'est une question de justice je suis un être foncièrement démocratique tu seras puni parce que tu le mérites tu es coupable point final tu n'as qu'à te rendre à l'évidence je baisse la tête il sourit c'est bien dit-il j'aime que les choses soient ordonnées tu seras puni de façon très méthodique je déteste les dégâts il me lance son sourire moqueur me dévisage il dit viens puis il étale sur son bureau plusieurs courroies qu'il retire lentement l'une après l'autre d'un tiroir il amplifie chacun de ses gestes

> ce qui donne à cette séance un aspect théâtral il me demande d'examiner les courroies de choisir moi-même l'instrument de supplice j'hésite il s'impatiente je cherche alors la courroie la plus longue la plus molle je la soulève la présente au préfet ensuite j'étends la main gauche il m'assène plusieurs petits coups rapides secs ça fait terriblement mal mais je ne bronche pas je suis aussi orgueilleux que mon père je regarde par la fenêtre je ne bronche pas le préfet trouve que j'ai du cran et il m'en félicite soudainement il me dit c'est fini déguerpis je quitte son bureau en traînant le pas je me sens profondément humilié j'aurais voulu me retourner crier des bêtises lui cracher au visage évidemment je n'ai rien fait en sortant j'ai fermé doucement la porte derrière moi (Savoie, 1999, p. 60-61)

Du côté des activités parascolaires, le hockey n'étant pas mon fort, ni le théâtre, j'ai gravité assez tôt vers les journaux étudiants. Si je m'en souviens bien, ma première contribution a été publiée lorsque j'étais en Syntaxe (9e année), alors que j'avais 13 ou 14 ans. J'en étais très fier, surtout de voir mon nom imprimé avec ceux des plus vieux que j'admirais tellement, et après ce jour-là, je devins un collaborateur régulier aux feuilles de chou du Collège, jusqu'à la fondation de *Frontières* en 1960, alors que débuta un tout nouveau chapitre dans ma formation journalistique au Collège.

Autres leçons du Collège

L'apprentissage au Collège se faisait de maintes façons, que ce soit par des pièces de théâtre montées par des classes entières, des soirées de variétés où mon camarade de collège Michel Lagacé pouvait montrer sa prouesse au piano, et les inévitables films de ciné-club, et, pour les sportifs, des équipes très fortes de hockey, par exemple. Mais à mesure qu'on avançait dans nos études et qu'on arrivait aux années universitaires, des amitiés formées depuis le milieu des années 50 menèrent à une vie sociale très active au début des années 60. On se rencontrait souvent chez moi, au 456, rue Jeanne d'Arc, où ma mère, fascinée par notre évolution comme jeunes « intellectuels » accueillait tous et chacun chaleureusement. Mon père l'était beaucoup moins, se posant toujours la question « À quoi serviront toutes ces idées étranges ? Ça vous aidera pas à gagner votre vie ! » Et les discussions se poursuivaient… souvent aussi dans mon sous-sol les samedis soir, autour de jeux de cartes.

Ou encore chez un autre camarade de collège, Michel-Claude Lavoie, qui demeurait dans une grande vieille maison au 259 rue Kitson, avec un grenier accessible seulement par une échelle. Lieu idéal pour écouter de la musique, boire de la bière, et jaser… ce qu'on fit avec allégresse à bien des reprises ! Et la musique, toujours omniprésente. C'était au début de la grande transformation de la musique populaire… d'abord avec Bill Haley et Elvis Presley durant les années 50, et ensuite les folkloristes comme le Kingston Trio, les Limeliters, et Peter, Paul and Mary ; ensuite Bob Dylan (dans sa toute première incarnation) et (Ô révélation suprême) les Beatles ! (Nous n'étions pas forts sur les Rolling Stones.) Mais il n'y avait pas que la musique populaire. Il y avait, dans notre petit groupe mouvant, des gens comme notre camarade collégien Roger Boulet, mordu de la musique classique… et d'autres qui découvraient le jazz. Alors nous avions trouvé une méthode démocratique : chacun choisissait ses disques préférés pour la soirée, et on avait droit de les présenter à tour de rôle. Ainsi, on était obligés, littéralement, d'écouter un mouvement lent d'une symphonie de Beethoven (certains d'entre nous essayant de ne pas bâiller), suivi d'une nouveauté de Dave Brubeck, suivi de « The Times They Are a'Changin' »… et ainsi de suite. Du côté de la musique française, grâce à des professeurs comme André Surprenant, nous gravitions vers Georges Brassens, Serge Reggiani et Jacques Brel, en plus des nouveaux chansonniers québécois, Claude Léveillée, Pauline Julien, Gilles Vigneault… J'ose dire que les goûts musicaux d'une vie se sont formés durant ces sessions amicales où la bière et le café coulaient à flots.

Tout cela pour dire que cette formation, académique aussi bien que sociale, me menait déjà sur des sentiers qui n'avaient pas été tracés par les autorités archiépiscopales, qui avaient invité les Jésuites au Manitoba au XIXe siècle.

Ce que j'ai appris après le Collège

J'ai toujours eu des emplois d'été, depuis que je faisais le camelot pour la Pharmacie Paquin boulevard Provencher en 6e année. Mais c'est à l'automne 1964 que débuta l'aventure la plus passionnante et la plus intense de ma vie, à savoir la fondation et la rédaction du *St. Boniface Courier* (ci-après tout simplement le *Courrier*), qui forme la trame narrative principale du présent récit. Mais en même temps, je découvrais rapidement la vie adulte grâce à divers personnages que nous rencontrerons plus bas. Une influence formatrice très importante que je veux mentionner dès le départ fut celle des avocats du cabinet d'avocats Marcoux, Dureault, Bétournay & Bétournay, qui avaient l'habitude de se rencontrer en fin d'après-midi tous les vendredis après le travail à l'hôtel Frontenac, avenue Notre-Dame au centre-ville de Winnipeg, pour jaser de tout et de rien autour d'une bière. J'avais été invité à me joindre à ce petit groupe informel par le gérant du bureau du cabinet, Camille Turenne, à qui on avait donné le sobriquet de « Turk ».[2] Camille était doué d'un sens de l'humour ineffable, bourré d'ironie et de scepticisme ; il m'introduisit dans le groupe que j'ai commencé à fréquenter régulièrement, malgré ma gêne initiale. C'est tout à leur honneur de ne pas avoir rejeté à prime abord ce jeune blanc-bec qui donnait l'impression de tout connaître mais qui ne connaissait rien, ou à peu près, des affaires mondaines de Saint-Boniface. Et en plus, il se disait rédacteur d'un journal ! Il faut croire qu'ils s'amusaient à me voir les provoquer. C'est

[2] Beau-frère de mon ami et camarade de classe Michel-Claude Lavoie.

ainsi que j'ai absorbé les connaissances, la sagesse, le scepticisme et parfois même le cynisme de ces juristes d'une grande intelligence et bien branchés dans la société franco-manitobaine et pour qui j'ai gardé énormément de respect toute ma vie.[3]

Les diplômés de 1964 s'agitent

Les gens qui connaissent un peu l'histoire de la francophonie manitobaine au milieu du XXe siècle (c'est-à-dire ceux qui ont plus de 65 ans aujourd'hui !) se souviennent plus ou moins de la lutte épique menée entre le *Courrier* et *La Liberté et le Patriote* (ci-après *La Liberté*) sur le terrain de la liberté d'expression. À peu près personne ne se souvient, par contre, que c'est dans les pages de *La Liberté* que les premières expressions d'idées controversées pour l'époque ont été publiées. La page « Opinions », dont les responsables étaient Denis Létourneau et Georges Allaire, deux étudiants du Collège, dont l'un obtint son diplôme au printemps 1964. C'est à Georges Allaire, un autre camarade de collège, à qui revient l'honneur d'avoir été le premier frondeur. À compter du 27 septembre 1963, Georges publia une série d'articles étoffés et bien raisonnés analysant la situation de la communauté franco-manitobaine, concluant que c'était une cause perdue et que les Canadiens français devraient au contraire appuyer le projet de l'indépendance de l'État du Québec. (Peu de temps après, après un bref séjour comme professeur au Collège, il partit définitivement pour le Québec, où il entreprit sa propre revanche des berceaux, fondant une famille de 14 enfants !) Un autre jeune collégien, Michel Monnin, répondit à Georges en développant la proposition, qui demeure toujours vraie

[3] Rhéal Teffaine se souvient qu'il y avait régulièrement, en plus de lui-même, ses collègues Laurent Marcoux, Armand Dureault, Paul Bétournay, Robert Bétournay, Camille Turenne et moi-même. (Entrevue personnelle, 22 mai 2012)

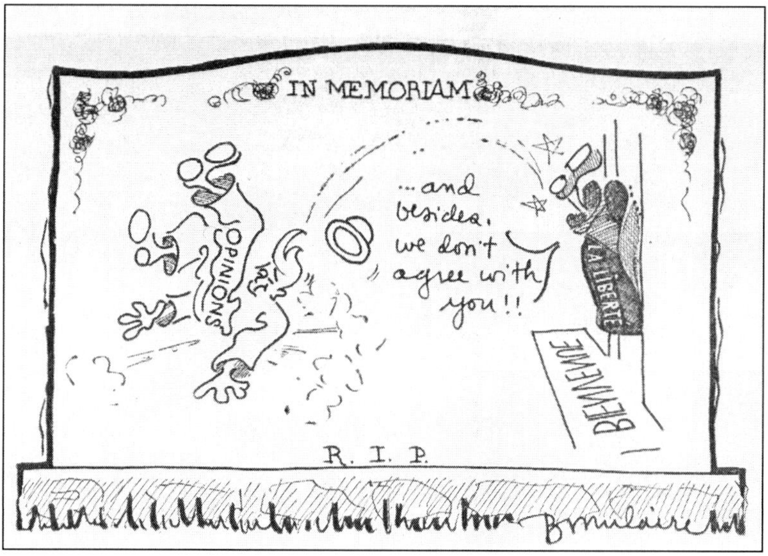

Caricature de Bernard Mulaire publiée dans La Liberté et le Patriote *suite à l'abolition de la chronique « Opinions » dans ce journal en 1964. (*La Liberté et le Patriote*, 24 juillet 1964)*

aujourd'hui, que sans le Québec, la culture française ailleurs au Canada était vouée à l'extinction. Il est vrai qu'une ou deux hirondelles ne font pas le printemps, mais voilà que, dans les mêmes pages, Roger Boulet devint le premier de la nouvelle génération à traiter de la question fondamentale de l'époque, dans un article intitulé « La langue, gardienne de la foi : quelle idée ! » où il affirmait qu'il ne voyait pas le rapport entre les deux. Face à l'anglicisation galopante, Roger concluait que « Dire que la langue est gardienne de la foi, c'est nous vouer à l'apostasie d'avance. » Les têtes blanches de Saint-Boniface commençaient à tourner, et l'inévitable se produisit : le 14 juillet 1964, après 10 mois, la page « Opinions » fut abolie, « à la suite d'un différend avec la direction de *La Liberté et le Patriote* qui voulait supprimer un article accepté au préalable par la censure morale ». L'équipe d'« Opinions » avait décidé « de se plier à la décision du directeur de *La Liberté et le Patriote* voulant que la rubrique

Wednesday, August 5th, 1964 THE ST. BONIFACE COURIER Page Th...

The Courier

Printed and Published Weekly in English and French by LANCE PUBLISHING COMPANY LIMITED at its head office and place of business St. Mary's and Dakota — Phone 253-1335

Incorporated under the Charter of The Norwood Press

L. A. LEECH, Publisher
R. D. LOBB, Editor
R. HEBERT, Assistant Editor

International Typographical Union

EDITORIAL

This first issue of the St. Boniface Courier marks an important event in the history of publications in Manitoba.

For it brings to St. Boniface, Norwood and Windsor Park a newspaper designed to answer a specific need — a bi-lingual weekly publication dedicated to the promotion of the interests of these communities, the business firms that serve them and the civic government chosen by them to represent their corporate well-being.

The St. Boniface Courier is not really a new publication, it is rather a rebirth of the Norwood Press, a newspaper that served its community long and faithfully, but was found to be too narrow in scope to keep pace with the burgeoning needs of a vital, growing city.

We enter the life of St. Boniface with faith in the future and the enthusiasm of youth. On our staff are people of the new generation of Canadians and those tempered in the fires of experience. Conscious of the heritage of St. Boniface, we have welcomed into the firm a young writer born and bred in St. Boniface and reared in the traditions of his cultural background.

His task is to provide a voice for the French speaking populace. His counterpart, who speaks no French, will endeavor to keep the English speaking community informed.

We are not in competition with other newspapers serving St. Boniface on a daily basis. Theirs has been the task to cover the national and international scene, the Metro and the provincial news. In most respects they have done an excellent job.

But the life of the area we propose to serve has not received the attention due it as a city. We know that our publication schedule will not allow us to give up-to-the-minute news coverage. From our experience in the weekly newspaper field however, we have come to know that coverage of community events, social events, service club activities and civic government business seldom warrant adequate space in the daily press and can be more readily disseminated in a local newspaper where time to provide information in depth is the rule rather than the exception.

Service clubs, community clubs, women's clubs, lodges, social clubs and private citizens are invited to use the columns of the St. Boniface Courier.

No charge is made for editorial space in this newspaper, but the management retains the right to refuse copy where questions of legality or propriety are involved.

This is YOUR newspaper. It will be distributed weekly on Wednesday, free of charge, to every home in St. Boniface, Norwood and Windsor Park.

It is provided through the use of its columns as an advertising medium by your merchants. We ask you to support them at every opportunity and will welcome all suggestions for improving either our service, or your newspaper.

CENTRE AUTO SERVICE
TOWING EXPERTS — 2-WAY RADIO
OPEN 24 HOURS DAILY
SERVICE FOR ALL MAKES OF CARS AND TRUCKS
209 St. Mary's Road Phone 247-9547

Town Crier
By DON LOBB

Since this is the first time Old T.C. has had the opportunity of writing for our new readers in St. Boniface, Norwood and Windsor Park, we'd be remiss if we didn't say Hello.

And since Old T.C. has a penchant for lost causes, forgotten or ignored issues, underdogs and misunderstood people, we might just as well start this new relationship with a very live problem that needs some sunshine and air.

For the past few days we have been favored by the daily press with reports about Ald. Lonergan's suggestion that there might just be some hanky-panky in the engineering department of St. Boniface City Hall.

He referred to a Grey Cup trip taken by City Engineer Bockstael, Dr. French and Pete McKall last year, sponsored by a contractor, who happens to do some business with the City.

He neglected to tell the whole story, but since it has a great amount of significance, let Old T.C. tell it to you now.

Firstly, the trip to the Grey Cup game was made by the three gentlemen in question at the invitation of a contractor who happens to do business with the City.

Secondly, the trip was entirely aboveboard since it was wholly sanctioned by Council, Ald. Lonergan seconding the motion to approve.

To find out what kind of a man this contractor was, Old T.C. girded his loins and tracked down His Worship, Mayor Joseph Guay, at his summer cabin on a little old island outside the city.

Now just the fact that I had to encroach on his vacation time

(Continued on Page 10)

La "Cause"

La question qui se pose est pressante. Le canadien-français au Manitoba est-il destiné à l'extinction? (L'extinction et l'anglicisation sont ici synonymes.) Personne n'ignore que l'anglicisation est un danger imminent pour notre peuple canadien-français ici. Les chiffres sont là. Ils marquent une décroissance considérable dans le parler du français parmi les franco-manitobains, décroissance qui est encore plus remarquable chez les jeunes fréquentant les écoles au niveau secondaire. Ici, écoles publiques comme écoles privées sont également atteintes. Or ce sont les jeunes, évidemment, qui décideront de la destinée du peuple franco-manitobain.

Dans la province, la concentration de cette population canadienne-française est dans la ville de St-Boniface. En effet, 42% des citadins de St-Boniface sont d'origine française. De nouveaux quartiers résidentiels sont en voie de développement. Par exemple, le Windsor Park. Ces quartiers augmentent la population de la ville. Mais cet accroissement se fait surtout du côté anglophone. Vraiment, il s'agit à présent de "conserver". Cela ne va pas sans le désir, la détermination de d e m e u r e r canadien-français.

La première étape est évidemment celle de la prise de conscience. Si nous voulons continuer à survivre, il faut que nous prenions conscience que nous sommes d'origine française. Il faut ensuite choisir d'être fidèle à son héritage culturel. Cela implique que nous avons une langue et une culture distincte, différente de la langue et

(Continued on Page 11)

The Courier

Un hebdomadaire bilingue imprimé et publié en français et en anglais chaque mercredi, par la LANCE PUBLISHING COMPANY LIMITED, sous la charte du NORWOOD PRESS

Bureau-chef et addresse d'affaires à l'angle des rues St. Mary's et Dakota — Téléphone 253-1335.

Membre de l'Union Typographe Internationale

L. A. LEECH, Imprimeur
R. D. LOBB, Directeur
R. HEBERT, assistant-directeur

EDITORIALS

La fondation d'un journal pour la ville de St-Boniface semble avoir été discutée depuis longtemps par différents groupes et individus en cette ville. Chez les canadiens-français, en particulier, la publication régulière d'un journal français a toujours paru être une des rares mesures concrètes qu'il nous était possible de prendre pour faire croître la vie française du groupe. Cette idée s'avéra impossible, à cause du petit nombre, relativement, de canadiens-français concentrés en cette ville. De plus, il existait déjà un journal, La Liberté, qui desservait, du moins nominalement, les canadiens-français de St-Boniface, ainsi que ceux des provinces de l'Ouest tout entier.

D'autre part, les citoyens de langue anglaise de notre ville constataient régulièrement les avantages, voire même la nécessité d'un journal hebdomadaire, traitant exclusivement des événements, problèmes, et plans futurs de St-Boniface.

Le résultat de ces deux courants de pensée . . . c'est le journal que vous tenez actuellement en vos mains. Le "Courier" veut caractériser, aussi fidèlement que possible, la ville de St-Boniface; il veut refléter et contribuer au développement industriel, culturel et social de la ville. Mais avant tout, il veut informer les citoyens de la ville en ce qui a trait aux différentes organisations, françaises ou anglaises, et surtout au travail qu'accomplissent les institutions politiques et éducationnelles de la ville.

Le caractère bilingue du journal sera assuré par la formation éventuelle d'une section française, présentant les aspects intéressants de la vie française de notre ville. Des articles d'opinions y figureront aussi régulièrement (nous en publions un premier ailleurs en ce numéro). Les items d'intérêt aux citoyens des deux langues seront imprimés en anglais et en français.

Les lettres au directeur seront accueillies avec joie, et seront imprimées telles que reçues (moyennant le raccourcissement de lettres jugées trop longues par celui-ci).

Enfin, nous espérons que les canadiens-français de St-Boniface accueilleront avec joie ce "nouveau journal", qu'ils le suivront avec intérêt, et qu'ils réagiront, favorablement ou défavorablement, aux idées qui y seront présentées.

Raymond Hébert

The Signs of Life

The "Signs of Life" work constantly to ensure a greater degree of safety to the motorists and pedestrians who know and obey them. All traffic signs, signals, and other similar devices, as well as pavement markings, are commonly referred to by safety personnel as Signs of Life. And these safeguards are meant for the protection of the individual, whether he be walking or driving.

It is essential for each individual to assume a personal responsibility for his or her actions regarding safe conduct on the street or highway. These traffic controls are based on common sense rules of behaviour; consequently it is the best interest of everyone concerned that they be respected and obeyed!

Plain "horse-sense" suggests an added emphasis be placed on the basic shapes and meanings of traffic controls that every driver must know and obey, if he is to ensure his own safety. The responsibility for survival in the complex traffic picture of today rests solely with the individual. No one should ever put the burden of his own safety on the shoulders of someone else.

The motorist who disregards any of the traffic signs or controls, expecting other drivers to let him go his merry way, may well find himself in a not-so-merry mortuary . . . the pedestrian who doesn't wait for the WALK light and steps into the path of an oncoming vehicle, expecting the driver to stop for him, may well be taking his last walk!

DEATH IS ON THE MOVE! Make your next move a safe one!

Dans le premier numéro du Courrier, *un article intitulé «La "Cause"» de «R.B.» (Roger Boulet) saluait l'arrivée du nouveau journal bilingue, affirmant que* La Liberté *« ne représente pas l'opinion du peuple canadien-français dans sa pluralité ». (*Le Courrier, *le 5 août 1964, page 3) Voir la transcription de l'article en page 343.*

OPINIONS soit suspendue à jamais ». Preuve explicite que le journal oblat *La Liberté* pratiquait la censure mais en plus se posait en arbitre des idées « acceptables » par rapport à celles qu'il fallait étouffer.

L'entrée en scène fortuite du *Courrier*

Bien des gens m'ont demandé au cours des 45 dernières années comment ça s'est déclenché, tout ça, comment j'avais acquis presque du jour au lendemain une réputation de jeune radical. Alors, je vais raconter ici toute l'histoire, ne serait-ce que pour en souligner ses aspects banals et surtout pour enterrer à tout jamais les théories de conspiration qui ont circulé pendant ces années-là.

Durant l'été de 1964, après avoir obtenu mon baccalauréat ès arts du Collège de Saint-Boniface, j'ai commencé un emploi d'été à la laiterie MedoLand, rue Marion. Je m'inquiétais un peu de mon avenir, n'ayant aucun plan précis mais sachant en même temps que je ne voulais pas retourner à l'université, du moins pas pour le moment. Le journalisme m'attirait et, fort de mon expérience à *Frontières*, je me suis dit que cela serait peut-être une piste à poursuivre. (J'avais horreur du mot « carrière », qui impliquait, pour moi, un engagement à faire la même chose le reste de ma vie.)

Un jour, quelqu'un me fit savoir que la compagnie Lance Publications à Saint-Vital planifiait la mise sur pieds d'un nouveau journal hebdomadaire pour Saint-Boniface. Je pris contact avec le directeur, Don Lobb, et nous avons discuté des possibilités. Nous avons décidé très rapidement que ce serait un journal bilingue, et que j'assumerais la rédaction de la section française. Le hic, c'était que, pour rentabiliser l'affaire, je devais être vendeur d'annonces aussi bien que journaliste, l'idée étant, évidemment, de vendre des annonces aux commerçants franco-manitobains, et tout ça pour un salaire de 50 $ par semaine. (Heureusement que ma bonne mère faisait encore mon lavage !) J'ai accepté, aveuglément, et c'est ainsi qu'est né le *Courrier*, le 5 août 1964. Dans ce premier numéro, « R.B. » (Roger Boulet) saluait l'arrivée du *Courrier*, affirmant que *La Liberté* « ne représente pas l'opinion du peuple canadien-français dans sa pluralité ». Je n'oublierai jamais que ce sont deux prêtres qui ont écrit les premières lettres à la rédaction. Le premier, l'oblat J. de Rocquigny, curé de Saint-Ambroise, nous félicita de l'arrivée du *Courrier*, ajoutant que « c'est un journal au service du peuple, et non pas pour flatter les messieurs du clergé » (25 nov. 1964). Le second, l'abbé Maurice Deniset-Bernier, curé de la paroisse de la Cathédrale, nous écrivit (2 déc. 1964) pour nous féliciter d'un éditorial controversé que nous avions publié au sujet des élections scolaires récentes à Saint-Boniface.

Or, la vente, surtout à froid comme on me le demandait de la faire, n'était pas mon fort et, bien que le travail de journaliste me plaisait, j'étais à la veille de démissionner lorsqu'un événement providentiel est venu tout changer. Un samedi, deux ou trois mois seulement après mon embauche, le propriétaire de l'entreprise, Lorne

HELP TO SUPPORT THE *"MARCH of DIMES"*

Commercial Printing

Color Fidelity . . . Reproduction Excellence . . . Detailed attention by Master Craftsmen . . . Hallmarks of the quality you receive when you deal with Winnipeg's finest creative printers.

L. A. (Lorne) LEECH, President

Circulars and Handbills

Stay "one-step-ahead" of your competitors . . . New business is created . . . Present Customers remain yours when you use creative circulars, produced by our Rotary or Offset methods.

J. L. (Lou) McDOUGALL, Gen. Mgr.

City-Wide Distribution

At low cost, your message can reach all or any portion of the 132,125 homes in Metro, by using the professional distribution methods of Winnipeg's largest advertising distributors.

R. D. (Dennis) CHECKLEY

- ST. VITAL LANCE
- ST. BONIFACE COURIER
- FORT GARRY LANCE
- WHITESHELL ECHO

The local newspaper provides complete, up-to-date coverage of events of local and community interest as well as providing a unique advertising medium for local merchants as well as national concerns.

Total distribution in a given community assures the businessman that his message is read thoroughly, because of the particular interest which arises out of the coverage given to local happenings.

And for you, the reader or advertiser, the knowledge of civic or municipal events provides intimate association with the development of the community.

J. W. (John) BOWMAN, Advt. Super.

R. M. (Ray) HEBERT, Editor

World Wide Travel Service

A complete travel office to arrange all your travel needs. STEAMSHIP, AIRLINE, RAIL Reservations and Tickets. Wherever you go, call our expert, professional travel consultants. OPEN ALL DAY ON SATURDAY. Trips arranged in our office or your residence.

Tickets Cost No More At Lance World Travel

R. E. (Ron) PROBETTS, Travel

L'équipe de Lance Publications Inc., éditeur des journaux hebdomadaires Lance, incluant le St. Boniface Courier / Courrier de Saint-Boniface. *(*Courrier*, 20 janvier 1965)*

Leech, me convoqua pour m'informer que mon patron, M. Lobb, venait d'être congédié et pour me demander si j'accepterais de devenir directeur des trois hebdos publiés par sa maison d'édition, soit le *St. Vital Lance*, le *Fort Garry Lance* et le *St. Boniface Courier*, les trois publications réunies, distribuées gratuitement, rejoignant une population d'environ 120 000 personnes, soit environ 20 % de la population totale de Winnipeg. Je continuerais d'assurer la rédaction française du *Courrier*, mais j'aurais maintenant à « couvrir » les réunions des trois conseils de ces municipalités (c'était avant la fusion des municipalités de Winnipeg) en plus d'assurer le reste du contenu, avec un réseau de pigistes. En revanche, je n'aurais plus à vendre d'annonces. Ça me semblait un bon échange. Mon nouveau salaire : 75 $ par semaine.

À la sortie de la réunion, j'avais la tête qui tournait. Me voilà, à 20 ans, armé seulement de ma maigre expérience à la rédaction d'un journal collégial, devenu non seulement journaliste mais directeur de trois journaux ! La folie de la jeunesse a joué en ma faveur, car je n'ai pas douté un instant de ma capacité à relever le défi. Avec l'appui du personnel du *Lance*, surtout des imprimeurs qui se trouvaient sur place, nous avons vite trouvé notre rythme, et les premiers journaux sortirent, sous ma direction. J'avoue aujourd'hui que j'étais épaté chaque fois que je voyais ces trois journaux atterrir sur ma table de travail au milieu de la semaine, l'un après l'autre. Ça me semblait presque un miracle, au début, mais en peu de temps c'est devenu une routine.

Entretemps, j'étais nouvelliste pigiste au poste CKSB en fin de semaine, et je commençais à me faire des amis dans ce milieu-là aussi. C'est là où j'ai rencontré un homme qui est devenu un grand ami et collaborateur au *Courrier*, Rossel Vien, originellement de Roberval au Québec, mais expatrié depuis longtemps, auteur, historien, traducteur, à la fois ermite et grand voyageur à ses heures (avec une prédilection pour le Mexique, où il passait des séjours de plusieurs mois

Rossel Vien, originaire de Roberval, passa une bonne partie de sa vie à Saint-Boniface, où il publia plusieurs œuvres importantes. (Archives de la SHSB)

presqu'à chaque année). Malgré ou peut-être à cause de son style de vie qui m'apparaissait erratique et bohème, en plus de son érudition, de son originalité et de ses capacités intellectuelles assez extraordinaires, j'ai vite développé une grande admiration pour lui, et nous sommes devenus en 1964-1965 des compères inséparables, visitant régulièrement les tavernes les moins bien cotées de la rue Main à Winnipeg. Rossel fut le premier à m'encourager fortement à m'engager dans l'aventure du *Courrier*. Il voyait le potentiel d'un petit journal indépendant dans notre milieu fermé, et surtout il fut le premier à y contribuer régulièrement, pendant longtemps sans aucune rémunération. Il est le seul à y avoir collaboré durant toute la vie du journal, de 1964 à 1978.

Autre amitié forgée dans les studios de CKSB, elle aussi fatidique pour notre milieu : celle avec « André Tremblay », faux nom, dont le vrai était Gilles de Lalonde, personnage énigmatique et mystérieux s'il en eut jamais dans notre milieu. Il s'est présenté un jour de début 1965 à la porte de CKSB et fut immédiatement embauché comme annonceur, sans, apparemment, qu'il y ait eu vérification d'identité. Ses sympathies pourtant furent bien explicites dès le début. Dans une

Gilles de Lalonde, alias André Tremblay, à Saint-Boniface en 1965. (Photo : Le Courrier, *18 octobre 1967)*

entrevue avec le *Courrier* publiée le 20 janvier 1965, il avança que ses politiciens préférés étaient René Lévesque et le démagogue Pierre Bourgault. Parmi ses auteurs préférés, après le grand politicologue Raymond Aron, il mentionnait l'auteur révolutionnaire Franz Fanon, l'équipe du journal séparatiste radical *Parti Pris*, et Saint-Simon, un des premiers socialistes français et précurseur de Marx. Ses chanteurs préférés : Vigneault et Léveillée, ainsi que Pauline Julien. Dès les débuts, on spécula sur les raisons de son exil au Manitoba. La théorie la plus courante : c'était un séparatiste qui avait participé à un incident à Hull impliquant des détonateurs d'explosifs juste avant la visite de la Reine au Canada et qui avait dû quitter le Québec hâtivement pour échapper à la GRC.

Alors nous sommes devenus amis, passant de nombreuses soirées à jaser dans son appartement au 465, rue Aulneau, à deux pas du Collège, durant cette année 1965. Il était certainement radical, mais à cette époque, j'étais ouvert à toutes les idées, et j'étais certainement prêt à discuter de tout. Ce que nous fîmes allègrement, dans des conversations interminables et bien arrosées. Mais de conspiration, de complots, rien du tout. Pas un mot. Seulement, en fin de compte, une ou deux bonnes idées pratiques.

THE ST. BONIFACE COURIER

The Courier

Printed and Published Weekly in English and French by LANCE PUBLISHING COMPANY LIMITED
St. Mary's and Dakota — Phone 253-1335
Incorporated under the Charter of The Norwood Press

JOHN BOWMAN Advertising Manager

EDITORIAL

In recent weeks, the civil rights movement has gained considerable momentum, and, more important, a much broader acceptance throughout every level of American and Canadian society. All of a sudden, last week, civil rights became everyone's problem, not only that of Martin Luther King or of a few long-haired intellectuals.

Interest in the entire movement had died down somewhat in the last few months. After all, we thought, the Negroes had pretty well attained their objectives: the Civil Rights Bill had been enacted, the population had been truly awakened to the problems of the colored minorities, and the supreme recognition of outstanding achievement, the Nobel Peace prize, had been awarded to the leader of the movement. What more could the Negroes reasonably expect from the broad-minded American people?

The events at Selma and Montgomery, Alabama, have done much to shake this complacency.

More than ever, Canadians have found themselves directly concerned with the barbaric happenings south of the border. The death of the Rev. James Reeb dramatically emphasised the need for a further re-examination of the values and attitudes of the Canadian and American societies.

There is however one aspect of the events in Selma which augers well for an acceptable solution to the civil rights problem, and that is the active involvement of the clergy in the recent demonstrations.

In Winnipeg, hundreds of miles away from the main civil rights battlefield, an interdenominational vigil was organized to protest the astonishing events in Selma. Priests, ministers and rabbis participated in this vigil, including nuns from St. Boniface and Archbishop Flahiff of Winnipeg, among others.

At long last, it would seem that the clergy has condescended to come down from the pulpit and mingle with the "people", who, more often than not, are not members of theirs or any flock . . . The "comfortable pew", to use a fashionable phrase, usually faces a comfortable pulpit.

It is only through coming into intimate and immediate contact with the truly important issues of the day that the clergy of all faiths can hope to have any amount of influence.

THIS MONTH IN HISTORY

March 15, 1871: Lieutenant-Governor Adams G. Archibald on this date opened the first session of Manitoba's first Legislature. There was a guard of honor drawn from the Ontario Rifles, one of the two Canadian units which had come west under command of Col. Garnet Wolseley. The 24 members of the Legislative Assembly had been elected the previous December, representing electoral divisions largely based on the Red River parishes, which had also been the basis of representation for the last provisional government 1869. The members of the Legislative council, appointed only five days before, started work on a mass of legislation, urgently needed to lay the groundwork for a civil administration. And when the session was prorogued, 43 bills had been passed. "The province was left in possession of a system of courts, a system of education, and a body of statute laws sufficient for the needs of a yet small and simple community," historian W. L. Morton has written.

Members of that first legislature and the constituencies they represented were: Joseph Dubuc, Baie St. Paul; John Taylor, Headingley; John Norquay, High Bluff; John Sutherland, Kildonan; Frederick Bird, Portage la Prairie; David Spence, Poplar Point; Angus McKay, Lake Manitoba; George Klyne, Ste. Agathe; Henry John McTavish, Ste. Anne; Alfred Boyd, St. Andrew's North; E.H.G.G. Hay, St. Andrew's south; Thomas Bunn, St. Clements; Louis Schmidt, West St. Boniface; Marc A. Girard, East St. Boniface; Henry James Clarke, St. Charles; Edwin Bourke, St. James; Joseph Royal, St. Francois Xavier; Pascal Breland, East St. Francois Xavier; Joseph LeMay, North St. Norbert; Pierre Delorme, South St. Norbert; J. Curtis Bird, M.D., St. Paul; Howard Thomas, St. Peter; Donald A. Smith, Winnipeg and Andre Beauchemin, St. Vital.

OF MANY THINGS . . .

By AMBROSE HILLS

I'LL TAKE GINGER SNAPS

Advertising men have fallen into a trap set by themselves.

For years they stressed newness. Everything from toilet paper to dill pickles had "new" on the label. One advertising man read the other and did the same thing, thinking a craze had begun.

No craze was there. Most of us still want good, old-fashioned ginger snaps. The National Biscuit Company tried to market a product hailed as "Snickerdoodles Cookies — they're NEW!" The campaign fell flat. A sensible executive changed the name to plain "Cinnamon Sugar Cookies", backed it with a big advertising campaign. Result: sales rose by $4,000,000 within a year.

Cleverness often flops in advertising. For example, so many gasolines with fancy, esoteric additives dreamed up by advertising types. The public has ceased to believe them. BA Oil got a tremendous response when they simply said they had clean gasoline and clean washrooms and proved it. It made sense and drew customers.

Advertising agencies are going to have to bring their writers down from the clouds and away from kooky cleverness which has been characteristic of their copy lately.

If I ran a Corporation I'd insist that a lot of my advertising dollars went into weekly papers and local radio. This would force the agency writers to talk to the grass roots for awhile. It would get them away in part, at least, from the pseudo-sophisticated and glossy copy they've been perpetrating on TV audiences because they think it's a glamour media.

LETTER to the EDITOR

March 12, 1965

Editor,
The St. Boniface Courier,
The St. Vital Lance and
The Fort Garry Lance,
St. Mary's and Dakota,
Winnipeg 8, Manitoba.

Dear Sir:

The Manitoba Teachers' Society would like to express its appreciation to you for supporting Education Week, March 7 to 13. We were particularly pleased to see the editorial 'Education for a Changing World' in your latest issues.

Yours sincerely,
Howard J. Loewen,
Director of Public Relations

THE BIBLE TODAY

On the occasion of the 50th anniversary of the arrival of Prophet Harris in the Ivory Coast, the Bible Society has published an illustrated leaflet containing the record in Acts chapter 8 concerning Simon the Sorcerer and the Ethiopian Eunuch.

Prophet Harris had an amazing influence on the people. Like the Apostles, he attacked fetish and magic. People who had lived for generations in bondage to their fetish burned them at his word.

Prophet Harris depended completely on his Bible, which he always carried with him; those who met him said that it permeated his talking and thinking. The multitude of churches that grew up and remained for years after his departure always displayed a Bible in the place of honour, although rarely was there at that time anyone able to read it.

Le Courrier

Hebdomadaire bilingue édité le mercredi par LANCE PUBLISHING COMPANY LIMITED
enregistré sous la raison sociale "Norwood Press"
Bureaux et adresse: St. Mary's et Dakota — Téléphone 253-1335

EDITORIAL

Il se trouve, à St-Boniface, un groupe de personnes qui s'inéressent plus que jamais aux problèmes des minorités, et, en particulier, à ceux des Franco-Manitobains. Ce sont des hommes et des femmes de diverses professions, mais qui ont un trait commun en ceci, qu'ils tentent tous d'analyser objectivement différents aspects de la société canadienne-française au Manitoba, chose qui n'a jamais été faite auparavant.

Les membres de ce groupe, en plus d'être en communication assez régulière entre eux, connaissent bien le Québec, soit pour y avoir vécu, soit pour avoir eu des contacts assez rapprochés et prolongés avec des gens qui y ont demeuré.

Des discussions à la fois très vives et très sérieuses ont souvent lieu parmi les membres de ce groupe, qui ont des liens très étroits avec les milieux éducatifs. Et sur deux points en particulier, les membres de ce groupe ont atteint l'unanimité.

Le premier est le fait qu'il n'y a toujours aucun moyen d'information régulier et adéquat pour les Franco-Manitobains. Il s'agirait ici de moyens de communication dépourvus de tout préjugé et donnant une ligne de direction sûre et respectée en étant en contact direct avec la population canadienne-française de la province.

Par exemple, les Canadiens français du Manitoba ne reçoivent à peu près pas d'informations dépourvues de préjugés au sujet des courants de pensée qui balaient actuellement le Québec. Et il n'y a toujours aucune place pour l'expression honnête d'opinions au sujet des différents problèmes qui nous importent le plus. On condamne immédiatement de telles expressions honnêtes d'opinions comme étant pur sensationalisme.

Le second point sur lequel il y a unanimité, du moins parmi les membres du groupe dont nous parlons, est le fait que le cléricalisme existe presque à l'état pur dans la société franco-manitobaine. Les services d'informations, établis de longue date, demeurent sous l'influence directe des prêtres. Seulement au point de vue physique, les institutions religieuses dominent le paysage de St-Boniface et celui des paroisses soi-disant canadiennes-françaises. Et l'opposition ou le "nihil obstat" des différentes communautés religieuses, en plus du clergé séculier, peut faire réussir ou échouer toute entreprise, qu'elle soit culturelle, économique, politique ou autre.

Par son omniprésence, qui ne peut être mise en question publiquement à cause précisément des services d'informations fermés, le cléricalisme étrouffe lentement la société franco-manitobaine. Le cléricalisme en soi comme système social, est une mauvaise chose. Et au Manitoba, encore plus qu'au Québec, un bon catholique se doit d'être anticlérical, car le problème de la société française ici est beaucoup plus urgent, et dépend encore plus du franc parler.

CITATIONS 1965

"L'Eglise sait parfaitement qu'elle joue sa popularité auprès de toute une génération sur la question de la limitation des naissances." — Mgr Cimichella.

Cet éditorial qui dénonçait l'absence « de moyens de communications dépourvus de tout préjugé et donnant une ligne de direction sûre et respectée en étant en contact direct avec la population canadienne-française de la province » est devenu en quelque sorte la définition de la mission du Courrier. *(*Le Courrier, *le 17 mars 1965) Voir la transcription de l'article en page 347.*

Un jour, ce devait être en février 1965, durant une conversation dans les studios de CKSB, nous parlions justement du *Courrier*, dont j'étais assez fier, ayant réussi mon pari de le mettre sur pied et de le maintenir comme petit journal bilingue. C'est alors qu'« André » me lança une phrase cinglante, disant à peu près ceci : « C'est bien beau ta feuille de chou, mais qu'est-ce que tu en fais ? Tu dis rien, alors qu'il y a tant de choses importantes à dire, les choses dont tu me parles constamment. T'as peur, ou quoi ? » Je suis rentré chez moi insulté, mais pas penaud, plutôt enragé. Je me suis dit : « Ah oui ? Je dis rien ? On verra bien qui a peur de dire ses vérités à cette petite société fermée ! »

Le 17 mars 1965, je publiais un éditorial fracassant dans le *Courrier*, dénonçant d'abord l'absence d'un « moyen d'information régulier et adéquat pour les Franco-Manitobains », c'est-à-dire « de moyens de communications dépourvus de tout préjugé et donnant une ligne de direction sûre et respectée en étant en contact direct avec la population canadienne-française de la province ». C'est devenu en quelque sorte la définition de la mission du *Courrier*. Mais ce qu'on a surtout retenu de cette envolée, c'était mon attaque contre le cléricalisme. C'est le dernier paragraphe qui mit le feu aux poudres :

> Par son omniprésence, qui ne peut être mise en question publiquement à cause précisément des services d'information fermés, le cléricalisme étouffe lentement la société franco-manitobaine... et au Manitoba, encore plus qu'au Québec, un bon catholique se doit d'être anticlérical, car le problème de la société française est beaucoup plus urgent, et dépend encore plus du franc parler.

Je savais, au moment même où j'écrivais ces lignes, que je me mettais en marge de la société franco-manitobaine, et que je devrais sans doute éventuellement quitter le Manitoba, peut-être à tout jamais, sans doute pour le Québec, comme tant d'autres Franco-Manitobains formés au Collège. Ce ne serait pas la fin du monde.

L'éditorial contenait un autre élément important, lorsqu'on y revient 45 ans plus tard : c'est le seul endroit dans tout ce qui s'est écrit durant ces années-là, où on y déclare l'existence d'un groupe décidé d'apporter des changements à l'idéologie dominante du milieu. Voici le début de cet édito :

> Il se trouve, à Saint-Boniface, un groupe de personnes qui s'intéressent plus que jamais aux problèmes des minorités et, en particulier, à ceux des Franco-Manitobains. Ce sont des hommes et des femmes de diverses professions, mais qui ont un trait commun en ceci, qu'ils tentent tous d'analyser objectivement différents aspects de la société canadienne-française au Manitoba, chose qui n'a jamais été faite auparavant. Les membres de ce groupe, en plus d'être en communication assez régulière entre eux, connaissent bien le Québec.

Il s'agissait bien d'un groupe mouvant, non organisé et non pas d'un organisme, d'une association ou de quelque organisation que ce soit. C'était essentiellement un groupe social, dont les membres se croisaient dans divers contextes plus ou moins au hasard, mais qui se rendaient compte qu'ils partageaient les mêmes valeurs modernisantes. Roger Turenne allait plus loin :

> Il n'y a pas de groupe ; il n'y a pas de chef ou influence dominante, que ce soit M. Tremblay ou autre. Il existe par ailleurs plusieurs **individus** entre les âges de 21 à 35 ans. Leurs idées ne coïncident pas nécessairement et ils ne se connaissent parfois même pas, mais ils ont ceci en commun : ils sont profondément Français et profondément Catholiques, ils savent faire la distinction entre les deux, et veulent l'épanouissement des deux. (*La Liberté*, 7 juil. 1966)

Et, contrairement aux organismes officiels de la communauté franco-manitobaine à l'époque, on y comptait même quelques femmes ! On peut même nommer ces gens, tant d'années plus tard ; d'ailleurs la plupart sont immortalisés par leurs écrits, soit des douzaines sinon des centaines d'articles publiés dans *La Liberté* et le

Courrier entre 1964 et 1968. La plupart d'entre eux étaient des intellectuels, quelles que soient leurs professions. Nommons, par exemple, les analystes de la première heure de la communauté, et j'entends ici celles et ceux qui se sont engagés dans l'écriture de textes, souvent assez longs, qui avançaient notre réflexion sur elle. Après les jeunes diplômés du Collège que j'ai mentionnés plus haut, des gens plus âgés mais non moins engagés leur ont emboîté le pas. D'abord, le 1er avril 1965, on vit l'apparition d'une nouvelle chronique intitulée « Dialogues », publiée dans *La Liberté*, sous la direction de Georges Laberge et Noëlie Palud et parrainée par « un comité de la Fédération des Associations de Parents et Maîtres du Manitoba ». Dès sa deuxième édition, cette chronique devint controversée. Dans cette chronique, le sociologue Jean-Guy Vaillancourt, professeur au Collège et au Grand Séminaire durant l'année 1964-1965, lança un long débat autour du conflit d'idéologies dans la communauté franco-manitobaine dans un article intitulé « Les Franco-Manitobains : Réalités mouvantes et pluralisme idéologique » (*La Liberté*, 8 avril 1965). Cet article dénombrait quatre idéologies courantes dans la communauté. La première, le « patriotisme religieux », basée sur

> la confusion entre les valeurs sacrées et les valeurs linguistiques. Pour ceux qui croient que la langue est la gardienne de la foi, la langue (souvent mal parlée) devient un simple instrument pour la conservation de valeurs religieuses fermées. Une religion ethnocentrique, en autres mots, qui est un rempart pour la protection du ghetto tourné vers le passé.

Selon Vaillancourt, cette idéologie était « dépassée dans la réalité mais étonnement vivace encore dans des institutions et dans certains esprits ».

Une deuxième idéologie, cléricale elle aussi, le « Catholicisme avant tout », accepte que le français est appelé à disparaître au Manitoba, et donc qu'il faudrait viser plutôt l'unification de tous les catholiques, francophones et anglophones, « dans une lutte pour les

Raymond Durocher, o.m.i., rédacteur en chef et directeur du journal La Liberté et le Patriote *durant les années 1960. (Archives de la SHSB)*

droits scolaires et religieux. Ces Franco-Manitobains veulent des écoles séparées de langue anglaise, des high schools catholiques. »

Une troisième idéologie, « Français, sans catholicisme », se trouve chez « un petit nombre de gens qui veulent rester français, et qui ne veulent plus de cléricalisme. Ils ne veulent plus lier l'avenir du français à la cause catholique. » De plus, certains membres de ce groupe « croient que le français pourrait survivre s'il y avait des écoles publiques françaises… »

Enfin, une quatrième idéologie à laquelle Vaillancourt donna le nom un peu ronflant de « Planétarisation et convergence », la plus silencieuse des quatre puisque peu médiatisée, se trouvait chez ceux qui

> rejettent complètement la vieille position du patriotisme religieux. Ils acceptent de vivre en Amérique du Nord et au Manitoba. Ils ne veulent pas se créer un monde ethnique clos et un milieu religieux séparé. Plusieurs d'entre eux tiennent au français, mais souvent comme langue seconde seulement. Ils ne veulent pas que ce

> soit un handicap qui les empêche de s'intégrer dans le milieu occupationnel manitobain. Ils préfèrent garder un système d'écoles publiques et ne veulent pas qu'on y introduise tellement de français.

Les tenants de cette idéologie hésitent souvent à l'exprimer tout haut, par crainte d'être traités de « vendus ».

Dans cette analyse, Vaillancourt avait décrit on ne peut plus clairement la scission idéologique entre l'ancienne génération, celle qui était encore dominante dans la plupart des institutions franco-manitobaines de l'époque (l'AÉCFM, l'Archevêché et ses établissements scolaires, *La Liberté et le Patriote*, etc.) et la nouvelle génération, surtout les jeunes intellectuels, tenants de la troisième idéologie. (Quoique Vaillancourt favorisait lui-même la dernière idéologie, puisque, selon lui, il n'était pas possible, en milieu minoritaire, « d'avoir une culture et une société françaises complètes ». Plus tard, domicilié en permanence au Québec, il est devenu souverainiste.) Dans notre milieu, c'est comme s'il avait peint en couleurs vives et en grands détails les barricades qui séparaient les deux groupes.

Un mot s'impose au sujet de l'Association d'Éducation des Canadiens-français du Manitoba (AÉCFM), dont il sera souvent question dans les pages qui suivent. En 1916, le gouvernement libéral du jour avait adopté la dite « loi Thornton », qui abolissait définitivement l'enseignement en français (et dans toute langue autre que l'anglais). Chez les francophones, ce fut la levée de boucliers, mais une levée silencieuse, soit la création de l'AÉCFM, qui devait dorénavant veiller à préserver l'enseignement en français partout dans la province. Elle développa des stratégies en ce sens, y compris même une certaine collaboration avec le ministère de l'Éducation, et connut un très grand succès dans son objectif pendant deux ou trois générations. C'était l'organisme le plus important de l'ensemble de la collectivité franco-manitobaine, cumulant des rôles clés d'administration scolaire et de représentation politique.

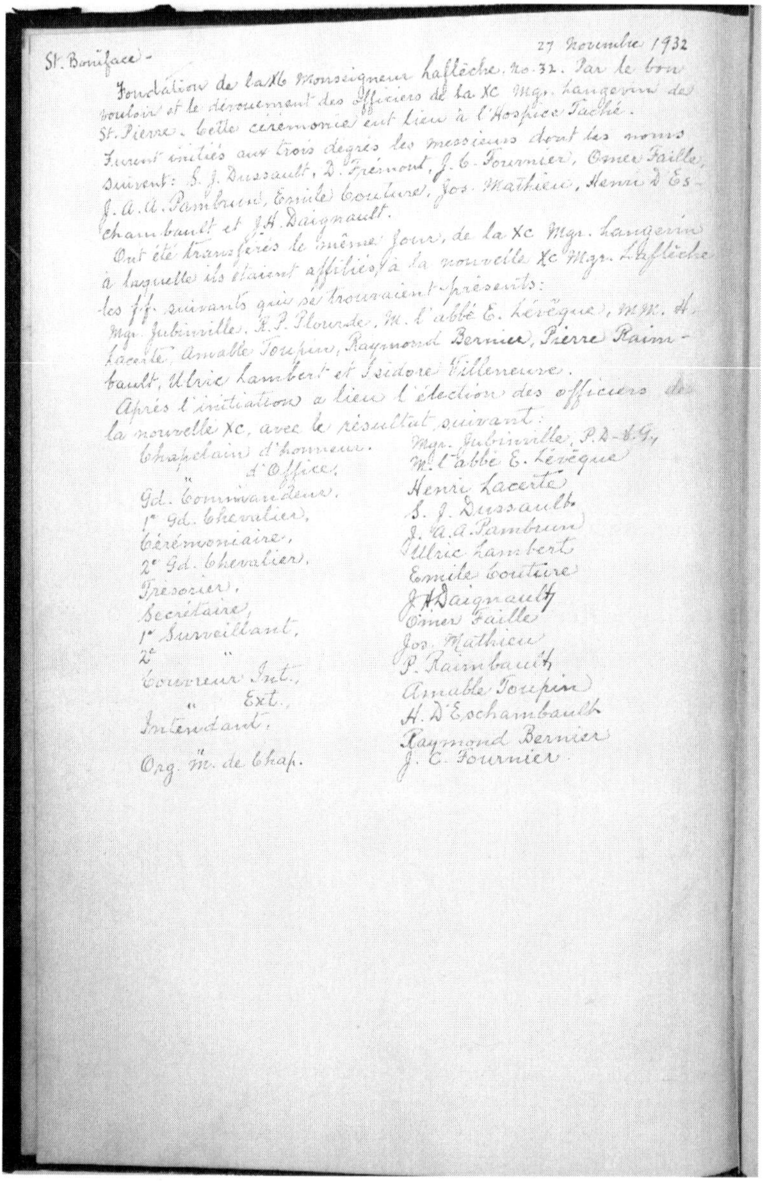
St. Boniface - 27 Novembre 1932

Fondation de la XC Monseigneur Laflèche no. 32. Par le bon vouloir et le dévouement des Officiers de la XC Mgr. Langevin de St. Pierre. Cette cérémonie eut lieu à l'Hospice Taché.

Furent initiés aux trois degrés les messieurs dont les noms suivent: S. J. Dussault, D. Frémont, J. C. Fournier, Omer Faille, J. A. A. Pambrun, Emile Couture, Jos. Mathieu, Henri D'Eschambault et J.H. Daignault.

Ont été transférés le même jour, de la XC Mgr. Langevin à laquelle ils étaient affiliés, à la nouvelle XC Mgr. Laflèche les ff. suivants qui se trouvaient présents: Mgr. Jubinville, R.P. Plourde, M. l'abbé E. Lévêque, MM. H. Lacerte, Amable Toupin, Raymond Bernier, Pierre Raimbault, Ulric Lambert et Isidore Villeneuve.

Après l'initiation a lieu l'élection des officiers de la nouvelle XC, avec le résultat suivant:

Chapelain d'honneur.	Mgr. Jubinville, P.D.-V.G.,
" d'Office,	M. l'abbé E. Lévêque
Gd. Commandeur.	Henri Lacerte
1er Gd. Chevalier,	S. J. Dussault
Cérémoniaire,	J. A. A. Pambrun
2e Gd. Chevalier,	Ulric Lambert
Trésorier,	Emile Couture
Secrétaire,	J.H. Daignault
1er Surveillant,	Omer Faille
2e "	Jos. Mathieu
Couvreur Int.,	P. Raimbault
" Ext.,	Amable Toupin
Intendant,	H. D'Eschambault
	Raymond Bernier
Org. M. de Chap.	J. C. Fournier

Les premières listes des membres assermentés de l'Ordre de Jacques Cartier à Saint-Boniface comprennent à peu près tout le leadership de cette communauté à l'époque. Ces premières listes remontent à 1932, 1933 et 1934. Elles se trouvent dans le fonds d'archives de Raymond Bernier au Centre du patrimoine à Saint-Boniface.

La Liberté révéla ses couleurs très rapidement dans le débat suscité par Vaillancourt. La semaine suivante, la rédaction (c'est-à-dire le rédacteur en chef Raymond Durocher, o.m.i.) blâma « les étrangers » d'apporter ces idées nouvelles et troublantes dans notre milieu. Le fait fondamental était que « nous résidons au Manitoba, et non pas dans le Québec, ni en France. Ceux qui préfèrent ces endroits n'ont qu'à aller y demeurer. » (*La Liberté*, 15 avril 1965). Plus tard, Rossel Vien exprima son scepticisme face à la tentative de Vaillancourt de classifier des idéologies franco-manitobaines (*La Liberté*, 6 mai 1965). Ailleurs, sous le pseudonyme « Farouche » (un de plusieurs qu'il utilisa dans ses écrits au *Courrier*), il admettait tout de même avoir une certaine admiration à l'endroit de Vaillancourt, affirmant qu'il fallait regretter son départ imminent (*Courrier*, 21 avril 1965).

L'Ordre de Jacques Cartier au Manitoba

Comme on a déjà pu le constater, la jeune génération, durant ces années-là, avait souvent le sentiment de vivre dans un carcan, imposé par quelqu'un, et notre cible, le plus souvent, était l'Église. Mais nous avons appris, longtemps après, que le carcan était bien plus réel que nous ne le croyions, et qu'il était incarné par l'Ordre de Jacques Cartier au Manitoba. L'OJC, ou « La Patente », société secrète exclusivement masculine fondée en 1926 par un groupe de fonctionnaires fédéraux, regroupait à son sommet au début des années 60 environ 40 000 membres dans plusieurs provinces, dont le Manitoba. Après sa fondation, l'OJC s'est étendu très rapidement aux autres régions du pays, y compris l'Ouest canadien. Son histoire a été racontée dans plusieurs livres et articles, plus récemment par Denise Robillard (2009) et j'en fais grâce au lecteur.

Il existait au moins une cellule locale au Manitoba, à Saint-Boniface. J'en connaissais personnellement l'existence, ayant été recruté moi-même dans ses rangs alors que j'étais encore au Collège en 1963 ou 1964 avec quelques camarades du Collège perçus sans doute comme membres de « l'élite de demain ». J'ai encore en ma possession les « Statuts des C.O.J.C. », un petit livret qui « est la propriété des C.O.J.C. ». J'avais sans doute le statut d'aspirant, je ne m'en souviens pas clairement ; de toute façon ce n'est que longtemps plus tard que j'ai pris connaissance de la disparition de l'Ordre en 1965. Cela expliquerait pourquoi il n'est jamais venu reprendre son livret. L'Ordre fut dissout avant même que je puisse apprendre qui en étaient membres à Saint-Boniface.

Sur le plan idéologique, on peut facilement caser l'OJC dans la première des catégories décrites par Vaillancourt, à savoir le « patriotisme religieux » ; mais l'influence de l'Ordre fut beaucoup plus pernicieuse sur le plan institutionnel. Ses membres étaient présents dans des rôles de direction dans à peu près toutes les institutions franco-manitobaines ; cela avait plusieurs effets, l'un et non des moindres étant l'exclusion des femmes et des jeunes. Comme l'écrivit Charles-Henri Dubé, un membre renégat de l'Ordre, dans le *Magazine Maclean* en mai 1963

> La véritable démocratie sera absolument impensable au Québec, tant que l'Ordre, constituant en quelque sorte un État dans l'État, s'emploiera à noyauter et diriger les conseils municipaux, les commissions scolaires, les organismes sociaux, les services administratifs, etc. (cité dans Robillard, 2009, p. 432)

On aurait pu dire exactement la même chose, *mutatis mutandis*, de la présence de l'Ordre au Manitoba. Tout ça pour dire que nous ne luttions pas contre des fantômes, idéologiques ou institutionnels, même si à l'époque cela nous semblait ainsi.

À Saint-Boniface, l'OJC fut formé en 1932 (Cercle local XC Mgr Laflèche n° 32) et un registre des membres fondateurs et de ceux qui y furent admis entre 1932 et 1934 se trouve dans le fonds Raymond Bernier au Centre du patrimoine (Boîte 532). Parmi les membres de la première heure se trouvent certains des dirigeants les plus illustres

Mgr Maurice Baudoux, archevêque de l'archidiocèse de Saint-Boniface, 1955-1974. (ASHSB-MSB0781)

de la communauté franco-manitobaine au xxe siècle, les Rév. P. O. Plourde, Mgr Jubinville, Henri Lacerte, Raymond Bernier, Émile Couture, J.-H. Daignault, Henri d'Eschambault, Camille Fournier, Donatien Frémont, Charland Prud'homme, Roland Couture, Louis Bétournay et Céleste Muller, pour n'en nommer que quelques-uns. Par la suite, bien d'autres membres furent recrutés, y inclus Mgr Baudoux lui-même, Alexandre Allaire, Georges Forest, J.-R. Doiron (chargé en 1954 de réorganiser l'Ordre à Saint-Boniface et dans la région, alors que quatre des cinq commanderies fondées dans l'Ouest, sauf « le groupe soutenu par Mgr Maurice Baudoux », étaient inactifs), (Robillard, 2009, p. 407), l'abbé Pierre Raymond, et René Rottiers (Archives de Mgr Baudoux et Musée virtuel francophone de la Saskatchewan, pour R. Rottiers). Denise Robillard mentionne également J.-A. Marion ; elle ajoute que « En 1943, les grands chanceliers de quinze commanderies du Conseil permanent de Montréal tiennent leur congrès à La Broquerie, au Manitoba. » (2009, p. 308). Mgr Baudoux en était déjà membre en 1940, alors qu'il était simple curé et secrétaire général de l'Association Catholique Franco-Canadienne en Saskatchewan ; il avait alors sollicité l'appui de l'Ordre sur un dossier impliquant Radio-Canada en s'adressant à sa chancellerie : « Puis-je compter que, lorsque nous vous enverrons la lettre, vous mettrez en branle l'Ordre ? Je vous demande cela bien que ce que vous nous avez offert de faire, dans le passé, garantisse l'avenir. » (Robillard, 2009, p. 307). Je n'ai pas pu trouver une liste complète des membres de l'OJC à Saint-Boniface au début des années 60, mais on peut présumer que bien d'autres noms de personnalités connues s'y ajouteraient.

Pour établir le lien entre la commanderie de Saint-Boniface et l'AÉCFM, dont il ne serait pas exagéré de dire qu'elle fonctionnait presque comme une antenne de l'OJC, il suffit de nommer quelques-uns des officiers élus de l'Association ou encore ses secrétaires généraux à diverses époques. En 1937, Henri Lacerte était président de l'Association et J.-A. Marion son vice-président, alors que le secrétaire général était J.-H. Daignault (lettre de Daignault à l'abbé D'Eschambault, 25 mai 1937; archives Baudoux, 298, 42/1363). En 1961, au moins quatre membres de l'OJC faisaient partie de l'exécutif de l'AÉCFM, soit H. d'Eschambault, Georges Forest, Camille Fournier et l'abbé Pierre Raymond (procès-verbal, réunion du 15 mars 1961, fonds AÉCFM, B. 231, 42/49). René Rottiers en fut secrétaire général de 1962 à 1966. En 1963, Henri d'Eschambault et René Rottiers sont deux des cinq membres qui assistent à une réunion du comité d'administration, le comité central de l'AÉCFM (procès-verbal, réunion du 12 janv. 1963; fonds AÉCFM, 42/99). En 1963, au moins cinq membres connus de l'OJC sont membres du Comité de direction de l'AÉCFM, soit Alexandre Allaire, Georges Forest, l'abbé P. Raymond, René Rottiers et Raymond Bernier (Exécutif, réunion du 15 mai 1963, fonds AÉCFM, B. 231, 42/55). Raymond Bernier et René Rottiers se retrouvent au comité d'administration (réunion du 10 juin 1963, fonds AÉCFM, 42/99). Au moins six membres connus de l'OJC assistent à la réunion du Comité exécutif du 10 juillet 1963, soit Mgr Baudoux, Alexandre Allaire, Raymond Bernier, Georges Forest, l'abbé Pierre Raymond et René Rottiers. En 1963 également, Raymond Bernier et Henri Lacerte sont nommés membres du Comité Spécial de Révision de la Constitution de l'AÉCFM (Fonds AÉCFM, dossier 69/40). Quatre sur six des membres du Comité de vie française de l'AÉCFM qui assistent à la réunion du 5 novembre 1963 sont membres de l'OJC, soit Georges Forest, Raymond Bernier, Alexandre Allaire et René Rottiers (AÉCFM, B. 231, dossier 42/56). Enfin, en 1965, on retrouve Raymond Bernier à la présidence de l'AÉCFM, alors que René Rottiers connaît des déboires en tant que secrétaire général de l'organisme, auxquels nous reviendrons plus loin (voir diverses pièces de correspondance, AÉCFM, dossier 1403/175). Mentionnons aussi, dans ce même contexte, que Roland Couture, membre de l'OJC, fut directeur-gérant du poste CKSB de 1949 jusqu'à l'achat du poste par Radio-Canada en 1973.

Quelle est l'importance de cette pénétration profonde de l'AÉCFM et d'autres organismes par l'OJC? Pour répondre à cette question, il faut se reporter à l'idéologie de l'organisme et à sa fonction dans la société franco-manitobaine. Là-dessus, les « Statuts des C.O.J.C. » sont très clairs, comme en font foi les extraits suivants :

> 3 – **But** – L'O. est une association à caractère national qui vise à former et grouper une élite militante, en vue d'atteindre, dans la discrétion, le bien commun spirituel et temporel des catholiques de langue française.
>
> 4 – **Devise** – *Dieu et Patrie.*
>
> 5 – **Protecteur** – Le Christ-Roi.

9 – **Aumôniers et religieux** – L'O. comprend des prêtres, en qualité d'aumôniers d'office et d'honneur, ainsi que des religieux. Les uns et les autres sont dispensés de l'initiation, de la taxe d'entrée et de la contribution, mais ils s'engagent à respecter le caractère secret de l'O.
21 – **Qualités requises** – Pour proposer quelqu'un comme membre d'une XC [cellule locale], il faut s'assurer qu'il est :
a) De langue française ;
b) Catholique romain pratiquant ;
c) Âgé d'au moins 16 ans ;
d) Domicilié dans le territoire de la XC;
e) En mesure de payer la taxe d'admission, la contribution réglementaire et les cotisations éventuelles ;
f) Disposé à prendre les engagements prescrits au Rituel.

Ainsi, nous avions en l'OJC un organisme qui partageait plusieurs des caractéristiques de l'Église catholique elle-même. Réservé aux hommes et organisé hiérarchiquement, il mettait la foi catholique en premier lieu et l'alliait étroitement à la cause française partout au Canada. Plusieurs pièces de correspondance dans les archives de Mgr Baudoux indiquent que l'OJC était en communication régulière avec l'archevêque et avec d'autres membres du clergé. Compte tenu de ces liens cléricaux étroits, et du personnage autoritaire qu'était Mgr Baudoux lui-même, il ne serait pas exagéré de conclure que l'OJC fonctionnait comme une espèce de courroie de transmission de la volonté de l'archevêque auprès des divers organismes noyautés par l'Ordre.

Enfin, il faut considérer la nature du catholicisme épousée par l'Ordre. Il y a toujours eu diverses tendances plus « libérales » au sein de l'Église, mais celles-ci ne furent jamais dominantes dans l'Église au Québec qui, au contraire, fut longuement dominée par les tendances ultramontaines et dogmatiquement rigides personnifiées par Mgr Ignace Bourget au XIXe siècle. Cette tendance était encore plus prononcée dans le petit milieu franco-manitobain, où elle était encore largement dominante au début des années 1960. Et où se situait l'OJC là-dessus?

> La question de la séparation de l'Église et de l'État discutée en Europe sous les pontificats de Pie IX et de Léon XIII touche le milieu canadien-français par la ligne de pensée conservatrice et par des hommes comme Louis Veuillot, fort prisé dans les collèges classiques qui éduquent alors les élites. Laissant dans l'ombre les dérogations autorisées par Rome, on ne retient que l'argument d'autorité. Le rejet du libéralisme anticlérical promu par la franc-maçonnerie pousse ces catholiques à se regrouper, retranchés dans des organismes confessionnels protecteurs. C'est cette ligne de pensée qui a prévalu au sein de l'Ordre de Jacques Cartier (Robillard, 2009, p. 390).

Et c'est cette ligne de pensée qui fut si fortement contestée par les jeunes blancs-becs du *Courrier*, qui avaient fait éclater ce débat idéologique au grand jour. L'enjeu, à leurs yeux, n'était ni plus ni moins la réinvention de la francophonie manitobaine afin de l'adapter aux défis contemporains. C'est dans cet esprit, et ignorant tout de cet éteignoir qu'était l'OJC au Manitoba français, que j'écrivais ces lignes un peu simplistes dans un des premiers éditoriaux du *Courrier*:

> Qu'est-ce qu'il manque aux Canadiens français de Saint-Boniface?
>
> Serait-ce le fait que la langue française soit associée à une tradition vieillotte, peu intéressante, et n'ayant aucun rapport avec le présent? La langue française est liée, dans l'esprit des jeunes surtout, à la restreinte et la banalité, alors que la langue anglaise est synonyme de liberté et de libre expression, ce qui a toujours curieusement fait défaut dans l'entourage français de St-Boniface (*Courrier*, 7 oct. 1964).

Indépendamment de la question religieuse, l'influence de l'Ordre garantissait en quelque sorte que l'AÉCFM ne pourrait jamais être pleinement démocratique, puisque tant de ses membres dirigeants étaient redevables à des forces occultes non imputables aux membres ordinaires de l'Association. L'analyse de Charles-Henri Dubé s'appliquait tout autant sinon plus au rôle de l'OJC au Manitoba français des années 1960.

Les batailles de papier

Deux articles, le « manifeste » du *Courrier* et l'analyse des idéologies de Vaillancourt, provoquèrent littéralement un torrent de lettres à la rédaction, de contre-analyses, de fulminations de toutes sortes et de toutes parts. En tant que rédacteur du *Courrier*, je publiais intégralement toutes les lettres reçues, en autant qu'elles ne soient pas diffamatoires, même si elles étaient anonymes. La première lettre en réponse à l'éditorial du *Courrier* était signée « Ami du Clerc » mais elle reflétait de toute évidence l'opinion des dirigeants de la communauté à l'époque. Un extrait suffira :

> Un bon catholique, n'est-ce pas un homme aimant son prochain, et non pas un haineux, un constructeur et non un démolisseur, une personne respectueuse de la hiérarchie et non pas un persécuteur ? Enfin, un bon catholique est celui qui croit que l'autorité vient de Dieu et que combattre cette autorité légitime, c'est faire œuvre du diable (*Courrier*, 7 avril 1965).

Dans sa réaction à l'éditorial, la rédaction de la revue de l'Archevêché *Les Cloches* reprenait le thème lancé par le père Durocher, à savoir qu'il ne fallait pas, à Saint-Boniface, se laisser tomber sous l'emprise d'idées étrangères : « Et puis ne pourrait-on pas espérer que si l'on veut mûrir en pays manitobain, que l'on cesse de trop se nourrir d'ailleurs, et d'imiter ! » (*Courrier*, 21 avril 1965). On peut tenir cette longue lettre comme étant la réponse officielle de l'Archevêché, ou au moins de l'élite religieuse d'alors.

CHAPITRE 2

La longue agonie de l'Association d'Éducation des Canadiens français du Manitoba

Comme nous l'avons vu, l'AÉCFM fut fondée en 1916 dans la foulée de la loi Thornton ; son but était de préserver l'enseignement en français, afin que la communauté francophone manitobaine ne disparaisse pas. L'Association réussit admirablement bien dans cette mission, souvent par entente informelle avec le ministère de l'Éducation (Voir Leblanc, 1968). En cela, le ministère reflétait la volonté des gouvernements successifs qui reconnaissaient tacitement que la minorité francophone au Manitoba avait des droits historiques que les autres minorités, arrivées depuis la fondation de la province en 1870, n'avaient pas. Le succès de l'Association se mesure en partie par le fait que les taux d'assimilation, c'est-à-dire la perte de la langue française chez les gens d'origine française, étaient très faibles jusqu'en 1961.

Au début des années 60, cependant, plusieurs forces, la plupart indépendantes de la volonté de la communauté francophone, convergeaient pour constituer une menace réelle et profonde à l'existence même de cette communauté. Ces forces s'appelaient urbanisation (le mouvement des francophones manitobains vers les villes, surtout Winnipeg), exogamie (les mariages dits ethniquement « mixtes »), montée des nouveaux média, surtout télévision et cinéma, agents puissants d'anglicisation surtout chez les jeunes, et, un peu plus tard, baisse dramatique du taux de natalité grâce à cette invention merveilleuse et libératrice que fût la pilule, invention qui par ailleurs mit fin à la revanche des berceaux en moins de 10 ans.

Tous ces changements sociaux appelaient une réaction urgente à l'échelle de leur ampleur de la part de la communauté. Toutes les générations, à l'époque, s'entendaient sur leur réalité, même si pour les plus âgés, ces changements étaient captés de façon plus existentielle et intuitive que chez les jeunes, formés en nombres grandissants avec les outils analytiques fournis par les sciences sociales. S'il y avait divergences d'opinions sur les causes et les effets de ces changements, ces divergences étaient bien plus prononcées que les remèdes à y apporter. Et c'est sur ce terrain que le conflit entre les générations éclata, un conflit accentué et compliqué par la remise en question de plus en plus ouverte de la religion catholique traditionnelle chez les jeunes.

Les différences de valeurs des deux groupes étaient tranchées au couteau. D'une part, il y avait les traditionnalistes, qui dominaient à l'époque toutes les institutions franco-manitobaines. Leur moyenne d'âge, qui paraissait très élevée à l'époque aux yeux des jeunes, ne l'était pas tellement en réalité, peut-être une cinquantaine d'années. Par contre, ce groupe était perçu comme étant élitiste, fermé et dominé par le clergé, ce qui était certainement vrai. La dominance du clergé était aussi parfois exagérée à l'époque, notamment par le *Courrier*, mais on peut certainement affirmer que les *valeurs* cléricales, c'est-à-dire de déférence du clergé dans tous les enjeux sociaux importants, dominaient dans ce groupe. Aussi, certaines tranches de la population, notamment les femmes et les jeunes, en étaient formellement exclues.

De l'autre côté, il y avait la génération montante. Surtout dans la vingtaine (et parfois même un peu moins), elle était peu nombreuse à l'époque et n'avait que peu d'outils institutionnels ou médiatiques à sa disposition. De plus, elle n'était pas organisée ni particulièrement cohérente, malgré l'impression que certains leaders traditionnels de l'époque tentaient de transmettre. Les membres de cette génération, du moins ceux qui se faisaient entendre, souvent très bruyamment, avaient néanmoins en commun certaines valeurs de fond : liberté d'expression, anticléricalisme (dans le sens de la « libération » des organismes de l'influence des prêtres sinon de leur présence physique dans ces organismes), une certaine irrévérence par rapport aux autorités, qu'elles soient religieuses ou politiques, et, du moins pour certains, une adoption des valeurs culturelles libératrices et universelles de l'époque, qui n'étaient pas vues comme étant nécessairement incompatibles avec la survie et l'épanouissement de la communauté francophone. (Le phénomène des boîtes à chanson et du 100 Nons sur lequel nous reviendrons est une manifestation de cette compatibilité.)

Les procès-verbaux de l'époque démontrent que l'AÉCFM était composée à peu près uniquement d'hommes (à quelques exceptions près, par exemple l'éducatrice traditionnaliste Élise Comte). On n'y comptait que peu de jeunes. Sur le plan de son idéologie, l'organisme était calqué plus ou moins directement sur celle de l'OJC. Sa constitution déclarait au tout début que

> 1 – En vue de conserver, de mieux vivre et de propager leurs traditions nationales, leurs mœurs et leurs coutumes particulières et d'assurer le développement de leur groupe catholique et français, les Canadiens-français du Manitoba sont organisés en association.
> 2 – Cette association a pour nom « L'ASSOCIATION D'EDUCATION DES CANADIENS-FRANÇAIS DU MANITOBA», et son siège est à Saint-Boniface.
> 3 – Toute personne de langue française, âgée de 18 ans ou plus, pratiquant la religion catholique et domiciliée dans la Province du Manitoba est de droit membre de l'Association.
> 4 – L'Exécutif peut aussi, sur demande, admettre comme membre de l'Association tout catholique dont l'époux ou l'épouse est de langue française.

La constitution prévoyait aussi que l'association était régie par le Congrès et un Exécutif choisi selon la procédure prévue lors du congrès. En réalité, cet exécutif est devenu très nombreux au cours des années 1960, avec le résultat que l'« exécutif » fonctionnait en réalité comme un conseil d'administration. Tout cela peut se déduire facilement par une lecture des procès-verbaux des divers comités de l'« Exécutif ». (Fonds AÉCFM). En réalité donc, nous avions un organisme structuré de façon hiérarchique, dirigé par un petit Comité d'administration se rapportant à un « Exécutif » plus large qui, à son tour, était élu à des congrès tenus tous les deux ans à compter de 1940. Exceptionnellement celui qui devait être tenu en 1958 a été retardé d'un an, mais par la suite les congrès ont eu lieu en 1959, 1961, 1963 et 1965, en plus des congrès régionaux tenus durant les années 60.

Au début des années 60, l'organisme a entamé une période d'évolution, lente au début mais s'accélérant rapidement au milieu de la décennie, pour aboutir finalement à sa disparition en 1968. Lors d'une réunion typique, le 7 septembre 1960, on retrouve un mélange d'anciens (Henri d'Eschambault) et de nouveaux (Lucien Guénette, le Dr André Lachance). Étaient présents également à cette réunion, trois membres du clergé (l'abbé A. Hacault, représentant l'archevêché, le père François Cousineau ainsi que le frère marianiste et administrateur scolaire Joseph Bruns).[1] Aucune femme n'y siégeait.

En 1961, la composition de l'exécutif avait changé (les mauvaises langues de l'époque auraient dit « régressé ») quelque peu. Par exemple, des 23 membres présents à la réunion du 11 janvier, sept étaient membres du clergé, soit un peu moins du tiers. À la réunion du 15 mars, après le congrès du 21 janvier, la proportion, incluant les deux visiteurs d'écoles, l'abbé Pierre Raymond et le Jésuite G. Ramaekers,

[1] Voir Chapitre 6.

atteignait carrément le tiers (9/27). Parmi eux se trouvait l'oblat Raymond Durocher, rédacteur-en-chef de *La Liberté*, dont le nom se retrouve souvent dans les procès-verbaux de l'AÉCFM. Toujours aucune femme.

Après le congrès, Léo Rémillard fut élu président de l'AÉCFM, et à la même réunion (le 8 février 1961) tous les postes de direction (vice-présidents, trésorier et présidents de comités) furent comblés, souvent par acclamation, par les 25 membres présents de l'exécutif. Une telle procédure contribuait sans doute à propager l'image d'un organisme qui prenait ses décisions importantes en secret et qui se partageait les postes par entente amicale. Le secrétaire général à l'époque était un jeune René Préfontaine.

Au début de 1962, René Préfontaine quitta son poste et René Rottiers, membre de l'OJC, fut choisi pour le remplacer. Il y a des indications que tout ne tournait pas rond à l'Association. Peu de temps après son arrivée en fonctions, Rottiers envoya une lettre à tous les membres de l'exécutif; cette lettre révèle à la fois l'existence de fortes tensions au sein de l'AÉCFM ainsi que les tendances idéologiques de Rottiers lui-même :

> Il est un fait incontestable, et presque de notoriété publique, que certaines dissensions sérieuses existent entre plusieurs membres de l'Association d'Éducation.
> Les fonctions que j'ai commencé à assumer peuvent me placer parfois dans des situations embarrassantes, dues à la flamme trop ardente, ou à un geste inconsidéré de l'un ou l'autre de nos membres.
> À cette flamme, je ne veux pas me brûler.
> Nous avons à nous acquitter tous ensemble d'une noble tâche : puissions-nous la mener à bien dans une entente parfaite, avec au cœur la conviction profonde que nous sommes des bâtisseurs de cathédrales, au service exclusif de Dieu et de notre langue, la plus belle et la plus harmonieuse de toutes (8 févr. 1962; AÉCFM B. 231, 42/52).

Le malheureux Rottiers devait se demander dans quel lac houleux il avait mouillé sa barque. Il ne pouvait même pas soupçonner à l'époque que ces vagues modestes deviendraient éventuellement une tempête qui l'engloutirait. D'ailleurs à la réunion du 14 février, où il fut présenté formellement à l'exécutif, le comité d'administration avisa l'exécutif que M. Rottiers avait été engagé à titre provisoire, et que ce comité examinerait les qualifications au titre de « candidat idéal » de deux autres candidats (Exécutif, 14 févr. 1962, 42/52). Avouons que comme mandat pour un nouveau secrétaire général, c'était un peu faible !

Une réunion spéciale de l'exécutif le 31 janvier 1962 nous donne d'autres indices quant au malaise qui secouait quelque peu l'organisme. Par exemple, il fut longuement question du « problème de la restructuration ». Finalement, l'exécutif tomba d'accord sur une suggestion d'Henri d'Eschambault proposant que l'on tienne une enquête genre « Commission Royale » qui serait menée par une personne de l'extérieur. On accepta une résolution pour retenir les services de l'éducateur ontarien Robert Gauthier « pour conduire une enquête sérieuse sur les structures de l'Association d'Éducation en particulier et sur la situation des franco-manitobains en général ». (Préfontaine à Gauthier, 8 févr. 1962, 42/52). Auguste Dansereau semble avoir été le premier à lancer l'idée d'un organisme « plus central », dont l'AÉCFM ne serait qu'un membre, « avec lequel elle assumerait la responsabilité de la destinée des Canadiens-français au Manitoba » et dont l'étude aurait fait partie du mandat de Gauthier (Exécutif, 14 févr. 1962, 42/52).

Ainsi on décida de tenir un congrès régional le 23 juin 1962 au village de La Broquerie. Le Comité du Congrès en précisa les raisons et en formula des objectifs :

> Nos forces vives sont disséminées. Elles sont éparses. Elles s'ignorent les unes les autres. Elles ne connaissent que les difficultés auxquelles elles se heurtent individuellement.

> Ces forces vives, il est impérieux de les réunir, pour qu'elles se rencontrent, pour qu'elles prennent conscience du nombre et de la qualité de leurs effectifs, pour qu'elles étudient et analysent conjointement la situation générale de la vie française au Manitoba, pour qu'elles avisent aux moyens de l'améliorer, pour qu'elles s'entendent enfin sur les dispositifs d'ordre pratique qui, une fois appliqués, assureront une certaine cohésion dans le maniement des armes, une continuité dans le gouvernement de notre bloc minoritaire.
> On constate partout la désaffectation progressive et effrénée dans laquelle sombre le français chez les jeunes, aussi bien de nos meilleures paroisses rurales que de notre ville.

Le point de départ, pour le comité, serait un questionnaire détaillé « qui porterait sur certaines facettes du comportement de nos effectifs français manitobains ». Le comité procéda à la longue élaboration du questionnaire, en commençant par « une assemblée des dirigeants spirituels des paroisses ». Ensuite, on visait la formation de « cellules restreintes » pour considérer

> point par point les questions nombreuses qu'on posait et dont les réponses réunies en faisceau dans chacune des paroisses, peindraient un tableau somme toute fort précis de l'état de santé de nos centres français.

Le comité réalisa tout ce travail, et constata que « dans certains paroisses, c'est une ébullition réelle qui a cours. Ailleurs, la marche est plus lente. »

Enfin, pour le jour même,

> L'Association d'Éducation prie le Seigneur de lui accorder un soleil radieux, afin que cette journée, couronnée par la présence de Mgr l'Archevêque et rehaussée par celle de tous les membres de l'exécutif, finisse par un feu de la Saint-Jean unique dans les annales de La Broquerie et du Manitoba français (*La Liberté*, 8 juin 1962).

Je ne sais pas si cette prière fut exaucée, mais de toute façon, le congrès régional eut lieu comme prévu. Cependant, seulement 117 personnes y participèrent, alors qu'au congrès général tenu le 21 janvier 1961 à Saint-Boniface, on en avait compté 327. Lors du congrès, il fut révélé que, suite à une initiative du frère Bruns et du père Raymond Durocher en tant que président du comité de liaison de l'AÉCFM, le ministre de l'Éducation Stewart McLean avait entrepris d'étudier « l'organisation, sur une base normale, des classes de Français dans les 1e, 2e et 3e années » (AÉCFM, 42/54).

Dans un rapport à l'Association canadienne des éducateurs de langue française (ACELF) le secrétaire Rottiers résuma les constats du congrès régional de cette façon :

> Il paraît évident que l'on assiste à une désaffection progressive du français comme véhicule de conversation chez les étudiants de Saint-Boniface, et que le cancer commence à ronger ceux de certaines de nos campagnes qui, nous l'espérions, resteraient impénétrables et invulnérables.
>
> Trop des nôtres, hélas, semblent ne pas se rendre compte des déficiences, de la difficulté qu'éprouvent les enfants à s'exprimer dans leur langue ; trop d'entre eux abdiquent devant l'ambiance américanisante qui règne dans la rue et s'implante dans les foyers.
>
> Le virus, beaucoup en deviennent de plus en plus convaincus, n'est pas restreint à l'influence américanisante de la T.V., de la radio ou d'autres organismes visuels ou auditifs, mais il est virulent au niveau des premières années du cours élémentaire où la part faite au français est exiguë : une heure par jour, parfois et souvent moins. TOUTES LES AUTRES MATIÈRES sont enseignées en anglais exclusivement, ce qui n'était pas le cas avant 1940. Si bien que trop de nos écoles, à toutes fins pratiques, sont des écoles nettement unilingues où on offre une courte leçon quotidienne de français. (Rottiers, « Rétrospective… », juillet 1961 au 30 juin 1962, AÉCFM, 42/54).

Ce congrès, grâce à la préparation méticuleuse qu'y mirent les organisateurs et malgré le nombre réduit de gens qui y participèrent, permit tout de même d'articuler les défis profonds auxquels la communauté franco-manitobaine se butait. Le secrétaire Rottiers souligna aussi le fait que ce congrès était « d'un genre nouveau et les discours, rapports et conférences y furent exclus pour permettre à la population de s'exprimer librement sur l'étude d'un questionnaire très détaillé portant sur l'état de santé de notre groupe français ». Cette nouvelle approche saute aux yeux lorsqu'on compare le bilan du congrès, tel que publié dans *La Liberté* du 29 juin 1962, au procès-verbal du congrès de janvier 1961, beaucoup plus formaliste et comme façonné pour exclure tout débat sur les questions de fond.

À *La Liberté*, le père Durocher s'était montré sceptique par rapport au nouveau format adopté pour le congrès régional. Dans un éditorial publié la semaine précédant le congrès, il souligna que « les pouvoirs législatifs et exécutifs d'un congrès régional sont loin d'être définis », d'où la formule « colloque » qui fut adoptée, qui ne mènerait qu'à des « souhaits » ou des « vœux ». Donc il fallait considérer le congrès de La Broquerie comme une expérience « pilote ». Le père Durocher remit en question la nature plus démocratique du congrès, soulignant qu'il se situait dans la nouvelle lignée de « la dynamique grégaire », genre « excessivement dangereux, qui permet à un petit groupe bien stylé de mener la foule, invisiblement ». Comme si la direction « invisible » donnée depuis des décennies directement ou indirectement par l'Archevêque, son clergé et ses acolytes de l'OJC étaient plus transparente ! Le père Durocher affirma enfin que le congrès était « au fond une réunion chrétienne [qui] se déroule sous la consigne du Concile Vatican II ».

Quelques éléments de grogne se manifestèrent lors des délibérations, qui se déroulèrent surtout en petits groupes réunis comme « commissions d'étude » (le père Durocher qualifia cette partie du congrès comme étant « invisible ou claire-obscure », surtout parce qu'il ne pouvait apparemment pas assister à toutes ces délibérations en même temps). Dans une des commissions, un groupe de Sainte-Anne affirma l'importance de visiteurs laïques et « d'une distinction entre nos activités pour fins religieuses et pour fins nationales ». Ce commentaire concernant les visiteurs d'écoles mérite une brève explication : les visiteurs effectivement étaient toujours membres du clergé, choisis par l'Archevêque mais rémunérés par l'Association. Ainsi, ils pouvaient facilement être perçus par les enseignantes locales comme représentant à la fois l'autorité ecclésiastique et l'autorité scolaire lorsqu'ils se présentaient à leur école. Une deuxième série de commentaires touchait les médias, notamment *La Liberté*. Le père Durocher ne digéra pas « la sotte suggestion émise par un congressiste à l'effet que 'le journal soit doté d'un rédacteur à l'âme française', comme s'il n'y avait pas de milieu entre une âme à la Satan et une âme à la de Gaulle », ajoutant que le rédacteur « 'se désâme' pour *La Liberté* depuis dix ans ». Il promit de revenir sur la question des médias dans les semaines à venir. Sur la question du bilinguisme, « il y eut souvent des confrontations fortes et acerbes » ; dans l'ensemble, « la majorité des parents et commissaires rejette l'idée d'une formation unilingue ». Enfin, un groupe de Lorette proposa un plan de réorganisation de l'Association.

Bref, on peut constater, même par le biais du reportage quelque peu confus du père Durocher, qui, selon son habitude invétérée, mêlait la description objective à des commentaires éditoriaux, le tout livré sur un ton moralisateur et autoritaire, que les divers courants de pensée dans la communauté franco-manitobaine, qui s'exprimaient peut-être pour la première fois de l'ère moderne en congrès ouvert, étaient suffisamment prononcés pour que Mgr Baudoux lui-même, à qui on avait demandé de résumer les activités de la journée, en confirmât l'existence. Dans les mots du père Durocher, Mgr Baudoux

> s'est attaqué de front à un problème actuel de la vie franco-manitobaine quand il a exhorté les 'pessimistes' et les 'optimistes', les 'traditionnalistes' et les 'nouvellistes' à articuler leurs efforts, en faisant valoir les deux aspects des situations qui se présentent, pour en retirer une action concertée pour le bien de la cause (*La Liberté*, 29 juin 1962).

Ses paroles tombèrent sur un sol franco-manitobain aride, assoiffé d'un discours réellement démocratique sans que ce petit peuple ne sache trop pourquoi il en était privé, et pour qui les vœux pieux ne suffisaient plus.

Le père Durocher ne revint jamais sur les critiques formulées par rapport aux médias au congrès de La Broquerie, mais il fut piqué par des commentaires semblables qu'il entendit à deux réunions subséquentes, l'une organisée par les Jeunes Franco-Manitobains (JFM) et l'autre sur l'avenir du Collège de Saint-Boniface, organisée pour le clergé. Dans son reportage sur la réunion du clergé tenue le 13 novembre 1962, le rédacteur fit ce commentaire :

> Le rédacteur se doit de souligner un petit point noir, puisque justement, au cours de son exposé, cet étudiant eut des mots durs et pessimistes à l'endroit de *La Liberté et le Patriote* qui, disait-il, manque de vivacité dans sa page éditoriale, pourrait offrir des articles plus adaptés et plus variés, devrait donner plus de directives, d'idées, de plans d'action.
>
> En entendant parler ce jeune, mardi dernier, le rédacteur se souvenait d'avoir entendu les mêmes accusations l'an dernier dans la même salle académique, lors d'une réunion des Jeunes Franco-Manitobains. Il avait alors répondu patiemment mais clairement aux objections et accusations, pour apprendre bientôt la source même de ces objections et accusations. Disons en passant que cette source est étrangère au milieu étudiant. N'est-on pas en droit de se demander si les grains semés par certains individus ont tellement contaminé les cerveaux que la guérison est rendue impossible. Les J.F.M. avaient applaudi les réponses données (*La Liberté*, 16 nov. 1962).

Le « jeune » en question, que le père Durocher ne daigna pas nommer, était Paul-Émile Leblanc, un étudiant en Philosophie I (2e année d'université) au Collège de Saint-Boniface. Il répondit du tac au tac. Soulignant que sa position au sujet du journal était « beaucoup plus nuancée que ne le suggère votre article », Leblanc ajouta qu'il avait lui aussi assisté à la réunion des JFM, et que

> vous interprétez assez personnellement l'attitude de ceux qui assistaient à votre conférence. Vous comprendrez aisément que nombre de mes confrères et moi-même avons le droit de penser autrement. En tout cas, à ma connaissance, je n'ai jamais lu ou entendu un exposé clair et satisfaisant de la ligne d'action de *La Liberté et le Patriote*.

Concernant les « cerveaux contaminés », Leblanc objecta :

> Si vous insinuez par là que les opinions exposées ne m'étaient pas personnelles, je vous réponds tout simplement que vous vous trompez. Il suffit d'une part de connaître de façon même élémentaire notre milieu et nos problèmes, et d'autre part, de savoir quelque peu le rôle d'un journal dans un tel milieu, pour soutenir des positions qui ressembleraient fort aux miennes.

Il ajouta que ses opinions n'étaient que les siennes, même si elles concordaient, en général, avec celles de plusieurs autres personnes (*La Liberté*, 22 nov. 1962).

Ainsi, à trois différentes reprises, lors de trois assemblées publiques importantes, le rôle du journal dans la communauté franco-manitobaine avait été remis en question, et à trois reprises le rédacteur Durocher refusa catégoriquement d'admettre qu'il y avait quelque problème que ce soit au journal, préférant blâmer certains conspirateurs mesquins (et anonymes) de ces commentaires désobligeants. C'est une attitude qu'il a maintenue durant toutes ses années à la direction de *La Liberté et le Patriote*, jusqu'à son départ du Manitoba à la fin de 1965.

À court terme, le congrès régional de La Broquerie semble avoir déclenché un débat interne au sein de l'exécutif de l'AÉCFM sur la nature des revendications de l'organisme auprès du gouvernement Roblin sur la question du français à l'école et sur la modification de la constitution canadienne qui était dans l'air à l'époque, notamment la proposition d'amendement constitutionnel présentée dans un premier temps par le ministre conservateur E. Davie Fulton et connue plus tard comme la formule Fulton-Favreau. Des étincelles éclatèrent au sein de l'exécutif. Comme pour attiser les flammes, le secrétaire Rottiers, dans son rapport préparatoire à la réunion du 14 novembre 1962, souligna « deux protestations distinctes » reçues au secrétariat de l'AÉCFM pour signaler « l'opposition de certains inspecteurs à l'enseignement du français dans les trois premières années scolaires », suite à l'annonce permettant cet enseignement par le ministre Stewart McLean. Ces protestations provenaient de la Division de la Montagne et de la Division de la Rivière-Rouge. Le frère Bruns fut chargé d'enquêter. Celui-ci, dans son rapport à l'exécutif, rapporta avoir conseillé à une religieuse de Saint-Pierre de « diminuer la période de français pour 'balancer' l'anglais ». Décidément chez certains à l'AÉCFM le « bonententisme » l'emportait sur la survie.

Dans ce même rapport, pour lequel Rottiers avait obtenu l'accord du recteur du Collège, le père Guy Fortier, et des deux visiteurs d'écoles et en avait envoyé secrètement l'extrait pertinent à Mgr Baudoux à Rome (Rottiers à Baudoux, 10 nov. 1962, fonds Baudoux), le secrétaire lança une bombe, affirmant qu'il fallait « rétablir le français comme langue première, et donc comme langue d'enseignement dans nos écoles, l'anglais devenant une langue seconde... » et recommandant que l'exécutif s'engage à viser comme objectif la situation scolaire qui prévalait en 1867 et en 1870 à savoir

> le maintien des écoles séparées et la reconnaissance du français comme langue d'enseignement, au même titre que l'anglais, selon qu'il s'agisse d'écoles fréquentées par des élèves d'origine francophone ou anglophone.

Rottiers proposait en plus que, suite à une étude par un comité spécial compétent, cette position soit ensuite véhiculée auprès des autorités fédérales et provinciales ; il était aussi recommandé que l'AÉCFM rencontre les associations d'instituteurs, de parents et maîtres et de commissaires francophones et catholiques pour tenter de les convaincre de l'urgence de passer à l'action. L'approche aux gouvernements devrait être modérée mais ferme ; cependant, en cas de refus, « je ne verrais d'autre solution que de déclarer la guerre ». Il est à noter que le texte de Rottiers confondait, comme c'était toujours le cas à l'époque, écoles séparées (catholiques) et écoles françaises. À la réunion elle-même, le secrétaire nota laconiquement que « ce point du rapport suscite une discussion assez vive ». Le procès-verbal continue :

> Mlle [Élise] Comte et M. [Marcel] Lancelot pensent que les facteurs d'anglicisation se situent davantage dans le milieu familial qu'à l'école, tandis que d'autres membres, sans mésestimer l'influence de la famille, pensent que l'ambiance de nos écoles, et l'insuffisance du français dans l'enseignement des matières scolaires, prédisposent tout naturellement les élèves à un mode de pensée et à une mentalité anglaise (AÉCFM, 42/54).

Ainsi était lancé un grand débat entre un groupe qu'on peut appeler les « frileux », qui au fond préconisaient le statut quo par crainte de se mettre à dos les autorités scolaires par des prises de positions jugées « extrêmes », et d'autres qui s'inquiétaient de plus en plus de la situation globale des francophones manitobains face à l'anglicisation et qui voyaient l'école comme un outil primordial dans le maintien de la langue et la culture françaises.

La question fut référée au Comité de Fonctionnement Scolaire, qui se réunit pour étudier le rapport Rottiers le 26 novembre 1962 (AÉCFM, 42/76). Le comité répondit spécifiquement à la recommandation principale de M. Rottiers en ces termes :

> À ceci nous sommes obligés de répondre que présentement la loi scolaire ne permet pas qu'on enseigne en français les autres matières du programme scolaire. De plus nos élèves doivent écrire en anglais les examens du Département. Que feront nos élèves qui déménageront dans des centres anglais ? Les parents en général s'objecteront à un enseignement uniquement en français. Nous

vivons au Manitoba et nos classes contiennent aussi des élèves de langue anglaise.
Cependant, le Comité d'Enquête pourrait exploiter la possibilité de faire changer la loi scolaire et insister qu'au moins une autre matière, telle que l'histoire, puisse être enseignée en français.

Le grand débat autour de la nature des « écoles françaises », qui avaient existé jadis dans l'illégalité de 1916 jusqu'au début des années 40 mais qui avaient été peu à peu remplacées par des écoles effectivement anglaises pour les élèves franco-manitobains, fut lancé au début des années 1960. Ce débat, qui déchira profondément la collectivité franco-manitobaine, ne fut résolu définitivement qu'en 1994 avec la création de la Division scolaire franco-manitobaine. Précisons déjà ici (nous y reviendrons plus loin) que l'enseignement en français au Manitoba était illégal à compter de 1916 et ne redevint légal qu'en 1970; cependant, pendant plusieurs décennies après 1916, des éducatrices et éducateurs francophones, souvent membres de communautés religieuses, continuèrent à enseigner en français dans l'illégalité, tendance qui s'estompait déjà durant les années 40 en faveur d'un enseignement de plus en plus anglais.

D'autres incidents défavorables aux élèves francophones abondaient. À la réunion du 16 janvier 1963, le secrétaire Rottiers rapporta que lors d'une soirée récréative organisée le lendemain de Noël au Gymnase Notre-Dame à Saint-Boniface pour les élèves des 10e, 11e et 12e année des Instituts collégiaux Saint-Joseph et Provencher, on avait interdit aux maîtres de cérémonie de parler français. Le responsable de la consigne, « un membre du personnel enseignant de l'Institut Collégial Provencher, de nationalité et de langue étrangères », leur laissa entendre que s'ils le faisaient, « ils couleraient leurs examens ». Le frère Bruns regretta « la publication de ce rapport » et n'en nia pas la véracité mais expliqua que « le professeur en cause n'est pas arrivé au pays depuis très longtemps,» et donna l'assurance que de tels incidents ne se produiraient plus. Marcel Lancelot regretta lui aussi « la publication des faits » et rassura l'exécutif des « bonnes intentions du Frère concerné ». D'autre part, l'exécutif entendit un rapport du secrétaire qu'il y avait « défense de parler français à l'école de garde-malades de St-Boniface ». Le Dr Georges Sabourin, qui fréquentait quotidiennement l'hôpital de Saint-Boniface,[2] décrivit la « lutte continuelle qu'il doit y livrer pour obtenir du français ». De plus, le Dr Sabourin trouvait souvent des infirmières francophones qui dissimulaient leur identité, craignant que cela puisse nuire à leur carrière (AÉCFM, B. 231, 42/55).

Dans la foulée du rapport Rottiers, et de la réaction officielle craintive de son Comité de fonctionnement scolaire, l'abbé Pierre Raymond lança une deuxième bombe, sous forme d'un texte de 7 500 mots faisant 13 pages. (Il est à noter que les deux hommes étaient membres de l'OJC, comme quoi l'Ordre ne semble pas avoir eu de direction claire sur la question scolaire.) En réalité, ce fut le chant du cygne de l'abbé Raymond, qui avait passé cinq ans au service de l'AÉCFM à compter de 1958 en tant que visiteur d'écoles. Vu d'une perspective franco-manitobaine du début du XXIe siècle, ce document est non seulement prescient mais même visionnaire. Fort de son expérience sur le terrain des écoles « françaises » de l'époque, de ses constats empiriques et de ses puissants talents d'analyse et de rédaction, Pierre Raymond saisit brillamment la problématique scolaire et formula les éléments de solution radicaux mais essentiels qui s'imposaient, et ce alors que peu de gens, ni à l'Association ou ailleurs, réussissaient à comprendre complètement l'ampleur de la crise, et encore moins à imaginer les moyens qu'il fallait prendre pour y remédier :

[2] Institution fondée par les Sœurs Grises, arrivées à Saint-Boniface en 1844 du Québec mais ayant perdu depuis longtemps leur mission linguistique, du moins en ce qui a trait à cet hôpital, à l'époque dont il est question dans notre récit.

Le problème de l'anglicisation se pose de façon aiguë au Manitoba français.

Je soutiens que l'école, plus précisément, le système scolaire tel que nous l'avons un jour adopté, nous, Canadiens-français, porte le gros poids de la responsabilité de l'anglicisation de la génération actuelle des étudiants aussi bien que de celle qui l'a précédée.

Nous devons rejeter le système en cours et le remplacer par celui que nous avions gardé envers et contre tout, de 1916 à 1945 environ, si nous ne voulons pas périr.

Comment veut-on que la tournure d'esprit de nos étudiants, sans parler de l'exiguïté de leur vocabulaire ni de la misère syntaxique de leurs phrases, soit autre qu'anglaise, si, dès la première année de classe, l'emploi de la langue française est confiné à l'intérieur des limites étroites de l'heure (parfois de la demi-heure, assez souvent des quarante-cinq minutes) où on enseigne la matière de français ? Alors que tout le reste sera en langue anglaise, soit durant quatre heures ou plus tous les jours ? (Sans parler des devoirs à la maison.)

Est-il alors concevable que l'élève normal puisse émerger français, dans son esprit et dans son cœur, de cet océan profond, sauvé de cet abysse ?

Pendant douze années on soumet les élèves à un régime qui leur fait apprendre, mettons, cinq cent mots français par année, contre 2000 mots anglais (nos propres enfants ne savent pas faire une seule opération mathématique en leur langue, ignorent tous les termes géographiques en français, ne reçoivent aucun élément de science en français, etc.). C'est un régime qui les familiarise avec la tournure de phrase et avec l'expression anglaise dans une mesure qui quadruple ce qui leur sera possible d'acquérir en français.

Je suis en droit de supposer que le laisser-aller s'est emparé de notre être collectif, la fatigue qui s'accumulait imperceptiblement nous faisant lâcher prise sur notre destin, et que la métamorphose s'acheva à coups de détails, une matière jadis enseignée en français passant à l'anglais, sous le prétexte trompeur que, nos élèves comprenant tous l'anglais, pourquoi s'évertuer, à même un bouquin anglais, à en donner à voix haute des explications en français ?

Enfin, sur ce premier point 'le français à l'école', je dirai que si l'Association se sent le courage collectif de renverser sa politique d'atermoiement, elle rétablira, pour sa part, la tradition qui fit sa gloire première.

Bref, je suis d'avis que l'école joue, en 1963, un rôle décisif et prépondérant dans l'anglicisation systématique de nos étudiants canadiens-français.

Qu'en est-il maintenant de la famille ? Faut-il l'absoudre de tout blâme ? Je préférerais laisser les parents eux-mêmes scruter le problème et nous livrer leur réponse. C'est eux qui se trouvent aux prises avec lui, et qui, ayant perdu tout contact vital avec l'Association d'Éducation, se croient seuls pour livrer la lutte à l'envahisseur.

J'ai pu constater que le cœur français palpite dans nombre de foyers, même dans ceux qui, faute de directives et de mots d'ordre qu'ils eussent désiré recevoir, n'ont pas fermé la porte à l'intrus. D'autres ont opposé une résistance acharnée, plus héroïque encore parce que plus isolée.

Nos commissaires n'ont pas manqué de me signaler la présence d'élèves anglophones dans leurs écoles. Voici un problème réel. Mais l'existence du problème ne justifie pas que l'on sacrifie partout des classes complètes à deux ou trois petits dieux, sous prétexte de charité. Dans toutes les écoles que visitent mon collègue et moi, il est bien clair que notre groupe constitue la majorité, très substantielle dans la très grande partie des cas.

En reprenant les rênes de notre vie culturelle et nationale, fièrement, une quantité d'obstacles seront vite surmontés.

Partout il y a du bouillonnement. Partout la fièvre monte. Si je sers de catalyseur, je m'aperçois que je le suis parce que les éléments à catalyser y sont, que je n'ai pas à les créer, pas même à les réveiller.

L'abbé Raymond conclut son rapport avec une résolution en trois temps, à savoir que l'exécutif de l'AÉCFM

- appuie de toutes ses forces et par tous les moyens à sa disposition, les Commissions scolaires canadiennes-françaises qui voudront redonner à la langue française la seule place qui lui convienne dans l'enseignement, la première ;

- les assure de son plus entier concours dans la préparation et la présentation des requêtes qu'elles pourront juger bon de faire auprès des autorités provinciales;
- et leur indique les éléments de solution à cette crise d'anglicisation endémique, quelles que soient les difficultés qui pourraient surgir au cours de l'application des directives qui leur seront données ou qu'elles estimeront nécessaires de s'imposer.

(extraits sélectionnés du « Rapport du visiteur », sans auteur indiqué ni de date, rédigé par l'abbé Pierre Raymond, discuté lors d'une réunion spéciale de l'exécutif le 30 janvier 1963. Fonds AÉCFM, 42/99, p. 458-70).

Le père Durocher s'insurgea contre le rapport de l'abbé Raymond avec son propre texte de quatre pages, également distribué avant la réunion du 30 janvier. Selon lui, « plusieurs parties du rapport à l'étude sont de nature à causer un tort immense au prestige de l'Association et au progrès de la vie franco-manitobaine ». Il dénonça « les phrases injustes, ingrates, inexactes, irréfléchies et intempérées où il est question de l'activité de l'Association auprès du gouvernement provincial », rappelant que dès ses débuts en 1916 l'Association avait dénoncé « un nommé Dumas » pour avoir justement préconisé de telles prises de position. S'adressant à l'abbé Raymond, le père Durocher demanda « comment ose-t-on aujourd'hui traiter notre aile diplomatique de trahison, d'atermoiement, d'illusions ? » puisque « la résistance habile a été le prix des immenses concessions qui ont été arrachées [au gouvernement] ». Finalement, il toucha le nœud du conflit idéologique qui se dessinait, citant le frère Taillon qui avait écrit : « Un milieu plus ou moins anglicisé et anglicisant annule fatalement l'influence francisante de l'école ». Or au Manitoba, « le milieu ennemi est avant tout la région métropolitaine, l'urbanisation des Franco-Manitobains ». Et le père Durocher d'ajouter :

> Notre problème scolaire le plus pressant se trouve alors dans les écoles publiques et paroissiales de St-Boniface et de Winnipeg.

Que peut-on y faire de plus ? Ce sont précisément les endroits où la solution unilingue serait la plus utopique.

Les positions des deux groupes en opposition, les « activistes » scolaires qui voyaient la communauté en pleine crise comme l'abbé Raymond, d'une part, et les éducateurs et d'autres « frileux » qui craignaient de se mettre à dos les inspecteurs d'écoles et le ministère de l'Éducation si l'on insérait trop de français à l'école, d'autre part, étaient ainsi bien définies. Les uns voyaient l'école comme facteur principal d'anglicisation, alors que pour les autres, la famille, aux prises avec des courants de pensée contemporains incontournables, était principalement responsable de la situation. Au fait, les deux facteurs jouaient dans le processus d'anglicisation, la différence étant que le premier était susceptible d'une action délibérée et concertée par la communauté franco-manitobaine alors que le second ne l'était pas, relevant par définition du domaine privé.

Le moins que l'on puisse dire de la réunion spéciale du 30 janvier, convoquée pour discuter du rapport de l'abbé Raymond, est qu'elle fut passionnée et houleuse. Le débat débuta par une sorte de rétrospective de l'éducation française au Manitoba, et les témoignages fusèrent de toutes parts. L'abbé Raymond, citant en exemple l'Académie Saint-Joseph, affirma qu'entre 1916 et 1945 environ « les matières scolaires étaient expliquées en français, à même les manuels anglais ». Auguste Dansereau rappela qu'en 1939, lorsqu'il enseignait, « toutes les matières scolaires étaient expliquées exclusivement en français aux élèves canadiens-français ». Étienne Bohémier, qui avait enseigné de 1942 à 1946 à Sainte-Anne, « enseignait tout en français l'après-midi. La langue anglaise n'était utilisée que durant la matinée ». Un programme d'études émanant du Comité de Fonctionnement Scolaire et datant probablement de l'année 1940 ou 1942 « donnait encore pour consigne au personnel enseignant d'enseigner les matières anglaises en français ». L'abbé Maurice Deniset-Bernier, visiteur d'écoles de 1948 à 1953, constata le virage vers l'anglais dès 1948. Fort de ces témoignages, on conclue d'emblée qu'entre 1916 et 1945 environ, « la langue d'enseignement utilisée pour enseigner aux Canadiens-français était le français ».

Après ces quelques constats, la discussion s'envenima, révélant des différences idéologiques profondes. D'un côté, un certain nombre de membres de l'exécutif semblent s'être rangés, plus ou moins timidement, du côté de l'abbé Raymond ou au moins de son analyse. Plusieurs des ténors, cependant, critiquèrent fortement soit le ton du rapport de l'abbé Raymond, soit son contenu, ou les deux. René Préfontaine proposa que l'on vote sur les recommandations du rapport ; et au dire du secrétaire,

> Cette suggestion s'évapore dans le feu oratoire qui se rallume aussitôt, et qui met aux prises M. l'abbé P. Raymond avec plusieurs membres, notamment le R.F. J. Bruns, M. le juge A. Monnin, et le R.P. R. Durocher qui pensent que le rapport de M. l'abbé P. Raymond doit être changé radicalement et qu'il constitue une critique de la politique suivie par l'Association d'Éducation depuis ses débuts.

Le père Ramaekers posa la question :

> Il s'agit de savoir si la survivance de la langue française au Manitoba, et la culture française sont menacés ? Si oui, c'est le premier devoir de l'Association d'Éducation d'y voir.

En réponse à certains commentaires, notamment de la part de Mme Comte, comme quoi le milieu familial était prépondérant et que les familles s'anglicisaient rapidement, le père Ramaekers rétorqua que, de par des études et son expérience personnelle au cours de nombreuses années d'enseignement, l'influence de l'école sur l'enfant est prépondérante. De son côté, le père Durocher souligna que l'approche préconisée par l'abbé Raymond mettrait à risque

> les « privilèges » que nous a accordés le gouvernement, et qui nous donnent carte blanche dans les trois premières années, où le français sera enseigné officiellement dans trois ans au grade 3, dans quatre ans au grade 2, et dans cinq ans au grade 1.

Dans un témoignage déchirant reflétant des émotions vives provoquées par le débat, non seulement au sein de l'exécutif mais aussi dans la communauté enseignante en général, Mme Comte souligna que « les instituteurs sont déprimés de la situation actuelle, et qu'il semble à plusieurs qu'un système d'inquisition est dirigé contre eux ».

Enfin, René Préfontaine, devenu directeur général de l'Association des commissaires d'écoles du Manitoba après son séjour comme secrétaire de l'AÉCFM, craignait que « si le rapport [de l'abbé Raymond] était accepté tel que proposé, les Commissions Scolaires concernées ne s'exposent à perdre les octrois du gouvernement » (AÉCFM, B. 231, 42/55).

En fin de compte, l'exécutif résolut de mettre fin au débat en se fiant aux recommandations du Comité de Fonctionnement Scolaire, qui ne demandait au gouvernement que d'autoriser l'enseignement d'une deuxième matière en français. Il était tout de même recommandé que l'étude du rapport de l'abbé Raymond « continue ». Par la suite, l'abbé Raymond écrivit au président de l'AÉCFM, Léo Rémillard, offrant sa démission comme visiteur d'écoles :

> Je réalise fort bien que ma présence au sein de l'Exécutif peut constituer l'entrave à cette entente [entre les membres de l'exécutif]. Si c'est le cas, je ne voudrais pas que vous hésitiez à demander mon exeat à mon archevêque. La cause vaut plus qu'un homme, et je n'ai pas la prétention d'imposer mes vues et convictions à quiconque (Raymond à Rémillard, 5 févr. 1963, AÉCFM, B. 231, 42/55).

L'abbé Raymond eut gain de cause, cependant, alors que l'exécutif adoptait son rapport avec une ou deux modifications mineures.

Le texte du père Durocher subit une critique plus sévère, si l'on se fie au procès-verbal, plusieurs membres se portant à la défense de l'abbé Raymond. L'exécutif donna suite également à la proposition centrale de l'abbé Raymond, à savoir la mise sur pieds d'un comité pour « étudier la situation du français à l'école », sous la présidence d'Albert Vielfaure (20 févr. 1963, AÉCFM, B. 231, 42/55).

On accorda aussi la parole à l'abbé Raymond au congrès général de l'AÉCFM le 4 mai 1963. Fort de ses victoires à l'exécutif, il n'était ni penaud ni pénitent, reprenant les éléments principaux de son argument :

> N'enseigner que le français et le catéchisme en français ne nous satisfait vraiment pas. Parce que la portion est nettement insuffisante, voilà tout.
> Tous sont d'accord sur l'existence de la maladie qui mine notre jeunesse étudiante, à savoir, l'anglicisation. Mais le débat s'est engagé dès qu'il a fallu en coincer la cause et en attribuer le blâme, qui en rendait responsable avant tout le foyer, qui faisait du système scolaire le bouc émissaire principal. Je me suis rangé sans componction parmi les tenants de cette dernière théorie.
> Il me semble toutefois qu'il y a moyen, qu'il y a même lieu, entre frères voués à la Cause, de construire un pont entre ces antinomies apparentes. Voici donc ce que je nous propose :
> Par esprit de concorde chrétienne et catholique, et pour atteindre ensemble au but si ardemment désiré de tous, qu'il soit résolu que ceux qui soutiennent que le foyer doit d'abord être revivifié si l'on veut aboutir à quoi que ce soit de solide, d'efficace et de permanent, consentent tous les efforts et s'imposent tous les sacrifices, pour refranciser l'école en son essence, i.e., en faisant du français la langue maîtresse de l'enseignement des matières du curriculum officiel de la province. Que ceux qui, au contraire, voient d'abord dans le système qui prévaut la pierre d'achoppement de toutes nos autres tentatives, s'évertuent à trouver les moyens les plus efficaces pour refranciser les foyers en voie d'étouffer les derniers vestiges de la présence française (fonds de l'abbé Raymond, B. 1359/152).

Il faut souligner toutefois, comme le fait Léo LeTourneau (1977), que ce débat avait une de ses racines dans le rôle changeant du personnel enseignant dans la société franco-manitobaine :

> During the fifties, teachers, once the cornerstone of "la survivance", were bypassing the AECFM and addressing themselves more and more to the Department of Education. The Department was assuming an increasing degree of responsibility in the area of French education. A number of factors may have contributed to this state of affairs. Salaries had become a contentious issue. Father Belcourt, a school inspector for the AECFM, had told the Association executive in 1952 that twenty teachers had accepted positions in English schools because of better remuneration. (Leblanc, 1968) Moreover, teaching in « French » schools, which usually meant additional work and benevolent services, was less attractive to the lay teachers. Finally, the teaching force was also changing in composition, admitting a greater number of lay teachers. (p. 42)

Quoi qu'il en soit, l'intervention de René Rottiers du 14 novembre 1962, et celle, majeure et publique, de l'abbé Pierre Raymond, semblent avoir été les premiers appels de l'ère moderne à la création d'écoles intégralement françaises au Manitoba.

Quelques pas timides vers le renouveau

Autre signe qu'un certain changement était dans l'air, le congrès général du 4 mai 1963 renouvela quelque peu l'exécutif, alors que, sur 46 membres, 18 étaient nouveaux. Selon la pratique de l'époque, le nouvel exécutif se partagea les postes lors de sa réunion inaugurale du 15 mai 1963. Auguste Dansereau fut élu président général à l'unanimité, Raymond Bernier premier vice-président, également par acclamation. Bernier succéda à Dansereau à la présidence de l'organisme en 1964. Il y eut élection pour le poste de deuxième vice-président, et Antonio Vielfaure l'emporta. Émile Pelletier fut élu trésorier. Dans son discours inaugural, Auguste Dansereau admit que l'exécutif n'avait pas donné suite aux recommandations des visiteurs d'écoles, mais ajouta que l'analyse du professeur Gaston Dulong dans une enquête sur la situation scolaire au Manitoba (voir plus loin), semblait aller dans le même sens que celle des visiteurs : « c'est par l'école que nous allons garder notre français ». Il fut applaudi chaudement.

Le 15 mai également, l'exécutif prit connaissance de la démission du père Durocher en tant que membre du comité de liaison, celui-là même qui avait négocié avec le ministre de l'Éducation l'entente sur l'enseignement du français aux trois premiers niveaux primaires, signe sans doute qu'il n'avait pas digéré les critiques des membres de l'exécutif à l'endroit de son texte sur l'éducation (AÉCFM, B. 231, 42/55). Le rejet de sa position minimaliste sur le français fut confirmé à la réunion suivante, alors que l'exécutif s'engagea à « appuyer la commission scolaire de Richer dans son désir d'enseigner presque totalement en français dans les grades 1, 2 et 3» ; le père Durocher vota contre cette proposition, affirmant « qu'on va un peu vite en besogne ». Les tensions entre le père Durocher et l'AÉCFM éclatèrent au grand jour plus tard durant cette réunion, alors qu'on lui reprocha d'avoir refusé de publier un communiqué de l'Association. Il s'engagea finalement à publier tout communiqué « qui portera l'approbation écrite du Comité de Publicité ». On lui demanda formellement de formuler cet engagement par écrit (AÉCFM, B. 231, 42/99). Tout cela démontre, évidemment, que les vieux consensus commençaient à craquer un peu partout.

La réunion du 10 juillet 1963 fut toute aussi houleuse, à la suite de la publication d'un article du *Winnipeg Free Press* intitulé « Victory for Extremism », dans lequel on dénonçait ce qui semblait être une poussée en faveur d'un nouveau radicalisme à l'intérieur de l'AÉCFM:

> Today the French-Canadian association is at the crossroads. Will it continue to exercise discreetly the major responsibilities of

educating its people with the unofficial blessing of the Government Department? Or will it find it necessary to break openly with the rest of the people of this province?
Since May 4, indications are that it is moving inexorably toward the second course. At least one member of the executive is ready to resign because he will not be associated with 'those fanatics.' Already the department of Education is being warned that the rapport of nearly 50 years with the association is breaking down (cité dans le procès-verbal du 10 juillet 1963, AÉCFM, B. 231, 42/56).

Les récriminations commencèrent immédiatement, le président Dansereau lui-même affirmant qu'« il y en a chez les nôtres qui nous tapent dans le dos » ; aucun nom n'est mentionné, mais il semble clair qu'on visait le père Durocher, qui s'était fait excuser de la réunion, et dont les opinions étaient reflétées dans l'article. D'ailleurs l'importance de la réunion était soulignée par la présence de Mgr Baudoux lui-même.

Plus tard, le Dr F.-P. Doyle y présenta une résolution qui tentait de délimiter un terrain mitoyen dans le débat, entre l'école complètement française d'une part et une position plus « raisonnable » et politiquement viable de l'autre. Sa résolution visait à appuyer les « grandes divisions scolaires » francophones récemment établies dans leur démarche auprès du gouvernement à savoir que l'usage du français comme langue d'instruction soit permis, que des jardins de l'enfance « bilingues » soient permis, selon les besoins des enfants, que l'on enseigne un cours de français à tous les niveaux scolaires de la première année à la 12e, et enfin que l'on permette l'enseignement des études sociales en français à tous les niveaux scolaires, « lorsque les circonstances le permettent ».

Mgr Baudoux ouvrit la discussion en révélant que le Dr Doyle lui avait remis son texte avant la réunion et que ce dernier avait l'intention de le présenter au gouvernement avec ou sans l'appui de l'Association. Mgr Baudoux exprima le souhait « que cette démarche puisse se faire en esprit de collaboration, et en présentant un front commun ». Il craignait une déclaration qui viendrait confirmer les opinions exprimées dans le *Free Press* et qui pourrait effectivement réduire le prestige de l'Association. Il ajouta qu'il y avait urgence, puisque les commissaires d'écoles devaient connaître la position de l'Association avant septembre. En fin de compte, l'exécutif décida de convoquer une réunion spéciale pour étudier la résolution du Dr Doyle à laquelle tous les intervenants francophones concernés (parents, commissaires, enseignants) seraient invités. Cette réunion fut fixée pour le 18 juillet 1963 (AÉCFM, B. 231, 42/56).

Une quarantaine de personnes, dont trois députés libéraux incluant le chef de l'opposition Gildas Molgat, assistèrent à cette réunion. Le président Dansereau rappela que la résolution du Dr Doyle ressemblait à peu de choses près à une résolution adoptée au congrès général du 4 mai. Le débat porta tantôt sur la nature même de l'école « française » (devait-elle être bilingue ou unilingue française ?), tantôt sur des considérations pratiques, telles que le manque de manuels scolaires en français dans la plupart des matières. La position la plus claire fut énoncée par Joseph Chabalier de Saint-Adolphe, qui voulait qu'on autorise « l'usage de la langue française pour tous les sujets scolaires », ajoutant qu'il était « radical » : « je préfère que mes enfants n'aient que du français au niveau élémentaire, et de l'anglais au secondaire seulement. » Pour sa part, C. Chaput de Sainte-Anne déclara que « Si j'avais le choix entre une école uniquement française ou uniquement anglaise, j'enverrais mes enfants à l'école anglaise. » Il serait juste de dire que ces deux énoncés reflétaient bien les courants d'opinion au sein de la communauté franco-manitobaine à l'époque, et peut-être même jusqu'à ce jour, mais en des proportions différentes.

Plusieurs exprimèrent l'importance de faire front commun sur la question. Pierre Raymond, absent en raison du décès de sa mère, avait demandé qu'on fasse circuler un document où il soulignait que la communauté en était à un point tournant par rapport au gouvernement :

> En demandant quelque chose au Ministère qui servirait à peine de palliatif, on regretterait peut-être un geste hâtif et prématuré qui engendrerait un bâtard qu'il nous faudrait ensuite élever parce que nous n'aurions que nous à blâmer de l'avoir conçu. Car un faux bilinguisme ne corrigerait pas l'unilinguisme [anglais] que nous servons aujourd'hui à nos enfants.

Raymond Bernier rappela qu'il avait assisté à la première réunion de l'Association d'Éducation en 1916 et qu'il en fut membre de l'exécutif pendant 25 ans. La procédure à l'époque, affirma-t-il, « était de travailler dans l'illégalité, la tactique, de mettre le plus de français possible… La consigne : obéissance au mot d'ordre de Mgr Béliveau : mettre du français ».[3] Il ajouta que l'exécutif avait reçu un mandat du congrès : « prendre tous les moyens possibles pour mettre le plus de français possible ». En fin de compte, la réunion fut ajournée et remise à septembre pour permettre une étude plus approfondie de la question (AÉCFM, 69/40).

Le 25 septembre 1963, l'exécutif adopta une résolution rédigée par le Dr Doyle, appuyée par l'abbé Raymond, dans laquelle il était proposé que « l'usage du français soit officiellement reconnu comme langue d'enseignement ». Deux autres résolutions, concernant la création de jardins d'enfants et l'amélioration du programme « French » furent également adoptées, et les trois résolutions ensemble constituaient la position officielle de l'Association. L'abbé Raymond et le Dr Doyle formulèrent une quatrième résolution, qui semble également avoir été adoptée, à l'effet « que nous ayons au Manitoba un Institut Pédagogique de langue française ». Ainsi cette deuxième réunion spéciale se termina sur une note de consensus et

---

[3] Mgr Arthur Béliveau, archevêque de Saint-Boniface en 1916, avait lancé le mot d'ordre suivant après l'abolition des écoles bilingues cette année-là : « Si nous voulons du français, c'est à nous d'en mettre »… en autres mots dans l'illégalité s'il le fallait.

de réconciliation des points de vue divergents (AÉCFM, B. 231, 42/56).

La position de l'AÉCFM sur l'enseignement en français fut transmise officiellement au ministre Stewart McLean le 21 novembre 1963 par une délégation imposante comprenant huit groupes franco-manitobains différents, y compris, en plus de l'Association, les cinq grandes divisions scolaires à majorité francophone, ainsi que les associations de commissaires francophones, d'enseignants francophones et de parents et maîtres francophones. Maurice Gauthier pouvait ainsi déclarer au congrès régional de Saint-Claude le 6 juin 1964: « Mesdames, messieurs, ça c'est de l'histoire. »

Ce débat eut tout de même une retombée fâcheuse (dont l'issue fut finalement très positive), encore une fois grâce au père Durocher. Allant à l'encontre de son engagement antérieur, le rédacteur de *La Liberté* décida de publier intégralement dans son journal le procès-verbal de la réunion du 25 septembre, sans que cette publication ait été autorisée par le comité de publicité et avant l'adoption du procès-verbal par l'exécutif. À la réunion du comité d'administration du 7 octobre, le président Dansereau répudia un rapport du père Durocher à l'effet qu'il aurait lui-même autorisé la publication du procès-verbal. Il revint sur la question à la réunion de l'exécutif du 9 octobre où, devant une assistance passablement réduite (19 membres) et en l'absence du père Durocher, il dénonça le rédacteur encore plus vigoureusement. Selon le secrétaire, les commentaires fusèrent de la salle : « Il faut qu'on en finisse avec cela. » « S'agit-il de maladresse ou de mauvaise volonté ? » On suggéra qu'on cesse d'envoyer les rapports de l'exécutif « à ceux qui s'en servent abusivement ». Finalement, on adopta des résolutions formelles à l'effet qu'une nouvelle lettre soit envoyée au père Durocher, avec copies aux archevêques de Saint-Boniface et de Winnipeg, et que le comité d'administration rencontre le père Durocher en personne pour discuter de l'incident (AÉCFM, B. 231, 42/56). Dans sa lettre, le secrétaire Rottiers souligna au père Durocher que selon un membre de l'exécutif

« vous aviez déclaré aux Anciens du Collège de St-Boniface votre opposition à soutenir les membres actuels de l'A.E.C.F.M. », ajoutant :

> Votre attitude semble confirmer cette politique, et l'Association d'Éducation regrette infiniment ce manque de collaboration du rédacteur du seul journal de langue française qui soit actuellement à notre disposition, et qui devrait être un outil puissant, respectable et respecté, au service de notre cause commune.
> La récente publication, non autorisée, d'un rapport intégral d'une réunion du Comité Exécutif, a fait déborder la coupe, et le Comité Exécutif m'a demandé à l'unanimité de vous écrire une troisième lettre pour vous inviter à répondre à la mienne du 26 juin dernier (Rottiers à Durocher, 11 oct. 1963, Fonds Baudoux, B 1292/63).

Le père Durocher, dans sa réponse du 17 octobre, ne daigna pas répondre à l'AÉCFM, se contentant de s'engager à publier une chronique hebdomadaire « officielle » préparée par l'Association. Il passa sous silence la publication non autorisée du procès-verbal, et ne s'engagea pas à s'abstenir de telles initiatives à l'avenir (Fonds Baudoux, 463/379). La question fut enterrée définitivement lors de la rencontre avec le père Durocher, alors qu'il fut accepté par tous qu'il y avait eu « incompréhension involontaire entre le journal et l'Association d'Éducation. Ces deux organismes profitent de cette occasion pour réaffirmer leur volonté de collaboration… » (AÉCFM, B. 231, 42/56).

Par ailleurs, le 30 janvier 1964, le président Dansereau fut congédié de son poste comme secrétaire-trésorier de la Division scolaire de Saint-Boniface par voie de non-renouvellement de contrat. Cette décision fit sourciller, compte tenu des controverses entourant les relations entre *La Liberté* et l'AÉCFM et les prises de position récentes jugées plus « radicales » par certains sur la question scolaire. En effet, la résolution de congédiement fut présentée par le commissaire scolaire Brunelle Léveillé, directeur-gérant de Canadian Publishers, éditeur de *La Liberté*. Il faut se rappeler aussi que le compère américain du père Durocher, le frère marianiste Joseph Bruns, anciennement directeur de l'école Provencher, était maintenant directeur-général de cette même division. Certains dans la communauté virent un lien entre tous ces éléments; d'autres chuchotaient qu'il s'agissait d'une simple question de compétence. De toute façon, cet incident ne pouvait avoir qu'un impact négatif sur l'AÉCFM et sur les relations entre les diverses élites de la communauté franco-manitobaine.

Le rapport Dulong

Entretemps, Gaston Dulong, professeur à la Faculté des lettres de l'Université Laval, avait remis un rapport commandité par le Conseil de la Vie française en Amérique à la demande du Collège de Saint-Boniface. Intitulé « L'état actuel du français au Manitoba », ce rapport fit l'effet d'une autre bombe.

L'enquête comprenait une dimension orale et une dimension lexicologique. Le professeur Dulong interviewa aussi divers intervenants dans le milieu scolaire (enseignants, directeurs, etc.). Les enregistrements ont été déposés par la suite aux Archives de la parole de l'Université Laval. L'enquête orale avait été menée auprès d'environ 80 jeunes de 5 à 17 ans inscrits à un échantillon de onze écoles « francophones » au Manitoba. L'enquête écrite (lexicologique) fut menée auprès de centaines d'élèves de la 3e à la 8e année. Les conclusions du professeur Dulong étaient dramatiques :

> L'impression générale et brutale qui se dégage de mon enquête est que la situation du français au Manitoba est extrêmement grave. Cette minorité francophone est déjà engagée dans un processus avancé d'anglicisation rapide et massive et, si la situation scolaire ne change pas rapidement et radicalement, le français disparaîtra totalement dans un avenir rapproché.
>
> En arrivant à l'école, les jeunes d'aujourd'hui ne savent que le français s'ils sont nés dans les paroisses agricoles essentiellement francophones. Mais s'ils sont originaires de centres mixtes comme Winnipeg ou Saint-Boniface, ces enfants savent déjà l'anglais, dans

bien des cas mieux l'anglais que le français et quelquefois ils ne savent que l'anglais.

Or, que leur offre l'école qu'ils fréquentent ? Légalement, ces enfants ne devraient commencer l'enseignement du français qu'au grade 4, mais en pratique, en vertu d'une tolérance, ils commencent le français dès la première année.

Mais ils n'étudient le français qu'une heure par jour. Dans bien des cas, au témoignage des élèves eux-mêmes, souvent corroboré par celui des enseignants, cette heure se réduit à 45 minutes quand ce n'est pas à 30 minutes. Ajoutons à cela l'enseignement du catéchisme en français.

Dans ces conditions, dès la première année d'étude, le français, dans l'esprit de l'enfant, est psychologiquement déclassé, n'est qu'une langue seconde, l'anglais obtenant la part du lion.

Dès cette première année d'école, l'esprit de l'enfant commence à être anglicisé systématiquement, progressivement, d'une façon accélérée, chaque nouvelle matière continuant à anémier et à détruire ce que l'esprit de l'enfant peut comporter d'esprit français. Les mathématiques, les sciences, l'histoire, la géographie, tout est en anglais.

Et qu'on n'aille pas prétendre que les enseignants en 1963 traduisent en français les matières qu'ils enseignent en anglais dans des manuels anglais. Le témoignage des élèves interviewés et choisis au hasard est unanime : les enseignants ne traduisent pas.

L'école que fréquentent les Franco-Manitobains est une école anglaise qui prépare des unilingues anglais. C'est là un fait brutal. Elle ne prépare même pas des bilingues.

Je me suis promené maintes et maintes fois dans le parc Provencher, à Saint-Boniface. J'ai écouté jouer et parler des centaines d'enfants : tous parlaient l'anglais. J'en ai abordé plus d'une centaine au hasard : c'étaient des Franco-Manitobains, qui savaient le français mais qui étaient en train de parler ou de jouer en anglais.

Certains prêtres regrettent amèrement que l'autorité supérieure leur ait forcé la main et les ait obligés à commencer à prêcher en anglais parce qu'un ou deux paroissiens, paraît-il, ne comprenaient pas ou comprenaient peu le français.

> À Saint-Boniface, une communauté de frères américains, donc anglophones, a joué et continue de jouer un rôle néfaste dans les écoles en général, à l'école Provencher en particulier. Plusieurs de ces frères ne parlent même pas le français. Ils ont contribué puissamment à angliciser l'atmosphère des écoles. Qu'on les mette dehors ! Le plus tôt sera le mieux.
>
> Les Franco-Manitobains devront, s'ils veulent survivre et limiter les effets de l'anglicisation, amorcer tout de suite un mouvement de regroupement de population et de consolidation des centres français existant au sud de Winnipeg.
>
> Il est déplorable que l'unique hebdomadaire de langue française lu au Manitoba ne soit pas largement ouvert à tous ceux qui voudraient y exposer leurs idées, même si ces idées ne concordent pas avec celles de la direction du journal (Extraits condensés. Fonds Baudoux, B4/63, 1.1.64).

Comme on peut se l'imaginer, ce rapport agita bien des esprits, mais seulement chez les membres de l'élite franco-manitobaine qui purent y avoir accès, puisque le rapport lui-même, qui ne faisait pourtant que 17 courtes pages, connut une diffusion très limitée. Malgré son contenu scientifique et pertinent, le rapport Dulong tomba lui aussi sous le couperet de la censure du père Durocher, qui ne le publia pas dans *La Liberté*, limitant ainsi les dégâts qu'il aurait pu infliger sur ses compatriotes américains, dont le frère Bruns, sans compter que le rapport venait confirmer les critiques qui fusaient de toutes parts au sujet de son journal. Malheureusement, cette décision empêcha aussi un débat vigoureux au sein de la communauté francophone quant à son avenir à partir de données scientifiques objectives.

À vrai dire, des vents de changement soufflaient de plus en plus fort. Au parc Windsor à Saint-Boniface, le cercle local de l'Association, formé à l'automne 1964 suite à un conflit scolaire autour de l'enseignement du français à l'école Béliveau, se donna un nouveau nom (« Association des Canadiens-français du parc Windsor ») et

Maxime Desaulniers fut un des premiers activistes modernisants du Manitoba français. (Photo : Radio-Canada, vers 1975)

surtout un mandat qui était purement axé sur la langue, à savoir « le rayonnement, la propagation, le maintien et la défense de la langue française au foyer, à l'école, dans les loisirs et au travail ». Le président du groupe, dont une centaine de membres assistèrent à la réunion, était Maxime Desaulniers ; plusieurs autres furent élus à l'exécutif, notamment le Dr Marcel Hamonic, le Dr André Lachance et Me Robert Bétournay. La nouvelle association avait prélevé 840 $ de la caisse, dont il fit parvenir 90 % à l'AÉCFM, ce qui fut remis en question par au moins un des participants, qui soulignait que le nouvel organisme ne conservait même plus le nom d'« Association d'Éducation ». Desaulniers répondit que ce n'était pas le temps de semer la dissension au sein de la communauté franco-manitobaine et ce, plus que jamais (*Courrier*, 9 juin 1965). Cette question impertinente était tout de même un nouvel indice que l'autorité de l'AÉCFM, autrefois incontestable, l'était maintenant de plus en plus. Le *Courrier* rendit hommage au dynamisme du nouvel organisme, et recommanda que certains de ses membres se portent candidats aux élections à l'exécutif de l'AÉCFM pendant son congrès d'octobre 1965, afin de donner au nouvel exécutif « un mandat lui permettant d'élargir les cadres mêmes de l'Association » (16 juin 1965). À cette époque, le *Courrier* demeurait toujours optimiste face à la possibilité que l'AÉCFM puisse se renouveler de l'intérieur.

Au début de 1965, à l'AÉCFM, un certain nombre de « plus jeunes » (mettons, entre 35 et 50 ans) faisaient déjà partie de l'exécutif et un grand débat éclata entre ce groupe et les plus anciens membres autour de la question la plus délicate à l'époque, à savoir la relation entre la langue et la foi. Le catalyseur du débat fut la participation de l'AÉCFM à la *Manitoba Association for Equality in Education.*

L'AÉCFM et la *Manitoba Association for Equality in Education* : à la croisée des chemins entre la langue et la foi

L'histoire de la MAEE débute le 18 novembre 1961 à la salle du conseil d'administration de l'Hôpital de Saint-Boniface, alors que la Conférence Catholique du Manitoba (CCM) qui regroupait les cinq évêques catholiques du Manitoba, décida de créer une Association des commissaires d'écoles paroissiales catholiques.[4] La CCM, par l'intermédiaire de son secrétaire Rémi de Roo, y avait invité un certain nombre de laïcs, dont le Dr Adam Giesinger. La nouvelle association fut formée le 13 mai 1962. Le frère Joseph Bruns, alors directeur général de la Commission scolaire de Saint-Boniface et ami et confident de Mgr Baudoux, fut engagé dans sa création et en assuma plus tard le secrétariat. En 1963, l'exécutif du nouvel organisme comptait

---

[4] Tous les renseignements dans cette section ont été tirés du fonds J.C. Stangl aux Archives de l'Université du Manitoba.

plusieurs francophones influents, dont l'abbé Maurice Deniset-Bernier, Mme F. Champagne, l'avocat Armand Dureault ainsi que le frère Bruns. Un des mandats de l'organisme était de promouvoir l'aide gouvernementale aux écoles séparées catholiques, et sur ce dossier, il était en communication régulière, formelle ou informelle, avec le député de Saint-Boniface Laurent Desjardins. Dès les débuts, cependant, l'association constata que le niveau d'enthousiasme pour cette cause variait d'un groupe catholique à l'autre, et peut-être même d'une école à l'autre.

Le 23 juin 1963, par exemple, le président Giesinger fit part à l'exécutif du fait que « I am deeply disturbed by evidence of growing disunity among Manitoba Catholics » et il lança un appel à l'unité, rappelant que l'organisme existait parce que les évêques l'avaient voulu. On peut présumer toutefois que le clivage était surtout linguistique.

Au début 1964, le gouvernement Roblin rendit public son désir de corriger au moins partiellement les injustices du passé en signalant son intention de présenter un projet de loi sur les services partagés qui prévoyait que les écoles séparées puissent bénéficier de services en commun avec les commissions scolaires publiques, par exemple dans le domaine du transport et des manuels scolaires, ce qui allègerait quelque peu leur fardeau financier, qui était assumé à l'époque entièrement par les parents des enfants inscrits aux écoles séparées.

Dès le départ, les évêques dénoncèrent publiquement l'approche du gouvernement Roblin, affirmant que la proposition était inutile, dangereuse et nocive. « Les enfants demandent du pain et on leur donne des pierres », déclara Mgr Baudoux. Les Knights of Columbus/Chevaliers de Colomb emboîtèrent le pas. De son côté, l'Association des commissaires des écoles paroissiales catholiques mit sur pied un comité d'action auquel participaient deux francophones bien connus, l'avocat Louis Deniset et Léo Landry, connu surtout à Saint-Boniface comme activiste au sein du Parti libéral. Et c'est au sein de ce comité qu'en février 1964 est née l'idée d'un « Minority Rights Association » qui tenterait de regrouper et de rallier toutes les écoles catholiques du Manitoba à cette cause. La nouvelle association prit comme nom la *Manitoba Association for Equality in Education* (MAEE) et fut sanctionnée par les évêques. Les curés de paroisse choisirent des membres laïcs de l'association, trois par paroisse ; Joseph Stangl de Norwood, par exemple, fut nommé par le curé Raymond Roy de la paroisse Holy Cross (lettre du 5 mars 1964). Un « comité de coordination » assuma le leadership de la création du nouvel organisme ; il se réunit le 28 février 1964 sous la présidence par intérim de l'avocat Art Mauro. Ce comité comptait plusieurs éminents francophones, dont Léo Landry comme vice-président par intérim et les membres Auguste Dansereau, président de l'AÉCFM, Louis Deniset et Georges Laberge. Le jour précédent, le comité de coordination avait rencontré le premier ministre Roblin, rétablissant ainsi le dialogue, et M. Roblin promit que la question serait débattue lors d'audiences publiques devant un comité de l'Assemblée législative.

Une grande convention fondatrice, incluant des représentants des écoles catholiques romaines ainsi que des écoles catholiques ukrainiennes, fut prévue pour le 15 mars 1964. Entretemps l'AÉCFM avait été saisie du dossier, et c'est là où des divergences éclatèrent parmi les francophones. En préparation de la réunion du 15 mars, le secrétariat de l'AÉCFM fit circuler un « mémoire-éclair » à l'intention de « MM. les curés et de leurs délégués à la première assemblée publique de la MAEE». Ce mémoire, on ne peut plus clair, sur la relation entre la langue et la foi mit le feu aux poudres.

D'abord, le mémoire affirmait le principe de l'autonomie totale de l'AÉCFM, et souhaitait « que l'Association anglophone soit créée, que l'Association ukrainienne se consolide, que les autres groupes forment des associations ». De son côté, l'AÉCFM ne pouvait abandonner son identité, qui remontait à 1916, et qui existait « pour assurer la défense des droits de ses membres et pour promouvoir la cause catholique et française ». Le secrétariat déplorait le fait que la MAEE empiétait sur son domaine, « c'est-à-dire, dans nos paroisses françaises ». De plus, en demandant à chaque curé de paroisse de choisir trois représentants, la MAEE irait puiser dans les forces vives de l'AÉCFM, puisque « c'est bien les meilleurs d'entre les meilleurs hommes ou femmes de nos paroisses qui seraient appelés à faire fonctionner la MAEE ». Enfin, la MAEE voulait prélever des fonds partout, et elle « étendrait ses tentacules jusqu'à nos paroisses à nous ! » Il faudrait donc, selon le secrétariat de l'AÉCFM, « que nos délégués voient à refuser leur concours direct à la M.A.E.E. La collaboration du groupe français se fera au sommet, i.e. par l'exécutif de l'A.E.C.F.M. qui a un comité chargé des tractations avec l'extérieur ».

On peut imaginer les déchirements qu'a provoqués cette question au sein de l'AÉCFM. En fait, une délégation importante de francophones fut élue à l'exécutif de la MAEE lors de sa réunion inaugurale le 15 mars 1964, incluant le président de l'AÉCFM, Raymond Bernier, Auguste Dansereau, Louis Deniset, Georges Laberge, Léo Landry, Roland Roy, Mme William Schick et Mme E.A. Trudel. Le député Laurent Desjardins, délégué de la paroisse de Saint-Boniface, lança un appel aux quelque 250 représentants inscrits de s'unir non pas de façon partisane ou ethnique mais bien en tant que catholiques, contredisant ainsi directement la directive du secrétariat de l'AÉCFM. Il dénonça le projet du gouvernement Roblin, et indiqua qu'il n'accepterait pas de siéger au comité législatif chargé d'étudier la question puisque cela irait à l'encontre de sa liberté de conscience. Il fallait, selon lui, trouver une solution entièrement neuve à la question de l'aide aux écoles séparées.

Le 21 juin 1964, le Dr Giesinger rapportait à l'Association des commissaires d'écoles paroissiales catholiques que, pour la première fois avec la MAEE, un organisme avait été créé qui incluait tous les catholiques de la province, des deux rites et de tous les groupes linguistiques. Son rapport est clair : le mandat de la MAEE ne comprenait d'aucune façon les revendications linguistiques des francophones.

Le fait que la MAEE fut créée comme organisme de pression contre le gouvernement Roblin sur la question des services partagés devient encore plus évident un an plus tard, alors que le procès-verbal de l'exécutif daté du 18 septembre 1965 ne révèle que peu d'activité dans les sous-comités. Du côté francophone, le contingent avait baissé quelque peu, comptant six personnes sur vingt-sept membres, dont deux nouveaux, J.P. (Paul) Marion et F.L. Jobin. On peut noter toutefois que les trois archevêques avaient indiqué leur ouverture à un élargissement de la mission de la MAEE pour inclure d'autres groupes, dans un nouvel esprit d'œcuménisme.

Le *Courrier* se prononça sur la relation qui devrait exister entre l'AÉCFM et la MAEE dans son éditorial du 5 mai 1965. Décrivant le débat qui avait éclaté au sein de l'Association sur la question de sa participation à la MAEE, l'éditorialiste souligna les buts fondamentalement différents des deux organismes, et le fait qu'en faisant cause commune avec la MAEE, « les Canadiens-français financent une lutte entièrement différente de la leur, et dont les chefs sont des hommes tels que Joseph O'Sullivan, qui ne croit pas que le Canadien-français devrait avoir un statut plus élevé qu'un Irlandais ou un Allemand ! »

La MAEE organisa une deuxième convention qui se déroula les 26 et 27 mars 1966. Plusieurs francophones y participèrent activement, dont le Dr F.P. Doyle, le juge Louis Deniset (il avait été nommé à la Cour du banc de la Reine en 1965), le jeune avocat Rémi Lafrenière (devenu plus tard candidat conservateur provincial dans la circonscription de Saint-Boniface, contre Laurent Desjardins) et l'omniprésent Mgr Baudoux. Dans son allocution, ce dernier reconnut pour la première fois publiquement les effets des grands débats qui secouaient la communauté franco-manitobaine autour de la relation entre langue et foi :

> Je désire réclamer la patience de votre Association en ce qui regarde la croissance du nombre de vos membres et des succursales dans l'archidiocèse de St-Boniface. Plusieurs d'entre vous sont sûrement conscients de nos difficultés actuelles par suite de la 'pas trop tranquille révolution' que notre nation canadienne-française expérimente, même ici au Manitoba. J'espère sincèrement que vous pourrez trouver et mettre en œuvre d'autres moyens d'expansion que ceux qui ont été jugés jusqu'ici les mieux appropriés, et qui ne sont pas présentement adaptés à tous (27 mars 1966).

Pour sa part, Mgr Baudoux ne laissa planer aucun doute sur ses priorités :

> Je supplie ardemment votre Association de ne pas retarder ses efforts pour sauver nos écoles paroissiales catholiques jusqu'au jour où elles seront affamées. Car c'est justement là ce que désirent et ce que font ceux qui seuls pourraient empêcher une telle perte. Il serait alors complètement impossible de regagner la confiance qui a été placée dans la MAEE.

L'Association des commissaires d'écoles paroissiales catholiques elle aussi entreprit un projet important en 1966 visant à incorporer en société des divisions scolaires paroissiales catholiques au Manitoba. Une ébauche de loi provinciale en ce sens, rédigée par les avocats F.C. Muldoon, F. DeGraves, Art Mauro et J. O'Sullivan, fut discutée à deux reprises avec les évêques catholiques. À leur avis, il aurait d'abord fallu que l'Église catholique prenne l'initiative au niveau du droit canonique, mais les évêques hésitèrent, affirmant que les laïcs n'étaient probablement pas prêts à assumer les responsabilités inhérentes à de telles divisions. Dégoûté, Muldoon écrivit au président de l'association, Jos. Stangl, que « the bishops just will not 'bish'; they believe that the time is past for episcopal direction and fear that the canonical legislation we require would not be prudent »

(10 janvier 1967). Un certain nombre de francophones assistèrent à la réunion du 10 décembre 1966 avec les trois archevêques et l'auxiliaire Mgr Hacault, notamment le juge Alfred Monnin, l'abbé Deniset-Bernier et l'incontournable frère Bruns. Nous pouvons présumer que les francophones étaient doublement prudents par rapport à ce concept, compte tenu de l'évolution rapide des valeurs et de la nature des dialogues qui préoccupaient la communauté francophone à l'époque. En effet, pouvons-nous même imaginer aujourd'hui des divisions scolaires francophones catholiques en parallèle à la Division scolaire franco-manitobaine qui elle-même ne compte que 5 000 élèves ? (À moins que c'eût été des divisions « bilingues », accueillant des élèves catholiques anglophones aussi bien que des francophones dans des classes « bilingues », ce qui aurait assuré la disparition du français.)

Par la suite, la MAEE semble tout simplement s'être effritée, et l'Association des commissaires d'écoles catholiques, sous le leadership de Jos. Stangl, devint plus active dans ses revendications en faveur d'aide aux écoles séparées, rencontrant notamment M. Roblin et plusieurs de ses ministres le 21 novembre 1966. En plus, le 18 juillet 1967, après des années d'efforts de la part de l'association, les évêques manitobains nommèrent l'ancien inspecteur d'écoles au ministère de l'Éducation, Chevalier de Saint-Grégoire et membre de l'OJC, Céleste Muller, comme surintendant des écoles paroissiales dans les quatre diocèses.

La MAEE, qui comptait toujours sept francophones (y compris des irréductibles comme Raymond Bernier, Mme F. Champagne, Mme W. Schick et Léo Landry) parmi les 29 membres de son exécutif, tint sa troisième et dernière convention le 23 mars 1968. On peut sans doute dater sa dissolution officielle au 22 août 1968 alors que Mgr Baudoux, au nom de la CCM, demanda à la MAEE de rembourser aux trois archevêchés les sommes qu'elle leur devait, rappelant que l'association « is under moral obligation to take care of its long overdue indebtedness » (lettre de Mgr Baudoux à J.C. Stangl, 22 août 1968). Des négociations s'ensuivirent et en fin de compte, il fut convenu que la MAEE remettrait la somme de 1 800 $ aux diocèses. Toutefois, le président de la MAEE, Jos. Stangl, demeurait toujours actif. Il envoya une dernière lettre au premier ministre du Manitoba, Walter Weir, le 4 décembre 1968, signée par des représentants de 23 écoles privées, dont une seule, l'école Langevin, était francophone. Dans une lettre au père J. H. Larrabee du 27 décembre 1968, il déplora « the apathetic and indeed in some instances, opposed views towards Christian education that prevail among some of the clergy, sisters and the laity ». Ainsi, ce Chevalier de Saint-Grégoire s'érigeait-il en émule pour ces mécréants au sein de l'Église catholique qui avaient eu l'audace d'abandonner son organisme. Plus tard, il fit la leçon à Mgr Antoine Hacault, en sa capacité de recteur du Collège de Saint-Boniface, après que celui-ci eût refusé de signer la lettre interconfessionnelle au premier ministre Weir, dans les termes suivants :

> To be advised by the St. Boniface College Board that they cannot subscribe to such support is tantamount to (a) placing other values above the value of Christian Education and (b) in fact not supporting or believing in Christian Education in their institution since the decision must obviously be one of the other as it is impossible to take a neutral stand for people who have a belief – who have faith !

Dans sa diatribe, Stangl évoquait notamment « the doctrinal belief as set forth by Vatican II in the Document on Christian Education ». Mgr Hacault, qui avait travaillé des centaines d'heures auprès de Mgr Baudoux sur l'étude et la préparation de documents pour Vatican II[5], a dû rire dans sa barbe. Certains éléments de sa réponse démontrent toutefois jusqu'à quel point les valeurs de la communauté franco-manitobaine avaient déjà changé, même en 1968 :

---

[5] Voir Robillard, 2009.

> For some members [of the Board] at least, a sufficient motivation for abstention was the hope to avoid confusing the French culture facet with this appeal which remained on the exclusive level of Christian Education. In this context, I submit, an abstention should not be interpreted as 'placing other values above the value of Christian Education', etc. (Hacault à Stangl, 8 févr. 1969).

Du côté de l'Association des commissaires des écoles paroissiales catholiques, on se rendit à l'évidence que certaines écoles séparées, notamment l'école du Sacré-Cœur et l'école du Précieux-Sang, ne contribuaient plus à l'association puisqu'elles étaient en voie de devenir des écoles publiques offrant le « French Option » en vertu de la nouvelle loi sur l'enseignement en français adoptée par le gouvernement Roblin.[6] À sa réunion du 12 juin 1969, l'association constata que parmi les neuf écoles qui étaient devenues publiques, sous le « French Option » ou autrement, seulement trois avaient remis leurs cotisations pour 1968. En pratique, cela signalait la fin de la participation francophone à cette association. En 1972-1973, il ne restait que 15 écoles paroissiales catholiques au Manitoba, avec 2 565 élèves, alors qu'en 1967-1968 on comptait 23 écoles et 4 307 élèves. Le départ des écoles francophones avait fait mal.

Le débat autour de la MAEE dans les journaux francophones

Évidemment, les relations entre la communauté franco-manitobaine et la MAEE furent débattues longuement et passionnément dans les pages de *La Liberté* et du *Courrier*. L'enjeu, aux yeux de bien des francophones, était fondamental : soit que notre communauté se dirigerait à l'avenir vers la création ou l'institutionnalisation à long terme d'écoles privées catholiques françaises, ou, fort probablement

---

[6] Voir le chapitre 6.

« bilingues », voire même de commissions scolaires catholiques regroupant de telles écoles « bilingues » et même anglaises ; soit que nous nous dirigerions, collectivement, vers la création d'écoles françaises publiques laïques (évidemment, cela demeurait un objectif à long terme, même après l'adoption de la loi du gouvernement Roblin permettant l'enseignement en français de sujets autres que le français). Les barricades idéologiques s'érigèrent rapidement.

C'est le père Durocher de *La Liberté* qui élabora le document traitant de la perspective cléricale sur cette question. Il faut dire ici que le père Durocher était bien plus qu'un oblat et rédacteur en chef de *La Liberté*; il était aussi un des conseillers et confidents de Mgr Baudoux. Il faut donc présumer (quoique nous n'en avons que peu de traces dans les archives) que ses prises de position sur les questions de langue et de foi avaient l'*imprimatur* de Monseigneur lui-même, sans qu'il ait la tâche odieuse de les défendre lui-même sur la place publique.

C'est ainsi que *La Liberté* publiait, le 26 août 1965, un long tract quasi-indigeste, donc dans le style typique du père Durocher, intitulé « École 'catholique' et école 'française' ». Selon le père Durocher, la question était « agitée » même dans notre petit milieu manitobain, citant en exemple le fait que « depuis un an, une école catholique et paroissiale de langue française de St-Boniface « sud » [il s'agissait de la nouvelle école Lacerte] a été transformée en école publique, officiellement neutre quant à la religion... » Sans commenter cet exemple précis, la position du père Durocher devient claire plus loin dans l'article : « L'école à base de culture et de langue française ne répond pas aux droits et aux devoirs des parents et des enfants catholiques et français. » Admettant que dans certains cas, surtout en milieu rural, une école française même publique serait en réalité également catholique, cependant « cela est risqué,» puisque « Cela ne peut se réaliser que dans un district où les commissaires se montrent compréhensifs et courageux, mais c'est possible. » Le père Durocher procède ensuite à définir ce qui distingue une école catholique d'une école « neutre »:

> Il faut trouver le moyen de faire, des écoles, des centres d'approfondissement du message chrétien, des expériences de vie communautaire catholique, des ateliers pratiques de préparation à la fraternité avec d'autres chrétiens et d'apostolat dans un monde incroyant. Pour cela, il faut un 'curriculum' souple, un choix de manuels adaptés, un personnel compétent, convaincu et formé dans la tradition catholique, une direction éclairée, ferme et surtout libre des entraves du 'neutralisme'.

Tout un programme, hautement idéaliste et difficilement réalisable, même dans des circonstances idéales où on trouverait des communautés catholiques en nombres importants, ségrégées de la population générale, et uniformes sur le plan linguistique. D'origine américaine lui-même, le père Durocher donna les États-Unis en exemple, où « des catholiques américains dont la foi et la générosité ont produit un immense réseau scolaire, sans l'aide de l'État. » Rêve cependant impossible à réaliser pour de petites communautés francophones minoritaires, à moins de les réunir avec des catholiques anglophones...mais pour le père Durocher, cela ne posait aucun problème, puisque, comme pour le Chevalier Jos. Stangl, la religion devait primer sur la langue en toute circonstance, et les catholiques francophones devaient être solidaires de tous les groupes « minoritaires,» c'est-à-dire de confession catholique. Je passe sous silence le monolithisme des valeurs religieuses que cela aurait impliqué pour les francophones manitobains. De toute façon, le père Durocher voyait la poussée vers le « neutralisme » comme une « manœuvre habile de la part des incroyants nouvelle vague de vouloir détruire cet héritage [de langue et de foi], et lui substituer un esprit matérialiste et marxiste, sous prétexte d'exalter la langue ».

Bruno Lagacé répondit de façon cinglante au programme du père Durocher dans les pages du *Courrier*. Il avait fait sa recherche,

Bruno Lagacé fut un des jeunes intellectuels les plus engagés dans le mouvement de modernisation de la communauté franco-manitobaine. En plus d'écrire souvent dans les pages du Courrier *et de* La Liberté et le Patriote, *il assuma la présidence de l'Association Québec-Manitoba après le départ subit d'« André Tremblay » fin 1965. (Photo :* Courrier, *7 septembre 1966)*

citant en exemple de religiosité mal placée un extrait du manuel *Calcul Vivant* utilisé dans les écoles catholiques de Montréal en 1961-1962 dans l'enseignement des mathématiques de 5e année :

> Papa me dit qu'il peut marcher environ 2 milles et 2/3 en une heure. Lors du pèlerinage au Cap-de-la-Madeleine, à l'occasion de la Fête de l'Assomption, il a marché durant 2 heures et ¼. Combien de milles a-t-il marché pour se rendre au Cap ?

Lagacé ajouta que « comme quelques autres clercs possédant une certaine influence dans notre milieu, le révérend rédacteur de *La Liberté* met le rôle du français et de la culture françaises au dernier plan », ajoutant :

> Quand il s'agit de définir les aspirations de la communauté franco-manitobaine ces dirigeants savent désorienter non seulement les

> Anglais, semble-t-il, mais une bonne partie des nôtres. C'est triste. Nous avons marre de ceux qui veulent isoler notre milieu. Nous ne pouvons pardonner à ceux qui veulent l'américaniser.

Enfin, Lagacé lança qu'« Il ne reste qu'à l'Archvêque d'admettre qu'il partage les idées du Révérend là-dessus et nous aurons une idée précise du manque d'intérêt qui existe parfois chez le clergé vis-à-vis du français au Manitoba ».

Furieux, le père Durocher écrivit, non pas au rédacteur du *Courrier* mais bien à son éditeur, Lorne Leech, (*Courrier*, 8 sept. 1965) affirmant que Lagacé avait dépassé les bornes en adressant deux commentaires « dérogatoires » à l'Archevêque, qui n'était aucunement responsable des opinions exprimées et soulignant en plus que le journal n'était même pas publié dans son diocèse. Là-dessus, on aurait pu tout simplement répondre que tous les francophones qui participaient à la MAEE, y compris Mgr Baudoux, partageaient en grande partie le point de vue du père Durocher sur cette question, étant donné que c'était la mission même de cet organisme de réunir tous les catholiques dans un projet commun, y compris même la mise sur pieds de commissions scolaires catholiques ! Le *Courrier* dénonça « l'hypocrisie » du père Durocher qui n'avait pas envoyé sa lettre au rédacteur mais plutôt à son patron. J'en profite pour rendre hommage ici à feu M. Leech qui, à son crédit, n'est jamais intervenu dans la politique éditoriale de la section française du *Courrier*. Le jour où il a reçu la lettre du père Durocher, il me l'a apportée dans mon bureau, disant quelque chose comme « See what you can do with this ». Alors je l'ai publiée en page éditoriale, tout en réaffirmant la politique éditoriale du *Courrier*, à savoir la liberté complète d'expression. Ce principe valait autant pour le père Durocher que pour Bruno Lagacé. Le milieu n'avait pas l'habitude de ce genre de polémiques à l'époque et certaines mauvaises langues pourraient dire que même à notre époque contemporaine, il n'en a pas encore complètement l'habitude.

De toute façon, le débat entre langue et foi fut réellement lancé avec le tract du père Durocher et la réponse de Lagacé. Le *Courrier* y plongea à pieds joints le 15 septembre 1965, le situant dans un contexte sociologique plus large :

> Le fait est que toute la structure de la société franco-manitobaine telle qu'elle existait, jusqu'à il y a deux ou trois ans, est en train de s'effondrer. Dans cette structure, les problèmes de foi et de langue étaient tous entremêlés dans une structure sociale très rigide, qui était essentiellement celle de la petite paroisse de campagne.

Au fait, nous savons maintenant, grâce à des travaux comme ceux de Raymond Huel dans sa biographie de Mgr Alexandre Taché (2003), que le modèle paroissial avait été importé directement du Québec et que les paroisses manitobaines ont été calquées directement sur ce modèle, qui date de la période la plus ultramontaine et obscurantiste de l'Église catholique dans son incarnation canadienne-française, celle de Mgr Bourget au XIXe siècle.

D'autres voix s'élevèrent dans le *Courrier* du 22 septembre 1965. Un auteur anonyme, se nommant « Citadin », se porta à la défense du père Durocher, affirmant qu'il était « un des meilleurs publicistes de l'Ouest… d'un zèle et d'une éducation au-dessus de l'ordinaire ». Il s'en prit ensuite au *Courrier*:

> Plusieurs jeunes écrivains en herbe y exercent leur première plume, comme de jeunes potaches. S'il y avait plus de réflexion et de jugement, la vérité sortirait pure et intacte. Alors pourquoi rabaisser nos quelques écrivains qui veillent sur notre héritage sacré, notre langue et notre foi ?

Pour sa part, Roland Dufault fit l'éloge de la lettre de Lagacé, ajoutant que celui-ci « doit être persuadé qu'il est le porte-parole de plusieurs de ses concitoyens ». Enfin, le curé de Rocquigny, argumentant dans le sens de l'éducation française, déplora la situation à Saint-Ambroise et ailleurs, où « Il est honteux pour nous d'avoir des maîtresses anglaises et protestantes, alors que les élèves sont tous, ou à peu près, de langue française, et ne peuvent même pas apprendre à lire dans leur propre langue ! »

Enfin le *Courrier* se prononça directement sur la question, dans un éditorial publié le 29 septembre 1965, affirmant « l'importance primordiale » de la lutte pour l'épanouissement de la langue et de la culture françaises. Selon le journal, « la langue et la culture françaises sont bien plus gravement menacés de disparition que la foi catholique ». De plus, reprenant l'argument de Roger Boulet exprimé en premier lieu dans les pages de *La Liberté*, le *Courrier* affirma que « nous ne voyons pas encore le rapport inhérent qui pourrait exister entre langue française et foi catholique », tout comme « nous ne voyons pas, non plus, le rapport entre langue anglaise et foi protestante ». Le *Courrier* se rendait à l'évidence que, dans la société manitobaine pluraliste, « il existe des gens de langue française qui ne sont pas catholiques ». Enfin, le *Courrier* affirma catégoriquement sa position sur la lutte en faveur des écoles privées :

> Par conséquent, nous ne pouvons nous empêcher de croire que la lutte pour les écoles catholiques (confessionnelles) n'est pas la lutte des Canadiens-français en particulier mais des catholiques en général. Nous ne nous sommes jamais prononcés contre les écoles confessionnelles, mais nous avons toujours favorisé les écoles françaises. Et nous ne voulons pas déchristianiser l'école, nous voulons la « franciser ».

S'adressant ensuite directement à l'Association, le *Courrier* concluait que :

> Nous croyons que les organismes canadiens-français du Manitoba qui se disent tels (e.g. l'A.É.C.F.M.) doivent se donner comme première tâche d'assurer non seulement la survivance mais l'épanouissement de la culture et de la langue françaises au Manitoba. Tout indique l'imminence du danger de l'anglicisation. Par conséquent, s'il n'est pas déjà trop tard, nous devons concentrer tous nos efforts et nos talents pour assurer cette victoire.

Évidemment, cette prise de position n'était pas aussi originale qu'elle le semblait au moment où nous avions écrit ces lignes, car elle reflétait celle qui avait été énoncée par le secrétariat de l'AÉCFM au moment même de la fondation de la MAEE en 1964, document inconnu du *Courrier* au moment de sa fondation en août 1964. Le sociologue Jean-Guy Vaillancourt, écrivant de Berkeley en Californie où il avait entrepris des études doctorales, vint appuyer vigoureusement ces prises de position par rapport à la langue et la foi (*Courrier*, 27 oct. 1965).

Cette position reçut un appui de taille lorsque le premier ministre du Québec Jean Lesage visita le Manitoba à la fin septembre 1965. Lors d'un discours, cité en éditorial par le *Courrier*, il affirma :

> Ou bien l'enfant qui commence à aller à l'école reçoit son instruction d'abord dans sa langue, ou bien il est définitivement mûr pour l'assimilation, parce que sa langue, il la perdra inévitablement.

Le même éditorial poussa l'argument en faveur de l'éducation en français encore plus loin. Déplorant le fait que le leadership franco-manitobain n'avait jamais énoncé clairement les revendications des Franco-Manitobains en tant que tels, le *Courrier* ajouta, dans un style un peu boiteux :

> Et c'est là où notre Association d'éducation a peut-être fait défaut. Est-ce qu'une déclaration claire et nette au sujet des demandes de la minorité de langue française au Manitoba ne pourrait pas être envoyée à l'administration Roblin ? Est-ce que des efforts ne pourraient pas être faits pour éveiller la population franco-manitobaine, pour l'inciter à appuyer manifestement une telle déclaration ? Il y a raison de croire, vu l'usage étendu du français comme simple sujet de classe qui a été accordé par l'administration Roblin, que celle-ci serait prête à accorder progressivement le français comme « langue d'instruction », selon l'expression de M. Lesage, dans les écoles où la majorité des étudiants sont d'origine française.
>
> Une telle demande, faite sur un niveau strictement « neutre », sans

> aucune implication religieuse, recevrait, nous en sommes convaincus, un accueil favorable auprès du premier ministre manitobain (*Courrier*, 13 oct. 1965).

Ce texte anticipait évidemment le projet de loi 59 du gouvernement Roblin annoncé et adopté l'année suivante, et avait sans doute été inspiré de conversations tenues à l'époque avec des personnes proches de M. Roblin, notamment l'avocat franco-manitobain Maurice Arpin, l'avocat Rémi Lafrenière et des membres du cabinet d'experts-conseils Hedlin-Menzies, qui avait embauché Bruno Lagacé. Il faut souligner ici que malgré le document du secrétariat de l'AÉCFM, la prise de position encore plus explicite prise par le *Courrier* et la déclaration de Lesage, plusieurs francophones (les mêmes pour la plupart depuis le début) étaient demeurés fidèles à la MAEE depuis ses débuts en 1964 jusqu'à sa disparition en 1968.

Un dernier commentaire, relevant du « non-dit » et du « non-disable » à l'époque : certains Franco-Manitobains, surtout parmi les plus « jeunes » (mettons, de moins de 40 ans) avaient l'impression dès le départ que le leadership anglophone de la MAEE voulait embrigader les francophones dans sa lutte pour l'aide aux écoles privées pour ses propres raisons. D'abord, à cause du nombre de francophones, en termes à la fois d'écoles paroissiales et d'élèves, sans compter les parents. Ensuite, parce que ces nombres, surtout de parents francophones, pourraient augmenter le bassin de contributions financières à cette cause, comme l'avait souligné si astucieusement le secrétariat de l'AÉCFM. Enfin, parce que les anglophones savaient bien que les revendications des francophones étaient historiquement valables et qu'elles remontaient au XIXe siècle, du temps de Louis Riel ; cela renforçait énormément la légitimité de leur cause. Cela faisait bien leur affaire aussi qu'en 1870, les écoles de l'époque étaient à la fois catholiques et françaises ; la distinction entre les deux ne se faisait pas.

Certains Franco-Manitobains y voyaient des visées encore plus sinistres. En effet, on ne pouvait pas faire autrement que constater, en lisant les listes des dirigeants de la MAEE, que certains irlandais comme les avocats Joseph O'Sullivan et Frank Muldoon y jouaient un rôle prépondérant ; or, comme on le sait, les relations entre catholiques irlandais et canadiens-français au Canada ont souvent été houleuses dans le passé, et ce depuis le XIXe siècle. Je me souviens pertinemment du père Caron au Collège de Saint-Boniface qui fulminait contre les Irlandais à Winnipeg et au Vatican pour avoir joué de mauvais tours aux francophones lors de la création de l'archidiocèse de Winnipeg au début du XXe siècle. L'historienne Jacqueline Blay a fait la lumière sur certains de ces événements,[7] affirmant que Mgr Béliveau lui-même s'était senti « terriblement humilié » par ce « massacre », puisque son archidiocèse en était sorti « sérieusement amputé ». Il soupçonnait « une influence locale bien placée agissant en sous-main à Rome » (Blay, 2010, p. 25). On avait vu le même phénomène à Ottawa : l'historien Raymond Ouimet, originaire de l'ancienne ville de Hull, disait à peu près la même chose lors d'une conférence prononcée à Ottawa le 14 avril 2010:

> Les Irlandais nous ont fait de la misère en tant que Canadiens français. Surtout dans le Pontiac, il fallait vraiment se démener pour survivre en français. La priorité, c'était les écoles catholiques. Même que le Pontiac relève de la hiérarchie épiscopale de Pembroke (l'autre côté de la Rivière des Outaouais en Ontario) jusqu'à ce jour. Rien n'a été fait pour établir un archevêché du côté québécois. Le français dans le Pontiac en a souffert (notes prises par Bruno Lagacé).

Alors nous voilà pris, durant les années 60, ici au Manitoba avec un organisme qui milite en faveur des écoles catholiques sans se soucier

---

[7] Jacqueline Blay, « Le démembrement de l'archidiocèse de Saint-Boniface ou l'audace irlandaise », *Cahiers franco-canadiens de l'Ouest*, vol. 22, n° 1, 2010.

du français pour les francophones. Et nos évêques dans tout ça ? Eh bien, c'était leur initiative à l'origine, comme nous l'avons vu plus haut, appuyés dans cette tâche par les Chevaliers, Grands et petits.

Et parlons-en maintenant de ces fameux Chevaliers de Colomb, organisme sexiste jusqu'à ce jour puisque les femmes ne peuvent toujours pas en devenir membres, qui font partie de sections des « Knights of Columbus » d'origine américaine. Les « Knights » ont commencé leur expansion au Québec durant les années 1920, malgré qu'ils aient été dénoncés autant par des évêques que des laïcs francophones. (Voir Robillard, 2009, p. 372-373). Mgr Joseph-Médard Émard (1853-1927) avait même interdit à ses prêtres d'en faire partie. En mars 1948, face au fait que les « Knights » comptaient plus de 50 000 membres au Québec seulement, l'Ordre de Jacques Cartier décida de mener une campagne « jusqu'à ce que l'on ait chassé les *Knights of Columbus* du Canada français ». Robillard ajoute :

> On reproche aux *Knights* de ne s'intéresser à aucune des causes des Canadiens français, ou pire, de les desservir, que ce soit en ce qui a trait à la radio, la presse, le drapeau, les droits du français, les caisses populaires ou leur représentation dans la fonction publique (2009, p. 373).

Est-ce que les choses avaient bien changé entre *Knights* anglophones et Chevaliers de Colomb au Manitoba en 1964 ? Il semble assez évident que la MAEE et l'organisme qui l'avait lancée, l'Association des commissaires d'écoles paroissiales catholiques, étaient noyautées par les *Knights*. En 1964, par example, Jos. Stangl, K.S.G. (Chevalier de Saint-Grégoire, un grand honneur décerné par le Pape lui-même, souvent à des Chevaliers de distinction) écrivait à Art Mauro, premier président de la MAEE, ce qui suit :

> At a meeting held on Monday, April 6th [1964] with five Faithful Navigators representing five Assemblies of the Fourth Degree of the Knights of Columbus of the District of Manitoba, it was unanimously agreed to offer to you and your Committee the services

> of the Fourth Degree Knights of the District of Manitoba in whatever way we can suitably serve (Stangl à Mauro, 8 avril 1964).

Plusieurs membres anglophones de l'exécutif de la MAEE étaient membres des *Knights* et plusieurs francophones étaient Chevaliers de Colomb. Il est difficile de savoir combien puisque, en principe, c'est une société secrète.

Autre indice de l'influence prépondérante des *Knights* : le 6 mai 1967, Jos. Stangl pouvait rapporter ce qui suit à l'assemblée annuelle de l'Association des commissaires d'écoles paroissiales catholiques :

> At the May, 1966 State Convention of the Knights of Columbus of the Manitoba State Jurisdiction, I was able to have a motion presented and approved committing the Knights of Columbus of the State Jurisdiction to pay the salary of a Superintendent for the Catholic Parochial Schools of Manitoba for a period of three years in the amount of $12,000.00 per year for a total of $36,000.00 to start with the year 1967-1968.

Il ne fait aucun doute que les francophones, fortement minoritaires à la fois à la MAEE et à l'Association des commissaires d'écoles paroissiales catholiques, étaient à la remorque des *Knights* ; d'ailleurs les Chevaliers de Colomb qui y participaient avaient accepté d'ores et déjà que le français n'était pas une préoccupation centrale de la MAEE.

Épilogue

L'histoire donna raison à ceux parmi les *Knights* et les autres anglophones qui croyaient que l'appui des francophones était essentiel à leur cause. La preuve est que la MAEE s'est effondrée dès qu'une dizaine d'écoles « francophones », anciennement privées et paroissiales, devinrent écoles publiques pour bénéficier du nouveau « French Option » qui comprenait l'enseignement en français jusqu'à concurrence de 50 % de la journée scolaire, selon les termes du projet de loi

59 du gouvernement Roblin. Ce fut le premier « réseau d'écoles partiellement françaises » public au Manitoba.

Mgr Baudoux a appuyé ses bons *Knights* jusqu'à la fin. Durant les années 1970, lors d'un conflit déchirant autour de la vocation linguistique de l'école du Précieux-Sang (école française ou école « bilingue » ?), Lorette Beaudry-Ferland, favorisant le modèle de l'école française, s'est présentée comme commissaire d'école à la division scolaire de Norwood, à laquelle siégait Jos. Stangl ; Mgr Baudoux l'avait apostrophée en lui demandant ce qu'elle faisait à se présenter contre un bon Chevalier qui avait tellement fait pour l'Église (Entrevue personnelle avec L. Beaudry-Ferland, août 2010). Mgr Baudoux, ce vieux routier de luttes passées pour défendre la langue et la culture françaises, notamment pour la radio française dans l'Ouest, n'avait toujours rien compris à la lutte pour l'école française au Manitoba, contrairement au curé de Rocquigny, qui, exilé, travaillait dans l'obscurité dans sa petite paroisse de Saint-Ambroise, ou encore au tonitruant rebelle Pierre Raymond.

CHAPITRE 3

LE CONGRÈS DE L'AÉCFM, 1965 : LA CABANE CRAQUE MAIS SE S'EFFONDRE PAS

LE CONGRÈS D'OCTOBRE 1965 fut à la fois dramatique et traumatisant, et toutes les forces vives et « vivotantes » de la communauté franco-manitobaine s'y affrontèrent allègrement. En rétrospective, ce ne fut qu'une autre étape dans la longue désintégration de l'organisme, ou plutôt de sa transformation en un organisme tout neuf, la chenille devenue papillon, en passant par l'étape de la chrysalide, que nous décrirons dans les pages suivantes.

Dans un éditorial publié au *Courrier*, Bruno Lagacé décrivit ce congrès comme étant « un des événements les plus importants pour l'avenir du français dans la province ». Selon lui, l'épanouissement de l'Association passait inévitablement par son acceptation d'« une jeunesse énergique et responsable » ; avec un tel renouvellement, l'Association pourrait devenir « un phare dans le brouillard, une lumière qui d'abord éveillera une population apathique et qui ensuite la dirigera sur la route qu'elle croit la meilleure pour atteindre le but déterminé ». Le seul enjeu, selon lui, était l'élection du nouveau conseil d'administration, dont les membres « détermineront dans les prochains deux ans la survivance ou l'anéantissement du groupe franco-manitobain » (27 oct. 1965).

Ce congrès fut, effectivement, historique. Même *La Liberté*, qui hésitait habituellement à admettre que les choses évoluaient dans la communauté, fut bien obligée de se rendre à l'évidence :

> Le 26e congrès général de l'Association d'Éducation, c'est le cas de le dire, marque le commencement véritable d'un nouveau chapitre d'histoire franco-manitobaine. Les 450 congressistes présents à toutes les délibérations manifestèrent un désir non équivoque d'adaptation et de changement. Ce désir prit même l'allure bien nette, chez certains et à divers moments, de bouleversement radical. Le dialogue se fit vraiment entre clercs et laïcs, entre jeunes et anciens, même si parfois il donna lieu à certains chocs impressionnants, à certaines explosions d'émotion justifiée.

Mais dès le premier paragraphe de ce reportage étalé sur deux longues pages, le père Durocher (de par le style de l'article) y vit anguille sous roche, reprochant à certaines déclarations « avant-gardistes » un manque de précision « ou d'explication claire des motifs véritables ».

Selon le reporter, les moments les plus importants du congrès furent la refonte des règlements et l'élection d'une équipe « majoritairement nouvelle » au conseil d'administration. Le procès-verbal officiel du congrès rédigé par le secrétariat de l'AÉCFM fait état d'une « longue et parfois orageuse discussion » autour de la refonte proposée[1] (30 oct. 1965). Dans un premier temps, Maxime Desaulniers, parlant au nom du comité des Canadiens français de Windsor Park, proposa que le nom de l'AÉCFM soit modifié en éliminant le mot « d'Éducation ». Cette modification au texte proposé fut éventuellement acceptée, malgré le fait qu'elle impliquait un changement à la législation.

Si le changement du nom de l'Association provoqua une longue discussion, elle fut sereine comparativement au débat qui entoura la définition du but et des membres de l'Association. L'ancienne constitution précisait que son but était d'organiser les Canadiens-français

[1] Les membres du comité de refonte étaient le juge Louis Deniset, le magistrat Henri Lacerte, Gabriel Forest et Raymond Bernier.

en association en vue « d'assurer le développement de leur groupe catholique et français ». En effet, « toute personne de langue française, âgée de 18 ans ou plus, pratiquant la religion catholique et domiciliée dans la Province du Manitoba est de droit membre de l'Association ». Sensible au fait que le mot « catholique » pouvait sembler exclusif, le comité de refonte proposa une nouvelle formulation du but de l'Association qui parlait de « valeurs culturelles humaines et chrétiennes ». Claire Audet, bibliothécaire-en-chef de la ville de Saint-Boniface, se fit la porte-parole de la nouvelle génération qui voulait en finir avec la confusion entre langue et foi à l'Association et proposa l'élimination des mots « et chrétiennes ». L'abbé Pierre Raymond, appuyé de Bruno Lagacé, proposa une modification officielle ; ce qui mit le feu aux poudres... mais un feu qui s'éteignit assez subitement grâce à une autre modification,[2] astucieuse et adoptée par l'assemblée, comme quoi l'on devrait s'en tenir le plus possible au texte anglais de la charte de l'Association adoptée par l'Assemblée législative, ce qui fit que le texte des règlements se lirait désormais comme suit : « La Société a comme but de promouvoir l'épanouissement de la culture et de l'éducation françaises au Manitoba. » La nouvelle génération avait gagné une bataille.

Le débat reprit toutefois de plus belle lorsqu'on arriva au stade de la définition des membres de l'Association. Ici encore, le comité de refonte établissait comme critère le fait d'être « chrétien », mais logiquement, compte tenu de la modification adoptée concernant le but de l'Association, il fallait bien aussi rayer le mot « chrétien » comme condition pour devenir membre de l'Association. Bernard Aubry, appuyé par Roger Levasseur (deux membres actifs de l'Association des anciens du Collège de Saint-Boniface, comme Bruno Lagacé d'ailleurs) proposa ce changement, qui fut lui aussi adopté. Un

---

[2] Proposée par Bernard Aubry appuyée de l'abbé Maurice Deniset-Bernier.

des participants, Siméon Marion, exprima le « haut le choc » que lui causait tout ce remue-ménage.

Autre question majeure : comment choisir les représentants aux congrès de l'AÉCFM ? Le texte proposé, suivant la tradition d'ailleurs, accordait le droit de vote aux « curés des paroisses canadiennes-françaises ou leurs représentants ayant charge d'âmes sans autre formalité ». Encore une fois l'abbé Pierre Raymond assuma un rôle de leadership laïcisant en proposant que cette phrase « soit coupée », proposition adoptée par la majorité. On discuta ensuite du rôle du clergé au sein de l'exécutif, alors que les règlements proposés prévoyaient une continuation de la pratique qui voulait qu'un « conseiller moral » de l'Association soit nommé membre d'office par l'archevêque de Saint-Boniface ainsi qu'un « prêtre de langue française », par l'archidiocèse de Winnipeg. Claire Audet suggéra qu'il fallait éliminer cet élément des règlements, ce qui provoqua une intervention majeure du juge Alfred Monnin, qui dénonça Mlle Audet, disant qu'elle « va trop loin ». Malgré les objections vigoureuses du juge Monnin, je fis une proposition officielle, appuyé par l'avocat Armand Dureault, « pour qu'il y ait discussion ». Reprenons ici le compte-rendu père Durocher :

> Un jeune se prononça alors en faveur du « conseiller moral » ; une religieuse demanda avec grande émotion si l'on veut 'nous jeter dehors avec les prêtres'; M. l'abbé Joseph Pageau demanda qu'on 'ne dramatise pas', d'autant plus que 'les religieuses sont des laïques, non des clercs dans l'Église'; M. l'abbé Robert Nadeau rappela que les religieuses sont 'taxées à 1 % de leur salaire pour l'Association'; M. Rhéal Teffaine demanda que 'les cercles paroissiaux tiennent compte des religieuses et des prêtres en nommant leurs délégués', façon concrète de 'mieux s'unir pour mieux agir', selon le thème même du congrès. C'est à ce moment que M. Bruno Lagacé révéla (?) [point d'interrogation dans le texte] que la motion avait été présentée pour permettre aux jeunes de connaître les réactions des moins jeunes.

En fin de compte, l'assemblée trancha en préservant le statu quo sur cette question. Plus tard, dans une lettre ouverte, Claire Audet admit qu'elle aurait pu expliciter sa pensée un peu mieux, soulignant que l'ajout d'un « représentant » des archevêchés en question n'éliminait pas leur présence au conseil d'administration mais aurait permis tout simplement aux archevêques de nommer des laïcs s'ils le désiraient. Elle souligna aussi (ce que ni le procès-verbal officiel ni le reportage du père Durocher ne mentionnent) qu'au congrès lui-même, « le tiers de l'assistance était composé de prêtres – donc de 'conseillers moraux' – qui n'en affichaient pas le titre ». Elle ajouta qu'en définitive, il ne s'agissait pas qu'une question de mots mais bien d'une réalité plus profonde, au fond d'une question de pouvoir :

> Quand il s'agit d'une association culturelle, il me semble préférable que la présence du prêtre soit celle d'un égal parmi des égaux et non celle d'un dignitaire ecclésiastique parmi des inférieurs dans l'échelle hiérarchique.
> Il est malheureux qu'on ait si peu le sens des distinctions dans notre sainte ville de Saint-Boniface. On a tellement cru que la langue était la foi, et la foi la langue, qu'on a enfin perdu le sens de l'un et l'autre (*Courrier*, 17 nov. 1965).

Dans le même numéro du *Courrier*, un dénommé « Quidam » souligna le fait remarquable que « les interventions les plus libérales provenaient très souvent de prêtres qui ne se gênaient pas pour bousculer certaines conventions sociales qui, avec le temps, étaient devenues vénérées quasi-religieusement ». Pour lui, ce qui importait le plus (contrairement à ce qu'avait conclu le *Courrier*, comme on le verra plus loin), était que « la distinction entre culture et christianisme fut faite et ceux qui s'objectèrent étaient minorité. Beaucoup de mythes furent également détruits. Cela est de bon augure ». Ainsi, « la révolution tranquille est amorcée au sein de l'Association des Canadiens-Français du Manitoba. Aux membres du Conseil d'administration de la faire continuer ».

La question de la participation automatique d'une vingtaine d'associations à l'exécutif, dont la liste était déterminée dans les

« Nous les Franco-Manitobains » Caricature de Bernard Mulaire publiée dans La Liberté et le Patriote *du 6 mai 1965.*

règlements proposés, provoqua un nouveau débat. Jacques Alain et Armand Dureault proposèrent que les représentants nommés par ces associations n'aient pas droit de vote au sein du conseil d'administration, puisque leur droit de vote avait eu pour effet de neutraliser les votes des représentants élus démocratiquement lors du congrès. La proposition Alain-Dureault fut défaite, mais une deuxième, proposée par Maxime Desaulniers et l'abbé Deniset-Bernier fut adoptée, selon laquelle, au lieu d'une liste fixe, d'autres « associations ou établissements accréditées ou qui en font la demande au conseil d'administration » pourraient y être ajoutées.

Les élections des 30 nouveaux représentants confirmèrent la volonté de renouveau de l'assemblée. Le père Durocher souligna que l'équipe des 30 élus « est aussi nouvelle que celle d'il y a deux ans. C'est vraiment l'heure des chambardements. Cette année donc, sur les 30 élus, 20 nouveaux, dont 15 dans le seul groupe 'urbain'». Parmi les nouveaux visages, on peut nommer plusieurs jeunes ou un peu moins jeunes qui ont laissé leur marque sur ce congrès, dont Maxime

Desaulniers, Rhéal Teffaine, Roger Levasseur, et le juge Louis Deniset. D'autres, plus silencieux peut-être selon le compte-rendu du père Durocher mais destinés à devenir passablement influents sur l'histoire à venir, s'y retrouvèrent également, notamment Hubert Préfontaine de Headingley, Roger Poiron de Somerset, le frère Fernand Marion et Maurice Gauthier, qui, malgré sa relative jeunesse, était déjà un vieux routier de l'Association. Les nouveaux étaient accompagnés de la génération précédente, tels que les membres de l'OJC Raymond Bernier et Alexandre Allaire. L'exécutif de six personnes, y compris le président général, devait ensuite être élu par ce nouveau conseil. Le conseiller moral, suivant la décision de l'assemblée, venait s'ajouter à ces six personnes.

Plusieurs autres résolutions sur des sujets divers furent adoptées, la plupart allant dans le sens du renouveau. L'une en particulier, proposée par Bernard Aubry, demandait à l'Association de réclamer publiquement ses droits constitutionnels « concernant l'usage du français comme langue d'instruction pour leurs enfants dans les écoles publiques là où leur nombre rend la chose possible », et ce « avant les fêtes du Centenaire », prévues pour 1967. Une autre résolution, proposée par l'abbé Deniset-Bernier et adoptée par l'Assemblée, prônait la création d'une école normale bilingue. Il est à noter que ces deux propositions allaient dans le sens d'écoles qui soient publiques françaises ou bilingues, et non pas d'écoles séparées catholiques. Plusieurs des participants plus astucieux à ce congrès se rendaient déjà compte que ces deux modèles ne pouvaient pas coexister, compte tenu de la faible population francophone catholique du Manitoba.

Malgré la poussée laïcisante qui s'y manifesta, le congrès se termina tout de même sur une note cléricale. Dans sa conclusion, l'abbé Noël Delaquis souhaita que « le sens de la responsabilité, plus éveillé que jamais, garde son orientation 'chrétienne'. Car même si ce mot 'chrétien' a dû subir certains chocs au cours de la journée, il reste qu'il importe de garder l'esprit du Concile. » (*La Liberté*, 5 nov. 1965).

La scission idéologique s'approfondit

On eût pu croire, au lendemain de cette « journée remarquable », pour reprendre l'expression de l'abbé Delaquis, que l'Association se dirigeait vers une réconciliation entre les deux grandes tendances, l'une vers le renouveau (maintenant représentée vigoureusement au conseil de l'Association) et l'autre favorisant le statu quo. Cet espoir s'est vite avéré vain. Au fait, les forces du changement avaient encore beaucoup de chemin à faire, et elles avaient gravement sous-estimé la capacité de résistance de la « vieille garde ».

Le premier boulet fut lancé par nul autre que le père Durocher, dans un autre éditorial interminable et opaque publié aussi dans le même numéro de *La Liberté* (5 nov. 1965). Comme toujours, il y voyait anguille sous roche, soulignant que chez bien des Franco-Manitobains, la « majorité » selon lui, « c'était plutôt un sentiment d'inquiétude, de bouleversement, même de frustration », ajoutant :

> Ils commencent déjà à se poser des questions : 'Qu'est-ce qui se passe donc ? Mais c'est dangereux tout cela, spécialement cette hantise de ramener les curés à leurs sacristies et les religieuses à leurs couvents. Le ton de certaines interventions sentait mauvais. Ça semblait bien organisé d'avance, et on aimerait connaître davantage les motifs ultérieurs non avoués'.

L'essence de son épître se résume (heureusement !) dans les deux derniers paragraphes :

> Veut-on une Association uniquement française ? Veut-on une Association française d'inspiration authentiquement catholique ou, au moins, chrétienne ? À tous de répondre, particulièrement aux pères de famille qui ont à cœur l'avenir de leurs enfants dans cette province. N'est-ce pas qu'une Association française, qu'une école française, du point de vue des parents, c'est d'abord une question d'éducation, d'école. L'enfant ne peut fréquenter qu'une école à la fois, et donc il faut y tenir compte de tous ses besoins, dont ceux de la religion. Toutes les autres solutions simplistes ne peuvent se faire qu'en sacrifiant des biens importants.

> En conséquence, si l'on veut une Association dont le but unique serait de promouvoir la culture française, si l'on en vient à transformer l'AÉCFM dans ce sens, et donc à lui enlever ou à diminuer son inquiétude de l'éducation, cela veut dire tout simplement qu'il faudra fonder de nouveau une « Association d'Éducation », une Association d'éducation catholique de la population franco-manitobaine, car ce problème existe aussi. À la population de faire connaître clairement sa réponse (*La Liberté*, 5 nov. 1965).

Cette analyse, partagée largement par l'ancienne élite et certainement par l'Archevêque lui-même, demeurait aussi profondément problématique pour la communauté franco-manitobaine. Aux yeux des « jeunes », il fallait partir de certaines prémisses, dont la plus évidente découlait du problème de nombre. Aux yeux du père Durocher, la solution était simple : il fallait tout simplement créer des écoles catholiques françaises séparées. Que ferait-on dans des milieux où se trouvait un certain nombre de catholiques anglophones ? La réponse aussi était implicite, mais également simple : les intégrer tout simplement à l'école catholique française. Ainsi, dans sa hiérarchie des valeurs, le catholicisme venait avant tout ; il voulait embarquer les francophones dans la barque majoritairement anglophone de la MAEE, dont le but était le financement des écoles catholiques séparées, indépendamment de la langue.

Sur un autre plan, celui de la démographie et des valeurs, la communauté évoluait et elle devenait beaucoup moins monolithique. De plus en plus urbaine et diversifiée, la communauté francophone ainsi que ses valeurs était en pleine mutation, un phénomène que certains membres du clergé, comme les Durocher et Baudoux, ne percevaient que vaguement. Un nombre grandissant de Franco-Manitobains remettaient en question leur religion, au point d'abandonner l'Église. La question de « la Pilule », qui préoccupait *La Liberté* de façon presque obsessive durant les années 60, faisait ses ravages du côté de la Foi chez nos bons catholiques francophones. Vatican II avait ouvert la porte d'un cran dans le sens de la valorisation de la conscience personnelle. La vague de changements, par exemple au niveau liturgique, avait ouvert la voie à des changements dans d'autres domaines de la vie, par exemple celui de la contraception, bien plus importante dans la vie des couples que la messe le dimanche ou le poisson le vendredi.

Ce fut d'ailleurs une révolution à l'échelle de l'Église partout dans le monde. Aux yeux de bien des spécialistes, catholiques et autres, l'Église a raté un virage clé à cette époque, justement sur la question de la contraception. Je renvoie le lecteur intéressé à une œuvre du catholique américain Gary Wills (Wills, 2000). Selon cet auteur, la doctrine sur la contraception n'était aucunement fondée sur la loi naturelle ; au contraire, durant le Concile Vatican II, c'était tout simplement un champ de bataille entre la Curie romaine conservatrice et le Conseil des Évêques. En fin de compte, la Curie l'emporta en persuadant le Pape Paul VI, qui venait de remplacer Jean XXIII, d'intervenir directement sur la question, empiétant ainsi sur les pouvoirs des évêques. Et c'est ainsi que l'interdiction de la contraception, y compris cette nouvelle « Pilule », devint le fondement d'une nouvelle encyclique, *Humanus Vitae*, qui, selon Wills, fut un désastre pour l'Église contemporaine.

En effet, cinq ans après la nouvelle encyclique en 1968, 42 % des prêtres américains croyaient qu'elle constituait un abus de l'autorité du Pape et 18 % croyaient que l'encyclique constituait un usage inapproprié de cette autorité. Ainsi, seulement un tiers des prêtres américains appuyaient le Pape dans sa démarche sur la contraception. Chez les laïcs américains, le changement fut encore plus dramatique : en 1963, 70 % d'entre eux croyaient que l'autorité du Pape venait du Christ lui-même, par l'intermédiaire de saint Pierre. Onze ans plus tard, et six ans après l'encyclique, seulement 42 % y croyaient encore (Wills, 2000, p. 74). L'érosion de l'autorité de l'Église sur cette question, débordant sur d'autres domaines, avait sans doute débuté au début des années 60 alors que la Pilule devenait de plus en plus commercialisée ; les couples catholiques mariés l'ont adoptée très rapidement, comme le reste de la population d'ailleurs, indépendamment des vœux du Pape sur la question. De toute façon, le résultat net fut un déclin vertigineux de l'autorité de l'Église dans les pays développés, déclin dont elle ne s'est jamais remise d'ailleurs. Et pour les Canadiens-français au Manitoba, il faut ajouter les effets de la Révolution tranquille au Québec, alors que la mainmise de l'Église sur les institutions sociales et les établissements scolaires fut renversée soudainement et irrévocablement durant les années 60. Des oreilles franco-manitobaines attentives se tenaient bien au courant de l'évolution de la situation, au grand désespoir, exprimé à maintes reprises, du père Durocher.

Comme rédacteur du *Courrier*, j'avais moi-même une perspective très différente sur le congrès de 1965. Réfléchissant sur les émotions fortes qui m'avaient secoué lors de mes interventions au congrès et de ses séquelles, mon texte était plus pessimiste et même plus aigri qu'à l'habitude, et j'avoue aujourd'hui qu'il ne reflétait pas les gains réels que la nouvelle génération avait réussi à obtenir, et encore moins le fait que le changement dans toute société s'effectue habituellement très lentement :

> L'absence de la liberté d'expression, surtout en ce qui a trait aux problèmes fondamentaux de notre communauté, signifie une absence de toute croissance intellectuelle. On nous demande en effet de demeurer dans la structure actuelle, d'accepter les changements timides et à contrecœur tels que ceux qui ont été effectués au dernier Congrès de l'Association, et de ne pas questionner la 'hiérarchie' sociale, sinon 'de graves conséquences s'ensuivront'.
> Ce genre d'autoritarisme ne 'poigne' plus. Les critiques qui ont été adressées aux institutions franco-manitobaines depuis la fondation du 'Courrier', on les avait formulées depuis longtemps déjà. La preuve, c'est le fait qu'un grand nombre de personnes plus 'âgées' se sont ralliées au Courrier dès le début, et à ce que notre journal représente : un organe qui 'débloquera' tout la 'patente'.

> Cependant, ces critiques n'ont été imprimées nulle part ailleurs. Pourquoi ?
> Le Congrès de l'Association lui-même fut une leçon qui ne sera pas oubliée de sitôt. Des personnes possédant une certaine éducation, devant des motions qui étaient présentées, se sont convaincues qu'il s'agissait d'une conspiration communiste, ou, tout au moins, d'un complot ourdi depuis des mois dans la pénombre pour détruire l'Association. Parmi ceux qui se sont levés pour dénoncer ce 'complot', on a pu compter un curé de campagne 'jeune', un commissaire d'école de St-Boniface, et un membre de la judicature : les 'piliers' de la communauté. Spectacle peu rassurant, pour en dire le moins. L'influence du créditisme à la Gilberte Côté-Mercier serait-elle si formidable ?
> Ces bonnes gens ont préféré ne pas se préoccuper des opinions éclairées émises par M. le curé Deniset-Bernier, M. l'abbé Pierre Raymond, ainsi que celles de plusieurs laïcs informés et pas si 'jeunes'. En particulier il faudrait souligner ici le courage dont a fait preuve Mlle Claire Audet. Ses interventions, chez un auditoire plus ouvert d'esprit, auraient été acclamées par tous. Malheureusement on a cru bon de rejeter sa candidature au nouveau Conseil d'Administration, ainsi que celle de la plupart des candidats qui se sont associées aux 'nouvelles idées'.
> C'est cela que l'on fait de l'ouverture d'esprit dans notre milieu (*Courrier*, 17 nov. 1965).

La Liberté, de son côté, déplorait la pénétration des « idées nouvelles » à l'Association et donnait libre cours à la notion que tout cela ne pouvait qu'être le résultat d'un sinistre complot, car quelle personne bien intentionnée pourrait contester la façon dont les choses s'étaient faites jusqu'alors ou encore contester les bonnes intentions de l'élite cléricale de l'époque ? Le *Courrier*, pour sa part, dénonçait le fait que les choses ne bougeaient pas assez vite, que l'ancienne élite demeurait insensible à la poussée de la nouvelle génération qui véhiculait des valeurs nouvelles, et était inconsciente des dangers qui menaçaient la communauté franco-manitobaine, surtout par rapport à l'assimilation.

Un virage important

Contrairement au congrès de 1963, celui de 1965 constituait un virage important dans la gouvernance de la communauté franco-manitobaine et un véritable renouvellement de l'élite, du moins celle que représentait l'Association. Tous les membres de l'exécutif, sans exception, furent remplacés lors de la première réunion du nouveau conseil d'administration le 24 novembre 1965. De plus, deux membres de l'OJC furent évincés du nouvel exécutif, soit Raymond Bernier, qui perdit son poste comme président et Alexandre Allaire qui fut remplacé à la 2e vice-présidence par Maxime Desaulniers.[3] Le juge Louis Deniset fut élu président-général de l'Association, et plusieurs des autres membres élus seraient appelés à jouer des rôles importants dans le renouveau de la communauté, soit Maurice Gauthier (1e vice-président), Maxime Desaulniers, Roméo Champagne (trésorier), et les conseillers Raynald Labossière et le jeune avocat Rhéal Teffaine. C'est réellement ce petit groupe qui donna une nouvelle direction à l'AÉCFM, menant éventuellement à la création de la Société Franco-Manitobaine en 1968. Le chemin n'était pas tracé en ligne droite cependant ; comme l'écrit LeTourneau,

> Deniset had been more or less acceptable to both groups, thus his stewardship was regarded by some as being part of a transitional scheme. Whether the new executive had elaborated a plan that would transform the AECFM and thereby provide a revitalized leadership is questionable (1977, p. 55).

Comme Leblanc le souligne, les célébrations du 50e anniversaire de l'AÉCFM en 1966 indiquaient plutôt un repli sur les vieilles traditions de l'organisme :

---

[3] Rhéal Teffaine se rappela, beaucoup plus tard, qu'effectivement Bernier avait été « mis à la porte » comme président et qu'il avait « très mal pris ça ». Cela s'est fait de façon assez brutale à la première réunion de l'exécutif, sans discours ni remerciements de la part des nouveaux. Pour Teffaine, c'était là une leçon de vie : lorsqu'on voit la vague venir, mieux vaut se « tasser ». (Entrevue personnelle, 22 mai 2012)

Ainsi les célébrations du cinquantenaire de l'Association d'Éducation abondèrent en messes pontificales et mirent en vedette le cardinal Roy, le tout constituant une sorte d'expiation pour les excès du congrès de 1965 (1968, p. 90, cité dans LeTourneau, p. 55).

Le nouveau conseil comptait 41 personnes y compris quatorze représentants d'associations, dont plusieurs jeunes professionnels.[4]

Nouvel exécutif à l'Association

Hon. juge Louis Deniset, président général

M. Maurice Gauthier, 1er vice-président

M. Maxime Desaulniers 2e vice-président

M. René Rottiers, secrétaire général

Me Roméo Champagne, trésorier

Me Rhéal Teffaine, conseiller

Le nouveau Comité Exécutif de l'Association des Canadiens-français du Manitoba a été élu lors d'une réunion du Conseil d'Administration le 24 novembre dernier.

Les membres de l'Exécutif sont choisis au sein du Conseil d'Administration. Le nouveau président est son honneur le juge Louis Deniset; premier vice-président, M. Maurice Gauthier; second vice-président, M. Maxime Desaulniers; trésorier, Me Roméo Champagne; conseillers, Me Rhéal Teffaine et M. Raynald Labossière. Le secrétaire choisi par l'ancien conseil d'administration, M. René Rottiers, a été nommé de nouveau pour un stage indéterminé.

Cinq qui firent la révolution tranquille, et un perdant. Le nouvel exécutif de l'Association d'Éducation en décembre 1965. (Courrier, 8 décembre 1965)

La grande majorité de ces personnes a contribué par la suite de diverses façons à l'histoire contemporaine de la collectivité franco-manitobaine. Autre nouveauté, signe de la nouvelle ouverture de l'Association : pour la première fois, un francophile externe à la communauté francophone, en la personne du révérend William J. Hutton, siégeait au conseil en tant que représentant de l'Association des étudiants chrétiens de l'Université du Manitoba (Procès-verbal de la réunion du 24 nov. 1965, AÉCFM, B. 298, 42/1369). La popularité de la nouvelle « Association des Canadiens-français du Manitoba » (ACFM) se manifesta rapidement alors qu'à sa réunion du 15 décembre 1965, quatre nouvelles associations, dont l'Association Québec-Manitoba, manifestèrent leur désir d'être représentées au conseil d'administration (Procès-verbal du 15 déc. 1965, AÉCFM, B. 298, 42/1369). Une décision majeure fut prise lors de cette réunion, celle d'organiser un colloque entre l'ACFM et les autres associations francophones, prévu pour le 15 janvier 1966.

Il me semble clair, en rétrospective, que la nouvelle association prenait l'allure d'une fédération, même si son nom ne reflétait pas cette nouvelle réalité. On répondra peut-être que c'était bien le modèle de l'ancienne association ; la différence se trouvant dans l'ouverture de la nouvelle structure qui permettait l'ajout de nouveaux organismes, suivant certains critères et avec l'approbation des trois-quarts des membres présents lors de la prise de décision (procès-verbal de la réunion du Conseil d'administration, 15 déc. 1965).

---

[4] Notamment Louis Aubry, Paul Baril, Priscille Cormier, André Fréchette, Gérard Gagné, Laurent Gagné, Raymond Lafond (représentant l'Association des universitaires du Collège de Saint-Boniface), Rémi Lafrenière, Roger Levasseur, Lucien Loiselle, Roger Poiron, Hubert Préfontaine, Louis Dubé, Albert Dubé et Louis Legal.

CHAPITRE 4

Le renouveau fait son chemin

En rétrospective, la réunion du conseil d'administration du 15 décembre 1965 fut l'une des plus importantes de l'histoire de l'organisme. Le nouveau président, le juge Louis Deniset, lança un défi bien pensé et concret à la quarantaine de membres du conseil réunis au gymnase du Collège de Saint-Boniface, la majorité y siégeant pour la première fois. Selon le reporter de *La Liberté*, l'oblat Roméo Bédard (qui siégeait également au conseil de l'ACFM) la « majeure partie » de la réunion porta sur l'étude du « Plan d'Action 1966 » présenté par le président Deniset. Ce plan comprenant essentiellement deux éléments : d'abord, la nomination d'une série de comités et la définition de leurs responsabilités, telles que proposées par le président ; et deuxièmement, l'organisation d'un colloque dont la date fut fixée au 15 janvier 1966. Il est intéressant de noter par contre que l'ACFM disposait toujours de très peu de ressources, seulement un secrétaire avec une assistante et un agent de liaison, en la personne du Jésuite Martial Caron. Il est aussi à noter que le secrétaire de l'organisme, René Rottiers, n'était pas présent à cette réunion d'une importance capitale ayant été hospitalisé le jour d'avant[1]; le procès-verbal fut rédigé par le « secrétaire pour l'occasion », le père Caron. Signe précurseur d'une autre tempête à venir et aussi un autre « signe des temps »...

---

[1] Voir page 136.

Le président Deniset misait beaucoup sur le père Caron. Dans sa présentation, il décrivit son rôle dans les termes suivants :

> Nous voyons l'agent de liaison intéressé à tout, à l'intérieur et à l'extérieur. Nous le voyons à toutes les réunions du Conseil d'Administration, du Comité Exécutif et de tous les comités auxquels il aura le temps d'assister. Nous le voyons à la campagne et en ville, avec les cercles locaux...partout où il y a de la vie française. Nous nous fions à lui pour ses allées et venues. Il fera rapport régulièrement, pour assurer l'ordre et l'accord; il relève directement du président général (procès-verbal du CA de l'AÉCFM, 15 déc. 1965; fonds AÉCFM, B. 298, 42/1369).

Personnalité parmi les plus respectées de la communauté franco-manitobaine, connu surtout pour les grandes chorales qu'il organisait à même les ressources rurales et urbaines, et ancien recteur du Collège de Saint-Boniface, le père Caron se voyait maintenant confié un mandat à dimensions surhumaines.

De son côté, le *Courrier* continuait son analyse sur un ton plutôt négatif, à la fois de la situation générale de la communauté franco-manitobaine, surtout face à l'assimilation, et de la capacité de l'ACFM de trouver des solutions. L'éditorial du 5 janvier 1966 traitait plus particulièrement de l'éducation :

> S'il faut en venir aux faits, qu'avons-nous au juste à conserver ? Une véritable culture canadienne-française qui enrichit la plus grande société manitobaine ? Ou une langue mal apprise, mal parlée et mal écrite à laquelle nous nous agrippons, une langue avec très peu d'expression culturelle ?

L'éditorial évoquait trois modèles d'éducation, avec plus ou moins de français, et tentait de mettre le doigt sur les lacunes de chaque modèle : d'abord, « la possibilité lointaine d'écoles entièrement françaises au Manitoba ». Dans un tel modèle, les élèves francophones « seraient peut-être désavantagés dans la recherche d'emplois qui demandent une connaissance parfaite de la langue anglaise » ; un tel système « ne préparerait aucunement à l'intégration dans le milieu commercial et professionnel ». Pourrait-on donc envisager des écoles semi-françaises ? Sans doute cette solution pourrait-elle perpétuer « le dilemme de n'être ni Canadien de langue française ni Canadien de langue anglaise ». Enfin, il y aurait le statu quo « avec très peu de français dans les écoles » :

> Il est évident que le nombre d'heures prévues par la loi n'est pas suffisant pour que cette langue soit bien parlée et écrite, encore moins pour qu'elle puisse servir de base à une authentique expression culturelle. C'est, dans une telle perspective, la mort à petit feu pour la société franco-manitobaine mais la vie pour une plus grande société de langue anglaise.

L'éditorialiste relançait la balle au lecteur : « Que voulons-nous au juste ? L'isolement, l'intégration ou l'assimilation ? » (*Courrier*, 5 janv. 1966)

Pessimiste, non ? Mais heureusement que depuis, une foule de facteurs sont venus entériner l'école française comme étant la meilleure, sinon l'unique solution à la survie de la francophonie en milieu minoritaire. D'abord, en très peu de temps cette solution que l'éditorialiste considérait comme utopique en 1966 est devenue soudainement très réalisable en 1970 alors que le nouveau gouvernement néo-démocrate d'Edward Schreyer a légalisé l'enseignement en français à tous les niveaux scolaires. Deuxièmement, les craintes que l'enseignement complètement en français pouvait mener les petits Franco-Manitobains à « perdre leur anglais » se sont avérées fausses. De nombreuses études, dont celles de grande envergure menées par le Centre de recherches du Collège universitaire de Saint-Boniface en 1975 et 1976, ont démontré que l'enseignement de toutes les matières en français, dans le cadre d'une école française (sauf le cours d'anglais) ne mène pas à une détérioration des compétences de l'élève en anglais : en d'autres mots, et même avec un maximum de français en classe, l'élève ne « perdra pas son anglais », déjà acquis en très bas âge dans la rue et par les médias. Enfin, l'expérience même des écoles françaises au Manitoba par la suite (il y en a aujourd'hui une vingtaine) démontre que les diplômés de ces écoles ne sont pas « isolés » de la population anglophone ; au contraire, étant parfaitement bilingues, ils s'intègrent facilement dans tous les contextes linguistiques (du moins en ce qui a trait aux langues officielles !) qui se présentent dans notre société.

Le virage continue

Le 15 janvier 1966, une centaine de représentants d'organismes franco-manitobains (tous répondirent à l'appel et furent représentés sauf exception et pour des motifs valables) ainsi que les membres du Conseil d'administration de l'ACFM se réunirent à la Salle académique du Collège de Saint-Boniface pour une journée de travail. C'est Maxime Desaulniers, deuxième vice-président de l'ACFM, qui prononça le discours d'ouverture. Sur le thème de l'unité (l'Association s'était donné comme devise pour l'année 1966 « Mieux s'unir pour mieux agir »), Desaulniers fit un tour d'horizon de la communauté franco-manitobaine et de ses institutions, mettant l'accent partout sur la nécessité d'élargir les cadres afin d'assurer une plus grande participation des forces vives de la communauté à ces institutions. Il ne recula pas devant la tâche de nommer par leur nom les obstacles à l'unité. Ses affirmations les plus marquantes :

> *La langue et la foi* : qu'est-ce qu'on y gagne et qu'est-ce qu'on y perd à mêler les deux ? À mon avis, on y gagne rien puisqu'on ne peut que se faire des ennemis en voulant obtenir des écoles catholiques, qu'aucun parti politique ne sera prêt à accorder. Parcontre, si nous demandons des écoles françaises, nous avons toute une série d'amis, surtout en ces temps de bilinguisme. À mon avis, c'est le temps de battre le fer pendant qu'il est chaud.

La Commission Laurendeau-Dunton, ça ne va pas durer indéfiniment : s'il y a des recommandations qui nous sont favorables, il nous faudra être prêts.

Et qu'on aille pas dire qu'il y aura danger pour la foi dans des écoles françaises publiques. Nos enfants vont à l'école publique actuellement et n'en sont pas moins bons catholiques pour tout cela.

MAEE : Cette organisation a tenté de faire des rapprochements avec notre Association : c'est la meilleure façon de continuer à mêler les cartes. Que les deux organisations se rencontrent pour discuter, d'accord. Mais chacun ses oignons. Et le moins souvent sera le mieux.

Les médias de langue française : Lorsque La Liberté bon gré mal gré passe pour le journal des Canadiens-français du Manitoba et donne des directives (ou n'en donne pas), je pense que c'est du domaine des Franco-Manitobains en général, et par là, de l'Association. Il y a certes moyen, je l'espère, d'en arriver à une entente avec le journal sur ce point-là. Il faudrait quand même que ce soit l'Association qui donne les directives et parle au nom des Franco-Manitobains, quand il s'agit de le faire officiellement.

Le Courrier : On a bien déblatéré contre le *Courrier*, son rédacteur et ses collaborateurs. Mais le fait est que les gens le lisent, et que ce journal, 'cette feuille de chou' pour d'autres, a une bonne part de responsabilité dans cet éveil canadien-français au Manitoba. Et j'ajouterai que le rédacteur français serait prêt à laisser tomber sa collaboration à ce journal, le jour où La Liberté voudra permettre aux intéressés de s'exprimer dans ses pages. De cette façon, La Liberté pourrait vraiment devenir le journal des Franco-Manitobains.

CKSB : Le poste pourrait certes jouer un rôle plus grand du point de vue franco-manitobain en se tenant à la page de l'actualité manitobaine. Est-ce qu'on ne pourrait pas organiser des discussions genre affaires publiques, sur les questions intéressant les franco-manitobains – les sujets à discuter ne manqueraient pas. Des programmes du genre pourraient certes rendre de grands services, et attireraient des auditeurs à CKSB. (Fonds de l'AÉCFM, B. 1402/127)

Ces prises de position, même si elles étaient formulées sous forme d'idées lancées à l'auditoire pour fins de réflexion, constituaient une attaque à peine voilée contre tous les intérêts cléricaux et institutionnels dominants de l'époque ; mais cette fois elle provenait non pas de quelques blancs-becs révoltés mais bien d'un vice-président de l'AÉCFM ! Du jamais vu dans la communauté depuis la fondation de l'Association en 1916.

En début d'après-midi, l'étudiant Michel Monnin prit la parole en tant que président de l'Association des universitaires du Collège de Saint-Boniface. Il souligna plusieurs priorités pour la communauté et pour l'ACFM, dont certaines portaient sur les relations entre individus et organismes alors que d'autres auraient plutôt constitué des éléments d'un plan d'action. En voici les points saillants :

- La nécessité d'un centre culturel à Saint-Boniface ;
- L'Association doit favoriser le regroupement de la jeunesse franco-manitobaine, peut-être au moyen de la création d'un organisme regroupant étudiants et travailleurs franco-manitobains ;
- En ce qui a trait à l'ACFM, « continuez la débâcle des cinq dernières années et vous perdrez et la jeunesse et la langue » ;
- Besoin criant de dialogue et d'unité parmi les organismes et les institutions de la communauté, et « d'oublier les conflits d'idées et encore plus les conflits de personnalités » ;
- Réduire le nombre d'institutions religieuses d'éducation de trois à deux [ceci impliquait la fermeture du Petit séminaire] ;
- Pour ce qui est des deux journaux, « ne pourraient-ils pas tous les deux faire des critiques plus constructives au lieu de se détruire l'un l'autre ? » ;
- Avant tout, l'Association avait comme devoir « d'ouvrir et de guider le dialogue, comme il le fait aujourd'hui, pour pouvoir, sous peu, représenter au Manitoba une société française ayant un seul but » (*Courrier*, 19 janv. 1966).

Les délibérations se poursuivirent toute la journée dans « un esprit de dynamisme, de bonne entente et de sincérité », selon l'éditorialiste du *Courrier* (19 janv. 1966). Un comité de synthèse, présidé par le Jésuite Alfred Ducharme, recteur du Collège de Saint-Boniface, en résuma le contenu avec des constats et des recommandations. Avec la clarté de pensée et la concision qui le caractérisaient, le père Ducharme présenta les recommandations du colloque en un seul paragraphe :

- Que l'Association se donne des objectifs précis relativement à la culture et la langue françaises ;
- Qu'elle communique régulièrement des directives aux différents groupements canadiens-français ;
- Qu'elle mette sur pied un comité spécialement chargé de la publicité ;
- Qu'elle organise des réunions du genre de celle que nous avons connue aujourd'hui avec des groupes plus restreints qui ont des intérêts communs ;
- Qu'elle réorganise le secrétariat, ajoute du personnel si nécessaire, de façon à ce que l'Association puisse agir plus efficacement ;
- Que l'Association crée un comité qui s'occupe de promouvoir le centre culturel (Fonds de l'AÉCFM, B. 1402/127).

C'était un moment de grand espoir pour la communauté franco-manitobaine, un espoir qu'enfin l'immobilisme de l'ACFM, cantonné dans ses bornes cléricales et limité au domaine de l'éducation, ainsi que les querelles récentes pourraient enfin être transcendées et qu'on pourrait envisager un nouveau programme. Même l'éditorialiste du *Courrier*, pessimiste de nature par rapport au changement réel dans la communauté, se laissa emporter par cette vague d'optimisme. Intitulé « Une vague de renouveau balaie l'Association », l'éditorial souligna l'ambiance positive qui régnait durant les délibérations : « À maintes reprises, les chefs de l'Association ont fait savoir leur désir de connaître les opinions réelles des participants, dans le but de pouvoir formuler des politiques réalistes à l'avenir. Et c'est ce que les délégués leur ont servi. » (*Courrier*, 19 janv. 1966)

Le Conseil d'administration donna rapidement suite au colloque. Dans une conférence de presse cinq jours plus tard, il signifia clairement que le colloque constituait réellement un nouveau départ pour l'organisme et qu'il acceptait presqu'intégralement les recommandations formulées. En tant que président du Comité des relations extérieures, le jeune avocat Rhéal Teffaine rappela que l'organisme portait maintenant le nom d'« Association des Canadiens-français du Manitoba », et que suite au plus récent congrès et au colloque, « une autre réforme majeure fut d'établir clairement une distinction entre Langue et Foi ». Il présenta ensuite un programme étoffé dans plusieurs domaines, en commençant par la définition du rôle de l'Association, un rôle beaucoup plus activiste qu'auparavant. L'Association se dotait d'un programme ambitieux dans plusieurs domaines, notamment en éducation (faire pression pour que le français jouisse d'un statut officiel comme langue d'enseignement, création d'une école normale française, réclamer des maternelles de langue françaises); en culture (collaborer avec le Centre culturel de Saint-Boniface, seulement un comité à l'époque, pour l'érection d'un centre culturel français); et en économie (création d'un comité pour étudier la situation économique des Franco-Manitobains et promouvoir l'expansion des institutions financières et des commerces de nature à renforcer notre économie). Me Teffaine termina sur une note enthousiaste, qui reflétait bien l'esprit du moment :

> Le premier geste de l'Association a été d'amorcer le dialogue à la journée d'études du 15 janvier. Puisse-t-il se poursuivre avec toute la population aussi bien qu'avec la jeunesse !
> Le nouveau dynamisme qui a saisi les Franco-Manitobains se reflète dans l'Association qui se veut être l'instrument de ce regain d'enthousiasme. Soit dit en passant que l'âge moyen du nouvel exécutif est d'environ 35 ans.

> Nous considérons que nous avons reçu un mandat d'agir et nous sommes décidés à y répondre (Communiqué de presse de l'ACFM, 20 janv. 1966; fonds de l'AÉCFM, B. 298, 42/1369).

Malheureusement, l'Histoire doit constater que ce nouvel élan fut de courte durée. Il est possible que l'Association se soit butée à la réalité, en ce sens que son programme dépassait de loin ses capacités administratives. Il est possible qu'il y ait eu une perte d'intérêt chez certains membres du conseil, au niveau de l'engagement dans les actions concrètes et soutenues que le nouveau programme impliquait. Mais surtout, il est probable que des conflits internes, plus spécifiquement le congédiement du secrétaire général de l'organisme, René Rottiers, aient sapé l'énergie du conseil. Au fait, les tensions entre la vieille garde, toujours présente au conseil d'administration, et les réformateurs firent surface dès la réunion du conseil du 9 mars, alors qu'on contesta la façon dont le nouveau plan d'action de l'ACFM avait été adopté et annoncé. C'est Raymond Bernier qui prit les devants, en soulignant que selon la constitution de l'organisme, c'était le conseil qui déterminait les cadres et les fonctions des divers comités, ce qui mena à une résolution, présentée par le père Ducharme, appuyé par Rhéal Teffaine, affirmant que « si ce programme n'a pas été approuvé le 15 décembre, qu'il soit approuvé ce soir tel que présenté au Conseil d'Administration ». La résolution fut adoptée.

Le secrétaire général avait été absent de la réunion importante du conseil le 15 décembre 1965, et il fut excusé aussi de la réunion du 15 janvier 1966 tenue immédiatement après le colloque, réunion où le premier vice-président, Maurice Gauthier, avait été applaudi chaleureusement pour le succès de cet évènement, qu'il avait organisé. Or, à la réunion du 9 mars, le président lui-même présenta un plan de réorganisation du secrétariat, définissant les qualifications du titulaire de ce nouveau poste, désigné comme « directeur général » ou « secrétaire-général ». Les questions fusèrent de toutes parts, surtout de la vieille garde, qui n'avait pas encore avalé sa défaite. Alexandre Allaire notamment fit part de ses objections à cette démarche, « exprimant l'opinion qu'on veut 'nous passer un Québec' et qu'il ne s'agit que d'une manœuvre en vue de supplanter le secrétaire actuel » (procès-verbal du C.A. du 9 mars 1966, fonds AÉCFM, b. 298, 42/1369). Un comité d'étude, formé de Louis Deniset, du père Caron et de Maurice Gauthier, fut désigné pour mettre ce plan en branle ; le candidat choisi pour remplir le nouveau poste serait engagé pour une période indéterminée, avec peut-être une période d'essai de six mois. Enfin, le conseil autorisa le Comité exécutif à embaucher un secrétaire général du genre de celui décrit par le président, avec une clause de sécurité dans son contrat. De toute évidence, selon le procès-verbal, René Rottiers était présent durant ces délibérations. (Il est à noter qu'un tiers des 36 membres notés dans le procès-verbal étaient absents à cette réunion, un taux d'absentéisme qui augurait mal pour l'avenir.)

En l'occurrence, on embaucha Paul-Émile Leblanc, qui avait reçu son diplôme du Collège de Saint-Boniface et qui faisait maintenant des études de deuxième cycle en histoire à l'Université d'Ottawa, pour assumer les tâches de secrétariat durant les mois de l'été 1966. Il se souvient de son embauche en ces termes :

> Ce sont Maxime Desaulniers et Maurice Gauthier qui m'ont recruté comme secrétaire de l'Association d'Éducation à l'été 1966. Les temps étaient difficiles. L'Association venait de congédier son secrétaire, René Rottiers. Maxime et Maurice, membres de l'exécutif, étaient parmi les éléments les plus dynamiques et les plus désireux de moderniser l'organisme. Ils étaient en plus d'une très grande gentillesse, ce qui me facilita beaucoup la tâche, moi dont la seule expérience était d'avoir été actif dans des associations étudiantes (communication personnelle, 23 juin 2011).

Paul-Émile Leblanc me raconta d'ailleurs qu'un de ses gestes irréfléchis à l'époque avait été de donner à un passant la statue de la Vierge qui occupait le fond de son bureau à l'ACFM. Il se souvient encore de ce geste désinvolte :

La statue de la Vierge

> Lorsqu'on entrait dans les petits bureaux de l'Association d'Éducation, sis au coin de la rue DesMeurons et de l'avenue de la Cathédrale, on apercevait à la droite le cabinet du secrétaire. S'y trouvaient une table de travail, quelques classeurs et une ou deux chaises. Lorsqu'un visiteur s'assoyait devant le secrétaire, son œil était attiré avant tout par une statue de la Sainte Vierge de forte dimension derrière le dos du titulaire. Quand cette statue fut-elle installée ? Par qui et dans quelles circonstances ? Je n'en avais aucune idée, mais à mon arrivée comme secrétaire durant l'été de 1966, y voyant un reliquat d'une autre époque, j'ai vite résolu de m'en débarrasser. Je trouvais que ce symbole de religiosité était incompatible avec la volonté de moderniser l'association. C'est ainsi qu'avec toute l'arrogance de la jeune vingtaine, sans consulter mes patrons ou qui que ce soit, j'ai offert la Vierge à un bénévole qui se trouvait de passage. Il l'a acceptée avec gratitude.
>
> Toutes les personnes gravitant autour de l'Association ont sans doute remarqué que la statue était disparue mais personne, même pas un prêtre, ne m'en a soufflé mot. À tort ou à raison, j'ai interprété ce silence comme une approbation tacite, une reconnaissance que les temps avaient changé et qu'il fallait que l'Association passe à autre chose (communication personnelle, le 23 juin 2011).

Le congédiement de René Rottiers, rendu officiel dans une lettre qui lui était adressée le 16 mai 1966, ne pouvait qu'envenimer les choses, surtout qu'il ne le prit pas sans riposter. Dans une lettre fougueuse adressée au président Deniset avec copie aux membres du conseil d'administration le 6 juin 1966, Rottiers souligna qu'il avait refusé de démissionner, tel que le lui avait demandé le président à l'occasion d'une rencontre le 12 mai. Il se plaignait que le président n'avait pas honoré ses engagements lors de cette rencontre, à savoir que les raisons de son congédiement n'étaient pas explicitées et qu'aucun rapport de vérification des livres comptables ne lui avait été fourni. De plus, il considérait que le chèque de 564,95 $ était seulement un acompte, à titre de salaire, de la somme totale qui lui était due. Il contestait également la façon dont le communiqué de presse avait été rédigé, communiqué qui « laissait entendre que j'avais démissionné, et déformait ainsi la vérité des faits ». Il évoqua la possibilité d'une poursuite judiciaire sans la nommer comme telle, affirmant qu'il y avait eu atteinte à la constitution de l'ACFM, des pouvoirs du conseil d'administration et du code Morin (règles de procédure parlementaire) dans son congédiement. Enfin, il menaça de « révéler au grand public les dessous de cette affaire et les véritables mobiles qui ont poussé certains à préparer, dès avant le congrès général, un plan d'action en vue de se débarrasser de moi ». Enfin, il souligna que dans l'exercice de ses fonctions, il n'avait fait que « suivre mon idéal chrétien et français » (Fonds AÉCFM, B. 298, 42/1369).

Le fond de la hargne de M. Rottiers se trouve dans une lettre qu'il adressait le 18 septembre 1966 à son avocat Laurier Régnier où il tenta de développer une théorie de conspiration autour de son congédiement. Ses accusations reflètent sans doute aussi l'analyse des piliers de la vieille garde, Raymond Bernier et Alexandre Allaire, membres comme lui de l'OJC, avec toutes les implications idéologiques que cela comprend.

La complainte de René Rottiers

> Il est vrai, sans doute, que mon congédiement n'est pas arrivé « d'un seul soubresaut », et il est même certain qu'il avait été décidé par un certain groupe *dès avant le congrès du 30 octobre*. Une campagne en ce sens avait été déclenchée par un groupe de jeunes réactionnaires [sic], dont il convient de rechercher les

noms parmi les partisans d'André Tremblay, Raymond Hébert, et l'ex-professeur Jean-Guy Vaillancourt, mais aussi d'autres membres influents supportaient vraisemblablement ce groupe, et notamment Rhéal Teffaine, Maxime Desaulniers, et peut-être même Rémi Lafrenière.

La lettre du professeur Vaillancourt, écrite de Berkeley, en Californie, et reproduite dans le St. Boniface Courier du 27 octobre 1965 est une preuve évidente du complot qui se tramait contre moi ; on y lit en effet : « Il faut à tout prix remplacer le secrétaire actuel, un espèce de commando réactionnaire, par un véritable éducateur. » J'avais eu la franchise, ou l'audace, de dire un jour *à titre privé* au professeur Vaillancourt ce que je pensais de lui, de ses théories, de la philosophie enseignée au Collège de St-Boniface depuis un an ou deux, et de Québec-Manitoba, ce qui, évidemment, m'avait attiré les foudres et la vengeance de ce monsieur.

Autre preuve de l'existence d'un complot : dans l'édition du Courrier qui suivit l'élection du nouveau comité exécutif, le 24 novembre paraissait les photos de six membres du comité, dont la mienne, avec comme légende : « Le secrétaire choisi par l'ancien conseil d'administration, M. René Rottiers, a été nommé de nouveau *pour un stage indéterminé* », ce qui laissait clairement entendre qu'on voulait me liquider. L'éditorial publié le 27 octobre 1965 constitue d'ailleurs une critique générale, défavorable à l'ancien conseil d'administration dans son ensemble.

Il est certain que le mouvement en vue de me congédier a pris naissance dans l'entourage immédiat de Gilles de Lalonde, qui s'était présenté au public franco-manitobain sous le faux-nom d'André Tremblay, et il est certain aussi que ce mouvement visait en même temps à déloger M. Raymond Bernier de la présidence de l'A.É.C.F.M.

La première raison de cette hostilité est que j'avais refusé, *à titre personnel* – non en ma qualité de secrétaire – de collaborer à l'A.Q.M. Ce refus était fondé tout d'abord sur les sympathies affichées par A. Tremblay pour des personnages ou des publications soupçonnées d'être, ou étant de fait, d'extrême-gauche, selon ses déclarations reproduites dans une interview publiée dans le « St. Boniface Courier » du 20 janvier 1965; il était fondé ensuite sur le fait qu'A. Tremblay s'était ostensiblement abstenu de consulter l'Association d'Éducation, porte-parole officiel des Franco-Manitobains, avant de fonder l'A.Q.M., et cela malgré les conseils en ce sens qui lui auraient été donnés par M. l'abbé Léo Couture, curé de St-Norbert, selon ce que m'en a dit un jour M. Gabriel Dufault, ancien employé de l'A.É.C.F.M. ; en outre, la rumeur publique présentait A. Tremblay comme étant un athée, l'accusait d'avoir été mêlé à une affaire de bombes du F.L.Q. (on avait, disait-on, arrêté chez lui un complice qu'il cachait); on prétendait qu'il était sous surveillance de la police ; il était membre du R.I.N., mouvement séparatiste extrémiste d'extrême-gauche, et, d'ailleurs, plusieurs des premiers chansonniers québécois qu'il fit venir au Manitoba étaient aussi membres du R.I.N., tels Pierre Calvé qui avoua lors d'une interview à C.K.S.B. que j'entendis moi-même, qu'il avait fait connaissance d'A. Tremblay lors d'un congrès du R.I.N. ; il faisait, de plus, de la propagande communiste auprès des jeunes qui le fréquentaient (M. Philippe Arpin, de St-Boniface, vint m'en faire un jour la confidence au secrétariat, en me disant qu'il était peut-être séparatiste, mais sûrement pas communiste, et qu'il était dégoûté de la propagande que faisait autour de lui A. Tremblay à ce sujet.)

Or, sachant fort bien par quels moyens le communisme tente de s'infiltrer dans les pays où il peut se servir de slogans d'indépendance et de liberté, et les agiter aux yeux des masses, même sous des prétextes culturels, inoffensifs en eux-mêmes, je me suis méfié d'emblée de cette nouvelle organisation, que dirigeait un organisateur d'autant plus dangereux, qu'il était très habile, et avait réussi à gagner la sympathie de nombre de gens sincères et bien pensants.

Bref, cette réputation inquiétante, et qui me faisait craindre à juste titre que Tremblay ne soit venu jouer au Manitoba français le rôle d'un émissaire à la solde d'un mouvement indépendantiste d'obéissance communiste, avait dicté mon attitude de lui refuser personnellement ma collaboration.

À la même époque, c'est-à-dire le même jour où je fus sollicité moi-même, par Mlle Noëlie Palud, de collaborer à l'A.Q.M., et après que je l'eusse été, M. Raymond Bernier le fut à son tour, et réagit de manière assez semblable à la mienne.

Si je vous parle ici de M. R. Bernier, c'est pour souligner que lui et moi avions une perception assez identique des problèmes qui se posaient à la communauté franco-manitobaine, et que nos réactions à ces problèmes, et les solutions que nous envisagions l'un et l'autre, étaient en parfaite harmonie.

À cette époque le conseil d'administration de l'A.É.C.F.M. (qui s'appelle maintenant le comité exécutif) rencontra en mon absence l'exécutif de l'A.Q.M. afin de tirer cette affaire au clair. M. Raymond Hébert, rédacteur au « Courrier », et qui avait fait état de cette accusation portée contre moi par l'A.Q.M. dans un article éditorial publié dans le « Courrier » du 8 septembre 1965, assistait à cette réunion. Il lui fut demandé par M. R. Bernier de produire la preuve de l'accusation, soit une photocopie de la prétendue lettre adressée, selon lui, au ministère ; si cette lettre existait vraiment elle constituait alors un document public, et il aurait suffi d'en demander une photocopie au ministère concerné.

M. Raymond Hébert *s'engagea* alors à se rétracter publiquement dans le « Courrier », advenant qu'il ne puisse fournir cette preuve en-dedans d'un mois, à compter de la date de cette rencontre.

Cette preuve n'existant pas, il ne put évidemment la produire, mais malgré sa promesse, faite en présence de plusieurs témoins, il ne fit jamais paraître la rétractation qu'il s'était engagé à faire.

Par la suite, une motion dûment préparée, appuyée et adoptée par le conseil d'administration de l'A.É.C.F.M. me donna l'ordre de mettre M. R. Hébert en demeure de se rétracter, ce que je fis. Aucune rétractation ne parut dans le « Courrier ». Peu après, parlant de cette question au nouveau président élu, S. H. M. le juge L. Deniset, celui-ci me pria de ne pas insister auprès de M. Hébert et de « laisser tomber » l'affaire. Je n'avais d'autre alternative que d'obéir à ces nouveaux ordres, contradictoires, ce que je fis donc.

Or, si mon nom n'a pas été cité dans ces articles, il l'a été lors de la rencontre précitée entre les responsables de l'A.Q.M. et ceux de l'A.É.C.F.M. d'alors ; il a aussi été chuchoté de bouche en bouche et cette accusation a été, finalement, la cause non-avouée de mon congédiement. Tout le monde sait bien d'ailleurs que le secrétaire de l'Association d'Éducation est responsable du courrier qui sort du secrétariat, et qu'il est de toute façon au courant des quelques autres lettres écrites parfois par le président, celles-ci faisant toujours l'objet de motions. Je puis donc dire que cet éditorial m'impliquait directement et personnellement.

J'y ajoute un autre éditorial, daté du 6 juillet 1966, paru lui aussi dans le « Courrier », sous les initiales et la responsabilité du même Raymond Hébert et où il dit notamment : « L'Association est maintenant douée d'un secrétaire compétent », et plus loin : « L'Association, munie désormais d'un secrétariat compétent, etc. », laissant entendre par là, tout d'abord, que le secrétaire précédent – moi-même – n'était pas compétent et ensuite que le secrétariat, c'est-à-dire les employés qui travaillaient au secrétariat jusqu'à mon congédiement, n'était pas compétent.

À la lumière de ce qui précède, [je désire] intenter un procès en dommages et intérêts auprès de M. Raymond Hébert, rédacteur au « St. Boniface Courier », au double titre d'accusations calomnieuses et mensongères qui ont abouti à la perte de mon emploi, et d'atteinte à ma réputation, dans l'exercice de mes fonctions d'alors, de secrétaire général de l'A.É.C.F.M.

M. le juge L. Deniset me fit une déclaration verbale, en date du 22 février 1966, selon laquelle, d'après ses propres notes, « son boniment était prêt depuis le 15 décembre » pour me demander de démissionner, ajoutant que, seule mon entrée à l'hôpital le 14 décembre, avait différé cette démarche. Or, au 15 décembre, cela faisant à peine trois semaines que le nouvel exécutif avait été nommé, et il m'avait rencontré qu'une seule fois, je pense. Que pouvait-il bien connaître de mes méthodes de travail, de ma compétence, du travail de routine du secrétariat ? Pouvait-il savoir, par exemple, que l'Examen de français, sa préparation, sa compilation, sa correction, constituaient l'activité principale de l'année, qui occupait le secrétariat au moins six mois l'an. Aujourd'hui, avec tout cet important travail en moins, le nouveau secrétaire jouit d'un salaire considérablement supérieur et de tous les avantages sociaux habituels ; je comprends que dans ces conditions il soit beaucoup plus simple et facile qu'il ne l'était à moi-même, de tenir son travail à jour, et le bureau dans un ordre impeccable. Comment le juge pouvait-il aussi savoir qu'en 1963, j'avais personnellement offert mes services comme secrétaire à l'Association des commissaires mais en vain et que j'avais mis le secrétariat à la disposition de la Relève pour imprimer leurs circulaires mais que toute collaboration s'était avérée impossible avec le président d'alors de l'Association des Instituteurs, M. R. Painchaud.

À cause de cet encombrement, le juge chargea, à mon insu, le R.P. Caron, lors de mon voyage dans l'Est, en février, de faire le nettoyage. Lorsque je rentrai, bien des choses avaient disparu, et je trouvai plusieurs notes signées du R.P. Caron, me donnant l'ordre de faire ceci et cela. Je fus fâché de ce procédé sournois, de bouleverser le secrétariat en mon absence, et je déclarai au président, dès mon retour, que j'étais responsable de ce travail et n'avais pas d'ordres à recevoir du R.P. Caron, qui n'était qu'un autre employé de l'Association, mais nullement responsable du secrétariat. Ceci, bien sûr, eût l'heur de déplaire au président, et c'est peut-être à ma réplique et aussi à mon attitude envers A. Tremblay, qu'il attribue mon manque de souplesse.

Lors de cette rencontre du 22 février, le juge fit alors allusion à ma démission éventuelle, comme d'une chose qu'on pourrait peut-être me demander un jour, mais sans me la demander toutefois, et j'ignorai cette allusion. C'est à la même occasion qu'il me parla de la possibilité pour l'A.É.C.F.M. d'engager un fonctionnaire supérieur, sous les ordres duquel je pourrais peut-être continuer à travailler ; il fit état aussi de certains reproches formulés à mon égard : mes origines belges, mon manque de souplesse, mes méthodes de travail (qu'il ne connaissait pas) et ma soi-disant irrégularité dans mes heures de bureau. Il me fit remarquer aussi qu'il y avait un certain encombrement au bureau.

Nous n'avons discuté de mon congédiement que le 12 mai, lors d'un dîner à l'hôtel Fort Garry, dîner qui ressemblait d'ailleurs étrangement au dernier repas du condamné… J'ai dit alors au juge, lorsqu'il m'a donné le choix entre démissionner et être congédié, qu'il n'y aurait aucun désavantage à être congédié dans les circonstances présentes, car je n'ai rien de malhonnête à me reprocher.

Toujours est-il que M. Paul-Émile Leblanc m'a remplacé à mon insu et pendant mon absence, son engagement ayant coïncidé avec mon congédiement illégitime ; cette façon de procéder est, à mon sens, indigne de responsables d'une association telle que l'A.É.C.F.M. vis-à-vis d'un employé, qui était aussi l'un de ses officiers, et qui avait passé plus de quatre ans de bons et loyaux services à son emploi.

Si l'Association ne règle pas ce litige immédiatement, j'ai l'intention d'adresser personnellement mes remarques aux évêques de langue française du Canada afin de leur parler des fêtes du prochain Jubilé d'Or de l'A.É.C.F.M. auxquels ils sont conviés ; fêtes qui ne sont que de la poudre jetée aux yeux du clergé, des communautés religieuses enseignantes, et des catholiques de langue française du Manitoba, dans une tentative de réparer les énormes bévues commises lors du dernier congrès général, le 30 octobre 1965.

Je tiens aussi à préciser que mon congédiement s'est tramé en l'absence de S. Exc. Mgr Hacault, longtemps présent à Rome, et ai de bonnes raisons de croire que les faits lui furent présentés de façon très nuancée par la suite. Il convient donc de dissocier totalement Son Excellence des accusations que je porte contre l'Exécutif.

Inutile de dire que je n'ai jamais été poursuivi en justice par René Rottiers. Il est vrai que je n'ai jamais publié de rétractation par rapport à l'éditorial mentionné dans cette diatribe, éditorial alléguant qu'une lettre avait été envoyée des bureaux de l'AÉCFM au gouvernement québécois demandant qu'il refuse tout financement à l'AQM, mais j'avais de bonnes raisons de croire que ce que j'avais avancé était vrai, basé sur des informations fournies par mes sources à l'époque. Je croyais aussi, sans doute avec raison, que si un tel document existait au sein du gouvernement québécois, jamais on ne me l'aurait fourni car, contrairement à ce qu'affirme Rottiers, la correspondance entre un gouvernement et des organismes ou des particuliers n'est pas habituellement rendue publique. Les lois sur l'accès à l'information n'existaient pas à l'époque, et ces lois protègent habituellement même la correspondance avec les particuliers.

Paul-Émile Leblanc a des souvenirs plus prosaïques de ces événements. Le ton léger qu'il adopte dans cette missive qu'il m'envoyait le 6 septembre 2011 reflète bien l'attitude que nous avions tous à l'époque, je veux dire, ceux parmi nous qui souhaitions un changement de fond en comble à l'AÉCFM, attitude qui offre un contraste frappant par rapport à ce que M. Rottiers a vécu comme une tragédie personnelle :

Une lettre de congédiement

> Lorsque Maxime Desaulniers et Maurice Gauthier m'ont invité à assumer la fonction de secrétaire de l'Association d'Éducation, il était entendu que mon mandat ne se prolongerait pas au-delà de mes vacances d'été, le temps de permettre à l'Association de recruter un secrétaire permanent.
> Je savais qu'on avait décidé de remercier le titulaire du poste, monsieur René Rottiers.
> L'une de mes premières tâches fut de préparer une lettre pour la signature du président, Me Louis Deniset, avisant monsieur Rottiers de son congédiement.
>
> Je me suis attelé à la tâche avec beaucoup de sérieux, soucieux sans doute d'impressionner mes nouveaux patrons et de leur démontrer qu'en dépit de mon jeune âge, j'avais les compétences voulues pour remplir les fonctions de mon poste. J'entrepris la

rédaction d'un long projet de lettre expliquant, au meilleur de ma connaissance, les motifs du congédiement.

> J'étais plutôt satisfait de mon travail et c'est avec fierté que j'ai fait lire mon texte au président. Me Deniset était un homme des plus courtois et il m'a félicité pour le texte qu'il avait lu attentivement. Mais, et ce fut là une grande leçon pour moi, il m'a proposé d'abréger la lettre pour qu'elle dise simplement à peu près ceci : « Monsieur, vous êtes congédié. » C'est ce qui a été fait. Bon avocat, mon président voulait protéger son association et il savait comment le faire (communication personnelle, le 23 juin 2011).

Il est peut-être opportun ici d'explorer pourquoi la nouvelle génération en voulait tant à Rottiers, compte tenu du fait qu'il avait été le premier, avec l'abbé Raymond, à formuler le besoin d'écoles françaises au Manitoba. La réponse se trouve dans le fait qu'à tout autre point de vue, il représentait l'idéologie cléricale qui confondait langue et foi. Son idéal aurait été la création d'écoles catholiques et françaises en même temps, alors que la nouvelle génération désirait des écoles françaises publiques laïques. Il était aussi le bouc émissaire des autres forces réactionnaires, celles notamment de Bernier et d'Allaire, au conseil d'administration ; ainsi il n'est pas surprenant qu'il ait été congédié par le nouvel exécutif élu en 1965.

Après un début prometteur mais en proie à tous ces soubresauts, l'ACFM reprit sa spirale vers le bas. Même si les jeunes « révolutionnaires » se réjouissaient du congédiement de René Rottiers, ces événements n'avaient rien pour rétablir la confiance publique face à l'Association. Objet d'indifférence et parfois même de dérision chez un grand nombre de Franco-Manitobains, l'Association ne semblait pas pouvoir rétablir ses liens avec ce qu'on appelait de plus en plus souvent « la base ». Un signe des temps : seulement 25 membres du conseil d'administration assistèrent à sa réunion du 27 octobre 1966; la majorité des membres (34) étaient absents. Il est à remarquer que la majorité de ces derniers étaient des membres nouvellement élus, quoique certains membres de la vieille garde, tels Raymond Bernier, le magistrat Lacerte et le juge Alfred Monnin, étaient également absents. Parmi les membres présents, notons, ne serait-ce que pour souligner leur fidélité durant ces temps difficiles, des anciens et des nouveaux : Maurice Gauthier, le père Ducharme, le père Caron, Alexandre Allaire, Mme Véronique Stanners, Mgr Hacault, le jeune avocat Rémi Lafrenière et Hubert Préfontaine. Le conseil entendit la lecture de la lettre de démission du président Louis Deniset,[2] ce qui vint ajouter à la perception publique que l'Association était en débandade à tous les niveaux. Maurice Gauthier fut élu président à l'unanimité, suite à une résolution proposée par Hubert Préfontaine. Maxime Desaulniers fut élu 1e vice-président et Raynald Labossière, 2e vice-président.

[2] Lors d'une conférence de presse le 20 octobre 1966, le juge Deniset, de la Cour du banc de la Reine, avait affirmé, en tant que président de l'ACFM, que les leaders de la communauté franco-manitobaine étaient prêts à reprendre la bataille contre la loi scolaire, ajoutant que « we consider that for all intents and purposes the law does not exist » ; il ajouta que, durant sa jeunesse, « We were taught in French in spite of the law because to quote Dickens, the law was an ass ». (*Winnipeg Tribune*, 21 oct. 1966) Ses commentaires suscitèrent un tollé de critiques du côté anglophone, surtout du fait de son statut comme juge d'un tribunal supérieur, et il dût démissionner de la présidence de l'ACFM quelques jours plus tard. Tout ceci se produisit à la veille même de huit jours de célébrations du 50e anniversaire de la fondation de l'AÉCFM du 6 au 13 novembre 1966 et vint évidemment entacher les festivités en plus de porter une nouvelle atteinte à la crédibilité de l'organisme, déjà perçu par bien des Franco-Manitobains comme étant chancelant.

CHAPITRE 5

Le Rallye du Manitoba français

Au début 1967, les dirigeants de l'Association renouvelée travaillaient à tâtons sur un terrain entièrement neuf, à la fois pour eux et pour la communauté franco-manitobaine. L'ancien modèle d'organisation de cette communauté, à savoir la paroisse homogène axée sur le lien étroit entre la langue et la foi, continuait à s'effondrer. Rappelons qu'un nombre grandissant de francophones manitobains se dirigeaient vers les villes, ou plutôt LA ville au Manitoba, Winnipeg. Cela produisait parfois de nouvelles communautés dynamiques en milieu urbain, comme par exemple les francophones qui s'établirent dans le nouveau quartier de Windsor Park et qui obtinrent assez rapidement leur église et leur école. Mais ces développements étaient aléatoires et spontanés, et l'Association d'Éducation semblait n'y avoir aucun rôle à jouer. Bref, nous étions face à une transformation simultanée de valeurs et d'organisation sociale.

À l'époque, j'étais étudiant de maîtrise en sciences politiques à l'Université du Manitoba, études que j'avais commencées en 1965. Je quittai mon poste comme rédacteur en chef des publications Lance à la fin août 1965, en retenant toutefois la rédaction de la section française du *Courrier*; à compter du 28 septembre 1966, la section française fut rédigée en collaboration, mais en réalité c'est mon collègue Rossel Vien qui en assumait la rédaction. Mes contributions occasionnelles par la suite furent ponctuelles et portèrent sur les dossiers qui m'intéressaient de façon particulière.

À l'été de 1967, j'ai été embauché, grâce à mes amis Bruno Lagacé et Hubert Préfontaine, par le cabinet d'experts-conseil Hedlin, Menzies & Associates. J'avais déjà passé d'innombrables heures en conversation avec Hubert, pour qui j'avais énormément de respect et d'admiration, et ceci depuis 1965. Âgé de 30 ans à peine, il avait déjà fait une carrière fulgurante à la société d'assurances médicales Manitoba Medical Services, maintenant Blue Cross (c'était avant l'époque de Medicare), développant ses systèmes d'information, mais avec le temps il avait fini par se désenchanter, à cause de l'orientation axée purement sur les profits de la société. Lorsque je l'ai rencontré, il était en transition sur plusieurs plans : son mariage était chancelant, il était insatisfait de son boulot et il se préoccupait de plus en plus des blocages au sein de la communauté franco-manitobaine. Nous nous sommes rapidement liés d'amitié ; ces premières années, il est devenu mon mentor à plusieurs égards - je n'avais que 21 ans en 1965, et il me restait bien des choses à apprendre sur les rouages de la société !

Je connaissais Bruno Lagacé depuis plusieurs années, d'abord grâce à mon ami Michel qui nous invitait souvent chez ses parents à Saint-Norbert. Comme moi, Hubert et Bruno étaient doués, ou affligés, d'un esprit frondeur et contestataire. De nos conversations sortirent plusieurs éditoriaux du *Courrier*, rédigés le plus souvent par moi-même mais parfois par Bruno et, plus rarement, par Hubert. Alors voilà que nous nous retrouvions ensemble à l'été 1967 au même cabinet de consultants économiques. Après le boulot, nous passions souvent des heures à deux ou trois (le plus souvent Hubert et moi) à discuter de la situation franco-manitobaine et surtout des moyens qu'on pourrait envisager pour « s'en sortir ». J'allais souvent souper avec Hubert après le boulot à l'hôtel Royal Albert Arms, et je me souviens aussi de soirées passées avec lui à l'hôtel Royal Alexandra à écouter de la musique, notamment le guitariste devenu légendaire par la suite, Lenny Breau. En fin de compte, de nous trois c'est

Hubert Préfontaine, l'architecte principal du Rallye du Manitoba français, qui lança le mouvement de l'animation sociale au Manitoba français à la fin des années 1960.

Hubert Préfontaine qui avait réussi le premier à se faire élire au conseil de l'Association, suivi un peu plus tard de Bruno, mais selon les archives, il semble clair que ce sont Maurice Gauthier et Hubert Préfontaine qui ont amené l'Association à faire le saut vers l'animation sociale comme outil de renouvellement de la communauté.

C'est à la réunion de l'exécutif du 28 mars 1967 que l'idée d'un nouveau type de colloque a été lancée; contrairement aux congrès du passé, ce serait un colloque qui serait animé professionnellement par un animateur social utilisant des techniques de prise de conscience et d'engagement social qui étaient devenues de plus en plus populaires durant les années 1960. Déjà au début avril, une liste de participants potentiels à ce colloque avait été dressée et des lettres d'invitation à un dîner-rencontre préliminaire étaient envoyées par le nouveau secrétaire général, Jacques Molicard. Cette rencontre avec deux animateurs sociaux du programme de développement rural fédéral ARDA (« MM. Lanctot et Bocage ») fut fixée pour le 12 avril à l'hôtel Niakwa (Voir, par ex.: lettre de Molicard à Fernand Paquin, fonds AÉCFM, B. 243, 42/257). Lors d'une deuxième réunion de ce groupe le 27 avril, l'idée d'un ou de plusieurs colloques était le principal sujet à l'ordre du jour.[1] Rapportant les résultats du dîner-rencontre, le président Maurice Gauthier souligna que les participants en étaient sortis convaincus du « bien-fondé » de l'approche des colloques animés professionnellement et du fait que « M. Bocage » (en réalité, Jacques Beaucage) avait démontré « sa haute compétence dans cette matière ». Alors la question se posait : « Par où commence-t-on ? » Maurice Gauthier poursuivit :

> Pour faire suite à l'idée que M. Bocage nous a donnée, il nous faut donc trouver, pour organiser un premier colloque, 30 personnes qui soient très bien choisies et qui sont des hommes-clés. Il nous faut donc commencer par dresser une liste de 30 personnes, puis voir M. Poyser du service « ARDA » pour lui exposer ce que nous voulons faire, et lui demander que l'animateur soit M. Bocage. On pourrait également lui demander s'il y aurait moyen d'obtenir une aide financière pour ce colloque.

Alors, les questions étaient lancées aux membres de l'exécutif, à savoir d'abord s'il fallait organiser un colloque et dans l'affirmative, quand et comment. Le père Caron se prononça le premier, disant qu'« il faut aller de l'avant ». Louis Aubry renchérit en ajoutant qu'il fallait « voir au plus tôt à l'organisation » du colloque. Il y eut rapidement consensus et la résolution suivante, proposée par Hubert Préfontaine, appuyé par Louis Aubry, fut adoptée :

---

[1] Les membres présents étaient Maurice Gauthier, Louis Aubry, Hubert Préfontaine, le père Caron et A. St-Hilaire. Maxime Desaulniers y assistait en tant qu'invité spécial.

> Que l'Association d'Éducation des Canadiens-français [sic] organise un cercle d'étude de trois jours pour le début de juin et que M. Bocage en soit l'animateur, et que le président général voit M. Poyser de l'ARDA provincial, en ce qui concerne la venue de M. Bocage et le financement de ce colloque.

Il fallait ensuite trouver les 30 participants, qui « devraient être très représentatifs de la société franco-manitobaine » ; Maurice Gauthier suggéra la formation d'un comité de sélection. Un comité réunissant M. Gauthier, L. Aubry et M. Desaulniers fut constitué, auquel le père Caron et J. Molicard participeraient également, fut chargé de l'organisation de l'événement et de la sélection des participants. Il fut décidé également d'envoyer une lettre à tous les comités régionaux de l'ACFM comme première démarche en vue de la sélection de ces 30 personnes (Fonds AÉCFM, B. 298, 42/1371).

Il ne serait pas exagéré de dire que cette réunion marque en réalité le début de la transformation en profondeur de la base institutionnelle de la communauté franco-manitobaine et de l'entrée de cette communauté dans l'ère moderne. D'une perspective sociologique, c'est un de ces rares moments et lieux où l'on peut établir sans équivoque que la transformation sociale est liée à une action délibérée et coordonnée de dirigeants qui incarnent les courants sociaux de leur époque et qui décident de s'engager dans la voie du changement. Il n'y a aucun doute que le scénario avait été préparé « avec le gars des vues » entre Maurice Gauthier, Hubert Préfontaine et Maxime Desaulniers, et, à l'arrière-plan, Bruno Lagacé, moi-même et d'autres sans doute. En même temps, sans l'audace manifestée par l'exécutif, ce premier pas vers la transformation sociétale n'aurait jamais été pris. Évidemment, personne ne savait à l'époque où tout cela aboutirait.

Le colloque eut lieu tel que prévu du 9 au 11 juin 1967, au « Centre provincial de formation de chefs » à Gimli. Comme prévu, il regroupa près de 30 participants[2] et fut animé par Jacques Beaucage (dont on épelle enfin correctement le nom dans les archives), du service ARDA d'Ottawa (Lettre de Molicard à Cher Ami, 5 juin 1967, AÉCFM, B. 299, 42/1379). Bruno Lagacé en rédigea un compte-rendu détaillé qui fut publié intégralement dans *La Liberté* (sans attribution) et dans le *Courrier*. Le compte-rendu fait le tour d'horizon des problèmes discutés, peut-être pour la première fois, par une bonne tranche de la communauté franco-manitobaine, dans une ambiance de totale franchise. Au niveau du problème national, « on se croit inférieurs comme Canadiens français. Il faut une prise de conscience chez les gens de tous les âges… ». Côté économie, constat de « désorganisation, de manque de participation, d'éducation et d'information ». Côté social, « on voit trop d'organismes et associations, et trop de représentants au niveau politique qui 'pincent la cent'. Il faut réaménager nos villages franco-manitobains dans des endroits clefs. » L'éducation « demeure un problème d'instruction et de religion. Il faut séparer les deux ». Au niveau collectif, « on constate un manque de coopération et de coordination au sein des groupes et entre les différents groupes ; on fait des personnalités. On perd nos chefs à l'Ontario et au Québec, non seulement pour des raisons financières mais parce qu'on essaie de les détruire ». Côté institutionnel, « nos

[2] Les personnes suivantes participèrent à l'événement : Sœur Anne-Marie, Louis Aubry, Louise Auger, Hélène Côté, Maxime Desaulniers, Georgette Forbes, Arthur Fouillard, Hubert Gauthier, Maurice Gauthier, Julie Guilbault, Mgr Antoine Hacault, Sœur M. Henri, Raynald Labossière, Bruno Lagacé, l'abbé Louis Laurencelle, Roland Laurencelle, Rita Lemoine, Louis Lemoing, Emmanuel Maguet, Henri Marcoux, Roland Marcoux, le frère Fernand Marion, Jacques Molicard, Fernand Paquin, Hubert Préfontaine, Albert St-Hilaire et René Toupin. (Il manque trois noms à cette liste établie par Lagacé ; par contre, la « Synthèse » officielle de cette réunion, rédigée par le secrétaire Jacques Molicard (1967), ne contient également que 27 noms, ce qui semble indiquer que trois personnes choisies pour y participer ne se sont pas présentées. Il faut souligner aussi la présence de plusieurs femmes dans ce groupe.

structures d'associations sont archaïques et découragent le développement de choses valables». Au niveau de l'information, «nous manquons de contacts entre nous, nous ne nous parlons pas assez au niveau des idées». Enfin, le colloque ouvrait la voie à un vaste programme d'animation sociale à l'échelle provinciale :

> Il faut maintenant prendre avec nos voisins des décisions et jouer avec eux notre rôle. Trente Franco-Manitobains ne peuvent absolument pas prendre de décisions seuls, ni jouer leur rôle seuls entre eux. Il faut que l'expérience d'animation sociale à Gimli se répète à travers la communauté franco-manitobaine (*La Liberté*, 15 juin 1967).

Lors de la réunion du Conseil d'administration du 5 juillet, Maurice Gauthier fit le bilan du colloque. Il est à noter qu'encore une fois, la majorité des membres (31) du CA étaient absents alors que seulement 19 y assistaient. On retrouve dans ces deux groupes autant de «traditionnalistes» que de «jeunes». Peut-être ressentait-on que ce n'était qu'un petit groupe qui, en fin de compte, était en train de définir une nouvelle orientation pour l'organisme et pour la communauté ? Ou peut-être était-elle entre de bonnes mains ? Quoiqu'il en soit, tous les membres de l'exécutif y étaient, ainsi que quelques membres de la «vieille garde», comme Alexandre Allaire, Léo Landry et Mme Henri Lane.

Selon Maurice Gauthier, le colloque avait été l'occasion d'une «prise de conscience pour les gens présents». L'animation sociale était «la seule méthode à employer pour aider les Franco-Manitobains». Suite au colloque, M. Gauthier avait rencontré M. Poyser pour discuter l'idée que son organisme fournisse un animateur social à plein temps à l'ACFM; celui-ci avait trouvé l'idée excellente, mais avait ajouté que le financement serait peut-être difficile, puisqu'il n'y avait pas de précédent. De toute façon, Poyser encourageait l'Association à soumettre une demande officielle en ce sens. La discussion autour de l'animation sociale se poursuivit de plus belle par la suite ;

on commençait même à prévoir les prochaines étapes en vue d'étendre le processus dans les régions. Le président Gauthier voulait tout de même savoir s'il y avait consensus autour de l'approche proposée ; on demanda même aux membres présents de répondre « un par un ce qu'il pense de l'animation de groupe ». Il fut noté que « À l'unanimité, les membres présents trouvent que c'est la seule méthode à utiliser dans l'état actuel des choses au Manitoba. » Plus tard durant la réunion, on reconnaissait explicitement « les nouveaux développements dans l'orientation de l'Association » et on se posait la question à savoir si le congrès qui avait été prévu pour l'automne 1967 ne devrait pas être repoussé au printemps suivant. Une résolution en ce sens fut adoptée. Les attributions du « Comité d'Étude des Structures », formé à Gimli, furent officiellement définies, établissant un lien institutionnel direct entre le colloque et le conseil d'administration de l'AÉCFM. Effectivement, un comité créé à l'extérieur de ce cadre s'y trouvait intégré, autre étape importante dans la transformation institutionnelle de la communauté.[3]

Des colloques semblables suivirent ailleurs dans la province. À Notre-Dame-de-Lourdes, 27 Franco-Manitobains de la région de La Montagne participèrent à un colloque le 27 août 1967. Cette fois, c'est Louis Lemoing de Somerset qui agissait comme animateur social alors que Raynald Labossière de Saint-Léon présenta les remarques préliminaires qui, aux dires de *La Liberté*, « allaient, par la suite, fortement inspirer et guider les participants » (31 août 1967). Labossière souligna le fait que l'ACFM avait été forcée de constater ces dernières années « à quel point on en était venu à posséder une forte tête administrative sans corps réel… en d'autres mots une forte centralisation dans St-Boniface sans vie ou organisation régionale ».

[3] Les membres du comité étaient Hubert Préfontaine, Raynald Labossière, Henri Marcoux, Rita Lemoine, le frère Fernand Marion et Bruno Lagacé.

Ainsi, l'Association s'était rendue à l'évidence qu'il fallait « faire renaître les cercles paroissiaux et régionaux ». Contrairement au colloque de Gimli (mais dans une démonstration frappante de la flexibilité et du dynamisme de la formule de l'animation sociale), les participants, en commençant par M. Labossière, identifièrent une série de problèmes locaux urgents qu'il fallait résoudre le plus rapidement possible, en commençant par le domaine de l'éducation où le projet de loi 59 permettant l'enseignement du français jusqu'à 50 % du temps posait toute une série de défis scolaires. Il déplora notamment le taux d'abandon scolaire excessif qui avait des effets économiques néfastes pour l'ensemble de la communauté francophone. L'animateur Louis Lemoing, toujours selon le compte-rendu de *La Liberté*, « réussit à obtenir de tous et de chacun sans exception une active participation, un effort intellectuel réel, une exposition claire des données, les explications nécessaires mais dans un langage net et précis...nul ne cherchait la vedette, mais chacun apporta sa forte lumière ». On regroupa les problèmes en cinq catégories, soit les domaines « national, scolaire, économique, social, psychologique ».

Un autre colloque regroupa une soixantaine de jeunes venus de partout au Manitoba, à Saint-Norbert le 21 octobre 1967, colloque organisé par les Jeunes Franco-Manitobains. Il fut lancé cette fois par le président de l'Association, Maurice Gauthier, ce qui témoignait de l'importance qu'on y accordait. On y retrouvait jeunes étudiants aussi bien que jeunes travailleurs francophones côte à côte, pratique largement abandonnée durant les décennies qui suivirent. Comme on pouvait le prévoir, les problématiques soulevées touchaient beaucoup plus les jeunes que la collectivité dans son ensemble, mais l'ambiance semble encore une fois avoir été bien captée par la rédaction de *La Liberté* : « Des opinions variées, parfois opposées, furent présentées franchement, avec, de temps en temps, une pincée d'impatience, voire même de critique, mais toujours sans malveillance » (26 oct. 1967). On discuta notamment des boîtes à chanson qui faisaient fureur à l'époque un peu partout au Manitoba français, et surtout de la nouvelle boîte de St-Boniface, le «100 Nons». Dans un style typiquement paternaliste, *La Liberté* saisit tout de même l'importance de ce phénomène pour la jeunesse :

> Cette forme de loisir plaît aux jeunes ; elle leur permet de se rencontrer, de se connaître, d'exercer entre eux la conversation française, d'écouter la chanson française, d'en apprécier les interprètes. Elle favorise aussi la découverte et l'épanouissement des talents locaux.

On peut déceler toutefois dans le compte-rendu une certaine déception chez les jeunes par rapport à la méfiance qu'exprimaient certains adultes, parfois même dans les lettres à la rédaction de *La Liberté* et du *Courrier* à l'endroit des boîtes à chanson, où l'on s'exprimait souvent dans l'idiome du « rock » qui révolutionnait le monde à l'époque, et connu dans le milieu comme le « yé-yé » ; les jeunes « souhaiteraient que les adultes viennent voir ce qui se passe dans ces soirées, au lieu de les juger et de les condamner à priori ! »

Dans le domaine scolaire, l'état pitoyable de la pédagogie de l'enseignement du français à l'époque était mentionné clairement et succinctement, du moins à partir de la perspective des jeunes eux-mêmes, les « consommateurs » de cette pédagogie :

> Les jeunes veulent du français qui les intéresse et non pas des répétitions de règles de grammaire ou des analyses d'auteurs où seule l'opinion du professeur fait loi ! Ils trouvent que le système et les méthodes actuelles les dégoûtent du français au lieu de les aider à l'apprécier. Enfin, ils aimeraient que le cours de français leur apprenne à maîtriser la langue parlée.

De leur côté, les « quelques professeurs de français qui se trouvaient dans la salle » soulignèrent les limites établies par les programmes d'études ou encore le manque de formation pédagogique dans l'enseignement du français.

Il y avait aussi un gouffre entre les médias francophones et les jeunes, situation qui perdure toujours aujourd'hui : « l'on constate que la majorité des jeunes n'écoutent ni la radio française, ni la télévision française, et ne lisent pas les publications françaises ni *La Liberté et le Patriote*». Côté implication dans les organismes tels que les Parents et Maîtres, les jeunes soulignèrent leur désir de pouvoir y être représentés ; on répondit qu'ils n'avaient qu'à indiquer ce désir au niveau des comités locaux ou paroissiaux. On conclut tout de même que « les communications pouvaient s'améliorer entre les associations de jeunes et les associations d'adultes ». À la fin du colloque, qui servit aussi de congrès des JFM, un nouvel exécutif fut élu.[4]

Dans sa synthèse de la fin, *La Liberté* ne pouvait s'empêcher de souligner qu'à la fin du colloque, « un grand nombre d'entre eux reprirent la langue de leur conversation ordinaire, à savoir l'anglais, en même temps que leur manteau ! » Malgré cela, les participants étaient « de dignes représentants du dynamisme qui existe encore dans la jeunesse française du Manitoba » (*La Liberté*, 26 oct. 1967).

Le mouvement des colloques et des réunions paroissiales continua pendant plusieurs mois, mais entre-temps, le comité organisateur qui avait été créé lors du colloque de Gimli et entériné par l'ACFM continuait lui aussi son travail. Il avait subi une réorganisation interne, de telle sorte que le 9 février 1968, Maxime Desaulniers, maintenant président du comité, Me Armand Dureault, secrétaire, ainsi que Hubert Préfontaine, maintenant désigné « directeur technique », convoquèrent une conférence de presse à laquelle ils annoncèrent la tenue d'un grand « Rallye du Manitoba » prévu pour les 3, 4 et 5 mai à l'hôtel Marlborough de Winnipeg (*Courrier*, 14 févr. 1968, *La Liberté*, 8 févr. 1968).[5] Sur un fond de débat national autour de la

4 Le président William Boulet, le vice-président Paul Desgagné, le conseiller Louis Dubé, le secrétaire Raymond Paquette et le conseiller adulte, le père André Surprenant.

question française au Canada – il faut rappeler ici des événements tels que la création de la Commission royale sur le bilinguisme et le biculturalisme, le discours de Charles de Gaulle à Montréal en 1967 (« Vive le Québec libre ! »), la montée du mouvement souverainiste au Québec ; et, au Manitoba, le débat entourant la question scolaire et l'adoption du projet de loi 59. Cette conférence de presse eut un grand retentissement auprès de la presse anglophone manitobaine. Le Rallye, expliquèrent les responsables, serait un vaste programme de « revalorisation » s'adressant à 80 000 Franco-Manitobains, il serait « indépendant des organismes et des cadres existants », ce qui garantirait la plus grande liberté d'expression et d'orientation. Au départ, on concevait le Rallye comme une première étape de ce programme de revalorisation, dont le point culminant serait un colloque de trois jours. C'est d'ailleurs lors de cette conférence de presse qu'Hubert Préfontaine, en réponse à un journaliste anglophone, fit le parallèle entre la révolution tranquille au Québec et la « révolution tranquille » franco-manitobaine (*Courrier*, 14 févr. 1968). Pour sa part, l'ACFM annonça, par la voix de son président Maurice Gauthier, qu'elle accueillait sans réserve l'organisation du Rallye, même s'il serait indépendant de l'Association, et que l'organisme y offrait même une contributionde 2 000 $ pour lancer le processus. Toujours visionnaire, Gauthier situa le Rallye dans le contexte de la participation des Franco-Manitobains à un « fédéralisme révisé » (*La Liberté*, 15 févr. 1968). C'était un geste important, car cela servait à légitimer tout l'exercice et aussi, implicitement, la transformation institutionnelle qui pourrait en découler.

La direction technique du Rallye, c'est-à-dire la documentation,

---

[5] Plus tard, quelques jours seulement avant le grand ralliement, on annonça la création d'une « Commission du Rallye du Manitoba français », composée de Maxime Desaulniers, président, Me Armand Dureault, secrétaire, Hubert Gauthier, trésorier et des membres Sr Lorraine Préjet et Fernand Paquin. (*La Liberté*, 29 mai 1968)

l'animation sociale et l'administration générale, était confiée au cabinet M.D.T. Associates, fondée en août 1967 par Hubert Préfontaine lui-même et à laquelle je me suis associé à plein temps au début de l'été 1968. Au printemps 1968, j'avais assumé certaines tâches reliées au Rallye, notamment la rédaction d'un document sur les Franco-Manitobains et la politique ainsi qu'une évaluation du Rallye, pour le compte du Secrétariat d'État (prédécesseur de Patrimoine canadien). J'en discutais aussi souvent avec mon ami Hubert au fur et à mesure que l'organisation du Rallye progressait.

Dès le début, on avait mis l'accent sur le processus plutôt que sur le contenu, tenant pour acquis que le résultat, si indéfini soit-il au départ, serait un reflet beaucoup plus fidèle des désirs et des aspirations de la population franco-manitobaine que ne l'étaient les institutions qui existaient alors. Les éléments majeurs du processus furent révélés dans une série de conférences de presse, pour la simple raison qu'il était lui-même en évolution durant les quelques mois menant au grand ralliement. Lors de la première de ces conférences, il fut annoncé que le processus ne serait relié d'aucune façon aux structures ou aux organismes existants ; au contraire, il serait « un mécanisme de consultation de la population et d'animation sociale qui devrait atteindre tous les segments et tous les rangs de la société franco-manitobaine » ; de plus, « on se servira de méthodes scientifiques de plus en plus employées dans le développement socio-économique des collectivités » (*La Liberté*, 8 févr. 1968).

Le rédacteur du *Courrier* à ce moment-là était toujours Rossel Vien ; or la perspective de Rossel sur l'avenir de la communauté franco-manitobaine, et par rapport au Rallye spécifiquement, était plus pessimiste que la mienne, comme en font foi les lignes suivantes publiées en éditorial le 14 février 1968 et probablement rédigées par lui :

> Les aspects neufs du rallye, pour nous en tenir à cela, sont intéressants. On doit faire appel à des professionnels de la recherche

> et à l'animation sociale telle qu'elle se pratique de plus en plus de nos jours. On veut ouvertement se débarrasser des tristes processions et discours patriotards du genre du cinquantenaire de l'Association à Winnipeg en 1966. On ne veut pas faire pleuvoir les directives mais avoir une représentation.
>
> Cependant, on peut rester sceptique et avoir peur qu'on retombe dans les formules et la confusion. « Face au deuxième » centenaire nous paraît une devise peu réaliste. Face aux prochains vingt-cinq ans ou quinze ans le serait un peu plus. On peut craindre aussi qu'on en reste au niveau des résolutions et qu'on n'atteigne pas la réelle mise en pratique.
>
> Car enfin, il faut l'admettre, on en a vu, des enquêtes et des rapports sur le Manitoba français depuis quelques années, et par des professionnels, et ils n'ont pas changé grand'chose d'eux-mêmes. L'évaluation, on pourrait dire qu'elle est déjà faite. La mise en œuvre, elle est toujours à faire. On laisse nos filles et garçons déjà peu français de St-Boniface à des éducateurs américains, on laisse partir les jésuites, des institutions s'étiolent, le journal [*La Liberté*] est vu et vécu comme une œuvre de charité, on ne se prévaut même pas de la part de français scolaire permis par la loi depuis un an.

De son côté, *La Liberté*, plus optimiste, se réjouissait de l'espoir que le Rallye pourrait

> amener notre collectivité à se connaître plus à fond, avec toutes ses possibilités comme avec ses déficiences, avant d'établir des lignes de conduite qui devraient pouvoir l'orienter vers de nouveaux essors.
>
> Et nous souhaitons aux organisateurs de trouver dans tous les rangs de notre société, parmi les professionnels autant que parmi les ouvriers et les cultivateurs, un accueil sympathique, accompagné d'une collaboration franche et entière (15 févr. 1968).

Il faut souligner ici un changement de ton dans *La Liberté* par rapport à la grande transformation qui se dessinait dans la société franco-manitobaine. La hargne en disparaissait pour laisser place à un esprit analytique plus objectif face à cette transformation. Cela est dû en grande partie à l'arrivée de l'oblat Jean-Paul Aubry à la direction du journal en 1968. Le père Aubry apportait aussi une perspective plus « collégiale » du rôle du journal dans la communauté, en tant qu'institution parmi d'autres, qui pouvait servir à éclairer les enjeux plutôt qu'à en dicter les orientations. Bref, *La Liberté* allait dans la direction du changement, élément qui venait en soi appuyer la légitimité du processus.

À la fin mars 1968, les organisateurs du Rallye annonçaient que la date du « grand rassemblement » était repoussée à la deuxième fin de semaine du mois, soit celle du 7 au 9 juin (*Courrier*, 27 mars 1968). Cinq animateurs[6] avaient été embauchés et ils travaillaient déjà activement à organiser des rencontres dans toutes les localités francophones de la province, dans le but de désigner le leadership local, dont les membres pourraient agir comme représentants locaux au ralliement provincial. De plus, on avait établi la nature de la représentation au grand ralliement, soit 70 % (210 personnes) qui y participeraient à titre individuel et 30 % (90 personnes) à titre de représentants d'organisations existantes. De plus, on prévoyait inviter au moins 30 observateurs de l'extérieur, notamment du gouvernement fédéral et du Québec (*Courrier*, 20 mars 1968). Le choix des représentants se faisait par bulletin secret dans les réunions locales, chaque centre ou collectivité ayant droit à un délégué pour 250 francophones. Les 210 représentants étaient répartis également entre les régions rurales d'une part et la région urbaine de Winnipeg et Saint-Boniface de l'autre (*La Liberté*, 8 mai 1968). Autre signe des temps : le clergé et les communautés religieuses n'auraient droit qu'à quatre représentants respectivement, pour un total de huit, quoique les prêtres et les religieuses pouvaient être élus individuellement aux

---

[6] Jean Allard, Origène Fillion, Hubert Gauthier, Jocelyne Hébert et Roland Marcoux, qui dirigeait les activités de l'équipe.

réunions locales. Nous étions tout de même loin de la dominance cléricale des congrès récents de l'Association d'Éducation !

Les animateurs, notamment Roland Marcoux et Hubert Gauthier, étaient idéalistes en ce sens qu'ils étaient motivés par un profond désir de rejoindre toutes les couches de la population francophone manitobaine ; malheureusement le temps et les ressources manquaient et ils ont dû se rendre à l'évidence que ce projet ne serait pas possible. Comme l'a constaté Roland Marcoux à un mois à peine avant le grand ralliement,

> Nous n'avons atteint que les gens intéressés. Le Rallye sera vraiment représentatif de la population intéressée, ce qui est déjà quelque chose. Mais il nous aurait fallu au moins deux ans de travail pour atteindre la majorité francophone qui est indifférente ou passive, qui attend pour voir ce qui va se passer (*La Liberté*, 8 mai 1968).

À la mi-avril, on annonça que l'organisation du Rallye coûterait environ 30 000 $, somme qui comprendrait l'octroi de départ de l'ACFM, 2 000 $ du gouvernement manitobain, des contributions des gouvernements fédéral et québécois ainsi que les frais d'inscription des représentants, fixés à 10 $ chacun, qui seraient retenues au besoin. On espérait aussi que d'autres organismes franco-manitobains y contribueraient. À la mi-mai, le gouvernement fédéral, par l'intermédiaire du programme ARDA, avait aussi contribué la somme de 5 000 $ et les dons de particuliers dépassaient les 1 000 $ (*La Liberté*, 8 mai 1968). Je sais par des conversations que j'ai eues avec lui qu'Hubert Préfontaine était allé de l'avant sans que le financement ait été mis en place de façon définitive. Convaincu et passionné, il était prêt à aller jusqu'au bout de ce projet, même s'il ne recevait personnellement aucune rémunération ; en fait, il ne serait payé que s'il restait des fonds.[7]

Au début mai, les cinq animateurs avaient déjà parcouru plus de 24 000 milles « sillonnant le Manitoba dans tous les sens et visitant la presque totalité des 54 collectivités ou centres franco-manitobains » (*La Liberté,* 8 mai 1968), interviewant les principaux dirigeants, recherchant des dirigeants potentiels et organisant finalement une réunion générale à chaque endroit « dans le but d'impliquer la plus grande partie de la population possible » (*La Liberté,* 28 mars 1968). La réunion de Saint-Boniface, tenue le 13 mai 1968, était typique à en juger par le contenu sinon par le nombre de participants, qui était souvent moins important ailleurs. Sous la direction des animateurs Origène Fillion et Hubert Gauthier, les 132 participants réunis à l'école Marion soulevèrent les nombreux défis auxquels étaient confrontés les Franco-Manitobains :

> Problèmes sociaux, économiques, linguistiques, éducationnels et politiques. Il y a l'apathie, le manque de solidarité, la jalousie, problèmes de la télévision, de la radio, du journal ; le manque de chefs dynamiques qui pourraient soulever l'enthousiasme et canaliser tous les efforts ; l'idée maîtresse que l'on sentait c'était surtout le manque de fierté envers notre race et notre langue.

Les aînés frémissaient en entendant les jeunes constater « l'inévitabilité de la disparition de la langue française devant l'espoir d'une vie plus riche économiquement » (*La Liberté,* 15 mai 1968). Le groupe élut 23 représentants, soit le groupe le plus important de la délégation urbaine (*Courrier*, 5 juin 1968).

---

[7] En fin de compte, le Rallye coûta 27 231 $, selon l'état de recettes et déboursés établi par la firme de comptables agréés Forest, Guénette et Cie. (Fonds SFM, 89/691/64) Cela incluait la somme de 2 000 $ due, et présumément remise, à la firme M.D.T. Associates. Un déficit de 2 531 $ fut présumément épongé par l'Association d'Éducation, qui avait appuyé l'initiative depuis ses débuts.

L'assemblée générale

En fin de compte, près de 240 représentants[8] de tous les coins de la province convergèrent vers l'école Marion à Saint-Boniface pour deux jours et demi d'étude et de discussion du 7 au 9 juin 1968; le point culminant fut l'assemblée générale à l'hôtel Marlborough à Winnipeg l'après-midi du dimanche 9 juin. Il est probable que la majorité des participants ne croyaient pas sur le champ avoir vécu un moment historique, mais un certain M. Lukowycz l'avait bien saisi : « Il me semble qu'on a culbuté quelque chose ! » (*La Liberté* 12 juin 1968)

Les inscriptions au Rallye le vendredi soir à l'école Marion à Saint-Boniface étaient contrôlées très rigoureusement, et personne ne fut admis s'il n'avait pas été reconnu au préalable comme représentant. Ceux qui ne se présentèrent pas ne furent pas remplacés, au point où quelques personnes qui se sont présentées à l'inscription le vendredi soir se sont vu refuser l'accès au Rallye (*La Liberté*, 12 juin 1968). Pour ce qui est des travaux eux-mêmes, le *Courrier* décrivit succinctement le procédé suivi, devenu très répandu de nos jours mais assez inusité à l'époque : réunions en petits groupes de huit, ensuite de 40, suivies d'une réunion en plénière. Restait de cette masse de documentation,

> quatre grands documents de base – qui impliquent beaucoup de réflexion et de commentaires et sont à la fois très théoriques et très pratiques – plus les rapports mis en forme ou amendés dimanche. Il y a matière à un immense travail, qui consiste à revoir nos positions, nos forces, nos moyens, à préciser nos buts et notre action, et surtout, enfin, si possible… à les mettre en pratique (*Courrier*, 12 juin 1968).

[8] Les estimés varient entre 221 et 240, selon les reportages de *La Liberté*, du *Courrier* et du *Winnipeg Free Press* cités, ce qui veut dire que, malgré un effort majeur d'animation sociale, environ un quart des personnes élues comme délégués ou représentants d'organismes ne se sont pas présentées au grand ralliement.

On sentait déjà, durant ces trois jours mouvementés, une poussée et peut-être même une volonté collective allant dans la direction de la création d'un nouvel organisme pour remplacer l'Association. Il devenait de plus en plus clair que l'ACFM n'avait ni le mandat, ni les structures pour affronter les défis qui se présentaient à la communauté franco-manitobaine dans toute leur complexité, que ce soit sur le plan de l'assimilation galopante et de la perte d'identité, de l'amélioration du niveau économique des Franco-Manitobains, du domaine politique qui évoluait rapidement et positivement pour les francophones minoritaires au niveau fédéral, et sur le plan de l'éducation, à propos de laquelle l'adoption du projet de loi 59 par le gouvernement Roblin avait ouvert des portes que les dirigeants franco-manitobains plus âgés croyaient fermées à tout jamais. Certains commençaient même à croire que l'école entièrement française au Manitoba n'était pas, après tout, une chimère.

Les résultats des délibérations compilés durant la nuit du 8 au 9 juin et débattus en groupes de 40 personnes le matin du 9 juin et ensuite en assemblée plénière, furent par la suite rassemblés et publiés dans un document intitulé « Rallye du Manitoba français – Synthèses » (Fonds SFM, 89/691/63). C'est un document dont la lecture est fascinante 45 ans plus tard, puisqu'il reflète souvent les débats qui déchiraient la communauté franco-manitobaine à l'époque, notamment dans le domaine de l'éducation. À l'assemblée plénière, par exemple, l'éducateur Lucien St-Vincent s'exprimait comme suit, par rapport à l'école française :

> D'abord je ne suis pas d'accord qu'on enseigne tout en français de grade 1 à 6, parce que je ne pense pas qu'on préparerait des citoyens pour le Manitoba. On préparerait seulement des gens pour la province du Québec et seulement des gens, peut-être, pour la France. Il faut quand même être réaliste et je pense que c'est très important que nos enfants apprennent certains sujets, certaines matières en anglais. De plus, nous n'avons pas le personnel nécessaire pour enseigner toutes les matières en français. On n'a

probablement pas le matériel et certainement pas accès à tous les manuels de référence dont nos compatriotes de langue anglaise jouissent. Par conséquent, on préparerait peut-être des gens qui parleraient mieux le français, mais qui sont moins prêts à entrer en compétition avec leurs compatriotes de langue anglaise dans la province. Alors je m'oppose fortement à ceci.

Tout aussi passionnément, le Dr Robert Lafrenière répondit :

> Il est clair que le temps d'avoir des écoles françaises n'est pas demain, mais c'est aujourd'hui. D'après moi, demain sera trop tard. Le Bill 59 ne donne pas l'égalité, ce qui est nécessaire dans le Canada de 1968. Je ne vois aucun problème de recevoir une éducation entièrement en français, même si je dois gagner ma vie au Manitoba. Et ici je m'oppose au terme « gagner sa vie en anglais ». Ce qui est important pour moi, et pour le groupe francophone manitobain, pour faire un meilleur revenu, c'est de s'éduquer davantage.
>
> Nous le savons, bilinguisme veut dire « anglais ». Dans nos divisions scolaires que l'on qualifie de « bilingues », les réunions se font en anglais ; les réunions entre professeurs se tiennent, en majorité, en anglais ; les directives dans la plupart de nos écoles se donnent en anglais. Il n'y a pas d'atmosphère française (Fonds SFM, 89/691/63, document « Synthèses », B-1, p. 9-10).

Plusieurs des « groupes de 40 » adoptèrent des résolutions visant la création d'un nouvel organisme. Par exemple au groupe C1 (Sociologie) on adopta la résolution suivante :

> Qu'une organisation soit créée, ou que l'organisation existante soit changée, pour former une centrale maîtresse pour coordonner toutes les activités francophones vers l'épanouissement du Franco-Manitobain et pour une continuation du Rallye (Fonds SFM, 89/691/63, document « Synthèses », C-1, p. 6).

Concrètement (à part la masse de documents qui survivent dans les archives), le Rallye adopta une résolution-clé, à savoir la création d'une Commission de dix personnes, devant être élues plus tard par les représentants du Rallye, par la poste. Cette commission devait ensuite s'associer cinq représentants de l'ACFM; ensemble, cette équipe se pencherait sur la documentation émergeant du Rallye, pour en extraire des recommandations concrètes dans tous les domaines étudiés et pour définir le mandat d'un nouvel organisme.

Un virage important fut aussi effectué dans le domaine scolaire, alors que l'assemblée plénière adopta une résolution sur l'éducation qui affirmait fortement le principe de l'école française, résolution qui provoqua « quelques échanges un peu vifs » (*La Liberté*, 12 juin 1968). La résolution se lisait comme suit :

> Que le Rallye recommande au Comité qui lui fera suite de se présenter en délégation auprès du gouvernement provincial et du gouvernement fédéral avec un mémoire bien documenté comportant les revendications suivantes : 1) une institution pédagogique française ; 2) des professeurs francophones spécialisés ; 3) des écoles françaises incluant le programme d'anglais (*La Liberté*, 12 juin 1968).

La résolution, présentée par Antoine Gaborieau, fut adoptée quasi-unanimement, « à l'exception de 12 dissidents dont certains étaient des enseignants » (*La Liberté*, 12 juin 1968). La résolution fut déclarée nulle par le directeur technique, Hubert Préfontaine, puisqu'elle n'avait pas été adoptée au préalable par les groupes de 40. Tout au plus, l'un des groupes de travail sur l'éducation s'était-il prononcé en faveur de l'enseignement en français de la 1e à la 6e année et à 50 % à compter de 7e, lorsque la demande locale le justifiait. Malgré ce contretemps, la journaliste du *Free Press*, Michele Veilleux, écrivit que « A quiet revolution was born this weekend in St. Boniface. A group of French-Canadians from all walks of life have rallied to a call to revitalize the French language and the social and economic position of French-Canadians in Manitoba. » (*Winnipeg Free Press*, 10 juin 1968)

La « Commission des Dix » fut élue par correspondance au début juillet 1968 par les représentants qui avaient participé au Rallye.[9] Cette commission tint sa première réunion le 10 juillet, alors qu'Étienne Gaboury en fut élu le président, Michel Monnin vice-président et Antoine Gaborieau, secrétaire (*Courrier*, 17 juillet 1968). Tel que prévu au Rallye, cette commission s'adjoignit cinq représentants de l'ACFM.[10] Avec mon collègue Vaillancourt, j'avais vigoureusement dénoncé cette tournure d'événements, accusant les Dix d'avoir permis à l'Association de s'immiscer quasi-illégitimement dans la commission (Hébert et Vaillancourt, 1971). Maurice Gauthier, pour sa part, voyait les choses très différemment :

> It was his opinion that had the radical element prevailed and obtained the power they sought it might well have created a disastrous schism within the community; a division which would have effectively alienated a large portion of Franco-Manitobans. To maintain a proper balance, Gauthier felt that both groups had to be represented, thus maintaining a certain degree of unity (communication personnelle de Gauthier à LeTourneau, 15 juin 1968; LeTourneau, p. 75).

Avec le temps, je me suis rallié à cette opinion, et je reconnais qu'un pont avait ainsi été établi entre l'ancienne Association d'Éducation, vieille d'un demi-siècle, et un tout nouvel organisme, mieux adapté aux besoins et aux désirs d'une population en rapide évolution et accablée d'énormes pressions démographiques, sociales et économiques. Et cet organisme fut créé dans la plus grande légitimité.

La nouvelle commission élargie, surnommée la « Commission

---

[9] Les cinq représentants urbains élus étaient l'abbé Léo Beaulieu, Laurent Desjardins, Antoine Gaborieau, Étienne Gaboury et Michel Monnin. Les milieux ruraux élirent le Dr Robert Lafrenière, Albert Lepage, Louis Molin, René Toupin et Albert Vielfaure (*La Liberté*, 10 juillet 1968).

[10] Maurice Gauthier, le frère Fernand Marion, Fernand Paquin, Hubert Philippot et Rhéal Teffaine./ (Fonds SFM, 89/691/63)

des Quinze », tint sa première réunion le 12 août 1968. Elle se donna comme nom officiel la « Commission du Rallye franco-manitobain ». Elle se donna comme tâche « d'étudier les rapports du Rallye afin de dresser un plan d'action et de procéder à la structuration d'un organisme central qui mettra à exécution ce plan d'action ». Pour effectuer ce travail, elle nomma cinq comités, chacun composé de trois membres, couvrant les domaines suivants : constitution,[11] éducation,[12] culturel,[13] économique[14] et politique.[15] Il fut convenu que la commission se réunirait toutes les trois semaines dans différents endroits de la province. Un communiqué de presse fut émis, annonçant à la population la mise en branle de la commission (Procès-verbal de la réunion du 12 août 1968, Fonds SFM, 89/691/63). La présidence de cette « Commission des Quinze » était assumée par Étienne Gaboury, avec Antoine Gaborieau comme secrétaire et Rhéal Teffaine, trésorier. En tout, la commission et ses comités se réunirent 35 fois entre août et novembre 1968, et les réunions duraient en moyenne de quatre à cinq heures (*La Liberté*, 4 déc. 1968), une mobilisation bénévole assez extraordinaire même à une époque où l'habitude du bénévolat était généralisée !

À la réunion du 16 septembre, il fut longuement question de l'animation sociale, que l'on voulait voir étendue à la « masse » franco-manitobaine. Il fut convenu toutefois que cette tâche serait laissée au nouvel organisme. Le rapport du comité de la constitution, présenté par Michel Monnin, contenait un schéma de la structure proposée pour le nouvel organisme. Sa grande innovation serait la création de deux postes de vice-président puissants, l'un responsable

---

[11] Maurice Gauthier, Michel Monnin, Étienne Gaboury.

[12] Dr Robert Lafrenière, Albert Lepage, Antoine Gaborieau.

[13] Le frère Fernand Marion, l'abbé Léo Beaulieu, Louis Molin.

[14] Fernand Paquin, René Toupin, Albert Vielfaure.

[15] Rhéal Teffaine, Hubert Philippot, Laurent Desjardins.

Le 25 juin 1968, Pierre-Elliott Trudeau remportait les élections fédérales et formait son premier gouvernement. En octobre il rencontrait une délégation de Franco-Manitobains qui lui présentèrent des arguments vigoureux en faveur d'une aide financière au minorités francophones à l'extérieur du Québec. Cette rencontre fut déterminante, non seulement pour le financement à court terme du renouveau franco-manitobain, mais aussi dans la rédaction et l'implantation de la Loi sur les langues officielles. *De gauche à droite : Gérard Pelletier, secrétaire d'État; Étienne Gaboury; Antoine Gaborieau; Maurice Gauthier; P.-E. Trudeau et Rhéal Teffaine. (Photo gracieuseté de Rhéal Teffaine)*

de la liaison avec les comités locaux ou régionaux, l'autre responsable des « directorats », qui seraient de nature sectorielle (éducation, économie, etc.) et changeants d'une année à l'autre selon les besoins ou les priorités de la population (Procès-verbal du 16 sept. 1968, Fonds SFM, 89/691/64). En fin de compte, ce fut la structure présentée à la population franco-manitobaine.

Au début octobre, la commission annonça que ses travaux avançaient bon train et que le tout serait prêt pour un congrès général qui serait convoqué par l'ACFM pour décembre 1968 (*La Liberté*, 19 oct. 1968). Début novembre, le secrétaire Antoine Gaborieau annonça que « la Commission du Rallye, conjointement avec les directeurs de l'ACFM, a décidé la tenue d'un grand Congrès-Rallye des Franco-Manitobains à Saint-Boniface les 6, 7 et 8 décembre ». À la différence du Rallye de juin, cette fois « tous les Franco-Manitobains intéressés à la vie et à l'avenir de la communauté francophone du Manitoba pourraient y participer », en plus des représentants du Rallye de juin et de ceux désignés par l'ACFM. De plus, on tenterait de donner à l'événement l'allure d'une fête franco-manitobaine, avec une représentation théâtrale du Cercle Molière, une boîte à chansons et une soirée sociale préparée par les Jeunes Travailleurs (*La Liberté*, 23 oct. 1968). *La Liberté* publia les recommandations de la commission dans chacun des cinq secteurs dans son numéro du 27 novembre. Signe concret de l'intérêt généré par ce congrès-rallye : déjà le 4 décembre, 16 personnes s'étaient portées candidates aux cinq postes de « l'Association franco-manitobaine » (*La Liberté*, 4 déc. 1968).

Enfin le jour tant attendu arriva ! Le vendredi 6 décembre 1968, les premiers des quelque 445 représentants et une centaine d'observateurs (*La Liberté*, 11 déc. 1968) se rendirent au Centre culturel à Saint-Boniface (l'ancienne Académie Saint-Joseph) pour s'inscrire et ensuite pour s'égayer en assistant au programme culturel. Le lendemain, les travaux débutèrent au gymnase Notre-Dame avec l'ouverture officielle du 27e (et dernier) Congrès de l'Association des Canadiens-français du Manitoba, l'ancienne « Association d'Éducation des Canadiens-Français du Manitoba ». Après les discours de circonstance obligatoires, le président de l'ACFM, Maurice Gauthier, prit la parole et dans un discours bien étoffé et historiquement rigoureux, il rappela le parcours de l'Association depuis le congrès houleux de 1965. Tout en rappelant les activités locales innombrables, qu'elles soient politiques, culturelles ou encore administratives (les réorganisations successives du secrétariat), le président mit l'accent sur les relations avec les autres organismes francophones comme la Jeunesse Franco-Manitobaine et l'Association Québec-Manitoba, ainsi que la participation de l'Association à des activités d'envergure nationale, notamment les États Généraux du Canada français en 1966 et 1967. Enfin, il décrivit le long parcours qui avait mené au Congrès-Rallye, en commençant par les premiers petits pas dans la direction de l'animation sociale avec Jacques Beaucage à Gimli, la longue période d'incubation, toujours par l'intermédiaire de l'animation sociale, du Rallye du Manitoba français, la création des commissions qui en découlèrent, et la planification de la création d'un nouvel organisme pour remplacer l'Association.

À travers tout cela, à l'été et à l'automne 1968, s'était produit un événement, banal en soi, qui attira une attention nationale et internationale : il s'agit de « l'affaire Rossillon », perçue par certains au sein du gouvernement Trudeau comme une ingérence indue par une puissance étrangère (la France) dans les affaires internes du Canada.[16] « Du soir au lendemain », au dire de Maurice Gauthier,

> le village de St-Pierre atteint une dimension internationale. L'exécutif croit le moment opportun, il saisit l'occasion et obtient une rencontre à Ottawa avec le Premier Ministre l'Honorable Pierre Elliot Trudeau, ainsi qu'avec l'Honorable Gérard Pelletier, secrétaire d'État. Un mémoire précède les délégués Manitobains à Ottawa.[17] Le message est clair : les Franco-Manitobains ont quelque chose à offrir pour aider à l'unité nationale, ils offrent leur appui au gouvernement. Par contre, si le gouvernement tient à ce que notre minorité bénéficie de ces lois, il faut d'abord secouer l'apathie. Il faut immédiatement un programme d'animation. Les délégués sont reçus comme s'ils étaient des personnages importants,

---

[16] Philippe Rossillon (1931-1997), gaulliste irréductible, était une bête noire du premier ministre Trudeau, dont l'administration le soupçonnait d'être un espion pour Charles de Gaulle, que les politiciens fédéralistes n'avaient pas en odeur de sainteté depuis son fameux « Vive le Québec libre ! » de 1967. Rossillon visita le Manitoba au mois d'août 1968 à titre personnel sur invitation d'un groupe de citoyens de Saint-Pierre, dont le pharmacien René Mulaire. Les autorités fédérales soupçonnèrent Rossillon d'avoir agi comme une espèce d'agent provocateur à cette occasion. (voir Bosher, 1999, p. 107)

[17] Cette rencontre eut lieu le 25 octobre 1968. Les quatre délégués de l'ACFM étaient Maurice Gauthier, Rhéal Teffaine, Étienne Gaboury et Antoine Gaborieau. (*Winnipeg Tribune*, 24 oct. 1968)

> mais surtout, ils sont compris, et reviennent avec la promesse d'une aide substantielle immédiate. On leur remet un premier $5,000.00 pour prouver la sincérité du gouvernement, pour permettre l'organisation du congrès et faire les premières démarches pour mettre sur pied le programme d'animation (Fonds SFM, 1.2/314).

Selon le juge Alfred Monnin, c'est lui-même qui aurait préparé le terrain pour cette rencontre. Il décrit son rôle dans une entrevue accordée à Léo LeTourneau en 1976:

> De passage à Ottawa, j'ai rencontré Gérard Pelletier, Secrétaire d'État. J'ai précisé que le fédéral avait nettement exagéré l'incident [Rossillon]; que le fédéral avait littéralement prit le mors aux dents. J'ai de plus expliqué que la minorité francophone était en voie de disparition si le gouvernement n'était pas en mesure d'offrir de l'aide. Les conséquences éventuelles seraient très graves. Peu après, M. Gauthier, président de la Commission du Rallye, reçut un appel d'Ottawa demandant une rencontre dans le plus bref délai (LeTourneau, p. 78).

Maurice Gauthier conteste cette version des événements, affirmant que la rencontre avait plutôt été organisée après « maintes » communications avec René Préfontaine (qui était maintenant rendu à Ottawa) et Jean Lagassé, du Secrétariat d'État. Gauthier ajoute que « Si le juge Monnin a intercédé, c'est à mon insu, mais je ne crois pas. » (communication personnelle écrite de Gauthier à LeTourneau, p. 182-183). Rhéal Teffaine ajoute que le terrain avait aussi été bien préparé auprès de Trudeau par Gérard Pelletier, « qui nous appuyait fortement », et que c'est grâce à cet appui que la nouvelle SFM a pu lancer une campagne d'animation plus systématique, bien financée et à plus long terme (Entrevue personnelle, 22 mai 2012).

Quoi qu'il en soit, le discours de Maurice Gauthier demeure remarquable pour au moins deux raisons. D'abord il définit pour la première fois les responsabilités du gouvernement fédéral par rapport au développement des communautés francophones minoritaires ainsi que les mécanismes de financement qui devraient en découler. Ainsi, la minorité francophone manitobaine devient peut-être la première à influencer le gouvernement fédéral dans l'implantation concrète de ce qui deviendrait très bientôt la *Loi sur les langues officielles*, jusqu'alors un simple projet du nouveau gouvernement Trudeau. Ensuite, il témoigne de la sagacité de Maurice Gauthier en tant qu'activiste et stratège ; en effet, à maintes reprises durant ces années difficiles mais prometteuses pour la communauté franco-manitobaine, il avait démontré qu'il était sans contredit l'homme de la situation.

Il conclut son allocution sur ces paroles :

> C'est avec un enthousiasme sans précédent que s'est organisé ce congrès. Enthousiasme, parce qu'on a l'impression qu'un jour nouveau, qu'une ère nouvelle pointe à l'horizon, remplie de possibilités, remplie d'espoirs.
>
> Des membres que vous aviez élus en 1965 devaient vous rendre compte de ce qu'ils ont accompli durant leur mandat. Tout cela est maintenant chose du passé et nous ne pouvons rien y changer. L'avenir cependant est devant nous et nous appartient, il nous incombe de le modeler selon nos désirs. Il se présente à nous plein de défis, sans doute, mais il nous offre aussi plus d'espoir que jamais peut-être dans notre histoire. Nous avons plus de raisons que jamais de l'envisager avec confiance et avec le plus grand enthousiasme (Fonds SFM, 1.2/314).

En fin de matinée, les congressistes s'acquittèrent de leurs dernières responsabilités établies dans la constitution de l'ACFM. Au début de l'après-midi, le président de la Commission du Rallye, Étienne Gaboury, présenta son rapport, en commençant par le projet de constitution du nouvel organisme, dont le nom serait « La Société Franco-Manitobaine ». Le nouvel organisme aurait un mandat beaucoup plus vaste que l'ancienne « Association d'Éducation », couvrant quatre domaines : politique, économie, éducation et culture. Sa structure ressemblerait plus à une « fédération », avec des comités ou commissions responsables de chacun des domaines, qu'à un organisme provincial à mandat unique. Le débat sur ce document occupa une bonne partie de l'après-midi, et en fin de compte, il fut adopté à la quasi-unanimité, moyennant quelques modifications mineures, notamment l'ajout à l'exécutif d'un conseiller-jeunesse ayant entre 16 et 21 ans. Le journaliste de *La Liberté* capta bien l'esprit et l'importance de l'événement :

> Aux applaudissements d'une foule enthousiaste de plus de six cents Franco-Manitobains, réunis pour un banquet au gymnase du Collège de Saint-Boniface, en présence de représentants officiels des gouvernements fédéral et provincial et d'invités spéciaux venus du Québec et des autres provinces de l'Ouest, devant les caméras de la télévision française, un geste symbolique marquait samedi dernier, 7 décembre, la fin d'une époque et le début d'une ère nouvelle au Manitoba français.
>
> M. Étienne Gaboury, président de la Commission mise sur pieds lors du Rallye de juin dernier, remettait à M. Maurice Gauthier, ci-devant président de l'ACFM, un parchemin contenant la constitution du nouvel organisme qui animera et orientera désormais la communauté francophone du Manitoba.

La Liberté rappela toutefois les débats houleux qui avaient déchiré la communauté franco-manitobaine au cours des dernières années :

> Le Congrès-Rallye de la fin de semaine passera probablement dans l'histoire pour un des rares qui a vu les Franco-Manitobains retourner chez eux sans amertume et avec l'impression d'avoir passé ensemble des journées utiles et profitables en même temps qu'ils ont renoué des liens de famille.
>
> De l'ensemble des interviews glanés au cours de la session de clôture, dimanche dernier, la note dominante en est une de satisfaction et d'espoir (*La Liberté*, 11 déc. 1968).

Le leadership du nouvel organisme était un mélange d'ancien, de récent et de nouveau. Peut-être inévitablement, Maurice Gauthier, le dernier président de l'ACFM, devint le premier président de la Société Franco-Manitobaine, par acclamation. Ainsi la transition était complète, non seulement constitutionnellement et symboliquement, mais aussi par les personnalités qui l'avaient orchestrée. Les deux vice-présidents du nouvel organisme, qui durent se soumettre à des élections, étaient des membres actifs de la commission, soit Étienne Gaboury et Albert Lepage. Les trois autres, Philippe Jubinville (secrétaire-trésorier), Suzanne Prince, conseillère et Aimé Tétrault, représentant des jeunes, étaient nouveaux. Les « vrais anciens », c'est-à-dire les Raymond Bernier, Alexandre Allaire, Léo Landry et même Mgr Baudoux, avaient été complètement éliminés, tout cela dans un processus qui avait pris à peine quatre ans. S'il y avait un doute qu'on venait de vivre une révolution, la preuve en était là. Dans son discours d'acceptation de la présidence, Maurice Gauthier résuma ses priorités : finis les débats, il fallait passer à l'action :

> Sans tarder, votre exécutif mettra sur pied les différents directorats. Ce premier travail terminé, voici dans les grandes lignes le plan d'action que je vous propose :
>
> 1. Nous lancerons d'abord le programme d'animation dont nous avons tant parlé. Ce programme devrait favoriser la formation de comités locaux, outils essentiels à la participation de tous.
> 2. Nous ferons tout en notre pouvoir pour coordonner le travail de tous nos organismes. Ceux-ci s'inspireront des recommandations du rallye de juin et des comités de la commission des 15.
> 3. La jeunesse étant l'espoir de demain, nous lui porterons une attention toute spéciale. Nous favoriserons son engagement, son action dans le travail de l'Association (Fonds M. Gauthier, 135/887/08).

Pour l'occasion, le secrétaire d'État lui-même, Gérard Pelletier, prononça le discours d'honneur au banquet ; c'était un de ses premiers discours majeurs prononcés devant une minorité francophone depuis l'élection du gouvernement Trudeau seulement quelques mois plus tôt. L'influence franco-manitobaine sur la politique que suivrait son ministère dans le dossier des minorités francophones était claire ; il assura à l'auditoire que son ministère créerait « tout de suite... un organisme régional conjoint qui verra à l'emploi le plus fructueux des ressources, qui préparera l'avenir, qui établira le réseau nécessaire de communications avec la francophonie toute entière » (*La Liberté*, 11 déc. 1968).

La formule du congrès-rallye ayant connu tant de succès, elle fut répétée en 1969 et encore en 1970. En décembre 1969, Étienne Gaboury fut élu comme deuxième président de la SFM. Le travail infatigable de Maurice Gauthier fut reconnu par une longue ovation par les congressistes ; il affirma qu'à ses yeux cette fin de semaine fut « une des plus belles de l'histoire du Manitoba français » (Procès-verbal du Congrès-Rallye les 6 et 7 déc. 1969, Fonds CCSB, 153/553/026). Durant l'année 1969-1970, le budget de la SFM (administration générale et programme d'animation sociale), grâce en bonne partie au financement fédéral, avait atteint plus de 133 000 $ (Rapport des vérificateurs, 29 juillet 1970, Fonds CCSB, 153/553/026). C'est là une preuve tangible qu'on était vraiment entré dans la modernité... l'argent ! Malheureusement j'ai manqué tous les Congrès-Rallyes, ayant entamé un nouveau chapitre dans ma vie professionnelle en suivant Hubert Préfontaine au Nouveau-Brunswick comme consultant.

C'est ainsi que la communauté franco-manitobaine entreprit à l'été de 1968 une nouvelle étape dans son histoire qui n'admettrait aucun retour en arrière ; c'est ainsi, aussi, que la communauté entra enfin pleinement dans le XXe siècle, caractérisé avant tout, au moins dans les pays développés, par la liberté de pensée et de parole et par la laïcisation de toutes les institutions sociales et publiques.

CHAPITRE 6

Les pionniers des écoles françaises modernes : les premières écoles françaises et la transformation de l'instruction postsecondaire

Les années 1960 voient également les débuts du réaménagement de fond en comble de l'éducation en langue française au Manitoba. D'une part, la nouvelle génération d'enseignants, plus frileuse que leurs prédécesseurs qui avaient souvent l'habitude de faire fi des règlements du Ministère concernant l'enseignement en français, s'en tenaient de plus en plus rigoureusement à la loi et aux règlements qui ne permettaient, en 1960, que le strict minimum, c'est-à-dire l'enseignement en français du seul cours de français, et cela seulement de la quatrième à la sixième année. Il s'ensuivait une anglicisation de plus en plus inéluctable des écoles primaires et secondaires dans les plus grands bastions de la langue française au Manitoba. D'autre part, on constatait une inquiétude grandissante chez les parents par rapport à l'assimilation de leurs enfants, et un certain nombre d'entre eux commençaient à remettre en question ce qui se passait à l'école. Les mariages exogames augmentaient également en flèche. En réponse, les éducateurs répondaient souvent, non sans raison, que c'était le milieu dans son ensemble qui était anglicisant, et que, si les parents voulaient contrer cette tendance, ils devaient commencer par le foyer. En d'autres mots, on se relançait la balle sans cesse, et entretemps la situation se dégradait rapidement sans qu'on ait une idée claire de la voie à suivre, puisque tout semblait être à faire en même temps... Ou alors, on devait laisser des forces sociologiques inéluctables faire leur travail.

Depuis l'adoption du cours de français par le Ministère durant les années 1960, le rôle de l'inspection des écoles, assumé depuis 1916 par l'Association d'Éducation, revenait maintenant au Ministère. Privé de ce rôle traditionnel, l'organisme retombait sur une autre de ses activités sempiternelles, soit l'administration du « concours de français » à tous les niveaux scolaires, dont les résultats étaient publiés diligemment par *La Liberté et le Patriote*, école par école, élève par élève, créant une compétition peut-être saine aux plus hauts échelons de la réussite scolaire chez les « meilleurs » élèves mais semant souvent la panique ou pire chez les autres, et parfois entraînant la disgrâce auprès de leurs parents. Clairement, cet exercice avait fait son temps, et il était, lui aussi, remis en question de plus en plus par les éducateurs ainsi que par les parents. Tout cela contribua à la crise existentielle qui paralysa l'Association au début des années 60, histoire que nous avons racontée plus haut. Bref, l'Association ne pouvait plus retomber sur ses activités traditionnelles pour justifier son existence.

À cette époque, la situation scolaire en milieu rural demeurait plus ou moins stable, sauf pour le dérangement que provoqua la consolidation scolaire, ou la « centralisation » comme certains l'appelèrent, instaurée par le gouvernement Roblin au début des années 60 à la suite d'une vaste consultation populaire. À la fin du processus, avec la participation de tous les ministres du gouvernement Roblin qui assistèrent à environ 600 audiences publiques, toutes les divisions scolaires acceptèrent la réorganisation (Roblin, 1999, p. 115), dont les effets furent ressentis surtout en milieu rural, où de nombreuses nouvelles écoles secondaires furent construites ou agrandies pour accommoder des élèves de niveau secondaire d'une multitude de petites écoles partout dans la province. Mais je pense qu'il serait exact de dire que, dans les écoles regroupant des élèves francophones dans des milieux francophones homogènes, du moins au niveau primaire, le caractère « français » des écoles fut maintenu. Au secondaire, évidemment, c'était autre chose, et bien des réaménagements ont dû être effectués, souvent au détriment de l'enseignement qui se faisait traditionnellement en français, du moins pour un certain nombre de cours. La majorité des parents francophones acceptèrent ces changements sans trop se plaindre, puisqu'ils avaient eux-mêmes souvent souffert d'avoir mal maîtrisé la langue anglaise et qu'ils ne voulaient surtout pas que leurs enfants subissent le même sort.

Le processus d'urbanisation ayant frappé la communauté franco-manitobaine de plein fouet, ce fut en milieu urbain, et surtout à Saint-Boniface, que la problématique linguistique se fit le plus sentir. À Saint-Boniface, ce fut dans le nouveau quartier banlieusard du parc Windsor, milieu majoritairement anglophone contrairement au « vieux Saint-Boniface », que la lutte fut engagée en faveur de la création d'une école pour francophones. (On ne parlait surtout pas à cette époque d'une « école française », puisque celle-ci était toujours interdite par la loi.)

La lutte pour l'école Lacerte

La Division scolaire de Saint-Boniface, qui desservait une clientèle à la fois anglophone et francophone, était en pleine expansion, et plusieurs nouvelles écoles avaient été construites, notamment l'école Béliveau, qui regroupait une clientèle linguistiquement mixte. En 1962, on y retrouvait 183 élèves de langue française sur un total de 420 de la première à la 6e année, soit moins de la moitié. Avec l'ajout de douze nouvelles classes à cette école, on prévoyait ajouter une septième année française, et une huitième année en 1963-1964 (Bruns à R. Rottiers, 11 avril 1962, AÉCFM, b. 231, 42/54, p. 277). Et de conclure le « surintendant » Bruns :

> Cette liste porte donc à croire que les parents deviennent de moins en moins intéressés au français, et que malgré la bonne volonté de la Commission Scolaire de St-Boniface et de ses employés, l'avenir du français à Béliveau et à Windsor Park est sombre.
>
> Je recommande une campagne de refrancisation parmi les familles canadiennes-françaises à Windsor Park.

Aux yeux de bien des parents francophones de ce nouveau quartier urbain, la situation à l'école Béliveau était très insatisfaisante et elle était elle-même une des causes du problème du faible niveau d'inscriptions. Jeunes professionnels pour la plupart, récemment installés dans le quartier dont la base institutionnelle, notamment dans le domaine scolaire, était littéralement en construction, ces parents y étaient pour rester et pour y élever leurs familles. Ils décidèrent de prendre les grands moyens et se donnèrent comme objectif la création d'une école publique visant une clientèle exclusivement francophone plutôt que de voir leurs enfants « noyés » dans un milieu scolaire essentiellement anglophone comme celui de l'école Béliveau. C'est ainsi que naquit le mouvement qui mena éventuellement à la construction de l'école Lacerte comme école pour francophones.

Un cercle local de Canadiens-français s'était formé dans le nouveau quartier du parc Windsor au début des années 60, parallèlement à l'établissement de la Paroisse des Saints-Martyrs-Canadiens. Il était déjà actif en 1962, comme en témoigne une lettre de Cécile Lachance informant l'Association d'Éducation que les Dames Auxiliaires avaient mis sur pied une maternelle qui accueillait 23 élèves et que l'« on ne respire que du Français dans cette classe » (C. Lachance à l'AÉCFM, boîte 231, 42/54, p. 395). Cependant, ce n'est que le 8 juin 1965 que le groupe prit officiellement le nom d'« Association des Canadiens-français du parc Windsor ». La centaine de personnes réunies adopta un cadre constitutionnel (reproduit dans le *Courrier* du 14 juillet 1965) et constitua un nouvel exécutif, dont quatre personnes élues pour un an[1] et trois pour deux ans[2] (*Courrier*, 9 juin 1965). L'éditorialiste du *Courrier* accueillait positivement et même avec enthousiasme l'arrivée du nouvel organisme, soulignant que les membres du l'exécutif étaient jeunes (« la plupart d'eux sont dans la trentaine ») et louant la simplicité de leur but, soit « de protéger l'enseignement du français à leurs enfants dans une subdivision dont la grande majorité des résidents sont de langue anglaise ». L'éditorial soulignait, avec une pointe de méchanceté, le fait que la constitution affirmait seulement que des « liens étroits » seraient maintenus avec l'Association d'Éducation, ce qui n'était pas la même chose que de « faire partie » de cette association. J'avais assisté à la réunion du 8 juin, ce qui m'avait incité à ajouter, dans le même éditorial :

> On peut donc prendre pour acquis que les Canadiens-français du parc Windsor désirent se dissocier quelque peu de l'Association d'Éducation. On nous a même fait savoir, au « Courrier », que l'un des membres de l'ancien exécutif [sans doute Maxime Desaulniers] a été approché ; on lui aurait demandé de présenter sa candidature aux élections de l'exécutif de l'Association d'Éducation en octobre prochain. Selon ce rapport cette personne aurait refusé, comme tant d'autres hommes de valeur qui ne veulent plus s'associer avec une organisation qui est tombée en désuétude depuis quelques années.

Mais je voyais tout de même un rayon d'espoir pour l'Association :

> C'est là une mauvaise attitude à adopter. Le dynamisme du groupe du parc Windsor devra pénétrer les restes de l'Association d'Éducation. Il ne faut pas oublier que toute organisation ne repose que sur les hommes qui en font partie. Il y aura moyen, au congrès général de l'Association d'Éducation en octobre, d'élire un exécutif jeune et dynamique.

---

[1] Gilberte Garand, le Dr Marcel Hamonic, le Dr André Lachance et Suzanne Pelletier.

[2] Me Robert Bétournay, Me Roméo Champagne et Jean-Paul Guénette.

Caricature de Bernard Mulaire lors de la visite du Gouverneur-général Georges Vanier à Saint-Boniface en juin 1965. (Courrier, *10 juin 1965)*

Et enfin, prophétiquement peut-être…

> De plus, il y aura moyen de donner à ce nouvel exécutif un mandat lui permettant d'élargir les cadres mêmes de l'Association, afin d'en faire une organisation s'intéressant à tous les domaines où la vie française se manifeste, ou devrait se manifester, ici au Manitoba (*Courrier*, 16 juin 1965).

Il y avait un autre aspect digne d'admiration dans l'initiative des francophones du parc Windsor : elle n'était pas exclusive. En étaient membres, « toute personne de langue française ; tout parent dont les enfants fréquentent les classes dites 'cours français' et toute personne intéressée ». De plus, l'association était carrément laïque, se donnant comme but principal « le rayonnement, la propagation, le maintien et la défense de la langue française au foyer, à l'école, dans les loisirs et au travail » (« Règlements », *Courrier*, 14 juillet 1965). Les parents du parc Windsor établissaient ainsi, et vivaient, une distinction entre leur rôle comme paroissiens de l'église des SS. Martyrs et comme activistes au sein de leur association de quartier, dont le but principal était la lutte en faveur d'une école publique française. Ce fut là un pas de géant dans la direction de la modernité.

Cela dit, leur lutte, sur le plan politique, ne fut pas de tout repos. Il y avait eu d'abord du grabuge à l'automne de 1964 autour de la mission de l'école Béliveau, les francophones exigeant un meilleur regroupement de francophones au sein de cette école et les parents anglophones y résistant. Ces événements donnèrent naissance à un « Citizens' Committee » d'anglophones opposés à tout enrichissement de l'enseignement français dans cette école. Et c'est à ce moment que les parents francophones se mobilisèrent en faveur d'une nouvelle école spécifiquement désignée pour les élèves francophones, dont la construction fut décrétée par la commission scolaire en mai 1965. Par la suite, la commission scolaire[3] avait soumis aux citoyens pour leur approbation, en octobre 1965, un projet de règlement scolaire permettant la construction d'une nouvelle école de 12 classes dans le parc Windsor, au coût de 186 000 $, qui regrouperait tous les écoliers aptes à suivre le cours de « Français » approuvé par le ministère, ainsi que les élèves anglophones capables de suivre ce cours (*La Liberté*, 3 févr. 1966). Ce projet de loi fut approuvé par les contribuables lors des élections municipales du 27 octobre 1965; cependant le « Citizens' Committee » se mobilisa de plus belle pour tenter de bloquer ce projet au niveau de la commission scolaire, au niveau du conseil municipal métropolitain (son approbation d'un changement de zonage étant essentielle au projet) et auprès du gouvernement provincial. Tout ceci, *après* que le projet eût été approuvé démocratiquement par une majorité des contribuables de la division scolaire. Le leadership du groupe était devenu si radical, voire extrémiste, dans ses positions, que certains membres de la première heure du groupe, notamment George McOuat et Art McOuat, s'en retirèrent. Ce dernier avait été élu à la commission scolaire avec l'appui du « Citizens' Committee », mais il s'était rallié assez rapidement au projet de construction de la nouvelle école, qui était appuyé d'ailleurs à l'unanimité par le conseil scolaire.[4]

---

[3] De la « Division scolaire de Saint-Boniface N° 4 ».

[4] Les commissaires, en 1965, étaient le president Georges De Cruyenaere, Paul Marion, Charles-Étienne Huot, Art McOuat et George Andrich.

Le conseil scolaire, comprenant Art McOuat, maintint résolument ses positions durant toute la période de la controverse. Le Conseil municipal métropolitain fut saisi de la question à deux reprises ; les cinq commissaires étaient présents, ainsi que l'avocat de la commission scolaire, Armand Dureault. Lors de la deuxième assemblée, les commissaires étaient accompagnés de 57 parents francophones, malgré un froid arctique atteignant les -30[F], représentés par Me Roméo Champagne. Le « Citizens' Committee » présenta une pétition de 1 791 signatures, alors que la population adulte du parc Windsor (sans parler des autres contribuables de Saint-Boniface) dépassait les 9 000...dont la majorité, dans les deux quartiers du « vieux Saint-Boniface » et du parc Windsor, avait déjà approuvé le projet. Par la suite, une délégation de 80 membres du « Citizens' Commitee » rencontra le ministre provincial Gurney Evans pour protester contre la construction de cette « école ethnique ». En fin de compte, le 7 mars 1966, le Conseil municipal métropolitain approuva le nouveau zonage, et ce fut effectivement la fin de l'histoire.[5] L'école Lacerte ouvrit ses portes officiellement le 12 octobre 1966; Mme Henri Lacerte dévoila la plaque dédiant l'école à la mémoire de son époux, le magistrat Henri Lacerte (*Courrier*, 19 oct. 1966).

Ce fut aussi la première victoire en faveur d'une école française publique moderne, où la religion devrait être enseignée techniquement selon les règlements du Ministère mais qui était certainement d'« ambiance » catholique, compte tenu de sa clientèle et de son personnel enseignant. La dimension religieuse évoluerait évidemment durant les décennies qui suivirent avec les changements démographiques au sein de la communauté francophone elle-même.

---

[5] J'avais publié, dans un article signé à la une du *Courrier* du 19 janvier 1966, une analyse et une réfutation des arguments du « Citizens' Committee » intitulé « The French Option Dispute in Perspective ». Voir aussi une longue analyse publiée en éditorial dans *La Liberté* du 3 février 1966.

Les péripéties scolaires du « vieux Saint-Boniface »

Entre-temps, d'autres changements scolaires se tramaient dans le quartier du « vieux Saint-Boniface ». Dans la foulée de la « centralisation » et de la modernisation scolaire initiées par le gouvernement Roblin, la commission scolaire de Saint-Boniface décida de fusionner les écoles secondaires qu'étaient l'Institut collégial Provencher (pour garçons) et l'Académie Saint-Joseph (pour filles) en une nouvelle école réservée entièrement aux études secondaires. La fusion ne se fit pas sans heurts ni sans craintes de la part de parents et d'élèves. Les anciennes tensions autour de la présence des frères marianistes refirent surface, et on se posait des questions quant à la coexistence de garçons et filles dans un même établissement et celle aussi des frères marianistes avec les Sœurs des SS. Noms de Jésus et Marie. Des opinions fortes s'exprimaient des deux côtés. Deux lettres écrites en anglais par des étudiantes de l'Académie Saint-Joseph illustrent bien les deux perspectives. Une « Disgusted Student » affirmait que « I am sick of the nuns who insist on running everything in French », ajoutant que « maybe I do speak French but I am not proud of it. I'm a Canadian, and I'm English ». Elle percevait le changement à venir dans ces termes, en colorant un peu les faits :

> Next year, the students from St. Joseph's and Provencher Collegiate will be moving into "Louis Riel Collegiate". It is going to be run by nuns, and everything will be in French. The St. Boniface School Board is trying to get rid of the Brothers of Mary from Provencher School because most of them do not speak French. The brothers have been with Provencher School ever since it was built. Why should they leave now ? Three-quarters of them are from the United States and speak only English. They are all excellent qualified teachers with degrees in different fields. They are loved by all. Without them, the school would be ruined. If a nun becomes principal of Louis Riel Collegiate, she will be incapable of maintaining any bit of discipline with the boys.

> Why are the French trying to run everything? Canada is an English country in the first place. The best thing that can ever happen to St. Boniface is to get rid of French ways. And leave the brothers where they are.

Elle concluait en ajoutant : « I can assure you that there are hundreds of other students who feel the same way as I do. » (*Courrier*, 31 mai 1967)

L'étudiante Jocelyne Moquin exprima sa fierté à l'endroit de l'Académie et offrit ses « sympathies » à sa collègue qui ne s'était pas donné la peine de découvrir tout ce que l'Académie offrait, ajoutant : « 'Oui je parle français et j'en suis fière'. French is optional, yes, but what doors it can open if you possess it ! I am a born French-Canadian – nothing gives me more pride. Next year I will be proud to attend a school named after such a great hero – Louis Riel, Manitoba's father » (*Courrier*, 31 mai 1967).

Ces problèmes furent résolus, tant bien que mal, et la cérémonie d'ouverture officielle de l'Institut Collégial Louis-Riel se déroula le 12 octobre 1967 en la présence de centaines d'étudiants, de parents et de contribuables. Le président de la commission scolaire, Paul Marion, annonça que le nouvel institut serait sous la direction conjointe du frère marianiste Albert Laurin et de Soeur Cécile Rémillard.

La nouvelle école secondaire n'était pas un établissement francophone ; on y retrouvait effectivement regroupés sous un même toit au moins deux programmes linguistiques différents : un programme anglais (où les élèves pouvaient, à leur gré, suivre un cours de Français ou de « French ») et un programme de « français enrichi », avec un cours de « Français » et deux ou trois autres cours en français à chaque niveau scolaire (de la 9e à la 12e), conformément à la nouvelle loi scolaire récemment adoptée sous le gouvernement Roblin.

Des événements à l'archevêché de Saint-Boniface en 1967 ont également eu des répercussions sur le système scolaire public. En effet, les Jésuites décidèrent, après des années de conflit avec l'archevêque, de lui remettre les clés du Collège de Saint-Boniface, transfert qui s'est effectué cette même année. Du coup, le légendaire « cours classique » des Jésuites ne serait désormais plus offert au Manitoba. Des négociations s'entamèrent assez rapidement entre le « nouveau collège », non jésuite, et la division scolaire de Saint-Boniface pour scinder les huit années de l'ancien cours classique en deux sections, l'une secondaire, l'autre universitaire. La section secondaire tomberait sous l'autorité de la division scolaire, et serait financée par elle. Les premiers contrats furent rédigés en vertu de la loi sur les « services partagés » puisque le collège était classifié comme école privée catholique aux yeux de la province, mais après deux ou trois ans naquit le nouveau « Collège secondaire de Saint-Boniface », destiné, comme l'école Lacerte, à une clientèle francophone et offrant un maximum de programmation en français, contrairement à l'Institut collégial Louis-Riel. Ces changements n'entraînèrent aucun bouleversement ni aucune controverse publique, puisque les élèves touchés étaient déjà inscrits au Collège de Saint-Boniface, ayant ainsi déjà choisi un établissement scolaire à ambiance francophone. Par la suite, après l'adoption d'une loi permettant la création d'écoles françaises au Manitoba, la section secondaire devint la première école secondaire française de la province. Contrairement aux autres écoles françaises qui naquirent à peu près toujours à la suite de conflits entre parents, le Collège secondaire vit le jour grâce à une initiative administrative de la part du Collège, notamment du père Laval Cloutier, et à une attitude accueillante chez les commissaires et les administrateurs de la division scolaire, notamment le secrétaire Antoine Fréchette et le directeur général adjoint Origène Fillion. En 1983, à cause du nombre d'inscriptions toujours grandissant et une perte d'intérêt par rapport au programme « B » (moitié anglais, moitié français) à l'Institut collégial Louis-Riel, il y eut un autre réaménagement administratif alors que le Collège secondaire intégra les locaux de

J.H. Bruns, frère marianiste, directeur général de la Division scolaire de Saint-Boniface durant les années 1950 et 1960. Conseiller de Mgr Maurice Baudoux sur les questions scolaires, ici photographié à Noël 1965. (SHSB 45078)

l'Institut et que celui-ci devint officiellement l'école secondaire française du quartier de Saint-Boniface. Il y eut sans doute une certaine résistance de la part des élèves secondaires anglophones, qui se virent obligés de s'inscrire au « Windsor Park Collegiate », mais celle-ci fut de courte durée.

Progrès importants dans l'enseignement en français

Toujours sous le leadership du premier ministre Duff Roblin, un pas de géant, du moins dans le contexte de l'époque, fut pris par l'Assemblée législative qui, en avril 1967, adopta la *Loi 59*; pour la première fois depuis 1916, cette loi permettait l'enseignement en français de matières autres que le cours de français. En pratique, cette loi permettait l'enseignement en français jusqu'à un maximum de 50 % de la journée scolaire, et devint rapidement connue comme la « loi 50/50 (moitié anglais, moitié français) ». Bien qu'il s'agissait d'un gain énorme pour la communauté franco-manitobaine, la *Loi* avait le grand désavantage symbolique de consacrer le modèle d'enseignement « bilingue » favorisé par la majorité des francophones à l'époque et de plusieurs de leurs chefs, notamment le frère Joseph Bruns, les frères marianistes à l'école Provencher et un grand nombre d'éducateurs franco-manitobains.

Le frère Bruns avait un statut quasi-légendaire à l'époque. Américain de naissance, il avait appris le français lors de son arrivée au Manitoba, alors que les marianistes dirigeaient l'école Provencher depuis le début du XXe siècle. Ils étaient arrivés au Manitoba en 1880 suite à une invitation de Mgr Taché. Avec le temps, le frère Bruns s'était taillé une place de choix non seulement au sein de la Division scolaire de Saint-Boniface, dont il devint éventuellement le directeur général après avoir été directeur de l'école Provencher, mais aussi dans le domaine scolaire au niveau provincial ; il siégea notamment à la commission McFarlane sur l'éducation au Manitoba à la fin des années 1950. Le frère Bruns avait aussi gagné le respect de Mgr Baudoux, qui le consultait régulièrement sur divers dossiers délicats, scolaires et autres. Au début des années 60, il était secrétaire par intérim de la Conférence Catholique du Manitoba, qui regroupait les cinq évêques du Manitoba. Personnage très discret, il était tout de même bien branché dans les milieux cléricaux, scolaires et francophones décisionnels au Manitoba français. Ainsi on le retrouve, au début des années 60, à l'exécutif de l'AÉCFM.

En plus du frère Bruns, des leaders traditionnalistes comme Mgr Baudoux et le rédacteur de *La Liberté*, l'américain Raymond Durocher, étaient ambivalents face au modèle de l'école française. Mgr Baudoux n'a probablement jamais compris pourquoi l'école entièrement française devrait être un objectif principal de la communauté ; pour lui, la notion de l'école française se confondait avec le concept de l'école catholique séparée et l'idéal serait de combiner les deux ; le pourcentage de français qui serait enseigné dans cette école semblait lui importer peu. Pour ce qui est du frère Bruns, son ancien adjoint Origène Fillion me l'a décrit dans ces termes :

> Le frère Bruns était bien respecté pour ses talents administratifs et pour les contributions qu'il a apportées à la communauté francophone et catholique. Il était consulté régulièrement par les premiers ministres et les évêques. Cependant il y a un domaine où nous n'avons jamais été d'accord, lui et moi, et c'est celui de l'école française. Pour lui le modèle « bilingue » était le meilleur, parce qu'avec ce modèle on enseignerait également le français et l'anglais, qui était essentiel dans la vie de tous les jours. Pour ma part, j'étais très conscient du fait que les jeunes francophones absorbaient l'anglais partout en dehors de l'école, dans les médias, en jouant avec leurs petits amis dans la rue, au cinéma, etc. Pas question donc qu'ils « perdent » leur anglais ! Au contraire, il fallait assurer un bon cours d'anglais à tous les niveaux mais pour le reste il était impossible de mettre trop de français (Interview personnelle, le 12 janv. 2012).

Pour ma part, avec l'impétuosité souvent irréfléchie de la jeunesse, je portais un jugement dur sur le frère Bruns, malgré le fait qu'il était admiré par mon père et qu'il avait même visité notre foyer. Dans un éditorial du *Courrier* publié le 13 septembre 1967, je le blâmais de la crise scolaire du parc Windsor et d'autres délits, affirmant que :

> À la division scolaire de St-Boniface, le surintendant, ancré dans sa position depuis bon nombre d'années, est devenu plus fort personnellement que la commission scolaire toute entière. Il est devenu une institution, et c'est quasi-impossible de changer une institution.
>
> Reste à savoir combien de temps encore les commissaires continueront à s'aliéner l'opinion publique, et à réagir négativement aux demandes de changements qui se font entendre toujours plus instamment.

Moins d'un mois plus tard, un candidat anglophone aux élections scolaires, G. G. (Gordon) Duncan, annonçait qu'il se retirait de la course en faveur d'un autre candidat, mais il en profita pour partager avec les lecteurs du *Courrier* son analyse de la situation à la division scolaire, commentaires qui venaient effectivement étoffer l'impression que j'avais de « fin de régime » du frère Bruns :

> Though some would have us believe so, we are deceived if we accept that cultural and religious differences are solely responsible. Rather, I would suggest that the obvious symptoms of our trouble are indicative of a dictatorial or autocratic administration. This management philosophy will not work in a twentieth century democracy and our school system will remain in turmoil until the administration catches up to the times.
>
> The St. Boniface School Division presently has one of the highest teacher-turnover rates in the province and the morale of the present teaching staff is cause for considerable alarm. In addition, our relationship with the Manitoba Teachers' Society and the Faculty of Education at the University of Manitoba is deplorable (*Courrier*, 11 oct. 1967).

Toute importante qu'ait été la loi 59 dans l'évolution des droits scolaires minoritaires au Manitoba, elle ne fut en vigueur que durant une brève période de temps, soit de 1967 à 1970, alors que l'Assemblée législative, avec le nouveau premier ministre Edward Schreyer, adopta la *Loi 113* qui rétablissait définitivement le droit d'enseigner tous les programmes scolaires en français, sauf évidemment le cours d'anglais. Cette loi, qui est toujours en vigueur, permettait même aux écoles françaises d'introduire les cours d'anglais seulement en quatrième année. Il fallut de nombreuses années, des changements d'attitude importants chez les parents et des luttes politiques interminables sur le terrain avant qu'un « réseau » d'écoles françaises soit établi au Manitoba, réseau consolidé et officialisé en 1994 avec la création de la Division scolaire franco-manitobaine. Mais ceci est une autre histoire.[6]

---

[6] Les lecteurs intéressés aux débuts de cette histoire pourront consulter à profit la thèse de maîtrise de Léo LeTourneau intitulée *The development of a language policy in Manitoba: the genesis of Bill 113*, Université du Manitoba, 1977.

L'arrivée de Mgr Maurice Baudoux et les conflits en éducation postsecondaire

Les relations entre les Jésuites, qui offraient leur cours classique au Manitoba français depuis le XIXe siècle, et Mgr Maurice Baudoux, auquel ils devaient leur obédience, semblent toujours avoir été tendues. L'abbé Baudoux fut d'abord nommé coadjuteur de Mgr Arthur Béliveau, dont la santé flanchait en 1952, et ensuite archevêque en titre en 1955. Dès 1953, il « donne à l'ensemble des éducateurs des directives précises au sujet de l'Action catholique », c'est-à-dire l'ensemble des organismes créés par Mgr Yelle et connus sous les sigles de JEC, JAC, JOC[7] ainsi que la Croisade eucharistique.[8] Selon Denise Robillard, « ces directives vont se heurter à une forte réticence au collège de Saint-Boniface. Habitués à promouvoir leurs propres associations, les jésuites répugnent à accepter ces mouvements » (p. 298). Robillard ajoute que, « d'une longue conversation avec l'évêque, le recteur D'Auteuil Richard retient qu'il 'reproche au collège de s'être tenu toujours plus ou moins en marge de l'Action catholique officielle diocésaine'» (p. 298). Pour ma part, je peux témoigner que nous, collégiens des années 1956-1964, ne connaissions à peu près rien de ces organismes, étant absorbés complètement par les activités sociales, théâtrales, musicales et journalistiques au sein du Collège. Toujours est-il qu'après ce début peu prometteur, les relations entre le nouvel archevêque et le Collège se refroidirent considérablement.

Pour comprendre la situation, il faut d'abord comprendre les motivations de l'archevêque. Dynamique et fraîchement nommé au diocèse le plus important de l'Ouest canadien francophone, il voulait s'imposer rapidement. Spirituellement, il s'inspirait du Pape Pie XII,

---

[7] Jeunesse étudiante catholique, Jeunesse agricole catholique et Jeunesse ouvrière catholique.

[8] Denise Robillard, *Maurice Baudoux, 1902-1988 : Une grande figure de l'Église et de la société dans l'Ouest canadien*, Québec, Presses de l'Université Laval, 2009, p. 297.

qui souhaitait un «'puissant réveil', grâce au programme que tous les diocèses sont invités à adopter» :

> L'heure n'est plus à la discussion ni à la recherche de nouveaux principes. L'action catholique est 'le moyen par excellence et particulièrement adapté aux temps modernes pour refaire le monde et le ramener au Christ'. Elle fait partie du ministère pastoral des prêtres, elle est 'quelque chose de la vie chrétienne' et les curés, vicaires, professeurs et religieuses ont l'obligation 'de se donner entièrement à ce ministère si précieux'. L'évêque précise que 'c'est une faute, et une faute grave, d'y mettre obstacle'. On n'a 'pas le droit de se servir d'autres méthodes sans un recours spécial à l'autorité diocésaine'. Ces mouvements peuvent insuffler un esprit nouveau, beaucoup plus authentique, à la vie chrétienne et à la poursuite de la perfection (Citations et paraphrases de Mgr Baudoux *in* Robillard, 2009, p. 298).

Ce passage de Robillard illustre bien à la fois l'inspiration spirituelle de Mgr Baudoux ainsi que son intransigeance, pour ne pas dire son autoritarisme, à la fois dans sa soumission complète aux directives du Pape et dans sa transmission de ses propres directives aux membres de son clergé.

Mgr Baudoux lança plusieurs projets dans le domaine de l'éducation, comme l'a documenté Denise Robillard (2009, chap. 9). Sa grande préoccupation était l'augmentation des vocations sacerdotales et ce, par tous les moyens. Le Grand Séminaire à l'époque atteignait son apogée en termes d'inscriptions ; construit en 1948 pour une vingtaine de séminaristes, il en comptait 42 en 1953. Il fallait donc agrandir les locaux et voir au recrutement d'un personnel changeant. Mgr Baudoux fait appel aux Sulpiciens, qui s'engagent à assumer la direction du Grand Séminaire en 1954. Une nouvelle aile ouvre ses portes le 7 septembre 1954. En 1955, on lance une levée de fonds pour agrandir le séminaire ; l'objectif est de 300 000 $ et la campagne se déroulera entre octobre 1955 et mai 1956; elle sera dirigée par les Chevaliers de Colomb du Québec (Robillard, p. 311-317).

Entre-temps, en 1953, Mgr Baudoux concrétise un projet de petit séminaire pour les Indiens et les Métis à Fort-Alexandre ; une mission s'ouvre et l'oblat Apollinaire Plamondon commence à donner des cours de latin à 13 enfants autochtones qui fréquentent l'école résidentielle. En 1954, Monseigneur approuve la fondation d'un petit séminaire « qui rendrait possible à nos jeunes Indiens la poursuite d'une vocation sacerdotale » (Robillard, 2009, p. 318). Le 21 octobre 1955, Mgr Baudoux préside à l'érection canonique et à la bénédiction du Petit Séminaire Saint-Jean. Une maison devant servir à l'œuvre est transportée sur un terrain acquis et une campagne de financement

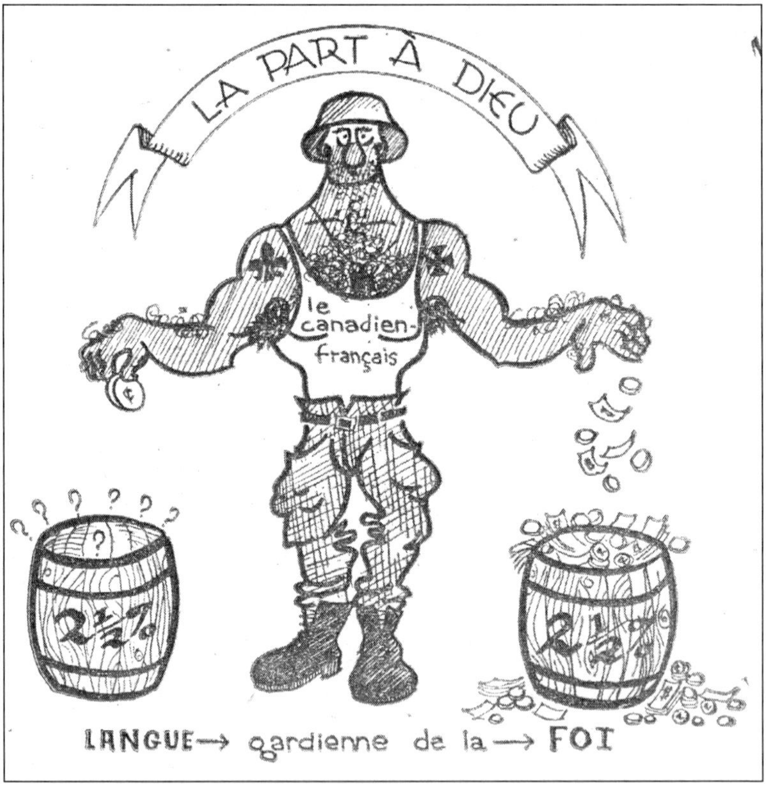

Caricature de Bernard Mulaire sur la campagne de la Part à Dieu, initiée par l'archevêché au début des années 1960. (Courrier, *20 octobre 1965*)

organisée par les Oblats sert à en finir l'intérieur. Il s'ensuit une série de conflits plus ou moins importants entre les oblats et les prêtres séculiers, la tendance naturelle de Mgr Baudoux étant toujours de confier la direction des œuvres diocésaines à des communautés religieuses seulement s'il n'y avait pas de séculiers pour en assumer la responsabilité. Monseigneur fait des pieds et des mains pour obtenir un financement fédéral pour ce nouveau séminaire (Robillard, 2009, p. 317-323). Et presque depuis son arrivée à Saint-Boniface, sans doute renforcé dans son intention par son conflit avec les Jésuites, il mijote un projet de petit séminaire pour son diocèse.

Le financement des œuvres diocésaines : la campagne de la Part-à-Dieu

En juin 1959, pour financer ses œuvres éducatives ambitieuses, et après un an de planification, Mgr Baudoux lance une vaste collecte diocésaine de 750 000 $ étalée sur trois ans. À cette fin, l'archidiocèse confie l'opération à deux sociétés privées laïques, soit la société Spes et les « Catholic Associates » (Cathos Ltd.). Le modèle est admirablement simple : le diocèse imposera tout simplement à toutes ses paroisses une contribution annuelle obligatoire redevable au diocèse, convenue par « entente » avec chaque paroisse[9] (Robillard, 2009, p. 343-344). Un rapport soumis à Monseigneur en mars 1960 fait état d'« un engagement pour trois ans de plus de deux millions de dollars » (Robillard, 2009, p. 344). Dans les milieux urbains, cela suscite sans doute de la grogne chez les paroissiens, mais avec des sources de revenus plus importantes, du moins potentiellement, les paroisses peuvent s'en accommoder. Pour le diocèse, ce fut une source de

---

[9] En décembre 1959 seulement trois des 31 paroisses françaises n'avaient pas signé d'entente ; 33 des 38 paroisses anglaises ont éventuellement signé. (Robillard, 2009, p. 344)

richesses inattendues.[10] En milieu rural, c'est la catastrophe. En plus du fardeau imposé sur des paroisses qui avaient déjà peine à boucler leurs maigres budgets annuels, les laïcs et parfois même les prêtres se plaignent d'un manque de transparence dans les opérations des sociétés auxquelles la campagne de financement a été confiée ; on soupçonne également qu'elles reçoivent des « commissions » élevées sur les montants perçus.

On trouve dans les archives de Monseigneur des témoignages déchirants du fardeau financier excessif imposé aux paroisses rurales, témoignages venant parfois des prêtres eux-mêmes. À Somerset, comme dans bien d'autres endroits, la campagne avait été lancée par un banquet dispendieux, présidé par Mgr Baudoux lui-même, à la fin duquel on avait demandé des engagements financiers personnels (sous forme de « promesses ») des malheureux convives invités. Dans une lettre adressée à Mgr Baudoux lui-même, le paroissien Roger Poiron dénonça le manque d'intégrité du processus et surtout les procédés employés par la société Spes, responsable du prélèvement :

> À mon avis, Excellence, la cause de tous ces troubles, et je tiens à souligner que chez certaines personnes la situation est assez grave, c'est le contrat inéquitable, et l'attitude de M. le Directeur [de la firme Spes] et sa technique d'organisation. Le contrat est inéquitable à cause de ses termes qui choquent même l'esprit de justice du commun des fidèles. La technique d'organisation et l'attitude du Directeur ne sont pas franches.
>
> Ma conclusion est celle-ci : l'organisation de cette campagne par Spes est une machination diabolique par laquelle le démon ou des hommes visent premièrement à détruire votre église diocésaine et notre église paroissiale par le moyen du mensonge et de la restrition

---

[10] Les revenus et dépenses de la Corporation épiscopale sont passés de 84 000 $ en 1960 à 1 835 000 $ en 1961. Une partie importante de ces nouveaux revenus a été acheminée vers le Grand Séminaire et « l'éducation catholique secondaire au collège », ainsi que plusieurs autres œuvres. (Robillard, 2009, p. 344)

mentale de quelques-uns, de l'indécision de beaucoup à cause du manque de renseignements soit moraux soit spécifiques à la campagne elle-même, de l'agissement de ceux qui, après avoir succombé sous le scandale, ne respecteront plus l'Église et en fin de compte peut-être perdront la foi; et deuxièmement faire échouer précisément vos beaux projets d'avenir (Roger Poiron, lettre à Mgr Baudoux, 5 févr. 1960; fonds Baudoux, boîte 19, Part-à-Dieu).

Des curés de paroisse écrivirent aussi à Monseigneur. L'abbé Georges Svoboda écrivit à Monseigneur dans les termes suivants:

> Je tiens à vous dire, après les dernières expériences dans la Campagne de la Part-à-Dieu, mon opinion personnelle à ce sujet. En réalité, après les dernières expériences, je m'oppose presque entièrement à cette idée. Lors de mon séjour à Ste-Geneviève je me suis montré en faveur de la campagne. Je le fis par obéissance et dans l'espoir que les difficultés initiales vont disparaître avec le progrès de la campagne. Malheureusement les événements montrent plutôt le contraire. Il est sans doute que la méthode des compagnies respectives ne manque pas de valeurs positives. Cependant elles s'appliquent plutôt aux gens de la mentalité américaine et elles ne tiennent pas, malheureusement, compte de la situation déséquilibrée, au point de vue économique, des fermiers canadiens. S'il y a un succès initial dans leur méthode, la chose se montre comme une faillite et un danger au point de vue moral. Les gens commencent à s'éloigner spirituellement de leurs prêtres auxquels ils avaient jusqu'ici une confiance illimitée.
>
> Quant à moi je ne sais pas quelle voie suivre à St-Joseph[11] et quelle décision à prendre. Je n'ai jamais suivi la voie de la désobéissance et je ne veux pas le faire à l'avenir. Cependant je n'ai pas non plus dans ma vie sacerdotale bâti sur la haine et le découragement de ceux pour qui je devrais travailler. Les arrangements qui nous furent communiqués jeudi dernier par l'abbé G. Damphousse vont

[11] L'abbé Svoboda venait d'être nommé curé de la paroisse de Saint-Joseph, arrivant de la paroisse de Sainte-Geneviève.

> occasionner probablement une détérioration de la situation financière de la paroisse. En réalité elles s'opposent aux principes de la campagne sur lesquels on a voulu bâtir. Elles contiennent en plus une injustice matérielle en obligeant la paroisse à débourser une somme considérable ($1,500) pour un travail qui ne fut jamais fait, comme il paraît.
>
> Je considère la situation comme dangereuse. En connaissant vos intentions et vos responsabilités, je tiens à vous assurer que j'écris cette lettre avec une douleur très sentie (l'abbé Georges Svoboda, à Mgr Baudoux, 5 déc. 1960; fonds Baudoux, B. 19, B-1501/60).

Le curé d'Aubigny, l'abbé Robert Nadeau, écrivit une lettre à l'archevêché exprimant les mêmes sentiments à l'endroit de la campagne, et reçut la réponse qui suit de la part de l'abbé Georges Damphousse, alors économe de l'archevêché, avec copie à Monseigneur :

> L'engagement paroissial envers le diocèse est quelque chose qu'il faut considérer sérieusement puisqu'en aucune circonstance il est question de diminuer ces engagements. La seule chose sur laquelle des négociations sont possibles est le mode de paiement de l'engagement. Il en est ainsi pour chaque paroisse. La Campagne de la Part-à-Dieu a été faite dans le but d'aider plusieurs institutions et déjà il faut donner à celles qui ont grandi en comptant sur les revenus de la Campagne, v.g. Collège de Saint-Boniface[12] et Maison des Retraites.
>
> L'automne dernier il avait été entendu, et cela semblait possible, que la paroisse fasse des paiements mensuels uniformes de $100.00. Si les paiements s'effectuent tel qu'indiqué, le montant de $1,470.00 porté au compte d'Aubigny pour frais de campagne disparaît. Il faut pour cela s'en tenir au $100.00 par mois. D'un autre côté le paiement de février ne nous est pas encore parvenu (Damphousse à Nadeau, 15 mars 1961; fonds Baudoux, Boîte 19, Part-à-Dieu).

---

[12] Il s'agit de l'aile ouest du Collège, construite en 1960.

L'histoire du Petit Séminaire racontée par les prêtres

Depuis son arrivée à Saint-Boniface en 1952, Mgr Baudoux mijotait l'idée de rétablir le petit séminaire qui avait été fondé par Mgr Adélard Langevin en 1909 et abandonné lorsque le Collège de Saint-Boniface avait déménagé dans le magnifique édifice du Petit Séminaire au 200, av. de la Cathédrale, après l'incendie qui avait ravagé l'ancien collège en 1922.

Le projet de Mgr Baudoux vit le jour en 1960 et fut source d'innombrables controverses. D'abord, les autres établissements scolaires, au niveau secondaire et postsecondaire, déjà tous religieux, s'inquiétèrent à l'idée de perdre de la clientèle, compte tenu du fait que le bassin de population francophone était déjà très restreint. Il s'agissait du Juniorat de Saint-Boniface, mené par les Pères oblats; le Collège Saint-Joseph d'Otterburne, dirigé par les Clercs Saint-Viateur; et le Collège de Saint-Boniface, établissement jésuite.

Un nombre grandissant de laïcs, pour leur part, pressentaient vaguement que l'ère des petits séminaires était révolue, que les valeurs de la société changeaient rapidement, déclenchant une soif de liberté chez les jeunes qui les mèneraient sans doute à rejeter les contraintes d'un tel établissement. D'autres encore, plus progressistes, rejetaient l'idée même d'imposer un nouveau carcan à la jeunesse masculine du Manitoba français. Le projet était donc mal conçu, mal adapté à l'époque des années 60, et donc voué à l'échec. De plus, il affaiblissait les établissements existants, notamment le Collège de Saint-Boniface qui avait fait ses preuves tout au long du XXe siècle en formant des centaines de diplômés, dont un grand nombre formait l'élite de la communauté franco-manitobaine.

Pour Monseigneur, la problématique, sinon la solution, était simple: les vocations sacerdotales étaient en déclin et les établissements existants ne suffisaient pas à combler ce vide. Au contraire, on croyait que le Collège de Saint-Boniface, notamment, se préoccupait moins de la formation de prêtres, surtout de prêtres séculiers, et beaucoup plus de la formation de la future élite franco-manitobaine.

Les archives nous révèlent que même les prêtres diocésains avaient des réserves par rapport à la réouverture du Petit Séminaire, et certains des plus téméraires osèrent les exprimer à Monseigneur lui-même. Le Petit Séminaire ouvrit ses portes en septembre 1960 et dès le départ, les indices d'un échec monumental ne tardèrent pas à se manifester, en commençant par le faible nombre d'inscriptions. Dans un rapport rédigé pour Mgr Baudoux, le directeur de l'établissement, le sulpicien Jean Roy, fit le bilan des inscriptions au cours des deux premières années. En septembre 1960, 51 élèves s'inscrivirent ; seulement 36 revinrent en septembre 1961 et sur ces 36, 11 quittèrent l'établissement à Noël 1961, et deux autres ne revinrent pas en septembre 1962. Ainsi en septembre 1962, il ne restait que 23 élèves de la première promotion. Le bilan de la deuxième promotion (36 nouvelles inscriptions en septembre 1961) était meilleur : en septembre 1962, il restait 24 ou 25 élèves (Jean Roy, p.s.s., supérieur du Petit Séminaire, Rapport à Monseigneur, 18 juin 1962). Durant les deux premières années, les tensions augmentent entre les dirigeants du Petit Séminaire et ceux du Collège, où les séminaristes prenaient leurs cours, tensions dues aux missions et aux approches pédagogiques divergentes entre les deux établissements. Le directeur du Petit Séminaire dénonça de façon particulière le père André Surprenant, qu'il accusait de donner une attitude « critiqueuse » à ses séminaristes :

> C'est sûrement une influence très forte que ce Père [Surprenant] cherche à exercer sur nos élèves. Il les capte 100 % au dire des prêtres du Petit Séminaire. Témoignage que je croirais plausible quand je constate l'esprit à part, critiqueur, qu'ils ont commencé à développer, l'esprit de classe, partisan, et non l'esprit de communauté que nous cherchons à leur inculquer. Les directeurs spirituels, au Petit Séminaire, m'ont avoué qu'ils n'aimaient pas l'influence de ce Père sur nos Petits Séminaristes.

Photo inédite du P. André Surprenant prise en juin 1958 par l'auteur. (Archives personnelles de Raymond Hébert)

M. Roy rencontra également le recteur du Collège en octobre 1962; celui-ci lui dit carrément que la création du Petit Séminaire avait été une « claque aux Jésuites » et que la « double allégeance » des élèves au Petit Séminaire et au Collège était impossible (Jean Roy, rapport à Mgr Baudoux, 22 déc. 1962). M. Roy continua d'acheminer ses rapports à Mgr Baudoux durant les deux années qui suivent, alors que l'exode des séminaristes vers le Collège augmentait. Finalement c'est le prêtre diocésain Laval Cloutier, affecté à ce moment-là au Petit Séminaire, qui sonna l'alarme en demandant sa réaffectation :

> Au Petit Séminaire, j'ai l'impression que nous avons manqué notre coup. À la lumière des nombreux échecs (si le mot n'est pas trop dur), ou plutôt dans une perspective qui soit d'abord chrétienne, c'est toute l'orientation du Petit Séminaire qu'il nous faudrait étudier ensemble. C'est un fait que lors de la fondation du Petit Séminaire, quarante-deux élèves étaient inscrits pour suivre des cours au Collège, sans compter les anglais. Sur ces quarante-deux élèves, trente-et-un étaient en Éléments Latins. L'an dernier, il restait quatorze gars de ce groupe initial. Trois d'entre eux ont été mis à la porte pendant l'année. Au début de cette année, quatre seulement nous sont revenus, mais pour passer au Collège par la suite. On a accusé un certain Père d'être responsable de ces départs. Certes, le Père Surprenant possède une personnalité très attachante pour les jeunes, ce qui pourrait avoir peut-être influencé indirectement ces quatre derniers. Mais comment expliquer tous les autres cas ? Et surtout, comment expliquer que plus de la moitié de la Versification actuelle souhaiterait ne pas être ici ?
>
> Il me semble qu'il nous faudrait réétudier la psychologie du jeune. Comment lui parler de sacerdoce ou lui faire aimer le sacerdoce dans une période de vie où l'indépendance est comme sa devise de vie ?
>
> Après analyse personnelle de tous ces faits, et surtout à la suite de l'analyse de mes réactions parfois trop vives dans la discussion de ces problèmes, il me semble à regret que je ne suis pas la personne qu'il faut dans votre Petit Séminaire (l'abbé Laval Cloutier à Monseigneur, 3 janv. 1965).

Des échos des problèmes au Petit Séminaire retentissaient jusqu'au niveau paroissial. L'abbé Robert Nadeau, par exemple, fit part à l'archevêque de l'expérience d'une des familles de sa paroisse :

> J'ai deux paroissiens au Petit Séminaire et le père de l'un d'eux est venu me voir samedi pour me dire que son fils lui a demandé de

> quitter le Séminaire pour passer au collège. Apparemment il se plait au Séminaire, mais il ne peut plus supporter le supérieur qui est toujours sur son dos. Il le demande à tout instant, soit pendant l'étude ou la récréation dans son bureau pour des cajoleries, des remontrances, en un mot des niaiseries selon l'expression du garçon. Le père du garçon ne sait pas quoi en penser.
>
> Après vous avoir consulté, j'ai provoqué une rencontre pour tirer l'affaire au clair.
>
> « Ça ne marche pas avec le supérieur. » « Et les autres garçons ? » « C'est la même chose. Il nous fait toujours demander à son bureau pour nous dire la même chose. » « Quoi ? » « Ça vient à ceci : Il demande tout le temps si on a besoin de conseils, de faire attention aux filles, de surveiller sa pureté – et toutes sortes d'affaires. » « Combien environ parlent de quitter en Méthode et en Versification ? » « À peu près tous. »
>
> Voilà, Excellence, qui confirme toutes les plaintes entendues depuis au moins un an. Tant que je n'étais pas directement concerné, j'estimais que ça ne me regardait pas. Aujourd'hui, c'est différent.
>
> C'est bien beau sauver l'honneur d'un homme, mais quand le Séminaire sera vide, il ne sera plus temps. Des curés respectables comme Mgr Lapointe disent que le recrutement chez lui sera impossible cette année (l'abbé Robert Nadeau à Monseigneur, 10 mars 1965).

L'abbé Pierre Raymond, toujours aussi fougueux, fit une analyse cinglante de la situation, qu'il transmit à l'archevêque :

> Je me suis demandé bien souvent si le Petit Séminaire avait réellement accompli quelque chose de positif, partant, de constructif, dans notre diocèse. En effet, j'ai vu le clergé partagé entre des tenants de votre thèse et des tenants de l'autre thèse. Je suis encore frappé des réticences dont il me faut parfois m'armer quand entre eux et moi le sujet du Petit Séminaire ou du Collège vient sur le tapis.
>
> L'établissement de notre Petit Séminaire n'allait pas sans devoir ouvrir la voie à un troisième réseau de recrutement, ni sans donner

prise à de la surenchère. Si elle n'a pas eu cours, il fallut tout de même constater, qu'après une première tournée de recrutement opérée en commun, il y eut entre Jésuites et Sulpiciens un durcissement et un refroidissement.

J'ajouterai un détail qui a pour moi une importance de première valeur. Dès l'origine du Petit Séminaire, vous ne convainquîtes pas tous vos prêtres de sa nécessité. Certains voulurent voir dans votre décision un jugement hâtif de l'œuvre des Pères Jésuites. Ils soupçonnèrent ceux parmi nous que vous aviez invités à en étudier avec vous la possibilité, de régler leur cas dans l'arbitraire.

Vous me disiez aussi que vous aviez les mains liées, que vous ne pouviez disposer autrement que vous le fîtes, des legs dont notre diocèse fut le bénéficiaire. Je ne le contesterais pas, Excellence, s'il s'agissait, en l'occurrence, d'autre chose que de documents écrits. Précisément parce qu'ils le sont, et à moins qu'ils ne soient terriblement explicites, ils se prêtaient à plusieurs interprétations. N'est-il pas possible qu'en faisant valoir leur succession d'une manière différente, la volonté terminale de ces prêtres généreux n'eût pas été contrariée ?

Enfin, pour vous montrer que je ne suis pas subjugué par ma façon de voir aujourd'hui les choses, ce qui serait de l'outrecuidance, j'ajouterai ceci : Si vous ne pouvez absolument pas modifier la conception que vous avez de la structure du Petit Séminaire, ne pourriez-vous pas lui assurer une direction qui, tout en maintenant son cachet distinctif, lui vaudrait une progression plus caractérisée ? À mon sens, il faudrait qu'elle soit confiée à un prêtre d'ici, animé certes d'un souffle vivifiant, mais dont les rapports avec les PP. Jésuites ont toujours été marqués par la cordialité et l'intimité. Deux de nos prêtres, issus de notre terroir, répondent à cette qualification, notamment les abbés [Deniset] Bernier et Fréchette. [Deniset-Bernier] a de surcroît en main un atout irremplaçable en ce qu'il se meut à l'aise dans les cercles de l'élite et qu'il est bien vu de tous. Sa nomination à ce poste aurait l'heur de suspendre les appréhensions et faire taire les critiques de nos laïcs éminents. Comme c'est l'élite qui voit d'un œil aigre-doux l'existence de notre triptyque institutionnel, la seule présence de l'abbé

Bernier leur ferait accepter, pour un temps du moins, le fait accompli (l'abbé Pierre Raymond à Mgr Baudoux, 20 mai).

Le sort du Petit Séminaire était déjà pratiquement réglé, de par le faible taux d'inscriptions, les défections et les problèmes internes, sans que la communauté francophone elle-même le sache encore. Ignorant ce fait, le *Courrier* se plongea dans le débat, et ce dans un éditorial unique, rédigé par Bruno Lagacé. J'avoue que le Petit Séminaire ne me préoccupait pas outre mesure, mais Lagacé était beaucoup plus près des tensions entre le Collège et le Petit Séminaire, étant impliqué dans l'Association des Anciens du Collège qui à l'époque, était lui-même à la base du nouveau leadership. Lorsqu'il se proposa d'écrire un éditorial sur le Petit Séminaire, j'acceptai volontiers de le publier et, comme ce fut toujours ma pratique, sans modification. Ainsi, le 23 mars 1966, Bruno Lagacé fit une distinction entre le « christianisme de préservation » et le « christianisme d'engagement» :

> Le christianisme de préservation, c'est la structure de l'Église administrative à partir de la Curie Romaine en haut jusqu'au pauvre pénitent en bas, c'est l'autorité vieillotte et archaïque avec ses règles axées sur le moyen âge, c'est le culte du statu quo avec toutes les institutions établies pour perpétuer ce statu quo, c'est l'institution « formatrice » qu'on a appelé le Petit Séminaire.
>
> S'il y a une supposée « crise des vocations », ce n'est pas le monde moderne « matérialiste » qui l'a créé en se transformant à travers les âges. C'est la structure de l'Église qui a créé cette crise en demeurant « moyenâgeuse » et vieillotte. Ce n'est pas en isolant des jeunes en bas âge qu'on empêchera le monde moderne de se moderniser davantage, qu'on préparera des jeunes à faire face à ce monde, qu'on les préparera à un travail utile, qu'on les engagera dans les grands problèmes du monde.
>
> Je doute qu'il y ait des prêtres clairvoyants en faveur du Petit Séminaire. Ces prêtres ont fait cependant un vœu d'obéissance à leur Évêque et ne peuvent se prononcer publiquement.

> Je doute que les directeurs du Petit Séminaire eux-mêmes soient convaincus du bien-fondé de cette institution.
>
> Je crains plutôt que le Petit Séminaire n'aide à perpétuer un statu quo « moyenâgeux ». Je crains d'être entouré d'isolés de presbytères, de déclamateurs de monologues et de possesseurs exclusifs de la vérité.
>
> À cette règle, il y a dans le moment chez nos prêtres quelques braves exceptions. Il nous en faudrait davantage. Un petit séminaire n'est pas la place pour les « former ».

Cet éditorial, comme on pouvait le prévoir, provoqua plusieurs réactions indignées certes, mais à notre surprise, ce ne furent pas les seules.

D'abord, les intégristes[13] de notre communauté s'exprimèrent, et en des termes qui auraient pu être écrits au XIXe siècle par Mgr Bourget lui-même :

> Comment osez-vous vous attaquer si audacieusement à une autorité de tant d'années d'expérience. Comment pouvez-vous condamner la récitation du chapelet avec tant de culot quand le Grand Maître lui-même nous envoya sa propre Mère nous porter le message de Fatima où il y eut 70 mille personnes pour l'attester. C'est encore le rosaire qui sauva le Portugal des griffes maçonniques.
>
> Si vous méditez davantage les paroles du Grand Maître, vous trouveriez que c'est Lui qui a établi l'autorité de l'Église et que si Elle exige de nous certains sacrifices, il convient de nous y conformer à l'exemple du Christ venu sur terre pour accomplir la volonté du Père (N. Boily, *Courrier*, 30 mars 1966).

Ou encore :

> Je viens de lire une critique acerbe de nos petits séminaires comme

[13] Intégrisme : refus de toute évolution, particulièrement de la religion, au nom du respect de la tradition. *Anglais* : fundamentalism (*L'Internaute Encyclopédie*).

> institution moyenâgeuse. Je regrette ces paroles sans fondement. L'enseignement que l'on y donne est dans la plus haute ligne moderne et classique, pour la formation complète d'un homme et d'un jeune franco-manitobain.
>
> L'on se demande si quelques-uns de nos jeunes écrivains ne subissent pas le désarroi de la jeunesse moderne. L'on semble être réaliste mais on manque de sérieux et de profondeur. En cherchant des formules toutes faites, l'on veut renverser l'ordre établi.
>
> En tout ceci, l'Église a dû sauvegarder les valeurs morales. Le dogme et la foi catholiques en sont demeurés plus forts, comme ils ne changent pas.
>
> Un auteur, Henri Perruchot, nous dit que la jeunesse préfère Gide et son immoralité, J.-P. Sartre, son existentialisme, frisant le communisme.
>
> Notre jeunesse a besoin de formation. Notre jeunesse a besoin de préserver cet appel à la vocation. Ce n'est que dans le séminaire que l'on veut veiller à s'orienter vers une vocation : d'où la valeur de cette institution. L'Église reçoit sans doute les instructions du concile du Vatican vis-à-vis de ses séminaires et de ses collèges (Lecteur, *Courrier*, 13 avril 1966).

Bruno Lagacé répondit à son tour qu'il reconnaissait que, plus que jamais, le prêtre était nécessaire aujourd'hui, mais « un prêtre qui s'engage dans le monde sans dédain et sans mépris. » Et, pour ce faire,

> il doit connaître la vie. Il doit en avoir fait l'expérience. Nul homme ne peut connaître la vie sans en faire l'expérience et l'expérience de la vie ne se fait pas sous la protection bienveillante d'un toit de séminaire.
>
> J'espérais aussi faire comprendre à l'autorité ecclésiastique que sa politique d'étouffer les dialogues et de former des isolés ne peut faire rajeunir l'Église dans notre milieu. Plus l'Église essayera de maintenir un christianisme de préservation, plus elle perdra d'adhérents et moins elle aura de prêtres pour la servir.

Il ajouta aussi qu'avant de rédiger son éditorial, il en avait discuté avec sept prêtres dont trois directeurs « actuels et anciens » du Petit Séminaire (B. Lagacé, *Courrier*, 6 avril 1966).

Il se produisit alors un événement inattendu. Notre ami oblat, le père de Rocquigny, nous écrivit de son petit presbytère de Saint-Ambroise ce qui suit :

> Je n'accepte pas la critique acerbe de M. Napoléon Boily à l'égard de M. Bruno Lagacé.
>
> Avec un peu de raisonnement on comprend très bien que M. Lagacé ne s'attaque nullement à l'Église !
>
> Par ailleurs, ce qui est signe de notre temps, M. Bruno Lagacé a su nous exprimer avec courage et dynamisme ce que Mlle Claire Audet et d'autres laïques ont déjà essayé de nous faire comprendre...le rajeunissement de toute l'Église, en remettant à jour ce qu'il y a de maladif dans tout son « Être »...Ces laïques, en un mot, veulent apporter leur concours, comme ils se le doivent, pour le bien de toute l'Église.
>
> De plus, l'Église est en pleine réforme...elle nous demande compréhension et soumission...donc, arrière toute haine, lutte et aigreur ! Agissons en toute charité. (J. de Rocquigny, o.m.i., *Courrier*, 13 avril 1966).

Il n'eut pas le dernier mot dans cette polémique, cependant ; cet honneur revint à Mme J. Desorcy :

> Vous, père de Rocquigny, allez-vous plutôt accepter la pensée de jeunes évolués ? Et je ne dis pas ça avec mépris. Je leur concède leur enthousiasme et leur bonne volonté ; j'admire même leur courage d'afficher leurs convictions, mais il ne faudrait tout de même pas qu'ils se substituent à l'autorité qui a l'expérience et la grâce d'état.
>
> Je me permets de penser que vous êtes le seul de votre communauté à penser ainsi, car j'ai eu l'occasion de discuter avec bon nombre de prêtres.
>
> Pour ce qui est du message de Fatima, la Ste Vierge n'a aucunement mentionné « quelques Ave » bien dits. Au contraire, elle a

> spécifié : « Dites le chapelet, beaucoup de chapelets. » Et comme le message fut livré à trois petits enfants, je déduis que c'était pour nous enseigner la simplicité de cette prière.
>
> Quant au reste de votre article, si c'est ça votre conception de l'autorité, je ne puis partager votre sentiment. Ces quelques lignes sont écrites sans mépris ni amertume. C'est simplement dans le but de sauvegarder le respect de l'autorité sans laquelle il ne peut y avoir d'harmonie, car là où celle-ci est frustrée, le désordre commence (*Courrier*, 27 avril 1966).

Et c'est ainsi, en des termes tout simples, que la vérité éclata au grand jour. Ce qu'on reprochait avant tout à la génération montante qui osait s'exprimer en toute liberté, et ce peut-être pour la première fois dans l'histoire de notre petite communauté canadienne-française, c'était notre manque de respect. Manque de respect envers l'autorité, d'abord (évidemment, celle de l'Église représentée par son Archevêque), mais sans doute aussi, plus largement, à l'autorité tout court. On y décelait une menace de « désordre », voire même d'anarchisme, que seul la Foi traditionnelle pouvait enrayer.

Le départ des Jésuites et la transformation du Collège de Saint-Boniface

Le conflit entre Mgr Baudoux et le Collège de Saint-Boniface atteignit son point culminant à la mi-novembre 1966, alors que le recteur du Collège, le père Guy Fortier, annonça dans un simple communiqué de presse que

> la direction et l'administration du Collège de Saint-Boniface sera remise à l'archevêché. Les jésuites sont cependant disposés à demeurer partie intégrante du personnel enseignant du collège, sous la direction du clergé diocésain. D'un commun accord entre le diocèse et la Compagnie de Jésus, le premier janvier 1967 un nouveau recteur, choisi au sein du clergé diocésain, prendra la direction du collège (*Courrier*, 16 nov. 1966).

La première réaction du *Courrier* reflétait bien celle de la communauté en général :

> Il n'est pas nécessaire de lire entre les lignes pour comprendre que c'est le commencement de la fin pour le port d'attache des jésuites canadiens-français dans l'Ouest (*Courrier*, 23 nov. 1966).

La deuxième réaction du *Courrier* fut de recommander un virage vers la laïcisation ; il prôna même un modèle qui dépasserait le caractère jusqu'alors ethnique et paroissial de l'établissement :

> La nouvelle administration du Collège devra donc tenir compte des besoins réels de la population franco-manitobaine dans le domaine de l'éducation, sans oublier les éléments anglophones et ceux des autres minorités qui sont intéressés à poursuivre leurs études universitaires en français. Et nous sommes convaincus que le transfert de cette administration à un groupe de laïcs serait la meilleure façon de garantir cette orientation « populaire » dans les années à venir (*Courrier*, 21 déc. 1966).

Cette fois, les souhaits du journal furent réalisés beaucoup plus vite que bien d'autres auparavant. Il est vrai que Mgr Antoine Hacault, le bras droit de Mgr Baudoux, fut nommé recteur à compter du 1er janvier 1967. Mais dès l'automne de cette même année, le Collège procédait à une restructuration radicale, en instaurant la séparation entre les niveaux secondaire et universitaire, en concluant une entente de « services partagés » avec la Division scolaire de Saint-Boniface, et en s'engageant ainsi beaucoup plus explicitement à suivre les programmes d'études du Ministère de l'éducation au niveau secondaire. Par conséquent, il fallait réorienter le contenu des programmes universitaires, et le modèle suivi serait forcément celui des autres établissements universitaires manitobains, surtout l'Université du Manitoba, à laquelle le Collège était affilié.

Il y eut tout de même un débat autour de changements encore plus radicaux. L'Association des anciens du Collège de Saint-Boniface, très active à cette époque, lança l'idée dans un mémoire transmis aux autorités du Collège d'un nouveau modèle universitaire, à savoir la désaffiliation de l'Université du Manitoba et le fusionnement du Collège avec le « United College » pour former une toute nouvelle université avec un campus anglais et un campus français. C'est Bruno Lagacé qui lança le débat public, en proposant ce changement, d'abord dans les pages du *Courrier* (12 avril 1967) et ensuite dans le *Winnipeg Free Press* (4 juillet 1967). La composante française (le Collège) serait non confessionnelle. Les anciens soulignaient que le temps pressait, puisqu'il était reconnu que le « United College » avait fait des démarches pour devenir une université, et que cela deviendrait réalité avec ou sans le Collège. Le débat fut de courte durée, cependant, puisque le « United College » reçut sa charte d'université à compter du 1er juillet 1967 et prit le nom de « University of Winnipeg ».

La question de la laïcisation de l'établissement, inévitablement, faisait partie intégrante du débat autour de l'avenir du Collège. Le *Courrier* avait déjà fait connaître ses opinions, ainsi que certains jeunes anciens du Collège ;[14] les traditionnalistes firent connaître leur position dans une allocution prononcée en 1967 lors de la distribution des prix au Collège par Roland Couture, membre du Bureau des aviseurs :

> Formation chrétienne dans une ambiance française et manitobaine. Sommes-nous encore chrétiens ? Voulons-nous que nos fils suivent le sillon tracé par leurs pères ? J'en suis convaincu. Il y en a peut-être quelques-uns qui prennent exception, qui veulent jeter tout par-dessus bord ; mais pourquoi nous laisser guider par ceux qui ne voudraient plus de Dieu et qui essaient de nier son existence. Alors ceux-là ils peuvent aller ailleurs s'ils ne veulent plus se prévaloir d'une formation chrétienne (*La Liberté*, 29 juin 1967).

---

[14] Voir par exemple la lettre signée « Un ancien » publiée dans le *Courrier*, 3 mai 1967.

Couture ajoutait que cette année-là (1967-1968), le personnel du Collège, notamment celui à temps partiel, était composé de 12 laïcs, 16 Jésuites, deux religieuses, un oblat et six prêtres diocésains, soit un total de 37 personnes, et ce pour les deux sections, secondaire et universitaire. Au niveau administratif aussi, plusieurs prêtres séculiers furent nommés pour seconder Mgr Hacault dans sa tâche, notamment Georges Damphousse comme procureur, Julien Lévesque comme directeur des élèves et Jean-Louis Rocan comme directeur de la pastorale (*Courrier*, 12 juillet 1967). Mais, comme nous l'avons déjà souligné, la laïcisation avait déjà commencé avec la séparation des deux sections et une affiliation plus « serrée » et contractuelle entre le secondaire et la Division scolaire de Saint-Boniface, malgré le fait que le premier directeur de la section secondaire était le Jésuite Edgar Dupont. Le nombre de laïcs par rapport à celui des religieux était un autre indice ; et finalement, deux ans après la nomination de Mgr Hacault comme recteur, l'établissement fut transformé juridiquement en un établissement laïc. Le premier recteur embauché, de façon intérimaire, fut tout de même un Jésuite, le père Stéphane Valiquette, qui occupa le poste de 1969 à 1970. Il fut remplacé par Roger Saint-Denis, le premier recteur laïc du Collège, qui occupa le poste de 1970 à 1974, année de son décès. Il faut dire que l'entrée du Collège de Saint-Boniface dans la modernité se fit très difficilement, comme en témoigne l'histoire de la décennie suivante.

Une administration autocratique, deux recteurs passifs[15]

L'arrivée du nouveau recteur, le laïc Roland Cloutier en 1975, marque le début d'une période houleuse dans l'histoire du nouvel établissement. Dès le départ, il dût affronter une crise qu'il n'avait pas provoquée mais qui résulta d'une décision du recteur intérimaire Georges Damphousse (sans doute sur recommandation du doyen Origène Fillion) de congédier deux professeurs,[16] Gertrude Gecewicz et Baudoin Allard. Ces congédiements eurent des répercussions énormes sur l'établissement. D'abord, ce fut un désastre du point de vue relations publiques, puisque les professeurs et surtout les étudiants réagirent vigoureusement contre la décision, organisant des manifestations hautement médiatisées. Les étudiants adressèrent une pétition d'environ 245 signatures, c'est-à-dire la très grande majorité, au conseil d'administration du Collège. Ils occupèrent les bureaux administratifs de l'établissement. Ils firent circuler un tract dénonçant les congédiements aux portes de la Cathédrale de Saint-Boniface après les messes, un dimanche. Les effets de la décision débordèrent largement du cadre de l'établissement et de la communauté franco-manitobaine. Le ministre de l'éducation du Manitoba fut saisi de la question, suite à une demande de médiation lui ayant été adressée par l'Association des professeurs. Le ministre accepta la demande mais le Collège refusa. L'affaire prit une envergure nationale lorsque l'Association canadienne des professeurs d'université (ACPU) décida

---

[15] J'étais employé du collège en 1975-1976 en tant que directeur de son premier centre de recherches et ensuite comme professeur de sciences politiques à compter de septembre 1980; je puis donc témoigner jusqu'à un certain point de l'ambiance qui régnait au collège durant la période en question.

[16] Techniquement, il décida de ne pas renouveler leurs contrats. (Damphousse à Allard, 13 mars 1975, Archives administratives de l'Université de Saint-Boniface) Une lettre semblable fut envoyée à Gecewicz.

de mener une enquête sur les circonstances entourant les congédiements (Savage à Damphousse, 15 avril 1975, Archives administratives de l'USB).

Voilà dans quelles circonstances Roland Cloutier commença son mandat, alors que l'administration, appuyée par un conseil d'administration présidé par Renald Guay, avait déjà adopté une ligne dure dans le conflit, position dont il ne dérogea pas. Tous ces événements ébranlèrent la confiance du public par rapport à l'établissement et à la compétence de son administration.

Quels étaient les motifs des congédiements ? Il ne faisait aucun doute que Gecewicz et Allard avaient été des critiques de la philosophie du Collège, mais de leur point de vue, il ne s'agissait que d'exercer leur liberté d'expression, assurée aux professeurs dans tout milieu universitaire. Pour l'administration, dont aucun des membres n'avait d'expérience en milieu universitaire, il s'agissait d'insubordination. Rien de cela ne se trouve dans les documents d'archives ; cependant, Gecewicz a formulé les raisons qui lui furent transmises verbalement par le recteur intérimaire (avec témoin) comme suit :

> Vous ne ferez jamais l'affaire dans le Collège dans son contexte actuel, ni dans son avenir plus ou moins rapproché. Donc, au lieu de garder quelqu'un qui, à plusieurs reprises, a manifesté son mécontentement et son dégoût, nous croyions que cela ne donnait rien à traîner la chose plus longtemps, et que vous feriez mieux une vie ailleurs que dans le Collège (Gecewicz à Damphousse, 21 mars 1975, Archives administratives de l'USB).

Le comité d'enquête de l'ACPU[17] critiqua vertement la décision qui mena aux congédiements et recommanda au conseil général de l'ACPU de « censurer » le Collège de Saint-Boniface.[18] Cependant

---

[17] Geoffrey Adams de l'Université Concordia et Harry Crowe de York University.

[18] Sim à Cloutier, 1 février 1976, Archives administratives de l'USB.

l'ACPU, possiblement à la suite d'une intervention de certains professeurs du Collège, décida de ne pas prendre cette mesure extrême, compte tenu du fait que le Collège faisait ses premiers pas en tant qu'établissement universitaire moderne.

Il se peut que le nouveau recteur fut entièrement d'accord avec les décisions prises et les procédures employées. Chose certaine, son mandat commença mal et à plusieurs autres reprises, il ne semble pas avoir imposé sa volonté, et encore moins une nouvelle direction, plus collégiale et moins conflictuelle, à des administrateurs autocratiques, appuyés par un conseil d'administration qui l'était tout autant.

Si divers conflits internes continuèrent à bouillonner à l'intérieur de l'établissement durant les années 70, ces conflits se traduisirent par une lutte de pouvoir au sein du Conseil d'administration, dont les membres étaient nommés, pour la plupart, par des organismes communautaires.[19] Finalement, face à une nouvelle configuration du conseil qui entraîna la perte des appuis dont il bénéficiait, Renald Guay démissionna de son poste de président en octobre 1978, pour être remplacé par Maurice Gauthier de façon intérimaire. Celui-ci demanda que les élections annuelles aient lieu en décembre, ce qui déclencha une nouvelle ronde de nominations au conseil par les organismes et entraîna de nouveaux changements à la composition du conseil. Maurice Gauthier fut confirmé au poste de président et un nouvel exécutif élu. En janvier 1979, le conseil procéda à sa propre restructuration, réduisant le nombre de membres d'une vingtaine à treize seulement. Ce changement témoigne de la reconnaissance de

[19] Ces conflits furent très difficiles pour la secrétaire du conseil, Yvette Laurencelle, qui remit sa démission au président le 21 novembre 1979. Elle avait tenté de démissionner en 1978, écrivant alors au recteur Cloutier : « Vous savez bien combien j'ai trouvé ce travail pénible et d'une façon particulière l'an passé et combien de fois j'ai parlé de démissionner. Cette nouvelle expérience que j'avais pu entrevoir enrichissante, je l'ai trouvée plutôt négative. » (Archives administratives de l'USB)

tensions internes au conseil, qui étaient elles-mêmes un facteur de dysfonctionnement, et un nouveau conseil d'administration réduit vit le jour en avril 1979. Plusieurs des traditionnalistes, survivants des années 60, notamment le juge Alfred Monnin et Roland Couture, furent remerciés, ainsi que l'abbé Damphousse, en tant que membre du conseil.

Le 9 juillet 1979, le conseil apprit que le comité du personnel avait renouvelé le contrat du recteur, qui se terminait le 30 juin 1980. Les responsables du Collège furent autorisés à signer le nouveau contrat, mais il n'y eut pas de suivi. Le 20 novembre 1979, Roland Cloutier envoya une lettre de démission au président du conseil, fixant son départ au 31 décembre 1979, donc six mois avant la fin de son contrat.[20]

Après cet événement, le membre du conseil Philippe Jubinville partagea son analyse avec ses collègues dans les termes suivants :

> Il s'avère qu'une prolifération de comités est souvent symptomatique de problèmes beaucoup plus sérieux, à savoir, la difficulté d'un conseil de faire consensus et de trancher des questions épineuses, un manque sérieux de leadership au sein de la direction interne (personnel permanent), et plus sérieux encore, la combinaison des deux éléments, avec la méfiance qui peut en résulter (document non daté, Archives administratives de l'USB).

Le conseil établit par la suite ce qu'on a appelé le « triumvirat », un comité de direction composé du doyen Origène Fillion, du directeur du Collège communautaire Laval Cloutier, et du procureur Georges Damphousse. Dans un geste suprême illustrant la méfiance dont avait fait état Philippe Jubinville, les administrateurs se firent, en bloc, accréditer officiellement comme « syndicat » au début janvier 1980; ainsi la direction du Collège a été assurée brièvement par un « syndicat » !

---

[20] Archives administratives de l'USB.

Il fallait remplacer le recteur démissionnaire, et à la suite d'un concours, organisé très professionnellement grâce aux conseils d'une équipe de consultants du Québec,[21] le conseil décida d'offrir le poste à Claude Thibault le 22 mai 1980. Thibault arrivait au Collège après une longue carrière comme administrateur universitaire, notamment comme directeur général de l'Association des universités et collèges du Canada. Il n'était pas préparé, cependant, à ce qui l'attendait au petit Collège universitaire de Saint-Boniface.

Âgé de 49 ans, Thibault entra en fonction le 1er juillet 1980. Dès son arrivée, une nouvelle controverse éclata. Le 8 juillet, il reçut une demande d'appui pour un projet de bar étudiant, avec alcool, de la part de l'Association des étudiants. Les étudiants envisageaient au départ un simple réaménagement d'un local, mais le projet s'avéra beaucoup plus complexe, puisqu'il fallait que le local soit conforme aux normes de la Régie des alcools du Manitoba. Le projet de bar, nommé « Le Ratatouille », aurait coûté, selon les estimations d'ingénieurs obtenues plus tard par les étudiants, environ 65 000 $. Le recteur et le conseil d'administration réagirent favorablement au projet dans un premier temps, mais ils demandèrent à l'administration d'étudier la demande ; le dossier fut confié au directeur du personnel et des services, Jean Bérubé. Celui-ci était déjà mal vu par un grand nombre d'étudiants et une majorité des professeurs pour ses politiques inflexibles concernant l'utilisation des locaux. Dans les couloirs, on l'appelait « l'homme aux clés ». Très tôt le soir, vers 18 heures ou 19 heures, tout l'édifice et presque tous les locaux étaient fermés à clé, au point où les membres du conseil d'administration, arrivant pour leurs réunions, trouvaient la porte centrale barrée. Même le juge Alfred Monnin s'en pleignit !

---

[21] Prêtés, suite à une démarche de Maurice Gauthier, par l'Office de recrutement et de la sélection du personnel de la Fonction publique du Québec. (Gauthier à Bélanger, 5 juin 1980, Archives administratives de l'USB)

Or, c'est à Jean Bérubé que revint la tâche d'évaluer les modifications des locaux et les implications financières du projet étudiant. Pour ce faire, il retint les services d'un deuxième cabinet d'ingénieurs, plutôt que de travailler avec celui choisi par les étudiants. Ce deuxième estimé atteignait près de 88 000 $. On était bien loin du projet relativement simple qu'avaient conçu au départ les étudiants. Ainsi, le nouveau recteur fut pris dans un filet autocratique tissé par les administrateurs; de mauvaises langues pourraient dire qu'on lui avait tendu un piège pour savoir de quel bois il se chauffait. Les étudiants, évidemment, virent anguille sous roche face à ces nouvelles évaluations, et ils abandonnèrent soudainement leur demande de façon fracassante: le 20 janvier 1981, les trois représentants étudiants qui avaient piloté le projet démissionnèrent de leurs postes à l'Association étudiante[22] et en avisèrent le grand public par communiqué de presse, jetant le blâme sur le gérant de l'édifice. Ce drame occupa le recteur pendant les six premiers mois après son arrivée en fonctions. La controverse fut reprise par les médias anglophones, ce qui suscita un questionnement officiel de la part des autorités gouvernementales manitobaines: le recteur Thibault avait négligé d'informer la Commission des octrois aux universités du projet Ratatouille, dont le coût était tout de même assez appréciable. Un autre coup de patin manqué par le nouveau recteur...[23]

Les bévues administratives continuèrent sur d'autres fronts. L'imaginatif Jean Bérubé introduisit une politique selon laquelle le personnel de soutien aurait à poinçonner en arrivant et en quittant le travail, comme en usine. Le doyen Fillion présenta à l'Assemblée du cours universitaire[24] (ACU) une nouvelle grille horaire pour les

---

[22] Charles Gagné, Gérald Boily et Roland Stringer. Archives administratives de l'USB.

[23] MacMartin à Thibault, 26 janvier 1981. Archives administratives de l'USB.

[24] Essentiellement, à l'époque, les professeurs universitaires réunis en une espèce de sénat.

cours, conçue sans consultation, et qui aurait changé la routine quotidienne de tous les professeurs et les étudiants ; son adoption fut retardée à l'automne par l'ACU. Une politique très restrictive sur l'utilisation de la photocopieuse des professeurs fut annoncée par note de service, politique selon laquelle le doyen devait approuver personnellement toute demande de photocopies en provenance des professeurs. Celui-ci prétexta des considérations de droits d'auteur et de contrôle des dépenses ; les professeurs n'y virent que de nouvelles entraves administratives qui les empêchaient de vaquer efficacement à leurs occupations quotidiennes. Encore une fois, les tensions montaient, et le recteur n'était nulle part. Il semblait, au contraire, approuver ces démarches.

Toutes ces difficultés avaient des répercussions sur la communauté. L'Association des directeurs d'écoles de la division scolaire Rivière Seine exprima sa grande déception suite à une rencontre avec le recteur Thibault et le doyen Fillion, reprochant « un manque flagrant d'audace face aux plans d'avenir pour le Collège par la haute direction », ajoutant qu'« à notre avis, l'image du Collège s'est ternie passablement dans les derniers mois ; le Ratatouille y est pour quelque chose, l'insatisfaction des professeurs est un autre facteur. Il y a sûrement un manque de communication et de consultation ».[25]

Sentant que les choses se gâtaient sur plusieurs fronts, autant chez les étudiants et chez les professeurs que dans la communauté, le conseil d'administration, à sa réunion du 6 mai 1981, demanda au recteur Thibault « de dresser un plan concret de réorganisation de l'administration interne pour le 21 mai ». Il soumit son rapport tel que demandé au comité du personnel, ajoutant presque laconiquement que, dans l'exécution de ce mandat, il avait demandé la démission des cinq administrateurs, soit Origène Fillion, Laval Cloutier, Georges Damphousse, Jean Bérubé et le contremaître Gilbert Robin.

---

[25] Prescott à Boisvert, 22 avril 1981. Archives administratives de l'USB.

Le conseil fut saisi de ce rapport le 26 mai, alors qu'on souligna que le recteur avait demandé et reçu les démissions des intéressés « de son propre gré » ; le conseil décida toutefois d'accepter toutes les démissions.[26]

Il y eut sans doute bien des tractations en coulisses pour en arriver à ce résultat ; il est impossible, par exemple, de croire que le nouveau président du conseil, Normand Boisvert, n'ait pas été au courant de ce qui se tramait. Du côté des administrateurs, on croyait, semble-t-il, qu'il ne s'agissait que d'un geste symbolique et qu'au moins certains d'entre eux seraient nommés à des postes redéfinis. Ou peut-être encore se croyaient-ils indispensables, ne pouvant imaginer que le conseil aurait l'audace de remercier tout ses cadres en même temps ; mais c'est effectivement ce qu'il fit.

Et le drame continuait à s'épaissir. Quelques semaines plus tard, le 17 juin 1981, le recteur lui-même démissionna. Dans une lettre aigrie adressée au président Boisvert, le recteur blâmait carrément le conseil d'administration d'avoir fomenté une crise :

> Les agissements intempérés du Comité du personnel et du Conseil d'administration, en écoutant les allégations de l'AÉCUSB Inc. et de l'APCUSB envers le recteur et l'administration interne, en prenant pour acquis l'exactitude de ces accusations et en refusant de mener une enquête objective, ont complètement détruit la crédibilité et la réputation des postes et des personnes en place. Le ton et le contenu des réunions du Comité du personnel tenues les 21 avril, 6, 21 et 26 mai 1981 ont indiqué l'intention arrêtée de procéder à un massacre intellectuel du Collège et démontré une absence de confiance envers non seulement la personne, mais le poste de recteur. Le Conseil d'administration, dont la majorité absolue constitue le Comité du personnel, a endossé la recommandation de ce dernier sur les démissions de l'administration interne sans égard

---

[26] Neuf des membres du conseil étaient d'accord ; un des membres était contre, et il y eut une abstention.

> aux conséquences sur la vie du Collège (Thibault à Boisvert, 17 juin 1981, Archives administratives de l'USB).

Cette dernière phrase laisse entendre que le recteur lui-même ne croyait pas que le conseil irait jusqu'à accepter ces démissions en bloc. Il avait sous-estimé le désir communautaire, qui s'était manifesté pendant plusieurs années par le truchement des nominations au conseil par les organismes concernés, de voir cette institution vitale de la communauté franco-manitobaine prendre un virage marqué. Le moment venu, le couperet tomba vite et dur.

Le président Boisvert répondit au recteur démissionnaire que les membres du conseil avaient été « grandement surpris » de sa lettre, « puisqu'elle était complètement inattendue ». Il ajouta :

> Vous conviendrez que la très grande majorité de vos suggestions et recommandations au sujet du bon fonctionnement du Collège ont été reçues positivement et adoptées par ce même Conseil. Tout dernièrement, le Conseil a accepté vos recommandations de réorganisation de l'administration interne ainsi que vos recommandations d'accepter les cinq démissions des administrateurs internes que vous avez suscitées de votre propre initiative. Le Conseil réfute donc les fausses accusations et les interprétations subjectives que vous faites au sujet de certains faits ou circonstances.
>
> Le Conseil d'Administration ne comprend donc pas les motifs qui vous amènent unilatéralement à nous remettre votre démission du poste de recteur du Collège. Vous savez que votre contrat fut fixé l'an dernier pour un terme minimum de cinq ans. Ce que vous avez qualifié de démission est en réalité une rupture de l'entente et par le fait même vous manquez à votre engagement envers le Collège (Boisvert à Thibault, 24 juin 1981, Archives administratives de l'USB).

Le conseil établit très rapidement un processus de sélection pour combler les six postes maintenant vacants, et à la fin juin une nouvelle équipe administrative était en place, dont les membres assumeraient progressivement leurs fonctions pendant une période allant du 1er juillet jusqu'au 1er septembre 1981.[27] Par la suite, le nouveau recteur, Paul Ruest, embauché d'abord par intérim pour un an et ensuite de façon permanente, établit sans doute un record de longévité pour les universités contemporaines, restant en poste pendant 21 ans (1981-2003). Lui a succédé la rectrice Raymonde Gagné, qui a terminé brillamment son deuxième mandat de cinq ans en 2012-2013, prolongé jusqu'à 2014-2015, après avoir célébré, en 2011, l'ouverture d'un nouveau pavillon de formation en soins de santé.

Mais revenons aux années 60. En mars 1968, le secteur universitaire prit lui aussi un virage important dans la direction de la laïcisation en soumettant un nouveau programme d'études à l'Université du Manitoba (l'affiliation obligeait le Collège à obtenir l'approbation de ses programmes par les autorités de l'université). La nouvelle fit les manchettes du *Winnipeg Free Press* (16 mars 1968). Le procès-verbal d'une réunion du sénat fait état d'une révision majeure des relations entre les deux établissements, révision suffisamment importante pour que l'on puisse constater aujourd'hui que ces bases furent assez solides pour survivre jusqu'à ce jour. En plus du fait qu'un certain nombre de cours précis furent approuvés (notamment en éducation), on reconnaissait formellement l'autonomie du Collège sur le plan financier. En effet, l'université autorisait le Collège à faire affaire directement, pour son financement, avec la Commission des subventions aux universités, elle-même récemment créée ; l'autonomie était aussi établie sur le plan de son administration interne en tant qu'établissement universitaire francophone. Le *Winnipeg Free Press* souligna que

---

[27] Paul Ruest, recteur, Fernand Girard, doyen des arts et des sciences, Roger Legal, directeur de l'Institut pédagogique, Lionel Aquin, directeur des services, Guy Delaquis, procureur, et Normand Collet, directeur du Collège communautaire.

over the last few years, the college has started phasing out its classical education, which many students found of little value when they went to find a job. At the same time, college officials emphasize that it is a French-Canadian college first, and Roman Catholic second. There has also been a change to lay teaching staff instead of clerical. Only two-thirds of the present staff are members of the clergy. As the College expands its areas of teaching, college officials expect this percentage to increase, particularly in the area of scientific and professional courses.

Ces renseignements venaient sans doute de l'agent de liaison non officiel entre le Collège et l'université, le Jésuite Ludger Guy, habile diplomate et suffisamment fin pour saisir les enjeux parfois délicats dans les négociations entre les deux établissements. Il fit de nombreuses éloges à l'université en cette occasion, affirmant que « Not a single university has done more for French-Canadians than has the University of Manitoba. » (*Winnipeg Free Press*, 16 mars 1968; voir aussi *Courrier*, 20 mars 1968). Le Collège commença à recevoir des subventions de la Commission à compter du 1er avril 1968, son budget de fonctionnement ayant été approuvé par cette même commission (*Courrier*, 22 mai 1968).

Les œuvres de Mgr Baudoux (2)

En novembre 1967, on apprenait que les choses n'allaient pas bien au Grand Séminaire. En effet, on n'y comptait, en 1966, qu'une vingtaine d'inscriptions. Le rédacteur du *Courrier*, sans doute Rossel Vien de par le style de l'éditorial, soulignait le problème en décrivant l'expérience d'un ancien étudiant, produit de cet établissement :

> Ouvrir et fermer des grands ou des petits séminaires, c'est l'affaire du clergé avant tout, dira-t-on peut-être. Mais ça devient beaucoup plus l'affaire des autres aussi lorsque de telles institutions font partie essentielle d'une minorité ethnique. C'était d'ailleurs l'affaire des autres lorsque les Chevaliers de Colomb faisaient des

> quêtes au Québec pour le Grand Séminaire de St-Boniface au Manitoba. On doit savoir un peu ce qu'il advient de nos œuvres.
>
> Le témoignage que nous avons pu recueillir vient d'un homme encore jeune qui a passé par les étapes successives du collège et du Grand Séminaire sans hiatus, et il est d'autant plus sérieux que notre interlocuteur n'a rien du genre rebelle ou vire-capot et qu'il est encore très croyant. Il s'est montré extrêmement sévère sur la formation traditionnelle des prêtres et il a avoué que la plongée dans le monde des salariés et de la vie urbaine moderne a été pour lui un choc – même au sens physique du mot. (*Courrier*, 8 nov. 1967).

La fin arriva encore plus rapidement que le *Courrier* n'aurait pu le deviner dans ses rêves les plus fantaisistes. Un communiqué de presse de l'archevêché émis au printemps de 1968 révélait que

> Le Grand Séminaire de Saint-Boniface cessera, à partir de septembre 1968 et pour un temps indéterminé, de recevoir des aspirants à la prêtrise en vue de leur formation cléricale et académique, au niveau de la Théologie.
>
> Cependant, il poursuivra et intensifiera la tâche qu'il a assumée depuis quelques années en donnant des cours de sciences religieuses ouverts à tous – prêtres, religieuses et laïcs (*La Liberté*, 28 mars 1968; *Courrier*, 3 avril 1968).

On apprenait aussi, en lisant entre les lignes, que les prêtres sulpiciens qui avaient été invités par Mgr Baudoux lui-même à assurer la direction du Grand Séminaire en 1964 abandonnaient cette œuvre et la remettaient entre les mains de l'Archevêque, même si certains d'entre eux continueraient pour le moment à y enseigner. La résidence du Grand Séminaire, appelée Philosophat, à l'archevêché, continuerait d'accueillir « les étudiants qui s'orientent ou tout au moins s'ouvrent à une orientation vers la prêtrise au niveau académique de la pré-théologie » (*La Liberté*, 28 mars 1968). Le *Courrier*, toujours soucieux d'aider Monseigneur dans ses délibérations, suggéra tout bonnement que le Grand Séminaire soit transformé en résidence universitaire pour les étudiants inscrits au Collège de Saint-Boniface (éditorial de Claude Boux, 12 juin 1968).

CHAPITRE 7

LES MÉDIAS ENTRENT DANS LA MODERNITÉ

La Liberté et le Patriote : une autre chenille devient papillon

AU DÉBUT DES ANNÉES 1960, le journal *La Liberté et le Patriote*, desservant le Manitoba et la Saskatchewan, appartenait à son éditeur, Canadian Publishers, dont les principaux actionnaires étaient les Oblats de Marie-Immaculée. Sa mission était nettement religieuse. En 1912, Mgr Adélard Langevin avait lancé l'idée d'un périodique qui ferait la promotion et la défense de « la cause française et catholique » et à sa fondation en 1913 le journal *La Liberté* avait adopté la même devise que le journal *Le Métis*, soit « Dieu et mon droit ». Les Oblats avaient fait construire un édifice avenue McDermot à Winnipeg qui abrita le journal pendant une soixantaine d'années. Le légendaire Donatien Frémont en avait été le deuxième rédacteur (1923-1941). Après la fusion du journal avec *Le Patriote* en 1941, sa devise devint « Notre foi, notre langue. Dieu et mon droit. » Donatien Frémont occupa brièvement le poste de rédacteur du nouveau journal pour être remplacé par l'oblat Léo Lafrenière, qui occupa le poste de 1941 à 1956. L'oblat Raymond Durocher lui succéda à son tour en 1956 (Description du fonds de *La Liberté*, Centre du Patrimoine). Le père Durocher devint directeur du journal en septembre 1962, poste qu'il occupa jusqu'au 2 décembre 1965, alors que son nom disparut soudainement des pages du journal, sans aucune explication. Le père Roméo Bédard lui avait succédé comme rédacteur-en-chef en 1962, et il continua après le départ du père Durocher. La direction fut assurée alors par le laïc Brunelle Léveillé, déjà directeur-gérant des presses de Canadian Publishers depuis de nombreuses années.

Ma joie à cette tournure d'événements ne connaissait aucune borne. En effet, comme nous l'avons relaté ailleurs, le bon Père avait écrit à mon patron, Lorne Leech, se plaignant d'un éditorial rédigé par Bruno Lagacé qui attaquait un éditorial de *La Liberté*. Dans le même numéro du *Courrier* (8 sept. 1965), directement à côté de la lettre du père Durocher, j'avais qualifié cette lettre d'exemple d'hypocrisie, puisqu'il n'avait pas eu la politesse de me l'adresser directement. À l'époque, il semblait invulnérable, un des piliers de la communauté cléricale manitobaine, immuable, inflexible, éternel, tout comme Mgr Baudoux d'ailleurs...et voilà que du jour au lendemain, à peine un an après la fondation du *Courrier*, il était parti ! Le 9 décembre 1965, *La Liberté* nous annonçait, sans fanfare, que les responsables du journal étaient l'administrateur Brunelle Léveillé, le rédacteur Roméo Bédard et le publiciste Joseph-E. De Gagné. Où se trouvait donc le père Durocher ? Mystère. Il ne fallut pas attendre longtemps pour le savoir : au début 1966, *La Liberté* reproduisait intégralement un long mémoire présenté à la Commission Hall sur l'éducation en Ontario par le père Durocher, « autrefois de Winnipeg », au nom d'un comité d'éminents catholiques de cette province (*La Liberté*, 27 janv. 1966). Par la suite, il fit carrière pendant de nombreuses années dans le réseau des écoles séparées catholiques de cette province.

Pour comprendre notre joie (et je me fais le porte-parole ici de plusieurs jeunes et moins jeunes intellectuels franco-manitobains), il faut savoir que le père Durocher était notre bête noire, le symbole vivant de ce que nous percevions comme l'oppression que nous imposaient les médias franco-manitobains (essentiellement *La Liberté* et le poste de radio CKSB) par leur censure de nos textes, leur rejet des nouvelles idées, et leur manque d'innovation technologique. Le père

Durocher avait aussi l'ignoble défaut, qu'il partageait avec les frères marianistes de l'École Provencher, d'être d'origine américaine et manifestement insensible aux revendications culturelles et linguistiques des Franco-Manitobains.[1]

Georges Forest, qui démontrait déjà des talents de contestataire au début des années 60, ainsi que l'abbé Pierre Raymond, furent parmi les premiers à se plaindre ouvertement de la direction que donnait le père Durocher à *La Liberté*. Dans une lettre au provincial des Oblats du Manitoba, le père A. Lisée, Georges Forest protesta contre la censure d'une lettre écrite à la rédaction du journal par l'abbé Raymond, et s'en prit ensuite directement à la rédaction :

> Croyez-moi Révérend Père, si nous n'avions pas un si grand besoin de notre journal, je ne ferais pas l'effort de vous écrire. Au fait, est-il bien notre journal en ce moment ? Le Rédacteur, américain qu'il est – il l'a d'ailleurs admis à la dernière réunion de l'Exécutif de l'A.É.C.F.M. – ne saisit pas et ne saisira jamais la mentalité vraiment canadienne-française. Il ne pourra, par conséquent, jamais comprendre nos problèmes, encore moins leur suggérer des solutions, a fortiori pousser les lecteurs de La Liberté à mettre en branle les mécanismes propres à en réaliser l'exécution.
>
> Nous croyons qu'il dépend de vous qu'un successeur lui soit au plus tôt désigné, qui redonne à La Liberté l'allure du journal de choc qu'il n'a plus depuis des années, qui ne cherche pas à être l'éteignoir spécialisé qu'il se contente d'être aujourd'hui.
>
> Si les autorités du journal sont satisfaites de la situation actuelle, je peux vous assurer qu'elles sont naïves, car le rédacteur a perdu la confiance de tous les membres du clergé et de nos laïques militants.

Forest concluait en demandant « Pour le plus grand bien du

---

[1] Il est né le 31 décembre 1910 à Freda, au Michigan, et fut ordonné dans la province oblate du Manitoba le 19 juin 1941. Il est décédé à Saint-Boniface le 14 novembre 1997 où il est enterré.

LA LIBERTÉ ET LE PATRIOTE

Vol. 52—No 18 — ST-BONIFACE, MANITOBA, VENDREDI 7 AOUT 1964 — PRIX 10c

Financement qui mérite confiance — HOUSEHOLD FINANCE

La Chapelle Funéraire Philippe COUTU

M. l'abbé Antoine Hacault évêque auxiliaire à St-Boniface

NOTES DE LA SEMAINE

Le XVIIe congrès de l'ACELF, à Québec, étudiera "La Formation du Sens civique"

Campagne lancée pour venir en aide aux employés de La Presse

Sanction royale à la caisse de retraite

Il reste encore 266 ponts couverts

La liberté d'information et la liberté d'expression

Modification du règlement du Concile et ordre du jour de la 3e session

Accord sur l'établissement d'agriculteurs français d'Algérie au Canada

Démissions à Maclean

Deux journaux hebdomadaires, deux conceptions éditoriales et graphiques. Ci-haut, la une de La Liberté et le Patriote *du 7 août 1964...*

CIRCULATION 10,000 | ST. BONIFACE NORWOOD WINDSOR PARK | PHONE 253-1335

ST. BONIFACE

Courier

Another Lance Publication — Manitoba's First Bi-Lingual Newspaper

Vol. 1 | ST. BONIFACE, WEDNESDAY, AUGUST 5th, 1964 | No. 1

GUAY SAYS CITY FUTURE BRIGHT

Metro Councillor Wolfe Praises Role Of Guay

B. R. WOLFE
. . . saved $500,000

A new Metro thoroughfare is under construction on Goulet Street in St. Boniface — but Metro officials give much of the credit for the project to Mayor Joseph Guay.

Metro Councillor Bernie Wolfe, Vice-Chairman of the Metropolitan Streets and Transit Committee, said that Mayor Guay's work "has saved the taxpayers of Greater Winnipeg about $500,000."

The 36-foot concrete pavement is being laid down on Goulet from Des Meurons to Tache, and when it's completed Goulet will form a one-way street system with Marion, thus relieving much of the traffic congestion which currently exists on Marion.

The new street will also serve a $6 million business and residential development on Goulet.

While Metro planned, and is carrying out, the work, Mayor Guay played a leading role in the prolonged negotiations with property owners along the thoroughfare, and has received high praise for it.

He estimates that this is the extra amount which would have had to be paid to acquire property in the area if the mayor had not gone out and got the co-operation of businesses along the route.

At a recent meeting, the Metropolitan Council unanimously approved a motion thanking Mayor Guay for his contribution to the success of the project.

Total cost of the project, including acquisition of property, is expected to be more than $600,000.

SWIMMING TRIALS

The swimming trials for the local inter-pool swimming competition will take place on Thursday, Aug. 6, at 6.30 p.m., at the Provencher Park pool. The winners will qualify for the team which will be entered in the championship competition.

The divisions are as follows: (boys and girls combined): 10 years and under, 1 width; 12 years and under, 1 length free style; 14 years and under, 1 length free style; 14 years and under, 1 length back stroke; 16 years and under, 2 lengths free style; 16 years and under, 2 lengths back stroke; 17 years and over, 2 lengths free style.

NEWS COPY
should be addressed to:
LANCE PUBLISHING CO LTD.,
ST. MARY'S & DAKOTA,
WINNIPEG 8, MAN.

HON. ROGER TEILLET
. . . Welcomes Courier

Ottawa
July 23, 1964

Lance Publishing Company,
St. Mary's & Dakota Streets,
St. Vital, Manitoba.

I was delighted to hear recently of your intention to publish a weekly newspaper—"The Courier", for the benefit principally, as I understand it, of the residents of St. Boniface, Norwood and Windsor Park.

May I heartily commend your enterprise as I know you, like I, have been concerned for some time that the people of St. Boniface should have an additional opportunity of following developments in their area.

So much is going on in our community these days and it will be extremely useful for those of us who have St. Boniface's interests at heart to have access to an additional source of news. Certainly I will be looking forward with anticipation to receiving my copies of The Courier.

Let me again express my pleasure at hearing of your latest venture and my sincere best wishes for its every success.

Sincerely,
Roger Teillet

* * * Will Alter Metro Within 10 Years

"Within the next 10 years, development in St. Boniface will undoubtedly alter the entire Metropolitan complex."

This statement, and others, equally as forthright, came from St. Boniface city's foremost booster, Mayor Joseph Guay. It has been echoing down the corridors of Metropolitan Corporation headquarters ever since His Worship came into contact with that governmental body.

"Within a matter of days we expect to conclude an agreement with a large industrial concern, whose plans for development in St. Boniface will mean additional employment for our citizens and strengthen our claim to being Manitoba's leading industrial centre," Mayor Guay added.

Although Mayor Guay declined comment, rumor has it that a second multi-million dollar industrial development is also vitally interested in locating in the city.

"We have 2,000 acres of privately-owned prime industrial property open for development now," he said. "For the next 10 or 20 years, our overall development, both industrial and residential, is expected to continue to boom."

He told the Courier that St. Boniface boasts 8,000 to 10,000 acres of privately-owned property designed for residential development and that the largest proposed project to date is already in the planning stages.

Asked if he referred to the proposed Ladco development in the Niakwa area, Mayor Guay replied that was not the name of the company planning the development, but that the area was correct and Ladco was involved in the venture.

"The present plans include a development larger than Windsor Park, with man-made lakes and parks, a wide variety of building plans and a considerable commercial complex," he reported.

"We are striving for a balanced development and to achieve this goal, we realize there must be particular emphasis placed on bringing industry into the city first," he said.

In other areas, Mayor Guay referred to the Metro plan for extending Lyndale Drive.

"As you know we have led all other communities in keeping our side of the river open to the public. From the Arctic Ice plant to Norwood Bridge our citizens have a scenic drive along the river bank where they can enjoy a Sunday drive, or stop to watch the boats on the river," he said.

"We have suggested on many occasions that the Red River

MAYOR GUAY
. . . Future Bright

Exhibition parade should be an aquatic show. It would be a wonderful display and to those who couldn't watch it from the Winnipeg side, we offer the hospitality of the City of St. Boniface."

Asked about the acquisition of property for the completion of Goulet St., Mayor Guay told the Courier; "In co-operation with Metro, the property owners and the City of St. Boniface, we have come to a final conclusion in obtaining the necessary land, including the land required for interchanges, for the right-of-way extension of Goulet to the Norwood Bridge."

"With the co-operation of the seven or eight property owners involved, it is now feasible that Metro will complete the paving of Goulet this year. At least the city of St. Boniface is hoping that the project will proceed with as much haste as is possible," he added.

He reported on plans for another apartment block in the Goulet St. project, a multi-million dollar commercial complex between Traverse and Tache, and a Motor Hotel with a third floor Convention Hall at Tache and Goulet.

"We of the City of St. Boniface look forward with great faith in the future. There are many projects proposed for the years ahead that cannot fail to bring our city to the forefront in the overall development of the Metropolitan area. We call ourselves the industrial centre of Manitoba. We feel we are justified in doing so, but we are also aware of difficulties to be overcome in the future and we are planning now to be prepared to meet them as they arise," he concluded.

Centennial Project Selection

St. Boniface, like most other communities in Manitoba, is finding the selection of a suitable Centennial project an extremely difficult task.

Mayor Joseph Guay, reporting on the progress to date, told the Courier today that a final decision is still some distance in the future.

"In preparing for this project, we first established a committee composed of members of council and citizen members. The purpose of this committee is to investigate all avenues to find a suitable Centennial project," he said.

"This committee gave consideration to three applications, and approved in principle the construction of a cultural-recreational centre," Mayor Guay continued.

"Many of our people still think that approval in principle of this one project means that they are to have no further voice in the decision. This has happened despite the advertising we have carried out asking for submissions from our residents.

"Until Sept. 16 this year the committee has been instructed by council to consider every application or project submitted to them by any citizen," he added.

He also disclosed that Council had established terms of reference to guide the committee and had instructed them to table all applications and recommendations until the deadline date.

"After Sept. 16, the committee will consider all applications and select one to be recommended to Council. Acting in the interests of all citizens, Council will review again the application recommended by the committee and they will also review all of the presentations if they feel something may have been overlooked.

"We hope that anyone with a proposal to make will avail himself of the opportunity to present it before the deadline date. This is a matter of great interest and concern for the entire community and we are doing everything possible to ensure that anyone wishing to speak is given the opportunity to do so," he concluded.

... *et la une du* St. Boniface Courier *(*Courrier*) du 5 août 1964.*

groupe français, de l'Association d'Éducation, de La Liberté, de grâce, Révérend Père, voyez à le remplacer au plus tôt » (Forest à Lizée, 30 déc. 1961, Fonds Oblats, L 37 .M27R 283). Le père Lizée répondit qu'il prendrait la lettre en considération.

Dommage qu'il n'ait pas agi plus tôt, car les Oblats se seraient ainsi épargné des années de contestation et éventuellement même d'insultes à l'endroit du journal.

En 1962, un conflit entre l'abbé Pierre Raymond, alors visiteur d'écoles pour l'Association d'Éducation, et le père Durocher éclata au grand jour. À la fin d'un échange vif avec l'abbé Raymond, le père Durocher réitéra pour la nième fois combien le journal contribuait à la vie de la communauté avec de très faibles moyens, ajoutant que « Si nous disposions de la moitié des sommes fabuleuses que notre correspondant [l'abbé Raymond] arrache à l'Association, pour un travail bien délimité, nous ferions encore mieux ». L'abbé Raymond avait rédigé une longue circulaire critique de *La Liberté*, datée du 26 juillet 1961, que le journal avait d'abord refusé de publier mais qui le fit, en fin de compte, dans son numéro du 17 novembre 1961, accompagnée de ce commentaire désobligeant à l'endroit de l'abbé Raymond. Par la suite, l'abbé Raymond signifia son intention de ne pas participer à la collecte annuelle de fonds au bénéfice de l'Association, source importante de financement de l'organisme à l'époque, alléguant que le commentaire de *La Liberté* avait semé le doute dans l'esprit de la population quant à l'utilisation de cet argent (*La Liberté*, 23 févr. 1962). Cet incident fut la source d'un conflit qui dura plusieurs mois au sein de l'exécutif de l'Association, où les deux protagonistes siégeaient.

Alors que reprochaient, au juste, « les jeunes » ou « les militants » au journal ? D'abord la censure. Plusieurs d'entre nous avions tenté de faire publier des articles dans *La Liberté* au cours des années, ce qui nous avait été refusé ; parfois il nous avait été recommandé de modifier nos textes pour les rendre acceptables, une censure par un autre nom. La plupart d'entre nous refusions de rentrer dans ce moule, essentiellement clérical, que l'on cherchait à nous imposer. Les quelques initiatives prises par des étudiants ou de jeunes adultes du début des années 60, documentées ailleurs, se soldèrent par des échecs.

Ensuite, la facture du journal ou, si vous voulez, la forme. Elle n'avait pas changé depuis les années 40 : même mise en page terne, fade, sans photos communautaires mais avec beaucoup de photos de « grandes réunions », toujours dominées par des membres du clergé, notamment Mgr Baudoux, entouré habituellement de ses « acolytes » cléricaux ou laïcs. Durant les années du Concile Vatican II (1962-1965), le journal en reproduisait de longues pages presque chaque semaine et les acceptait tout d'une pièce sans fournir de perspective critique par rapport à ces documents auxquels Mgr Baudoux et son équipe travaillaient si assidûment. S'il y avait, par exemple, une question parmi tant d'autres qui méritait une analyse indépendante, c'était bien celle de la contraception, ou le « contrôle des naissances », question qui se posait vivement à l'époque dans tous les foyers catholiques (francophones et autres). Or, *La Liberté* acceptait de façon non critique la documentation qui émanait de Rome et reproduisait les écrits de personnes, surtout de membres du clergé, qui affirmaient la position émergente de l'Église sur cette question. Comme on le sait, elle fut tranchée dans les décennies qui suivirent par les familles elles-mêmes qui adoptèrent la pilule, faisant fi de l'enseignement de l'Église dans ce domaine… et le ciel ne leur est pas tombé dessus ! Il aurait été bon tout de même d'avoir un débat public et soutenu sur la question, qui posait tant d'angoisse morale à tant de familles à l'époque.

Alors, journal vieillot, clérical, imprégné de censure et de valeurs catholiques traditionnelles… Tout favorisait la contestation du journal, qui ne tarda pas à venir, et dont Georges Forest et l'abbé Pierre Raymond ne furent que les précurseurs.

Paul-Émile Leblanc se rappelle ainsi sa propre contestation de *La Liberté* :

> En 1962, on m'avait invité à prononcer un discours devant une assemblée constituée des prêtres du diocèse et des pères jésuites réunis au Collège de Saint-Boniface.
>
> J'étais le plus cinglant à l'égard de l'Association d'Éducation et du journal *La Liberté et le Patriote* (sans toutefois nommer ce dernier). Je soulignais que notre presse « a beaucoup de mérite certes, mais je lui reproche un grand manque d'énergie et de vivacité, surtout dans la page éditoriale ». J'ajoutais : « Je souhaite qu'elle nous donne une ligne de pensée, un chemin à suivre, un plan d'action ».
>
> Mon discours fut bien accueilli parce qu'il reflétait plusieurs éléments de l'idéologie de l'époque : l'importance d'une élite, du développement économique, de l'éducation, de l'unité d'action. (Un curé de paroisse, l'abbé Pierre Gagné, m'avait laissé une enveloppe contenant un beau billet de cinq dollars, un montant important à l'époque !)
>
> Les responsables de *La Liberté et le Patriote*, ayant pris connaissance du discours, ont eu une réaction typique. Ils disaient « avoir entendu ces mêmes accusations l'an dernier lors d'une réunion de jeunes Franco-Manitobains ». On ajoutait que cette source d'accusations était étrangère au milieu étudiant. Je crois que les rédacteurs ciblaient entre autres les pères jésuites.
>
> Le journal fondé par monseigneur Langevin était devenu frileux et défensif. L'incident mineur que je relate n'en est qu'un seul exemple (communication personnelle, le 23 juin 2011).

Les choses s'assainirent quelque peu après le départ du père Durocher pour l'Ontario, du moins en ce qui a trait aux relations entre *La Liberté* et la communauté francophone, mais à peu près rien ne changea dans le contenu. L'équipe Léveillé-Bédard-DeGagné ne fit rien pour redorer le blason de l'illustre hebdomadaire, maintenant fané et de moins en moins pertinent pour la communauté. On constata toutefois un regain modeste de dynamisme et de vitalité avec l'arrivée de l'oblat Jean-Paul Aubry comme rédacteur le 4 janvier 1968, poste qu'il occupa jusqu'au 8 septembre 1971, assurant durant cette période la transition du journal des Oblats à une structure corporative laïque.

Pour finir, tout se passa assez soudainement. À la fin des années 60, les Oblats en étaient arrivés à la conclusion que le journal n'était plus rentable et un signal fut lancé informellement à la communauté francophone qu'ils seraient peut-être ouverts à le transférer à un organisme laïc.[2] Dans une de ses premières décisions importantes, la Société Franco-Manitobaine, qui n'avait vu le jour qu'en décembre 1968, créa un « Comité spécial sur le rapatriement du journal *La Liberté et le Patriote* ». Sous la présidence de Rhéal Teffaine, le comité se réunit pour la première fois le 15 avril 1969 et tint neuf autres réunions par la suite. Le comité devait « se prononcer sur la nécessité d'avoir un journal unilingue français au Manitoba » et, advenant une réponse affirmative, il devait « faire des recommandations de rigueur quant à son statut corporatif et administratif et se prononcer sur le contenu, la distribution et les modalités financières requises pour en assurer sa viabilité ». Le comité se prononça unanimement en faveur d'un journal unilingue français publié au Manitoba.

Dans son rapport à l'exécutif quelques mois plus tard, le comité spécial traita d'abord du contenu du journal tel qu'il était à ce moment-là, à savoir toujours sous la direction des Oblats. Il souligna notamment qu'il fallait « sectionner » le journal, afin que le contenu religieux soit clairement reconnu comme tel, à part du reste du journal. Il déplorait le manque de photos dans le journal, et soulignait la nécessité de promouvoir les régions ainsi que les activités sportives et culturelles de la population. Il recommandait au journal de se prononcer « encore plus fortement en page éditoriale et qu'il ne craint

---

[2] Pour une brève description de cette étape, voir *La Liberté* du 8 avril 1970.

d'embrasser une cause ou d'en introduire une autre. La seule réserve étant qu'il doit protéger et promouvoir les intérêts canadiens-français ». Plusieurs autres idées constructives étaient avancées, non seulement sur le contenu du journal mais aussi sur sa diffusion.

Enfin, le comité recommandait « qu'un directeur général indépendant et affecté uniquement au journal soit embauché à compter du premier janvier 1970 ». Le comité constatait, basé sur ses entrevues, que « la plus grande lacune du journal à l'heure actuelle est le manque d'une gérance compétente, intéressée et douée d'imagination ». (Je ne sais pas si l'administrateur Brunelle Léveillé a jamais lu ces lignes mais dans l'affirmative, il a dû se sentir visé directement, avec raison.) Côté structure, le comité recommandait que les Oblats demeurent propriétaires du journal pour une période de 24 mois après l'embauche du nouveau directeur, soit jusqu'au 31 décembre 1971. Il était recommandé qu'une nouvelle société, appelée « Presse-Ouest », soit créée et qu'elle se porte acquéreur de la presse française écrite dans l'Ouest. Durant les deux années de transition, les Oblats conserveraient les pleins pouvoirs budgétaires et administratifs sur le journal et dépendraient d'un conseil de direction composé de trois Oblats, de deux représentants de la SFM et d'un représentant de l'ACFC de la Saskatchewan. La SFM verserait la somme de 4 000 $ par année à *La Liberté et le Patriote* et l'ACFC, la somme de 2 000 $. Le comité concluait avec ces paroles conciliatrices :

> Le comité s'est efforcé de trouver une solution au problème aigu auquel fait face la population francophone du Manitoba et de la Saskatchewan à savoir la disparition du seul journal de langue française de ces provinces. Le comité s'est efforcé aussi de comprendre le point de vue des Pères Oblats de même que celui de la population francophone et de ses deux associations nationales.
>
> Les membres du comité enfin apprécient à sa juste valeur l'œuvre qu'ont bâtie et maintenue les Pères Oblats depuis quarante ans. Ils les en remercient au nom des francophones de l'Ouest, et les

prient de permettre qu'une telle œuvre puisse reprendre un nouvel essor (Rapport du comité spécial, Oblats, Presse-Ouest, 1970).

L'exécutif de la SFM accepta les recommandations du comité spécial, mais l'entente quadripartite[3] ne fut signée que le 27 novembre 1970 (Oblats, Presse-Ouest, 1970). De leur côté, les Oblats avaient décidé de vendre l'entreprise Canadian Publishers à leurs employés. Les événements se bousculèrent et le 12 février 1970, l'administrateur Brunelle Léveillé écrivait au provincial des Oblats, le père C. Deshayes :

> Il faudra que je donne avis à tous les employés de La Liberté le 11 mars au plus tard vu qu'ils ne seront plus au service de Canadian Publishers après le 25 mars, date du dernier numéro du volume 57 de La Liberté et le Patriote. Le nouveau bureau de direction devra donc engager son personnel à partir du 26 mars puisqu'il devra préparer le premier numéro du volume 58 qui paraîtra le 1e avril.

Dans une deuxième note de service datée du même jour, Léveillé ajoutait que « La nouvelle compagnie serait très intéressée à soumettre un prix pour l'impression du nouveau journal. On n'aura qu'à communiquer avec moi à ce sujet. » (Oblats, Presse-Ouest, 1970).

Le nouveau Conseil d'administration de Presse Ouest Inc. se réunissait pour la première fois le 23 février 1970. Le premier point à l'ordre du jour était l'élection d'un exécutif, et il y avait d'abord une question de taille à régler, une question qui exposait au grand jour les tensions de l'époque : « Étant donné que les pères oblats nomment trois directeurs, le président devrait-il être un religieux ? » Gracieusement, les Oblats n'en firent pas cas, et Rhéal Teffaine fut élu premier président de l'organisme tel que nous le connaissons aujourd'hui. Le vice-président était le père Deshayes et le secrétaire

---

[3] Presse-Ouest Ltée, Oblats de Marie-Immaculée, Société franco-manitobaine, Association culturelle franco-canadienne de la Saskatchewan.

A. Mercier. Toutes les questions administratives urgeaient : il fallait choisir un directeur général, trouver des locaux, négocier un contrat pour l'impression du journal et établir les critères de responsabilité. Enfin, il y avait la question de la publicité autour de tous ces changements (Procès-verbal du 23 févr. 1970; Oblats, Presse-Ouest, 1970).

Le 25 février 1970, le journal annonçait le passage de *La Liberté et le Patriote* à la compagnie Presse-Ouest Ltée à compter du 1er avril. Le 25 mars, tel que prévu par Brunelle Léveillé, *La Liberté* titrait à la une que « Le présent numéro est le dernier sous l'égide de Canadian Publishers Ltd., qui cesse d'exister le 31 mars. » Le journal ajoutait :

> Les nouveaux propriétaires de l'imprimerie, qui porte désormais le nom de Canadian Publishers (1970) Ltd., ont consenti à imprimer notre hebdomadaire pour quelques semaines en attendant que de nouveaux arrangements soient conclus. Ceci devrait être réglé avant la fin d'avril.
>
> Avec la disparition de l'ancienne société Canadian Publishers, c'est toute une époque de dévouement à l'endroit des minorités catholiques et de la minorité francophone du Manitoba qui prend fin.
>
> Nous accueillons avec joie les nouveaux propriétaires, La Presse-Ouest Limitée, et nous leur assurons notre plus entière collaboration au service des intérêts les plus élevés et les plus légitimes de la population francophone du Manitoba.

Tout indique effectivement que les pères oblats adoptèrent une attitude de grande collaboration durant cette période de transition, qui aurait pu être désastreuse pour la nouvelle entreprise.

Le 28 mars 1970, le conseil d'administration nomma le premier directeur-général de Presse-Ouest en la personne de Maurice Gauthier. Cette nouvelle fut annoncée à la une de *La Liberté* du 8 avril 1970; par la même occasion, le président de Presse-Ouest annonçait que les Oblats avaient accepté de laisser le père Jean-Paul Aubry à la rédaction du journal pendant au moins deux autres années, ce qui réglait, au moins à court terme, le problème de la production du journal lui-même.

Malheureusement pour l'organisme naissant, mais heureusement pour M. Gauthier et la communauté francophone, celui-ci fut approché par le gouvernement d'Edward Schreyer, récemment élu, pour combler un nouveau poste de sous-ministre responsable de la consommation et de la coopération. Une telle demande, venant en fin de compte du premier ministre, ne se refuse pas, et M. Gauthier annonça officiellement sa démission au président Teffaine dans une lettre datée du 7 août. À sa réunion du 18 août 1970, le conseil d'administration se pencha de nouveau sur la nomination d'un directeur général. Heureusement qu'à ce moment-là les responsables du journal avaient déjà trouvé quelques candidats, et le choix tomba rapidement sur la personne de Gérald Dorge, vu comme le candidat choisi[4] par la majorité des membres du conseil, « en raison de son dynamisme dans les affaires et ses contacts étendus avec les hommes d'affaires » (Procès-verbal du 18 août 1970, Oblats, Presse-Ouest, 1970). À la demande du comité d'embauche, le directeur Maurice Gauthier rencontra Gérald Dorge et lui offrit le poste, qu'il accepta, pour un salaire de 9 000 $ par année à compter du 14 septembre 1970. Maurice Gauthier s'était engagé à demeurer disponible, bénévolement, comme consultant auprès du nouveau directeur durant la période de transition. Le procès-verbal du 18 août indique d'ailleurs qu'il avait déjà fait un travail énorme sur plusieurs fronts dans la mise sur pieds du nouveau journal.

On pouvait pardonner aux lecteurs ordinaires du journal de ne voir à peu près aucun changement dans la facture du journal et surtout dans sa mise en page, quoiqu'il y ait eu des changements importants au niveau du contenu. En effet, ce n'est que quelques mois plus tard, le 8 juillet 1970, que *La Liberté* rompait définitivement avec le passé sur tous les plans et faisait peau neuve, en publiant son premier numéro « moderne » chez la Reliance Press Ltd. de Transcona.

---

[4] Les deux autres candidats considérés étaient Maurice Therrien et Albert Lepage.

Nouveau format, nouveau contenu, couleurs, photos communautaires, mise en page vivante… la page avait enfin été tournée. En 1971, le lien avec l'ACFC et la Saskatchewan a été rompu, les décideurs du Manitoba et de la Saskatchewan en étant arrivé à la même conclusion, à savoir qu'un seul journal ne pouvait plus desservir adéquatement les deux provinces. Depuis ces moments fatidiques et parfois chaotiques, le journal *La Liberté*, qui appartient toujours à la SFM, n'a cessé de recueillir les honneurs des journaux de la francophonie canadienne et d'ailleurs.

L'héroïque aventure du poste CKSB et son dénouement

En 2012, alors que nos médias radiophoniques et télévisés ne semblent atteindre qu'une petite élite encore convaincue, il nous est impossible d'imaginer la victoire extraordinaire que fut la création du poste CKSB en 1946, et encore moins sa popularité instantanée auprès de toutes les couches de la population franco-manitobaine.[5] Rappelons seulement ces quelques faits, pour nous donner ne seraitce qu'une impression très partielle de l'ampleur de cette réalisation à l'époque :

- Le 19 mai 1946, huit jours avant son ouverture officielle, la nouvelle station ouvre ses portes au grand public ; 5 000 personnes en profitent pour venir visiter les locaux du 607, rue du Collège, devenue plus tard rue Langevin (Bocquel, p. 63).
- Durant le premier jour de radiodiffusion, dans la cour du Collège, des collégiens se sont « figés devant le haut-parleur, trois

[5] Cette histoire a été bien racontée par les auteurs Rossel Vien (*Radio française dans l'Ouest*, Montréal, Hurtubise HMH, 1977) et Bernard Bocquel (*Au pays de CKSB, 50 ans de radio française au Manitoba*, Saint-Boniface, Les Éditions du Blé, 1996). Les faits cités ici sont tirés surtout de ces deux sources.

heures durant. Dans la rue, le promeneur peut suivre d'une fenêtre à l'autre le programme... joie indicible... » (témoin oculaire, cité dans Vien, p. 101).

- En 1946, le poste reçut plus de 15 000 lettres d'auditeurs de 42 localités différentes ;
- À la fin de sa première année de diffusion, la station avait réalisé en studio 253 programmes musicaux ; plus de 400 programmes féminins ; 251 programmes jeunesse ; 57 pièces de théâtre (la plupart grâce au Cercle Molière); plus de 220 causeries et commentaires ; et avait accueilli 300 personnes en studio (Vien, p. 127).
- Les concours, toujours très populaires, suscitaient des milliers de réponses des auditeurs. Selon un technicien du poste, « les concours ont sauvé CKSB» (Bocquel, p. 85).
- Trois mois après l'ouverture de la station le 27 mai 1946, 90 % des francophones donnent leur préférence au 1250, selon une enquête professionnelle (Vien, p. 105).
- Une enquête effectuée à l'automne 1948 par le *Bureau of Broadcast Measurement* révéla que la station atteignait largement son auditoire potentiel. Plus de 30 000 foyers captent les émissions durant le jour, plus de 34 000 le soir. (Vien, p.144).
- En 1955, ces nombres atteignent 39 000 durant la journée et 36 000 durant la soirée (Bocquel, p. 95).

Ce niveau de popularité, dépassant sans doute les attentes les plus optimistes des fondateurs, s'est maintenu durant la plupart des années 1950 et ne commença à fléchir qu'à la fin de la décennie. La situation financière, après des débuts très incertains, se stabilisa avec l'arrivée de son deuxième gérant (et directeur de Radio Saint-Boniface Ltée), Roland Couture, qui enregistra les premiers profits au début des années 50. Tout cela nous permet de dire que la station de radio connut son âge d'or durant la décennie allant de 1946 à 1955. On peut tracer les débuts du long déclin de la station en partie en examinant cette même situation financière, qui commence à se détériorer avec de faibles déficits (2 500 $ environ en 1956 et 1957) mais qui augmentent par la suite, atteignant plus de 10 000 $ chaque année en commençant en 1959 jusqu'à 1966, alors qu'une affiliation avec Radio-Canada a permis de stabiliser la situation financière.

Un autre élément étonnant de l'histoire de CKSB pour les Franco-Manitobains d'aujourd'hui se retrouve dans la genèse même du poste, qu'on peut faire remonter à la nomination de l'abbé Maurice Baudoux comme vicaire et ensuite curé de Prud'homme en Saskatchewan en 1929. Activiste infatigable durant les années 30 et 40 (et pas seulement pour les causes catholiques et françaises, comme on le constate en lisant sa biographie écrite par Denise Robillard), il fut l'âme vivante et dynamique du mouvement en faveur de la radio française dans les trois provinces des Prairies, ce qui lui valut, à juste titre, la désignation de « père de la radio française dans l'Ouest ». Encore une fois, il est difficile de nos jours d'imaginer l'énergie et la ténacité de l'abbé Baudoux et des quelques autres prêtres et laïcs qui luttèrent à ses côtés pendant de nombreuses années avant qu'ils atteignent enfin leur but avec l'ouverture de la première station de l'Ouest à Saint-Boniface en 1946. Inimaginable aussi de nos jours, où tout se finance par des appels à des subventions fédérales et provinciales, les contributions du petit peuple et du clergé à des campagnes de financement successives, dont les résultats ont atteint cumulativement 175 000 $, (Vien, p. 155) et ce en plein milieu de la deuxième guerre mondiale et quelques années après. Enfin, les fondateurs de la radio dans l'Ouest ont eu à affronter la francophobie omniprésente à Ottawa à cette époque. Rossel Vien écrit, par exemple :

> C.D. Howe garde une triste notoriété dans les affaires de la radio-Ouest. Il ne fallut rien moins que l'intervention personnelle de son chef, [le premier ministre MacKenzie King] pressé par un cardinal et plusieurs lieutenants, pour qu'un permis [de radiodiffusion] de son ministère fût autorisé vers la mi-août 1944 – autorisé seulement. Et s'il est pratiquement impossible de connaître en détail les circonstances qui ont entravé la remise de la dite licence, il faut

noter que la chose ne se fit que près de six mois plus tard, en février 1945. « Jamais nous n'avons pu obtenir de lui ou de ses subordonnés la moindre marque de sympathie », dit Raymond Denis dans ses mémoires (Vien, p. 68).

Évidemment, pas question à l'époque que Radio-Canada établisse un réseau de stations de radio français dans l'Ouest canadien. Le mot d'ordre chez les fonctionnaires était, « Financez vos postes par vous-mêmes, mettez-les sur pied, et après on verra. »

Toutes ces luttes, se déroulant sur plusieurs années en remontant à 1940 environ, toutes ces campagnes de financement menées dans l'Ouest et au Québec (il n'y avait qu'une seule « francophonie canadienne » à l'époque), toutes ces démarches politiques et de sensibilisation de la population avant même que l'expression « animation sociale » ait été inventée, relèvent de l'héroïsme. Les membres du clergé, évidemment, y jouèrent un rôle-clé, à la fois comme « animateurs » de leurs paroisses pour la cause et par leurs contributions financières individuelles, parfois substantielles.

Donc, pendant une bonne quinzaine d'années, de 1946 à 1960 environ, la radio sert à renforcer les liens entre francophones manitobains, on pourrait même dire à tisser un esprit commun, une identité commune, puisque la mère de famille vivant au fond de la praire manitobaine pouvait se joindre à tous les autres Canadiens français du Manitoba en écoutant les mêmes émissions que sa sœur citadine, que ce soit l'accueil du matin, le Ranch 1250, instauré en 1948 (Ranch 1050 après 1959) l'après-midi[6], ou en récitant le chapelet en famille en début de soirée (à compter de 1951 jusqu'à 1967), émission souvent animée par Mgr Baudoux lui-même.

---

[6] Cette émission connut une popularité inimaginable aujourd'hui. Le chanteur et ancien annonceur à CKSB Georges-Édouard La Flèche s'en souvient dans ces termes : « Quand je pense au *Ranch 1250*, l'émission qui a repoussé les frontières, je revoie les petits orchestres, des fois une douzaine, qui attendaient à la queue leu leu le samedi pour passer en direct. » (cité dans Bocquel, p. 120)

Au début des années 60, tout bascule. La télévision, nouvelle technologie dont la puissance éventuelle n'était pas évidente en 1955, avait déjà envahi la plupart des foyers francophones longtemps avant qu'elle n'arrive, timidement, dans sa forme française avec CBWFT en 1960. Les jeunes, éblouis, (comme leurs parents d'ailleurs) pouvaient s'échapper des bornes de leurs petites communautés et se joindre à une vaste communauté universelle en regardant Bill Haley et ses « Comets » à l'émission de Ed Sullivan le 7 août 1955 ou encore Elvis Presley à ses débuts à la même émission le 9 septembre 1956. Plus tard, en février 1964, Ed Sullivan accueillait les Beatles. Révolution. Non seulement technologique (le visuel et l'audio joints à une diffusion en direct) mais aussi et surtout, culturelle. Et anglaise. Tout à coup, ces belles chansons d'Alys Robi, de Tino Rossi et de Charles Trenet qui tournaient sans cesse à CKSB et qui faisaient la joie de nos mères de famille, ou encore le Western de Willie Lamothe, semblaient non seulement dépassées mais, pire encore, irrécupérables. Nos oreilles incultes rangeaient même Félix Leclerc dans la même catégorie, lui qui pourtant est vu comme le premier des chansonniers québécois modernes et qui était à l'apogée de sa carrière durant les années 50. Après Elvis, la musique rock était arrivée pour de bon et on ne pourrait plus jamais faire comme si elle n'existait pas, même si on était Canadien-français. Et elle se développa à une allure vertigineuse, en parallèle au début avec la musique « folk » qui envahit les campus universitaires américains et canadiens, elle-même se fusionnant largement avec le rock après la conversion de Bob Dylan à cette nouvelle forme musicale essentiellement américaine (avec un bon coup de pouce des britanniques, comme les Beatles et les Stones). En 1957, plus de 60 % des foyers canadiens avaient déjà un téléviseur. (Vien, p. 174). Ce chiffre était sans doute un peu plus bas chez les Canadiens français, dont le revenu était inférieur à la moyenne canadienne à cette époque, mais on peut présumer qu'une bonne moitié de ces foyers en possédait déjà cette année-là.

Du coup, tous ces efforts consentis par Mgr Baudoux, l'abbé Antoine d'Eschambault (considéré le « parrain manitobain » de CKSB), Roland Couture, et bien d'autres pour lancer CKSB, œuvre qui avait connu tant de succès à différents niveaux à ses débuts et pendant une quinzaine d'années, semblaient avoir été faits en vain. Au Collège de Saint-Boniface, certains jeunes Jésuites, comme le père Surprenant, essayaient bien de nous initier à la nouvelle vague de chansonniers québécois, les Leclerc, Vigneault, Pauline Julien et Jean-Pierre Ferland, avec plus ou moins de succès. Les jeunes, moi-même inclus, se développaient rapidement de nouveaux goûts musicaux, des goûts qui nous mettaient souvent en opposition directe avec ceux de nos parents et des autorités en général... et tant pis, nous disions-nous ![7] Nous suivions la vague. (Il y a eu une exception notable à cette règle : c'est le phénomène des boîtes à chansons du milieu des années 60, qui a renversé la vapeur chez une partie de la jeunesse franco-manitobaine – nous y reviendrons.)

L'attitude qui régnait à CKSB dans ce domaine est bien reflétée dans cet extrait de la revue officielle de la station à l'époque, *Chante-Clair* :

> Nul doute possible, la musique populaire envahit la plus grande partie du marché, et surtout la musique populaire qu'on pourrait qualifier de décadente : jazz, jitterbug, et tout ce qui sent le retour

---

[7] Au fait il est ironique que j'aie été un des critiques sévères de CKSB à l'époque, car trois de mes oncles du côté de ma mère Juliette Couture y ont contribué substantiellement. D'abord mon oncle Émile (père d'Arlette Cousture) qui était entré au service du CN à Montréal en 1937 et qui contribua beaucoup par ses démarches « dans l'Est » au début des années 40 à la campagne politique pour établir la radio dans l'Ouest (voir Vien, p. 41-42, et Bocquel, p. 248). Ensuite Eugène, ingénieur civil qui, avec son associé en affaires Ephrem Toupin effectuèrent la rénovation du 607 rue du Collège en locaux et studios pour le nouveau poste en 1945 (Vien, p. 94); et enfin Roland qui dirigea le poste pendant un quart de siècle et qui m'embaucha comme nouvelliste de relève en 1964. Quel ingrat fus-je... mais, comme Édith Piaf, « je ne regrette rien ».

> du barbarisme, du cannibalisme. – Tout ça a été mis à la porte d'arrière, tout près de la boîte à ordures (cité dans Vien, p. 114).

En 1959, le directeur-gérant de la station fit état d'une chute dramatique de la cote d'écoute, affirmant qu'« on atteint seulement 4 000 foyers et il semble y avoir de l'apathie dans le groupe des personnes âgées de 20 à 35 ans » (Bocquel, p. 96). En 1962, seulement 22 élèves sur 166 à l'école du Précieux-Sang à Saint-Boniface écoutent « parfois » le poste français (Bocquel, p. 328). Selon Rossel Vien, « au cours de la décennie suivante, des sondages montrèrent une désaffection prononcée surtout de la part de la jeune génération » (p. 178).

En effet, CKSB nous semblait, durant les années 60, figé dans le temps, incapable de sortir de son moule maintenant bien rodé et bien confortable, certainement pour la direction de la station. Plusieurs facteurs ont fait qu'à l'époque, la station n'a pas pu s'adapter. D'abord, disposons de l'argument standard de la direction de l'époque : « on fait ce qu'on peut avec les ressources qu'on a ». C'est vrai que les ressources financières et humaines étaient maigres. Mais c'est vrai aussi (comme il est documenté maintenant) que certains annonceurs plus jeunes avaient essayé de changer les choses à la station, mais sans succès. (Il y eut tout de même une exception, en la personne de Christian Leroy, qui, avec son émission « Tous les garçons, les filles » atteignit des milliers de jeunes Franco-Manitobains durant les années 1960 et qui fut ainsi une des sources d'inspiration des boîtes à chansons.) Mais revenons au cadre idéologique de CKSB, qui explique le conservatisme de sa direction générale.

Lors de sa création, il fallut établir une structure organisationnelle pour la nouvelle station. Or, le clergé, en commençant par Mgr Baudoux et l'abbé d'Eschambault, en avait été les âmes dirigeantes. Les vastes campagnes de financement n'auraient jamais pu réussir sans l'appui actif, convaincu et généreux du clergé. Alors, lorsqu'on vint à établir la nouvelle station en 1945, on trouva une façon, ingénieuse d'ailleurs, de convertir les dons, recueillis dans les paroisses, en actions dans la nouvelle société, Radio Saint-Boniface Ltée.[8] Comme le juge Alfred Monnin, à titre de conseiller juridique bénévole, le rappelait clairement dans une circulaire envoyée en 1950, « Les administrateurs de la compagnie ont vu à ce que les intérêts des paroisses soient strictement protégés » (cité dans Bocquel, p. 45). Des représentants étaient donc élus ou souvent tout simplement nommés par les curés de paroisses, quand ils ne se choisissaient pas eux-mêmes ; ils se rendaient à l'assemblée annuelle, où ils élisaient un groupe plus restreint d'actionnaires, qui détenaient les actions de la société en fiducie. Ces actionnaires réunis formaient un conseil d'administration pour l'année suivante.

Si cette organisation servait effectivement à protéger les intérêts financiers des paroisses, celles-ci s'arrogeaient ainsi le droit de garantir un ton « moral », indéniablement catholique, non seulement aux réunions du conseil mais aussi à la direction de la station elle-même. De plus, si la structure était plus ou moins démocratique au niveau de la représentation des paroisses, elle ne l'était pas du tout sur le plan de la représentation générale de la communauté francophone. En étaient exclus, formellement, les francophones qui n'appartenaient pas à une paroisse, soit parce qu'ils n'étaient pas catholiques, soit parce qu'ils étaient non pratiquants. De plus, puisque dans la structure paroissiale c'était les hommes qui, en général, étaient élus, les femmes étaient pratiquement exclues du conseil d'administration de CKSB. (Un examen de la liste des 170 membres du conseil entre 1947 et 1972 reproduite dans Bocquel [p. 341-343] démontre que seulement six femmes, incluant deux religieuses, ont été élues membres du conseil entre 1945 et 1973, soit environ 3 % des membres seulement. Par contre, on y compte 35 prêtres et religieux ou 20 % du total durant la même période.) Évidemment, la formule excluait aussi les jeunes, qui auraient pu amener une nouvelle dynamique au fil des années.

---

[8] On trouvera le détail de cette structure dans Vien (p. 77-78) et Bocquel (p. 43-45).

Cette structure essentiellement religieuse donnait un certain ton moralisateur à la programmation de CKSB, ton qui devint au cours des années un carcan, du moins aux yeux de la nouvelle génération. Rien ne symbolisait mieux ce carcan que la censure, qui se pratiquait systématiquement à la station depuis ses débuts. D'ailleurs, l'abbé Baudoux avait indiqué ses intentions en termes on ne peut plus clairs dans son « Catéchisme de la radio française », sorte de brochure publicitaire publiée en 1944 sous forme de questions et réponses :

> Question 113 : Y aura-t-il une rigoureuse censure des programmes au point de vue religieux ?
>
> Réponse : Les représentants des évêques qui feront toujours partie des comités de direction auront pleins pouvoirs pour censurer les programmes soit par eux-mêmes, soit par un comité de surveillance (reproduit dans Bocquel, p. 38).

L'application concrète de cette consigne s'effectua de la façon suivante, comme le résume Bocquel :

> La censure, considérée comme absolument normale, s'est effectuée sous l'autorité du directeur de la programmation, René Dussault. À son départ en 1953, la responsabilité a été assumée par l'abbé Pierre Raymond, qui s'est appliqué à la tâche en usant de ses critères, visiblement un peu trop étroits (1996, p. 93).

En fait, Roland Couture lui-même utilisa les mots « très sévère » pour décrire l'approche de l'abbé Raymond. Ainsi, en 1956,[9] un nouveau censeur, l'abbé Léo Couture, fut nommé par l'archevêque, poste qu'il occupa jusqu'à 1967. Il décrivit plus tard son rôle comme suit :

> La censure ne porte que sur les paroles des chansonnettes. C'est la direction du poste qui est responsable de cultiver le goût musical

[9] Quelques semaines seulement après l'assemblée annuelle d'avril 1956 où certains participants avaient fait valoir, « avec une certaine insistance, que Pierre Raymond n'avait pas le monopole du bon goût ». (Bocquel, 2006, p. 100-101). Comme quoi la censure avait ses limites, même pour les délégués paroissiaux !

> de ses auditeurs. Les chansonnettes cotées avec un point d'interrogation sont laissées à la discrétion de la direction. À la moindre plainte contre l'une de celles-ci, le poste doit la soustraire des programmes et la classifier « rejetée ». En cas de doute, le gérant du poste et le censeur nommé par l'autorité ecclésiastique seront les juges dans la cause (cité dans Bocquel, p. 94).

Même s'il semble avoir été plus « libéral » que l'abbé Raymond en effectuant ce travail, qui lui prenait six ou huit heures de son temps chaque semaine, il avait ses travers et ses bêtes noires. Serge Reggiani, par exemple : « Moi, je rejetais le macabre, qui n'est pas dans ma nature. Je me disais : nos gens n'ont pas besoin de ça, ils ont assez de misère comme ça ». Rejet aussi de « tout ce qui manquait de dignité, qui tournait autour du sexe ou qui n'était pas respectueux des femmes ». Bocquel résume les résultats de ce travail pour la période allant de 1956 à 1967: « Bilan depuis 1956: sur 15 200 disques écoutés, 12 919 ont obtenu la mention 'peut passer', 1 401 la mention 'rejeter', 801 'peut passer ?' et 79 'rejeter ?'» (1996, p. 94-95). Georges La Flèche dénonça cette censure en termes plus crus : « C'était une farce ! Si on mentionnait les mots jambes ou bras, c'était déjà de trop. » (cité dans Bocquel, p. 120).

Si nous, les jeunes rebelles des années 60, savions que la censure existait à CKSB, nous ne connaissions pas sa mécanique. Par contre, nous avions une idée plus claire de la nature conservatrice et autocratique de la direction de la station assurée par Roland Couture, une direction qui résistait à toute suggestion de changement en profondeur, face aux nouvelles réalités sociologiques et médiatiques qui balayaient notre société. Au fait, j'y ai goûté personnellement : un jour, ce devait être en 1965, alors que j'étais nouvelliste de relève à la station, M. Couture est arrivé brusquement dans mon bureau (ce qu'il ne faisait jamais, puisque, comme nouvelliste de relève, je ne travaillais pas durant les heures normales d'ouverture de la station) et il « m'engueula » royalement à propos de la contestation de nos institutions qui venait du *Courrier*. Il me rappela tout ce que sa génération avait fait par le passé pour créer et maintenir ces institutions, notamment la station CKSB, de peine et de misère. J'ai tenté de me défendre, mais c'était peine perdue – c'est clair dans ma mémoire qu'il l'avait facilement emporté dans cet échange inégal (j'avoue que je ne connaissais à l'époque que très peu l'histoire que je considérais « ancienne » de ces institutions).[10] C'est la seule fois que nous avons eu une prise de bec à ce sujet, et c'est aussi la première fois que j'ai pu constater jusqu'à quel point nos attaques, quoique rarement personnalisées, pouvaient atteindre nos dirigeants d'alors au plus profond de leur être. C'est à son honneur qu'il ne m'a pas congédié sur le champ et que j'aie pu garder cet emploi à temps partiel dont le revenu m'a aidé à terminer mes études de maîtrise en 1968. Il aurait pourtant pu trouver bien des raisons légitimes de le faire : je me considérais moi-même comme l'un des pigistes les moins adaptés à ce travail, sans le talent naturel ni la qualité de la langue d'un Rhéal Teffaine ou d'un Paul-Émile Leblanc, encore moins d'un Rossel Vien. Je recevais parfois des appels ou des commentaires de mes anciens professeurs jésuites me reprochant telle ou telle faute de français ou

---

[10] Le niveau de journalisme à CKSB à l'époque était piètre. Il y avait Valmore Gervais qui portait le titre de « chef du service de l'information » mais qui en réalité « n'était pas journaliste, mais traducteur de nouvelles fournies par une agence de presse » (Bocquel, p. 141). À mon arrivée au poste, je n'ai reçu aucune formation de sa part ; au fait c'est Rossel Vien, lui-même pigiste, qui m'a offert les quelques conseils qui m'ont dépanné à l'époque. Rhéal Teffaine, qui avait aussi œuvré au poste à l'époque se souvient que « Valmore Gervais avait un caractère très spécial. Il rédigeait des textes et fumait. À toute fin pratique, il fonctionnait seul, ne sortait jamais, ne faisait jamais d'entrevue et n'affichait pas un souci d'objectivité. Souvent il se glissait une dose de Gervais dans ses textes. » (cité dans Bocquel, p. 142) Une fois, dans une discussion houleuse, il avait tenté de me faire la leçon sur le journalisme, alors que j'étais déjà rédacteur de trois journaux et que je couvrais sur le tas toutes sortes d'événements communautaires pour le *Courrier* et les journaux *Lance*, en commençant par des réunions de conseils municipaux. Ce fut le premier et le dernier entretien sur le sujet que nous avons eu.

anglicisme. Quoi qu'il en soit, après cet incident, Roland Couture m'a traité comme si de rien n'était, aux fêtes de famille par exemple. (Peut-être qu'il ne voulait pas « faire de peine » à sa sœur, ma mère Juliette.) J'en suis venu éventuellement à la conclusion qu'il voulait simplement me transmettre directement son opinion sur tout ça, avec toute l'émotion que provoquaient en lui le *Courrier* et la contestation de la part des jeunes en général. De mon côté, cela n'a changé en rien ma perspective sur les choses – je me sentais bien épaulé par des amis et collègues fidèles qui partageaient mon analyse de la situation, et j'étais prêt à en subir les conséquences, même au prix de la perte d'une source de revenus très précieuse à l'époque.

Aujourd'hui, 45 ans plus tard, voilà que plusieurs sources documentaires viennent confirmer la vague impression qu'avait la nouvelle génération au sujet de la direction rigide que Roland Couture donnait à la station CKSB.[11] René Chartier, annonceur à CKSB durant les années 50 et plus tard chef de cabinet du premier ministre Ed Schreyer, affirmait en 1971:

> Je me rends compte que CKSB est presque au même niveau qu'à ses débuts. Les postes sages se sont modifiés, se sont spécialisés dans des genres de programmes spécifiques : reportages, commentaires, etc. pour pouvoir rivaliser avec la télévision. Aujourd'hui, la radio et la télé doivent se compléter. CKSB reste tiède. Il n'a jamais, à ma connaissance, fait de commentaire pour se compromettre. Il n'est pas assez présent et actif. Si l'on veut des nouvelles locales qui soient fraîches, on se tourne vers un poste anglais.
>
> Je suis certain que si on nous enlevait CKSB on le manquerait. Mais on l'apprécierait peut-être davantage s'il s'aménageait d'une nouvelle robe (cité dans Bocquel, p. 121-122).

Certains ont souligné la nature autoritaire de Roland Couture, la main de fer dans le gant de velours et sa bonhomie envers tous,

[11] Cette documentation a été cueillie surtout par Bernard Bocquel.

ainsi que son conservatisme, notamment en programmation. Marguerite Le Dorze, qui a travaillé à la station comme rédactrice de publicité commerciale pendant de nombreuses années, le décrivit comme « un homme sérieux et paternel. Il incarnait le bon maître, mais était autoritaire. Il décidait de tout » (citée dans Bocquel, p. 205). L'annonceur regretté Germain Massicotte, arrivé à CKSB en 1971, a décrit ainsi le style du directeur-gérant : « pas d'aventures, le souci de la forme. Le climat était très conservateur, rigide, traditionnel. Il n'était pas question d'initiatives de grande envergure » (Bocquel, p. 131). Il ajoutait, en parlant de son collègue André Martin, qu'il

> avait l'instinct de la radio. Il savait ce que signifiait divertir et animer. Mais il s'est trouvé en face d'un conseil d'administration et d'un directeur rigides. Si seulement Roland Couture avait su davantage utiliser son formidable sens du show-biz, il aurait su comment André Martin aurait restructuré la programmation du poste (Bocquel, p. 122).

Aux yeux de Georges La Flèche, Roland Couture était un homme « qui avait besoin de contrôler de manière incontestée. Il avait sa façon de présenter nos demandes au conseil d'administration. On le savait parce que parfois on [les employés] enregistrait leurs délibérations » (Bocquel, p. 120). Enfin, Maurice Gauthier a décrit sa façon de voir la fin de l'ACFM :

> La SFM n'a pas provoqué chez Roland Couture un délire d'enthousiasme. Il regardait d'un œil inquiet ces jeunes indisciplinés. Il sentait le besoin de protéger CKSB contre cette jeunesse un peu folle. Il était très froid devant tous les changements (cité dans Bocquel, p. 203).

Paul-Émile Leblanc a travaillé comme pigiste à CKSB pendant plusieurs années et il s'en souvient dans ces termes :

> J'ai eu le bonheur de travailler à temps partiel à CKSB entre 1962 et 1967 (sauf les étés de 1964 et 1965 où j'y ai travaillé à temps plein). Ce fut une expérience formidable pour un jeune collégien. Le

poste était administré rigoureusement par Roland Couture et arrivait toujours à tirer son épingle du jeu sur le plan financier.

Par contre, durant les années où j'y étais, CKSB avait perdu de son élan. Il n'y avait à peu près plus de productions artistiques locales, le service des nouvelles était minimal et son travail se résumait à peu près à la traduction de dépêches des agences de presse. Il n'y avait pas ou peu d'émissions d'affaires publiques locales. À quelques exceptions près, les animateurs faisaient surtout jouer de la musique enregistrée. Une bonne partie du temps, le poste diffusait les émissions de Radio-Canada auquel il était affilié. Depuis plusieurs années, le poste privé avait perdu son éclat de jadis (communication personnelle, 23 juin 2011).

C'est ainsi que la nouvelle génération, certains plus contestataires que d'autres, en est venue à voir la vente de CKSB comme une façon de « libérer » la station de son carcan et de lui redonner un nouveau souffle. Publiquement, Roland Couture semblait s'opposer à cette possibilité, évoquant le fait, comme bien d'autres le faisaient d'ailleurs, non sans raison, d'une « perte de contrôle » de la station par la communauté. Argument qui avait une résonnance particulière chez certains membres du clergé, qui savaient que leur influence moralisatrice sur la station disparaîtrait avec sa vente. En réalité, Radio-Canada s'est toujours présentée comme une réalité incontournable et même désirable à diverses époques jusqu'au début des années 70.[12] D'ailleurs, n'est-ce pas parce que Radio-Canada refusait catégoriquement de créer un réseau français dans l'Ouest que le mouvement en faveur de stations privées est né ? Durant les années 40, c'était vu comme discriminatoire, vu que la société d'État s'était déjà bien engagée dans la voie de la création d'un réseau anglais pancanadien. L'évolution, timide, dans la direction d'une affiliation vit le jour au début des années 50, mais toutefois avec très peu de résultats sur le

[12] Entre 1961 et 1971, Radio-Canada a versé en tout à CKSB près de 380 000 $. (Bocquel, p. 277)

plan financier. La première entente d'affiliation entra en vigueur le 1er octobre 1952, mais on se rendit compte, en 1953, qu'elle n'apportait que de piètres résultats financiers, soit la somme mirobolante de 45 $ par semaine ! (Vien, p. 166-167) Quoi qu'il en soit, « avec ses modalités variables et variées, le régime d'affiliation dura plus de vingt ans » (Vien, p. 169), mais au cours des années 60, l'option vente fut « envisagée de plus en plus sérieusement » (Vien, p. 179). Rappelons que c'est à cette époque que CKSB enregistrait des pertes importantes d'année en année et que la cote d'écoute baissait constamment. Une affiliation plus « serrée » et généreuse à la fois fut conclue avec Radio-Canada en 1966, ce qui stabilisa la situation financière de la station pendant quelques années. Cependant, en 1968 la station de radio CKSB se prononçait « en faveur d'une intégration progressive à Radio-Canada pour en venir à l'acquisition complète de CKSB par la Société » (Vien, p. 180). Lors de son assemblée annuelle tenue à la fin de 1970, le conseil d'administration approuva le principe de la vente (Bocquel, p. 276). Ainsi, les intérêts financiers de Radio Saint-Boniface Ltée et les intérêts idéologiques et laïcisants de la nouvelle génération convergèrent finalement vers un objectif commun, et la station CKSB passa à Radio-Canada officiellement le 1er avril 1973. Cette fois, plutôt que Maurice Gauthier, c'est Michel Monnin, jeune avocat à l'époque, qui incarna le passage de l'ancien ordre vers le nouveau, ayant été élu au conseil d'administration en 1971 et succédant à son père Alfred en devenant son conseiller juridique bénévole. Il y siégea jusqu'à 1973.[13] Germain Massicotte, pour sa part, se souvient qu'à ce moment-là, « Une nouvelle culture se mettait en place à CKSB. Vraiment, 1973 a été comme la naissance d'un enfant » (cité dans Bocquel, p. 133).

---

[13] Le comité de négociation, formé le 12 janvier 1972, comprenait Roland Trudeau, président du conseil d'administration, Michel Monnin, conseiller juridique, Lucien Guénette, vérificateur, et Roland Couture, directeur-gérant. Les négociations semblent s'être conclues en une seule journée, le 18 juillet 1972 à Winnipeg. (Voir Bocquel, p. 277-281)

CHAPITRE 8

Deux icônes politiques contestés

Laurent Desjardins : batailleur et survivant

Deux piliers politiques franco-manitobains ont subi l'assaut des contestataires durant les années 1960; le premier, le député provincial Laurent Desjardins, a survécu à l'assaut, grâce à sa force de caractère, sa popularité cultivée par ses positions idéologiques traditionnelles et éventuellement au fait qu'il a changé de parti politique pour se joindre au gouvernement néo-démocrate d'Ed Schreyer. L'autre, le député fédéral Roger Teillet, dût faire place à un élément rebelle du Parti libéral, galvanisé par l'arrivée de Pierre Elliott Trudeau sur la scène nationale.

La contestation de Laurent Desjardins fut en grande partie idéologique. Né en 1923, Laurent Desjardins avait été élu échevin au conseil municipal de Saint-Boniface en 1951, donc à l'âge de 28 ans, poste qu'il occupa jusqu'à 1954. Lors des élections provinciales générales de 1959, au cours desquelles le conservateur Duff Roblin obtint sa première majorité,[1] Desjardins fut élu pour la première fois député libéral-progressiste mais il intégra un caucus réduit à une dizaine de députés. Ce fut sa malchance, et celle de la communauté franco-manitobaine (compte tenu de ses talents indéniables) d'être

[1] Il avait défait le premier ministre libéral-progressiste Doug Campbell l'année précédente mais n'avait pas obtenu une majorité des sièges à l'assemblée législative.

élu, alors que Roblin, grand réformateur et reconnu maintenant comme « le plus grand Manitobain » de l'histoire, était en pleine ascension. Le jeune et dynamique Desjardins, à 36 ans, et possédant de formidables talents oratoires, se retrouvait dans l'opposition alors que sa formation avait dominé la politique manitobaine pendant des décennies à différents titres.

Il se fit remarquer dès 1961. Cette année-là, le chef des libéraux-progressistes, Douglas Campbell, fut remplacé par le francophone Gildas Molgat. Par la même occasion, le parti décida de s'appeler tout simplement « Parti libéral du Manitoba ». La même année, Desjardins commença sa lutte en faveur d'une aide financière aux écoles privées catholiques, question qui demeurait politiquement explosive compte tenu de l'histoire des droits religieux et linguistiques, arrachés aux autorités fédérales par Louis Riel lors de la création du Manitoba en 1870, pour être maintes fois bafoués par la suite et finalement abolis en 1916.

Le parti conservateur de Duff Roblin vit son mandat renouvelé deux fois, en 1962 et en 1966, tandis que le parti libéral, sous la direction du francophone Gildas Molgat, vivota pendant un certain temps et commença par la suite son lent déclin. Dès sa première élection en 1959, Duff Roblin avait manifesté sa bonne volonté par rapport aux francophones, d'abord en nommant Marcel Boulic de Notre-Dame-de-Lourdes à son premier cabinet en 1958. Quelques mois après l'élection générale de 1959, Marcel Boulic décéda, laissant un vide important du côté représentation francophone au cabinet. Roblin pressentit alors le jeune René Préfontaine, secrétaire de l'Association d'Éducation, comme candidat conservateur dans une élection partielle qui se serait tenue en 1961 dans la circonscription vacante de La Vérendrye, lui promettant, exceptionnellement, un poste au sein du cabinet (Roblin, p. 103). À la toute dernière minute, et au grand désarroi du premier ministre, qui avait prévu dévoiler cette candidature en conférence de presse, Préfontaine se désista,

Le coq-girouette. Caricature du député provincial de Saint-Boniface Laurent Desjardins par Bernard Mulaire qui capte bien sa personnalité fanfaronne ainsi que son opportunisme politique, publiée dans le Courrier, *19 mai 1971.*

succombant aux pressions de sa famille traditionnellement libérale.[2] Il se présenta dans cette même circonscription aux élections générales de 1962, mais il était trop tard – il perdit contre Albert Vielfaure, qui avait bénéficié sans doute de la division du vote entre deux candidats de droite, Préfontaine pour les conservateurs et Raymond Thuot, candidat créditiste. Entretemps, dans la circonscription de Saint-Boniface, le candidat conservateur de marque Brunelle Léveillé

[2] Son père Edmond avait été membre du cabinet libéral de Campbell de 1951 à 1958; il était malade à l'époque, et on a supplié le jeune René de ne pas poser ce geste qui va « tuer ton père » ! En fin de compte, le père vécut encore une bonne douzaine d'années ; la carrière politique du fils, par contre, est morte dans l'œuf.

fut battu à plate couture par Desjardins. Par la suite, Roblin n'a jamais pu nommer de francophones à son cabinet,[3] se méritant toutefois le respect de la communauté franco-manitobaine pour ses réformes en éducation française et pour sa politique en matière de services partagés pour les écoles confessionnelles. Tous ces événements ont fait que la nouvelle génération de francophones avait développé un grand respect pour le chef conservateur.

Desjardins était connu publiquement surtout pour sa position en faveur de l'aide aux écoles privées catholiques et moins pour son appui de l'enseignement en français à l'école. Bernard Bocquel[4] décrit bien ses positions et ses appuis, en 1959:

> Voilà Laurent Desjardins candidat libéral. Le frère Bruns et tous les autres militants de la cause du financement public des écoles privées, archevêque en tête, savent qu'ils tiennent leur champion. À condition que Saint-Boniface résiste au charme efficace du jeune et volontariste premier ministre progressiste-conservateur (Bocquel, p. 89).

Tous ces gens croyaient que les libéraux-progressistes reprendraient le pouvoir et que Desjardins serait ainsi du côté du gouvernement. Et surtout, il faut savoir qu'au Manitoba, les circonscriptions provinciales sont très petites, comptant moins de 20 000 habitants à l'époque, et encore moins d'électeurs. Or, dans la circonscription de Saint-Boniface se trouvaient plusieurs communautés religieuses et membres du clergé, sans compter le clergé séculier relié à l'archevêché et aux églises de la circonscription. Si l'on ajoute à cela les foyers pour aînés qui commençaient à foisonner, et dont la grande majorité des résidants étaient francophones et catholiques, on peut facilement

---

[3] Cette histoire est racontée dans Bocquel (2008, p. 99-101) et Roblin (p. 103-104).

[4] Bernard Bocquel a publié, en 2008, une biographie incontournable de Laurent Desjardins intitulée *Laurent Desjardins – un sportif en politique* (Saint-Boniface, Les Éditions du Blé), la seule qui existe à date.

voir comment l'appui « de principe » qu'apportait Laurent Desjardins à cette cause pouvait se traduire en appui électoral soutenu d'une élection à l'autre. Au fait, tous ces groupes, qui votaient massivement et en bloc, formaient l'épine dorsale de son appui électoral. Ainsi, durant toutes les années 1960, Laurent Desjardins était politiquement inattaquable, gagnant une élection après l'autre.

Je ne veux pas dire par là qu'il n'a pas subi des attaques, au contraire, mais ces attaques n'eurent à peu près aucun effet. Il est difficile encore aujourd'hui, un demi-siècle plus tard, de mettre le doigt précisément sur les motifs qui étaient au cœur de cette contestation. Il y avait certes la personnalité de Laurent Desjardins elle-même, qui comme le disait le député libéral Albert Vielfaure, en appliquant un mot du père Caron à Desjardins, « il est de ceux qu'un jour tu battrais avec un bâton et que le lendemain tu voudrais embrasser ! » (cité dans Bocquel, p. 109). Les contestataires, eux, auraient plutôt voulu le battre que l'embrasser, surtout à cause de sa personnalité belliqueuse et son air suffisant. Il avait aussi tendance à faire cavalier seul et à camper sur ses positions à l'Assemblée législative et ses attaques souvent intempestives contre le gouvernement réformiste de Duff Roblin étaient généralement perçues chez les francophones comme étant bien intentionnées, notamment sur la question du français à l'école. Bien des gens croyaient effectivement que si quelqu'un à l'époque pouvait faire avancer concrètement la cause du français à l'école, c'était bien Roblin, car il fallait entraîner dans le mouvement les régions rurales anglophones et leurs députés, très récalcitrants à reconnaître les droits des francophones, plutôt interprétés par eux comme des « privilèges » dont la minorité francophone se servait pour se placer au-dessus de toutes les autres minorités. Il avait aussi tendance, au moins durant les années 60, à mêler la question de l'aide aux écoles privées catholiques à la lutte en faveur du français dans les écoles publiques. Même s'il pouvait faire la distinction, ses attaques virulentes en chambre contre Roblin sur ces questions pouvaient semer la confusion, non seulement dans la population anglophone en général mais aussi au sein de la population franco-manitobaine.

Enfin, sur la question de l'aide financière aux écoles privées, il est clair qu'il faisait la volonté de l'archevêque de Saint-Boniface qui s'était engagé profondément dans cette lutte en réclamant, avec ses deux homologues anglophones, la création de la MAEE.[5] À la suite de cette initiative des archevêques, Desjardins participa notamment à la toute première réunion de cet organisme le 15 mars 1964, en tant que représentant de la paroisse de la Cathédrale de Saint-Boniface. Lors de cette réunion, il fit une intervention remarquée en faveur d'un rassemblement de tous les catholiques au-delà des frontières ethniques et politiques. Il suggéra aux représentants réunis que le moment d'agir collectivement serait au moment du dépôt du projet de loi sur les services partagés que le gouvernement Roblin avait l'intention de déposer sous peu en Chambre. (Procès-verbal de la réunion, Fonds Stangl, Boîte 2, p. 5). Auparavant, à compter de 1962, il avait appuyé un groupe de familles de l'école paroissiale de Saint-Émile, sous l'impulsion de leur curé, l'abbé Lionel Bouvier, dans des revendications concernant des manuels et du transport scolaire, et dont la lutte très publique servit encore à embarrasser le gouvernement Roblin avant même qu'il ait eu le temps de déposer son projet de loi sur les services partagés.[6]

---

[5] Voir chapitre 2.

[6] Bernard Bocquel (2008) raconte bien cette histoire (voir p. 101-105, 109-114 et 119-123) Le conflit s'est déroulé en deux étapes. Roblin avait introduit, au début des années 1960, une politique de manuels scolaires gratuits pour les élèves des écoles paroissiales. À l'automne de 1962, l'abbé Lionel Bouvier, ayant récemment ouvert la petite école Saint-Émile à Saint-Vital, envoya cinq élèves à l'école publique avoisinante chercher des manuels, qu'ils reçurent sans problème. Cependant, lorsque les commissaires scolaires en eurent vent, ils renversèrent la décision de l'école. Le 13 décembre 1962, trois jours seulement avant les élections provinciales, la commission scolaire envoya un shérif saisir les manuels à l'école Saint-Émile.

La lutte de Desjardins sur la question du français à l'école commence en juillet 1963 alors qu'il dénonce l'approche timide du gouvernement qui proposait d'introduire le « French Option », c'est-à-dire la possibilité d'enseigner le français aux élèves francophones à partir de la première année, à compter de septembre 1963. Desjardins réclamait du gouvernement qu'il aille beaucoup plus loin, en reconnaissant le français comme langue d'enseignement pour des matières autres que le français ainsi que la formation de professeurs francophones (Bocquel, 2008, p. 105-109).

Mais revenons à nos jeunes contestataires. En 1962, Desjardins avait aisément défait le conservateur Brunelle Léveillé, candidat de taille choisi par Roblin dans un autre geste d'ouverture envers la communauté franco-manitobaine. Desjardins était respecté par la communauté en général mais incontestablement par l'élite traditionnelle, décrochant 4 175 votes (62 %), contre 1 937 récoltés par Léveillé (Bocquel, p. 103-104). À compter de cette élection, c'était suicidaire de se présenter contre Desjardins dans la circonscription de Saint-Boniface. Mais lors des élections provinciales de 1966, un jeune téméraire le fit, avec les résultats désastreux prévisibles ; il s'agit de l'avocat Rémi Lafrenière.

L'incident évidemment fit la une du *Winnipeg Free Press* et fut une source de grand embarras pour le premier ministre. Les commissaires insistèrent que les livres étaient gratuits à la condition que les élèves soient insrits à l'école qui les fournissait. L'affaire se rendit jusqu'à la Cour d'appel, qui donna raison à la commission scolaire. Plus tard, l'abbé Bouvier tenta encore une fois de forcer la main au premier ministre Roblin, cette fois en prenant les grands moyens, alors que 21 élèves de Saint-Émile entamèrent une grève scolaire pour protester contre le fait que le transport scolaire ne serait plus gratuit pour les élèves d'écoles paroissiales à compter du 8 novembre 1963. La grève, strictement illégale aux termes de la loi scolaire, dura trois mois et mena à la création d'une campagne de souscription et du « Fonds de défense St-Onge » auquel contribuèrent un grand nombre de francophones manitobains. Le conflit se résolut avec une annonce du premier ministre le 29 juin 1964 que son programme de « shared services » couvrirait les manuels scolaires aussi bien que le transport des élèves par autobus.

C'est par une lettre de Bruno Lagacé au *Courrier* autour de cette candidature que la contestation publique de Laurent Desjardins semble avoir débuté. Écrivant en anglais, Lagacé voulait faire savoir à la population anglophone que la communauté francophone tentait de faire la distinction entre la cause de la langue en éducation et celle de la foi :

> It would have been more relevant for Mr. Desjardins to make the point that the French Association of Manitoba has taken on a new face, that it is no longer dominated by the church hierarchy, that it now speaks for the lay people of the French society in Manitoba, that its goal is the promotion of French culture and not Catholicism, that far from wanting to impose the French language or culture on English speaking people, it wants to simply show the English speaking community what are the real values of the French culture.
>
> It is high time that someone dispel prejudice by making known the facts about the aspirations of the French-speaking people of this Province. It is obvious that the member for St. Boniface only contributes to intensifying that prejudice by making destructive monologues and useless attacks on Mr. Roblin and his government.
>
> I cannot help but wonder if it is not high time that St. Boniface find itself another member for the Legislative Assembly (23 févr. 1966).

Durant la campagne électorale entre Rémi Lafrenière et Laurent Desjardins dans la circonscription de Saint-Boniface, Lagacé apporta explicitement son appui à Lafrenière. La même semaine, un autre membre de la nouvelle génération, Roger Turenne, s'afficha ouvertement en faveur de Lafrenière, dans des lettres publiées dans *La Liberté* et le *Courrier*. Faisant allusion à une émission télévisée quelques jours plus tôt, il dénonça le fait qu'au cours de l'émission,

> Laurent Desjardins tenta de se servir de la religion au moins quatre fois en cinq minutes pour appuyer sa candidature.

D'abord, M. Desjardins s'affirme comme catholique; il nous laissa aussi savoir qu'il était le défenseur de notre foi; il nous posa ensuite une question dans ce genre: « Un catholique peut-il voter pour un gouvernement qui…? », laissant aucun doute qu'un vote contre M. Desjardins serait un vote anti-catholique. Enfin, le député de St-Boniface s'est comparé personnellement au Christ chassant les vendeurs du temple (M. Desjardins se fâchant en Chambre).

Remarquez bien que je ne reproche aucunement à M. Desjardins d'affirmer sa foi. Malheureusement, il exprime ses convictions avec tellement peu de nuances qu'il fait plus de tort aux Franco-Manitobains qu'il ne les aide. En tâchant de défendre la « Cause » et en associant cette « Cause » à la cause française et catholique, il réunit de nouveau les deux et empêche par ce fait toute chance de solution.

Ajoutez à cela les insultes constantes qu'il lance au gouvernement, il en résulte que les Franco-Manitobains sont entrain d'acquérir une réputation de gens qui s'opposent à tout et qui veulent imposer leur religion sur d'autres au moyen de la langue française. Certes, ce n'est pas l'intention de M. Desjardins, mais c'est tout de même l'impression qu'il donne aux gens peu sympathiques.

Peut-être faudrait-il changer de député? Peut-être un député au sein du parti au pouvoir aurait-il plus de chance d'obtenir la reconnaissance du français comme langue d'enseignement? Peut-être faudrait-il choisir un homme qui refuse d'employer la religion pour arriver à ses fins?

Toute ma vie j'ai été favorable au parti Libéral, et je le suis encore au niveau fédéral. Mais cette fois-ci, pour le bien des Franco-Manitobains, je me dois d'appuyer M. Lafrenière (*La Liberté*, 9 juin 1966).

Dans un éditorial que je signai, le *Courrier* se rangea également du côté des Conservateurs de Duff Roblin, en appuyant Rémi Lafrenière :

Au niveau politique, l'infâme « affaire Préfontaine » a profondément marqué la façon de penser de la nouvelle génération franco-manitobaine. À cause d'une partisannerie stupide, le groupe franco-manitobain s'est vu enlever une voix au sein de l'administration du jour (l'administration Roblin).

À Saint-Boniface même, lors des élections qui ont suivi « l'affaire Préfontaine », un candidat de valeur [Léveillé] a brigué les suffrages avec l'assurance implicite et quasi-publique que s'il était élu, il occuperait un poste au sein de l'administration Roblin. Ce candidat a perdu son dépôt.

La bonne foi de M. Roblin a donc été établie sans contredit, pour une représentation franco-manitobaine au sein de son administration. Les Canadiens-français ont craché dessus.

Au niveau scolaire, M. Roblin fut le premier chef politique du Manitoba à ouvrir à neuf la question des écoles privées. Pour cet acte seul, il serait possible d'affirmer que M. Roblin est doué d'un certain courage politique.

Et cette fois, ce fut la rebuffade cléricale. Dans une erreur majeure de tactique, l'archevêché de St-Boniface, entre autres, a condamné le plan original des services partagés, affirmant que M. Roblin offrait une pierre alors qu'on lui avait demandé du pain.

Face à une opposition unanime, M. Roblin fut forcé, en partie par l'attitude négative du clergé catholique, de remanier son plan de « shared services », le rendant éventuellement beaucoup moins avantageux pour les catholiques qu'il ne l'aurait été si le clergé avait manifesté un certain « optimisme avec réserves » au sujet du plan.

Et nous voici à l'élection provinciale de 1966.

À St-Boniface, un candidat intelligent, compétent, détenant d'excellentes relations avec la population franco-manitobaine en général ainsi que des positions de responsabilité au sein de plusieurs organisations franco-manitobaines, brigue les suffrages sous la bannière du parti conservateur. Est-ce que ce sera encore la même histoire ? (*Courrier*, 15 juin 1966)

C'en fut trop pour le Dr Henri Guyot, qui se fit le porte-parole de l'élite traditionnelle, et de la rue Aulneau,[7] en dénonçant ces jeunes écervelés. Excédé, il écrivit :

> J'adresse cette lettre tout particulièrement aux jeunes révolutionnaires de St-Boniface, les Lagacé, Hébert, Turenne, alias Tremblay et compagnie.
>
> Depuis quelques mois ces jeunes imberbes, qui se croient doués d'une intelligence supérieure, ont entrepris une révolution, non pas tranquille, mais destructive et insultante envers nos institutions françaises, pour lesquelles plusieurs de nos hommes et femmes se sont dévoués corps et âme pendant de nombreuses années.
>
> Ils ont l'outrecuidance, je dirais même l'effronterie, de se poser en experts et d'attaquer, de dénigrer, de noircir toutes nos organisations qui nous sont chères : notre clergé, nos écoles, l'Association d'Éducation, le poste CKSB, La Liberté et le Patriote, le Cercle Molière, nos échevins, notre député M. L. Desjardins à l'assemblée législative du Manitoba, etc. etc. On veut tout détruire, tout chambarder.
>
> Je ne peux pas m'expliquer une telle arrogance. Il m'est impossible de diagnostiquer leur cas – je ne suis pas psychiatre. Moi j'appellerais ça tout simplement une espèce d'exhibitionnisme mental. Ils veulent se faire remarquer en affichant les plus grandes bêtises.
>
> Ils reprochent à notre député, Laurent Desjardins, d'avoir osé insulter le gouvernement Roblin à propos de la question du français dans nos écoles. Il n'a fait que demander nos droits d'une façon dynamique et c'est grâce à lui si nous avons obtenu quelque chose.
>
> J'aurais vraiment honte d'être représenté à l'assemblée législative par quelqu'un qui fait partie ou est appuyé par ce petit groupe insignifiant qu'on pourrait nommer « les Révolutionnaires à Go-Go » (*Courrier*, 15 juin 1966).

---

[7] Plusieurs des membres de l'élite traditionnelle demeuraient rue Aulneau, une avenue imposante au cœur de Saint-Boniface à l'époque, y compris le juge Alfred Monnin, Roland Couture et le Dr Guyot.

Dans une longue lettre à *La Liberté*, l'avocat Laurent Marcoux vint appuyer fortement la faction traditionnaliste. J'avais énormément de respect pour ce juriste brillant. Je le croyais relativement ouvert d'esprit ; il avait été un de mes mentors intellectuels sans le savoir, de par son esprit tranchant et critique. Mais il montra ses couleurs en se rangeant lui aussi résolument derrière l'« establishment » clérical et libéral :

> On incite bruyamment les citoyens de St-Boniface à se choisir un représentant du côté du Gouvernement, sous prétexte que ce député, faisant partie du pouvoir, pourrait fortement et clairement sommer ses collègues de nous accorder notre statut d'il y a 50 ans.
>
> Quel monceau d'absurdité ! Il est ridicule de croire que M. Lafrenière influencera le gouvernement. Tous les corps politiques possèdent une tête et les soldats à l'arrière, notons-le bien.
>
> Le rôle de M. Desjardins dans l'opposition a été très important. Cette liste partielle et volontairement incomplète des accomplissements de M. Desjardins devrait réfuter l'affirmation de M. Lagacé qu'un membre de l'opposition ne peut rien faire. De fait cette affirmation est absurde. L'ignorance totale qu'il démontre en l'énonçant fait bien peu pour hausser son rôle comme professeur d'opinion publique et comme guide de la conscience publique.
>
> Peut-être que ses petits succès en attaquant le corps ecclésiastique monolithe lui ont fait croire qu'il est lui-même le chef des pseudo-intellectuels de notre ville. Arrogants, oui, intellectuels, non. Car l'arrogance semble le motif et la force d'action des organisateurs et des « supporters » de l'autre candidat.
>
> Ce qui m'invite à parler de Roger Turenne. M. Turenne, l'homme de l'absolu, parfois, est sûr que Dieu n'est pas un libéral. Peut-être qu'Il n'est pas davantage un conservateur !
>
> Le 23 juin, je voterai pour M. Laurent Desjardins. Je ne vous dis pas comment voter, je n'ai pas ce droit (*La Liberté*, 16 juin 1966).

J'ai été un peu déçu que M. Marcoux ne m'ait pas inclus dans sa liste de bêtes noires, ni d'avoir daigné répondre à mon éditorial. Il n'a même pas envoyé copie de sa lettre au *Courrier*! Malgré tout, lorsque j'ai fondé un petit commerce quelques années plus tard, c'est lui que j'ai choisi comme avocat.

Enfin, une personnalité de taille se lança dans le débat ; il s'agit de l'avocat Maurice Arpin, qui avait des racines profondes dans la communauté franco-manitobaine, ayant travaillé pendant plusieurs années à la nouvelle station de radio CKSB durant les années 40. Il avait « traversé la rivière » comme on disait, et avait fait une carrière exceptionnelle dans la pratique du droit en anglais à Winnipeg. C'était un homme brillant, dynamique, doté d'un esprit critique acerbe, et fascinant à écouter – au fait, j'ai passé de nombreuses heures à converser avec lui, surtout lors de réceptions anodines où il semblait s'ennuyer royalement… alors il me parlait. J'avais l'impression d'être son dernier refuge ! Au milieu des années 60, il était conseiller du premier ministre Roblin et son bras droit sur les questions francophones. Nous avons tous les deux été interviewés à la télévision anglaise nationale en 1968, dans une émission intitulée «30 from Winnipeg » sur les changements qui se passaient au Manitoba français, en réaction à des propos tenus par Mgr Baudoux et deux ou trois religieuses à la même émission – cela a confirmé dans mon esprit le fait que la nouvelle de cette petite « révolution tranquille » se répandait, ayant fait son chemin jusqu'au quartier général de la CBC ! Maurice Arpin était une de ces personnalités uniques et irremplaçables. Je partage les sentiments de Duff Roblin, qui a dit, lors de ses funérailles : « Maurice was my friend. Right or wrong, he was my friend ».

La veille de l'élection, le comité électoral de Rémi Lafrenière publia une lettre ouverte de Maurice Arpin. Rédigée sur un ton très belliqueux, il n'est pas du tout certain que cette lettre fit avancer la cause du jeune Lafrenière. Rappelant toutes les décisions contraires aux intérêts des francophones prises par des gouvernements libéraux provinciaux successifs, notamment l'abolition du français comme langue officielle sous le gouvernement libéral de Thomas Greenway en 1890 et ensuite l'abolition du droit d'enseigner en français par un autre gouvernement libéral en 1916, Arpin déclara :

> Qu'est-ce que cela veut dire en 1966 ? Ça veut dire qu'on vote Conservateur jeudi, pour que le Manitoba français ait des députés du côté du gouvernement, parce que le parti Conservateur va certainement gagner l'élection, et va certainement continuer de former le gouvernement. Ce qui nous mène aux pages récentes de La Liberté et le Patriote.
>
> Deux hommes, Roger Turenne et Bruno Lagacé, ont publié des lettres aux rédacteurs, saines, sobres, réalistes, intelligentes et claires, disant pourquoi il nous faut voter Conservateur jeudi. La semaine suivante, deux autres lettres ont paru en réponse, de la part du docteur Guyot et de Laurent Marcoux. La première est hystérique, la deuxième n'est pas sérieuse.
>
> Elles ont en commun qu'elles étalent Larry Desjardins comme un défenseur efficace de nos droits de langue et de religion. La vérité pure et simple, comme le savent fort bien tous ceux qui travaillent sérieusement pour nos causes, c'est que Larry Desjardins, avec son manque de diplomatie, ses gaucheries, ses tactiques d'insultes, a non seulement accompli absolument zéro, il a posé un obstacle constant à la réalisation de mesures capables de solutionner nos problèmes.
>
> Sa seule excuse, d'après lui-même, c'est sa sincérité et ses bonnes intentions. Quand un homme persiste à nous casser les oreilles avec ses protestations de bonne foi, on commence à en douter. Peu importe. Ce qui compte c'est la réalité objective qu'aussi longtemps que Larry Desjardins sera accrédité par nos votes un porte-parole officiel du Manitoba catholique et français, il sera très difficile, sinon impossible, d'obtenir des solutions satisfaisantes à nos problèmes.
>
> Si ça ne vous dit rien la survivance du Manitoba français, ignorez votre histoire, manquez de réalisme politique, élisez pour vos porte-paroles des hommes incapables d'accomplir autre que du tapage inutile.

> Les Libérastes pourront alors plus vite enterrer le Manitoba français (*Courrier*, 22 juin 1966).

Le lendemain, tel que prévu par Maurice Arpin, les Conservateurs de Duff Roblin formèrent un autre gouvernement majoritaire. Laurent Desjardins, pour sa part, démolit son jeune adversaire à Saint-Boniface en remportant environ 4 000 voix, soit près de 60 % des suffrages. Rémi Lafrenière obtint à peu près le même résultat que son prédécesseur Brunelle Léveillé, soit 1 750 voix (Bocquel, 2008, p. 124).

Au fait la carrière politique de Laurent Desjardins ne faisait que commencer, car il devait jouer un rôle clé dans le gouvernement néo-démocrate d'Ed Schreyer en 1969 en quittant le caucus libéral, réduit à cinq députés, pour siéger du côté du gouvernement, lui donnant ainsi la majorité. Dans ses discussions avec le nouveau premier ministre, Desjardins lui indiqua clairement qu'il n'était prêt à appuyer le nouveau gouvernement que s'il reconnaissait le droit à l'éducation en français au Manitoba. L'année suivante, le gouvernement Schreyer rétablissait les écoles françaises en adoptant la loi 113. Desjardins fut nommé au cabinet par le premier ministre en 1971 et y siégea presque continuellement jusqu'à la défaite du parti en 1977; il y fut nommé de nouveau en 1981 avec le retour au pouvoir des néo-démocrates sous Howard Pawley mais quitta la politique définitivement en 1988. Son départ occasionna la chute du gouvernement Pawley.

Roger Teillet : un pilier politique s'effondre

La structure du Parti libéral fédéral à Saint-Boniface au milieu des années 60 donnait l'impression d'être momifiée. Elle était dominée par un élément anglophone important (ce qui en soi n'est pas surprenant dans une circonscription où les francophones comptaient à peine 20 % de la population); on y retrouvait toutefois certains francophones comme Léo Landry, champion de l'idéologie traditionnelle que l'on retrouvait aussi à l'Association d'Éducation et à la MAEE, dont il fut l'un des membres les plus fidèles au fil des années.

Le Métis Roger Teillet, fils de Sara Riel et Camille Teillet, né à Saint-Vital en 1912, a été élu député libéral fédéral de Saint-Boniface en 1962, battant le conservateur Laurier Régnier, lui-même élu dans le raz-de-marée qui avait porté John Diefenbaker au pouvoir en 1958. Teillet fut réélu en 1963 et fut nommé au cabinet du premier ministre Lester Pearson cette même année, en tant que ministre des Affaires des anciens combattants. Il fut élu une troisième fois en 1965, mais trois ans plus tard, un autre raz-de-marée mit fin à sa carrière politique.

Les années Pearson (1963-1968) furent parmi les plus turbulentes en politique canadienne, puisqu'aucun parti ne réussissait à obtenir une majorité durant cette période. Malgré le fait qu'il avait emporté deux victoires, en 1963 et 1965, Pearson n'obtint jamais la majorité qu'il convoitait. Très sympathique aux francophones et conscient de la menace que posait le mouvement séparatiste qui prenait de l'ampleur au Québec, il a mis en œuvre plusieurs politiques visant à renforcer l'identité canadienne, notamment l'adoption d'un drapeau canadien, la création de la Commission royale sur le bilinguisme et le biculturalisme, et la mise sur pied d'un régime de santé universel. Il était conscient aussi qu'il devait renforcer la députation québécoise au sein de son parti et s'assurer que des députés québécois soient nommés à des postes-clé au sein du cabinet, ce qui ne s'était jamais fait auparavant. À cette fin, il attira au parti trois personnalités très bien connues au Québec, le syndicaliste Jean Marchand, le journaliste Gérard Pelletier et le professeur et avocat Pierre Elliott Trudeau, tous trois rédacteurs de la revue contestataire anti-Duplessiste *Cité Libre*. L'arrivée à Ottawa de ces « trois colombes » en 1965 transforma à tout jamais la politique canadienne.

En 1967, Lester Pearson présida aux Fêtes du Centenaire du Canada, durant lesquelles le président français Charles de Gaulle visita le Québec, où il lança son fameux, ou infâme, « Vive le Québec libre ! ». Pearson rétorqua que les Canadiens n'avaient pas besoin d'être libérés et que c'était plutôt le Canada qui avait aidé à libérer la France durant les deux guerres mondiales du XXe siècle. De Gaulle plia bagage et rentra en France. Le 14 décembre 1967, Pearson annonça qu'il quittait son poste comme chef du parti, déclenchant ainsi une course à la chefferie.

Les « trois colombes » avaient fait du chemin, surtout Pierre Elliott Trudeau qui s'était fait remarquer comme ministre de la Justice. Néanmoins, la campagne à la chefferie qui s'enclencha fut rude ; ça jouait des coudes dans tous les petits racoins du pays, surtout dans l'élection de représentants à la convention qui choisirait le nouveau chef. Dans certains cas aussi, les députés sortants furent contestés ; ce fut le cas à Saint-Boniface.

En 1967, je continuais mes études à l'Université du Manitoba ; je demeurais un des collaborateurs bénévoles au *Courrier*, dont Rossel Vien assurait toujours la rédaction et les fins de semaine, je travaillais à CKSB comme nouvelliste de relève. Comme rédacteur à plein temps du *Courrier* en 1964-1965, j'avais notamment « couvert » les réunions du conseil municipal de Saint-Boniface, au deuxième étage de l'Hôtel de Ville qui existe toujours d'ailleurs, boulevard Provencher, au cœur de Saint-Boniface. Journaliste imberbe, ne connaissant rien au métier et encore moins à la politique municipale, j'avais commencé à interviewer le maire Joseph Guay, que j'avais déjà rencontré d'ailleurs à plusieurs reprises chez lui grâce à son fils Renald, qui était un copain de classe du Collège de Saint-Boniface et qui avait reçu son diplôme en même temps que moi en 1964. Jos Guay était très sympathique à mon égard, et prenait tout le temps qu'il fallait pour m'expliquer dans son bureau les menus détails des enjeux de divers dossiers dont devait traiter le conseil municipal. Il ne ménageait personne, d'ailleurs ; lorsqu'un de mes reportages n'était pas à son goût (j'essayais tout de même d'être objectif et de ne pas toujours prendre le point de vue du maire, chose qui n'était pas facile vu la force de sa personnalité), il me le faisait rapidement savoir et directement ! Il m'a même dit un jour (je ne l'ai jamais oublié) quelque chose comme : « Raymond, tu es très gentil mais tu as un grand défaut : t'écoutes pas ! » Cette remarque cinglante m'a fait réfléchir, et aujourd'hui encore je me demande si je souffre toujours de ce défaut. Je suis sûr que bien des gens que j'ai offusqués au cours des années seraient d'accord avec le maire !

Je pense que c'est vers la fin de 1967 que mon ami Renald, qui était revenu au Manitoba entreprendre des études de droit après un séjour au noviciat des Jésuites, avait concocté un projet pour faire remplacer le député Roger Teillet par son père. Il ne manquait qu'un morceau : c'était son père lui-même, qui était très réticent à l'idée de s'embarquer dans cette galère. Ainsi commença une série de rencontres nocturnes d'un petit groupe d'amis intimes de Renald et du maire, visant à le convaincre de se présenter contre Teillet. Renald, déjà brillant stratège politique à 24 ans, savait qu'il fallait s'y prendre de bonne heure si nous voulions avoir une chance de réussir. Je me suis engagé très tôt dans cette campagne, surtout dans le but de brasser la cage des libéraux locaux. J'en parlais souvent avec mon père Georges, libéral depuis toujours, tout comme mon grand-père Théobald, longtemps échevin de Saint-Boniface. Mon père avait des impressions précises et habituellement justes sur tous ces politiciens, qu'il connaissait personnellement. Il n'aimait pas trop Laurent Desjardins, bien que je pense qu'il a toujours voté pour lui. Et il était plutôt tiède à l'endroit de Roger Teillet, le considérant « loin du peuple » et un peu hautain depuis sa nomination comme ministre. Et Jos Guay ? Il le connaissait aussi, comme tout le monde, mais il n'était pas proche de lui. Au fait, je l'étais beaucoup plus, mais je soupçonnais à l'époque que mon père ne serait pas complètement opposé à ce que Guay remplace Teillet.

Alors toutes ces conversations continuaient. Chose certaine, il y avait quelque chose dans l'air au niveau fédéral, et on le sentait jusqu'à Saint-Boniface. Les jeunes francophones comme moi étions attirés à Pierre Elliott Trudeau, l'ayant vu gérer des dossiers complexes comme le divorce et l'homosexualité de façon progressiste, à titre de ministre de la Justice. Alors l'annonce de Pearson nous a mobilisés. Lorsque je dis « nous », je veux dire Renald Guay, qui était le chef « de facto » de notre faction, Robert Painchaud, moi-même et d'autres, dont le comptable et ancien maire de Transcona Tom Copeland et le Chevalier de Colomb Sam Duguay. Les jeunes avocats Michael Dennehy et John Karasevich faisaient de temps à autre une apparition dans le salon du maire. Celui-ci trônait, assis au fond de la pièce dans son fauteuil préféré, débattant des enjeux, soupesant les alliés possibles et les appuis de Roger Teillet ainsi que les siens. Jos Guay n'était pas un théoricien, n'ayant qu'une instruction de niveau primaire, alors les discussions portaient surtout sur les personnalités et les allégeances dont il bénéficiait à Saint-Boniface, le tout bien arrosé de bon scotch, que le maire servait généreusement, à mon grand bonheur.

Après la démission de Pearson, une convention de leadership fut fixée pour le 6 avril 1968. Cependant, durant les derniers mois de 1967, c'était un secret de polichinelle que Pearson ne resterait pas longtemps et de nombreux candidats potentiels à la chefferie avaient commencé à organiser leurs campagnes. Parmi les plus ambitieux, on pouvait compter Paul Martin père, Mitchell Sharp et Paul Hellyer, surtout anglophones et tous membres importants du cabinet Pearson. En revanche, l'alternance entre anglophones et francophones à la chefferie était une tradition établie au sein du Parti libéral, ce qui voulait dire que cette fois c'était au « tour » des francophones. On croyait au début que Jean Marchand était le mieux placé, mais pour finir, les francophones et un certain nombre d'anglophones se rangèrent derrière Pierre Elliott Trudeau.

Trudeau était déjà le candidat préféré des membres de la

nouvelle génération francophone à Saint-Boniface, ce qui les mena à s'intéresser au processus de nomination locale des représentants à la convention nationale. Une réunion pour choisir les représentants de la circonscription de Saint-Boniface fut fixée pour le 17 février 1968, et le petit groupe qui gravitait autour de Jos Guay se mobilisa sous la direction de Renald Guay. Cette réunion devint un ballon d'essai en vue de la réunion future, encore plus importante, pour choisir le candidat qui représenterait le parti libéral aux élections fédérales imminentes. Dès le début, Jos Guay nous avait assuré qu'il appuierait Trudeau à la chefferie, et il n'a jamais changé d'avis. Il fallait donc s'assurer qu'il serait un des six représentants choisis, ce qui voulait dire mobiliser le plus grand nombre de membres possibles « du côté » de Jos Guay, en plus de vendre des cartes de membres.

Habituellement des réunions du genre sont sans intérêt et n'attirent qu'une poignée de farouches partisans qui suivent assidûment les affaires internes d'un parti. Mais 1968 n'était pas une année ordinaire, ni au Canada, ni à Saint-Boniface. Pour les francophones, les enjeux étaient énormes. Peut-on imaginer, par exemple, ce qu'aurait fait un Paul Hellyer ou un Robert Winters du bilinguisme au Canada ? Nous étions réellement à un point tournant dans l'histoire du pays, confrontés à une crise d'unité nationale comme nous n'en avions jamais vue au XXe siècle.

Tout cela explique, du moins en partie, l'ardeur que les organisateurs de Guay ont apporté à leur mission, avec le résultat que le 17 février 1968, 600 personnes[8] convergèrent sur le centre Notre Dame pour choisir les six représentants de l'Association Libérale de Saint-Boniface au congrès national à Ottawa. *La Liberté* décrivit l'ambiance comme suit :

> Au dire des témoins, ce qui semblait devoir n'être qu'une formalité

[8] Selon le *Winnipeg Free* Press. Le *Courrier* fixa le nombre à 700. (21 février 1968)

> fut une manifestation enthousiaste, animée d'un véritable désir de la part des participants d'avoir leur mot à dire dans le choix du futur chef national du Parti Libéral. Il fallut deux tours de scrutin pour désigner parmi les dix candidats en lice six délégués officiels et leurs remplaçants. (22 févr. 1968)

Le *Courrier* rapporta que deux des quatre représentants élus par l'assemblée (les deux autres étaient choisis par des sous-groupes représentant les jeunes et les femmes) appuyaient Trudeau à la chefferie et un autre appuyait John Turner. Les trois autres ne voulaient pas révéler leur préférence[9] (*Courrier*, 21 février 1968). Même si le *Courrier* ne les nomme pas, il est sûr que les partisans de Trudeau étaient Jos Guay et Tom Copeland. Certains vieux routiers de l'association libérale locale, tels l'architecte Nick Zunic, furent élus comme remplaçants. Dans un autre compte-rendu, plus détaillé et en français, le *Courrier* souligna que Bernie Wolfe appuyait Paul Hellyer. À la réunion, mais avant le vote, j'avais posé la question de savoir pourquoi les candidats n'afficheraient pas leurs couleurs par rapport à la chefferie ; le président de l'assemblée, Bernie Wolfe, suggéra que les représentants élus s'en remettent au député Roger Teillet et qu'ils fassent ensuite front commun (*Courrier*, 21 févr. 1968). Il est sûr que Guay et Copeland ne se sont pas pliés à cette consigne ! Somme toute, le reporter francophone du *Courrier* conclut que

> Les soubresauts de l'assemblée et les mouvements en coulisse qui l'avaient précédée ont réjoui le cœur de plus d'un partisan libéral. « On n'a jamais rien vu de pareil ! », s'est exclamé l'un d'eux. Il faudrait probablement remonter loin dans l'histoire de St-Boniface pour trouver un tel engouement politique (*Courrier*, 21 févr. 1968).

---

[9] Les six délégués votants élus furent le maire Joseph Guay, le conseiller municipal Bernie Wolfe, l'ancien maire de Transcona Tom Copeland, l'enseignant Jean Allard, Etta Lévesque représentant les femmes libérales et Jim Wyndels, président de l'Association des jeunes libéraux.

Roger Teillet, député fédéral sortant de Saint-Boniface en 1968 et son adversaire Joseph Guay dans un moment détendu avant la convention de nomination. Laurent Desjardins proclame sa neutralité dans le concours.

Cette victoire de la jeune génération démontra sa force de frappe. Elle avait mobilisé des troupes en grand nombre – on pourrait bâtir sur ce groupe au moment de l'ultime affrontement, c'est-à-dire la lutte pour le choix du candidat libéral à Saint-Boniface. Parmi le groupe de rebelles, jeunes et moins jeunes, Tom Copeland était la voix de la sagesse dans cette meute d'écervelés impatients ; habituellement le dernier à parler durant nos interminables réunions chez Jos Guay, ses paroles avaient toujours un impact modérateur. J'ai acquis beaucoup de respect et d'admiration pour lui, en partie parce qu'il comprenait les enjeux au niveau national. Pendant ces quelques mois d'activité politique fébrile, nous avions réellement l'impression de participer à des changements historiques.

Durant les semaines qui suivirent, Renald Guay et ses acolytes, autant anglophones que francophones – je ne les connaissais pas, pour la plupart, il y en avait trop, et de toute façon c'était Renald qui gérait la bataille sur le terrain – ratissaient les rues et les organismes de Saint-Boniface à la recherche de recrues possibles pour le parti et leur vendant des cartes de membres (quand ils ne les donnaient pas) en vue du rassemblement pour la nomination.

Une des personnes que le camp Guay voulait désespérément avoir de son côté était le député provincial Laurent Desjardins. Bocquel décrit la position de Desjardins comme suit :

> Dans cette guerre intestine, Laurent Desjardins, membre très en vue du Parti libéral, tient à rester publiquement neutre. À son avis, aucune raison ne peut justifier de s'attaquer à un ministre en exercice, au demeurant le tout premier manitobain d'extraction francophone à siéger au cabinet fédéral. Un jour, à son salon mortuaire, il repousse vivement une invitation pressante à déclarer son appui à Jos Guay. Le camp du maire de Saint-Boniface apprend à cette occasion que personne ne force la main de Lefty Desjardins (Bocquel, 2008, p. 132).

Cela voulait dire qu'effectivement Desjardins, loin de rester « neutre », appuyait Teillet. Pour les jeunes contestataires, il y avait ici une contradiction : à la convention au leadership national, tenue en avril, Desjardins avait appuyé Trudeau à la chefferie, alors que « son homme », Roger Teillet, et les représentants élus par l'Association libérale de Saint-Boniface, avaient appuyé le groupe qui voulait n'importe qui sauf Trudeau, votant successivement pour Paul Hellyer et Robert Winters. Dans la biographie de Bocquel, Desjardins se vante du fait qu'il a voté pour Trudeau à chaque tour de scrutin ; mais Jos Guay l'avait fait aussi, et Desjardins le savait, puisqu'ils étaient tous deux à la convention. Et pourtant, le mois suivant la convention qui avait élu Trudeau comme chef du parti, Desjardins pouvait encore apporter son appui à quelqu'un qui détestait Trudeau comme candidat libéral dans la circonscription de Saint-Boniface, plutôt qu'un allié de la première heure du nouveau chef. C'était à y perdre son latin…mais cela démontre jusqu'à quel point cette lutte entre les forces du changement et celles de l'establishment libéral local pouvait être déchirante. Guay, selon Desjardins, avait été sollicité tôt dans la lutte à la chefferie par des libéraux manitobains appuyant Trudeau (p. 130), et l'avait appuyé de façon constante dès le début, en bonne partie parce que Trudeau était le meilleur candidat pour défendre les intérêts des francophones en pleine crise nationale. C'est possible, mais je me souviens surtout des réunions nocturnes qui avaient eu lieu longtemps auparavant.

Le conflit épique qui se dessinait à l'horizon est reflété dans un article publié en anglais dans le *Courrier* du 15 mai 1968. La réunion de nomination du candidat libéral dans la circonscription de Saint-Boniface en vue des élections fédérales prévues pour le 25 juin devait d'abord avoir lieu le 11 mai à l'institut collégial Norberry ; cependant Jos Guay contestait un certain nombre de règlements et de procédures que l'exécutif désirait suivre dans l'organisation de la réunion. L'entourage de Guay voulait s'assurer de la plus grande tranparence possible dans l'élection du candidat, réclamant une réunion « ouverte » où tous les membres auraient droit de vote. En conférence de presse le 11 mai, Jos Guay exprima sa crainte qu'en retardant la réunion, l'exécutif changerait les règles du jeu, accordant le droit de vote seulement aux représentants qu'il choisirait. Il souligna que l'Association libérale de Saint-Boniface n'avait pas de constitution. Le président de l'association, Michael Ludwick, répondit que la réunion de nomination était retardée en raison de malentendus découlant de contradictions entre les règlements établis par l'association libérale provinciale pour des réunions du genre et les pratiques qui avaient été suivies à Saint-Boniface depuis de nombreuses années. Il ajouta que l'exécutif suivrait strictement les règlements provinciaux, et il rassura le maire en lui disant que la réunion serait ouverte à tous les membres résidant dans la circonscription et détenant une carte de membre de l'association pour l'année 1968. La réunion se déroulerait maintenant le 22 mai (*Courrier*, 15 mai 1968). Quelques jours avant la réunion, on annonça un changement de lieu, compte tenu des milliers de nouveaux membres que la lutte Guay-Teillet avait attirés.

C'est ainsi que le 22 mai, environ 3 000 personnes, membres et observateurs, se dirigèrent vers l'aréna Maginot, chemin Elizabeth à Saint-Boniface, pour choisir le candidat libéral dans la circonscription de Saint-Boniface aux élections fédérales du 25 juin 1968. L'ambiance dans la salle était électrique. Des centaines d'affiches en faveur de « Guay-Trudeau » semblaient dominer la salle. J'étais dans l'entourage de Jos Guay, ayant écrit son discours et participé aux préparatifs les jours précédents. Chacun des candidats fut acclamé chaudement à son entrée dans la salle, mais si je me souviens bien, le niveau des décibels favorisait Guay. Et là s'ensuivit une scène inattendue, un cadeau du ciel pour Jos Guay. Voilà que Roger Teillet, déjà isolé de ses commettants, visitant rarement sa circonscription, confirma cette impression en restant cloué à sa chaise dans la première rangée de cette foule bruyante et enflammée. Jos Guay, de son côté, fit ce qui lui venait le plus naturellement : il fit le tour de l'immense salle, serrant des mains, saluant chaleureusement ses adversaires tout comme ses partisans avec un large sourire aux lèvres. Devant ce spectacle, mon père, toujours sceptique face à une victoire possible de Jos Guay, me dit à ce moment-là, « Oh oh…je pense que Roger vient de perdre ».

Jos Guay prononça un bon discours, où sa capacité à soulever les foules était évidente. Il trébucha sur un mot un peu trop long que j'avais inséré dans le discours, provoquant les éclats de rire de ses adversaires…je rougis malgré moi, non à cause de Jos mais à cause de ma propre incompétence en faisant cette erreur. Ce fut tout de même une bonne leçon : lorsqu'on écrit pour quelqu'un d'autre, il faut toujours adopter la voix de l'orateur et abandonner la sienne. Les talents oratoires de Guay l'emportèrent, toutefois. Guay, allié manitobain de Trudeau depuis le début, souligna cet atout à plusieurs reprises. Voici comment l'adjoint de Roger Teillet, Noël Joyal, s'en souvient :

> À Saint-Boniface, le vote Teillet contre Guay a eu lieu à l'aréna Bertrand.[10] Jos avait lancé à la foule, avec une intuition d'orateur : *I voted for Trudeau on the first ballot, and on the second, and on the third...* Comme il y avait eu quatre tours de scrutin pour élire Trudeau, la foule, qui réagissait positivement à l'énumération de Jos a fini par être debout. Ce truc oratoire a suffi pour faire pencher la balance. En arrière de Jos, il y avait un mouvement organisé par son fils Renald et ses amis du Collège de Saint-Boniface (Bocquel, 2008, p. 133-134).

Teillet livra un discours intelligent mais fade, sans faire allusion aux perdants qu'il avait appuyés à la course à la chefferie en avril.

Enfin, arriva le vote et le comptage, qui me semblèrent interminables. Finalement, le résultat fut annoncé : Jos Guay l'avait emporté par 1 341 voix contre 1 244![11] Ce fut le délire dans la salle, des embrassades à n'en plus finir chez les organisateurs et les partisans de Jos Guay, et, sans doute, des pleurs et des grincements de dents dans le camp adverse. Saint-Boniface n'a jamais vu une lutte politique aussi vigoureuse, ni avant ni après. Il y avait tout de même une ombre à l'horizon : les partisans de Teillet demandèrent par la suite un recomptage des votes ; ils désiraient faire exclure 269 votes du compte final, votes contestés puisqu'ils n'avaient pas été estampillés par les rapporteurs. Si ces votes étaient exclus, Teillet l'emporterait, puisque la marge de la victoire de Guay n'était que de 97 votes. La contestation et les objections du camp Guay durèrent plusieurs jours, mais en fin de compte le président de la campagne fédérale au Manitoba, Rod McIsaac, rendit sa décision : puisque le camp Teillet n'avait pas soumis de preuves d'irrégularités, le compte final était accepté malgré le vice de procédure, et Jos Guay fut confirmé comme candidat libéral dans la circonscription de Saint-Boniface.

---

[10] Sa mémoire lui fait défaut ici : la lutte à la nomination a bien eu lieu à l'aréna Maginot.

[11] Wikipedia, citant le *Toronto Star* du 23 mai 1968.

Cette photo, prise lors de la mise en candidature de M. Joseph Guay en mai dernier, décrit bien l'atmosphère qui régnait, hier soir, au centre libéral de la rue Marion, où la foule a chanté "Il a gagné ses épaulettes". (Cliché Winnipeg Tribune)

*Le maire Joseph Guay jubile le soir de sa nomination comme candidat libéral aux élections fédérales de 1968, alors qu'il a défait un ministre sortant du cabinet de Lester Pearson, l'hon. Roger Teillet. (*La Liberté et le Patriote*, 26 juin 1968)*

Vinrent ensuite les élections générales. Jos Guay établit son quartier général dans le nouveau centre d'achat Marion, au pied du pont Norwood. Tous les visages maintenant familiers participèrent à la campagne, qui dura à peine un mois : Renald Guay était directeur de campagne, entouré de moi-même (responsable des communications, ce qui incluait la fabrication des pancartes, des dépliants, des communiqués de presse, etc.),[12] Tom Copeland, Robert Painchaud, et les Dennehy, Karasevich, etc. Je me souviens que je faisais un boulot honnête ; j'étais un des seuls à être rémunéré, au taux de 75 $ par semaine, puisque je venais de terminer ma maîtrise en sciences politiques et que je n'avais aucune autre source de revenus. Cependant, les journées étaient longues, se prolongeant tard en soirée, et Renald me reprochait souvent de manquer la première réunion quotidienne qui avait lieu à 8 heures du matin.

Quoiqu'il en soit, le résultat confirma ce que nous anticipions tous : loin de l'avoir puni pour avoir renversé un député sortant, et ministre en plus, les électeurs offrirent à Jos Guay une victoire éclatante. Il remporta plus de 22 000 voix, soit près de 52 % des suffrages contre son plus proche adversaire, le néo-démocrate Harry Shafransky (11 600 voix, soit 27 %). Le candidat conservateur, Vaughan Baird, arriva en troisième place (8 000 voix, soit 19 %), suivi du candidat créditiste, Georges Forest (949 voix, soit 2,2 %). Ce fut le grand « party », évidemment ; mais pour moi l'euphorie était passée. Le point culminant avait été le rassemblement en vue de la nomination. Symboliquement, et typiquement pour Jos Guay, le lendemain de sa victoire il se rendit comme d'habitude à son magasin de chaussures boulevard Provencher où il passa la journée à recevoir les félicitations du « petit peuple » qui l'avait porté au pouvoir comme maire de

[12] La plupart de leurs noms m'échappent, mais il y avait probablement Robert Painchaud et certainement les anglophones Tom Copeland, John Karasevich et Michael Dennehy.

Saint-Boniface en 1960 et maintenant comme député fédéral. Dans ce sens, c'était réellement un homme du peuple qui n'oublia jamais ses racines. Il développa une relation particulière avec Pierre Elliott Trudeau, qui admirait en lui cette qualité qu'il ne possédait pas lui-même. Saint-Boniface lui doit beaucoup, notamment le Palais de la Monnaie sur la route transcanadienne et l'édifice de Revenu Canada, boulevard Lagimodière, entre autres réalisations. De son côté, notre petite bande, tissée serrée depuis plusieurs mois, éclata. Évidemment, je demeurai en contact avec les Guay, mais Jos était pris par son travail à Ottawa, et peu de temps après, je quittai Saint-Boniface pour le Nouveau-Brunswick.

On remarquera peut-être une anomalie dans le récit politique qui précède, à savoir que les « jeunes » appuyaient les Conservateurs au niveau provincial alors qu'ils s'impliquaient à fond dans le parti Libéral au fédéral. Dans les deux cas, à leurs yeux, il s'agissait à la fois de modernisation : remplacer Desjardins, avec ses valeurs traditionnelles dans un parti vieillot et dépassé au niveau provincial par un jeune qui pourrait travailler dans un gouvernement réformiste ; et de contestation des structures et des personnalités déjà en place. De plus, sur le plan fédéral, Trudeau était une planche de salut pour les minorités francophones. Desjardins réussit facilement à déjouer l'opposition, au bénéfice, à long terme, de la communauté franco-manitobaine, notamment avec le rétablissement des écoles françaises au Manitoba. Teillet n'eut pas autant de chance, mais l'élection de Jos Guay au sein du gouvernement Trudeau se révéla par la suite très avantageuse pour la communauté.

CHAPITRE 9

L'ÉCLOSION DE LA CULTURE FRANCO-MANITOBAINE

PARALLÈLEMENT À L'ÉVOLUTION RAPIDE des structures institutionnelles et politiques de la communauté franco-manitobaine durant les années 1960, les choses bouillonnaient aussi du côté culturel. Il y avait eu auparavant de grands succès dans le domaine de la littérature, avec Gabrielle Roy notamment, et en théâtre avec le Cercle Molière, sous la direction de l'artiste Pauline Boutal, qui connut des succès nationaux en remportant des prix au Festival national d'art dramatique.[1] En musique, Marius Benoist fut reconnu sur la scène nationale pour certaines de ses compositions classiques.[2] Cependant, même s'il connut son plus grand succès en 1974, on ne peut pas l'accuser d'avoir fait de la musique « contemporaine » !

En fait, ce n'est qu'au milieu des années 1960 que les artistes et auteurs franco-manitobains commencèrent à briser les moules, chacun et chacune à sa façon. Au Cercle Molière, l'arrivée du jeune Roland Mahé comme successeur de Pauline Boutal à la direction du Cercle Molière marqua le début d'une nouvelle époque, époque qui devait durer plus de quarante ans.[3] En musique, les années 60

---

[1] En 1934, 1936, 1938, 1950 et 1958. (*Chapeau Bas*, 2e partie, 1985, p. 218)

[2] Prix Etrog (aujourd'hui Genie) en 1975 pour la musique de *La Légende du vent*. Voir François Gallys, *Marius Benoist (1896-1985) et la culture au Manitoba français*, Saint-Boniface, Les Éditions du Blé, 2009, p. 201.

[3] Il remplaça Pauline Boutal à la direction artistique du Cercle en 1968 et prit sa retraite en 2012.

virent une véritable explosion de manifestations et de talents de toutes sortes, qui atteignit son apogée avec la carrière internationale de Daniel Lavoie. En littérature, plusieurs auteurs et poètes percèrent au niveau national, dont le mieux connu est sans doute Roger Léveillé. Mais la structure du monde artistique franco-manitobain fut transformée à tout jamais avec l'émergence du jeune Étienne Gaboury, qui à lui seul créa un nouvel axe culturel franco-manitobain, celui de l'architecture, qui venait s'ajouter aux trois axes traditionnels.

Le Cercle Molière fait peau neuve

Plus qu'à l'Association d'Éducation, la transformation du Cercle Molière s'effectua dans la continuité, même si, à la fin des années 60, l'organisme n'était plus le même à bien des égards. Il faut reconnaître l'audace de Pauline Boutal pour avoir pris le risque de confier sa troupe à un jeune, membre de la nouvelle génération, plutôt que de tenter de se reproduire elle-même en faisant un autre choix, geste qui témoignait d'un grand courage. Mme Boutal, qui a entretenu une correspondance active avec son amie Suzanne Tremblay durant une bonne partie de sa vie, y fait allusion de temps à autre à Roland Mahé. En 1968, par exemple, elle écrit :

> Cet après-midi j'attends la visite de Roland Mahé qui doit m'apporter un texte à lire. Il veut monter deux pièces de Ionesco pour le Cercle et il m'a demandé de lui dessiner des costumes. Ça me fait plaisir, j'ai l'impression d'être encore utile à 'quelque' chose. (Boutal à Tremblay, 14 janvier 1968; fonds S. Tremblay, Centre du Patrimoine)

Ce passage est remarquable en ce sens qu'il témoigne de la sérénité avec laquelle Pauline Boutal contemplait la nouvelle direction, que le jeune Mahé, nouvellement nommé directeur artistique du Cercle Molière, voulait donner à la troupe, en la menant vers le théâtre contemporain. Il témoigne également du fait que Roland Mahé continuait à entretenir des relations étroites avec la doyenne du Cercle, tout en traçant son propre chemin. On peut donc en déduire que Boutal avait été impressionnée, ou au moins satisfaite, de la direction que prenait le Cercle. Cela est confirmé plus tard, alors qu'elle écrit, en 1981:

> Roland Mahé fait un travail magnifique avec les jeunes et aussi les 'anciens', ceux qui restent. Il a su pousser l'intérêt vers le 'nouveau, le moderne' mais, entendons-nous, je veux dire le genre de notre époque, mais non les grossièretés imbéciles qu'on se plait à éparpiller à droite et à gauche sous prétexte de moderniser le 'langage populaire'. Enfin, vous comprenez sûrement ce que je veux dire. Bref, Christiane [LeGoff, sa sœur] et moi sommes bien heureuses de constater que le C.M. ne chôme pas, qu'il se tient sur la bonne voie et cela grâce à Roland, ses collaborateurs et aussi ses amis et sa famille. Ils s'entraident, comme nous le faisions, Suzanne. (Boutal à Tremblay, 8 fév. 1981; fonds S. Tremblay)

Mme Boutal avait sans doute oublié ses premières réactions aux pièces de Michel Tremblay qui avait révolutionné le théâtre québécois et que le jeune Roland Mahé s'était empressé de monter sur la scène du Cercle Molière au début des années 1970, peu de temps après son entrée en fonctions. Roland Mahé a lui-même rappelé que le virage avait commencé vers 1965, avec la création d'un théâtre de poche qui regroupait des jeunes comme Jeannette Arcand, Irène Mahé, Roland Mahé, Pierre Boux et André Gélinas. Il rappelle notamment la réception qu'avait accordée le public franco-manitobain aux pièces de Tremblay:

> Monter *Les Belles-Sœurs* [1970], pour nous, a été extraordinaire. On connaissait à peine Tremblay. On recevait des textes du Québec et j'ai reçu celui-là. J'en avais entendu parler par des gens dans le milieu du théâtre. En plus, c'était écrit en joual. Pour nous, c'était extraordinaire, pouvoir parler comme on parle ordinairement dans la rue, d'avoir ce langage vulgaire.

> Il y a eu un débat à l'intérieur du Cercle, entre le joual et le bon français. Il y en a encore, dans le sens que le but du Cercle Molière est de présenter du bon théâtre français et non de défaire la langue. L'opposition au joual est venue des cadres, des gens conventionnels. C'est certain que madame Boutal, par exemple, est réticente quand il s'agit de monter des pièces comme celles-là !
>
> Le public a été « scandalisé », c'est le mot, même si la plupart ont aimé *Les Belles-Sœurs*. Ce sont toujours les mêmes qui sont scandalisés, d'ailleurs.
>
> La fois que le public a été le plus scandalisé, c'est quand on a joué *À toi, pour toujours, ta Marie-Lou.* [1972] On a eu des réactions fortes dans les journaux. On a même déchiré les affiches. Lors des *Belles-Sœurs*, la réaction a été moins forte, parce que ce n'était pas aussi cru que *Marie-Lou* et c'était comique. On se voyait, pour la première fois, dans son langage, sur la scène. Dans son langage de la rue. Là, on a eu plus de bonnes réactions que de mauvaises. (Chapeau Bas, 2e partie, 1985, p. 235-236)

Peut-être sans le vouloir, Roland Mahé a bien décrit ici certains éléments de la modernisation du Cercle Molière : l'arrivée un peu fulgurante de la nouvelle génération, qui prend rapidement le mors aux dents (avec la création d'un théâtre de poche en marge du théâtre principal) et qui prendra une place prépondérante en moins d'une décennie. Mais il s'agit aussi d'une transformation idéologique, qui se produit sur deux plans : d'abord le contenu des pièces choisies, qui reflète beaucoup plus les préoccupations sociales de l'époque, contrairement aux pièces plus « traditionnelles » comme *Le Cid*, qui sont comme suspendues dans le temps et l'espace, ne correspondant à rien dans la vie quotidienne des Franco-Manitobains ; et ensuite l'esthétique, notamment l'introduction de la langue française « ordinaire ». Le théâtre français ne fut jamais plus pareil, ni au Québec, ni au Manitoba français. Le Cercle Molière ouvrit aussi la voie à la création d'œuvres du terroir franco-manitobain, notamment à celles de Roger Auger, dont la troupe monta la première pièce, *Je m'en vais à Régina*, en 1975. Selon Roger Léveillé, le cinéaste Jacques Godbout, au Manitoba avec une équipe de tournage à l'époque, en aurait envoyé le texte à Jean-Louis Roux au Théâtre du Nouveau Monde qui aurait jugé que les dialogues contenaient trop d'anglais pour un public québécois. (Léveillé, revue *Liaison en-ligne*, 5 avril 2012)

Ainsi c'est à compter de cette période que s'est forgée une véritable dramaturgie franco-manitobaine avec Auger, qui fut suivi rapidement par Claude Dorge dont la pièce *Le Roitelet* reprenait le mythe de Louis Riel pour lui donner un fond et une forme absolument moderne: « Ce théâtre, au lieu de cacher honteusement ses codes dramatiques, s'affiche comme aire expérimentale de jeu, les visions de Louis Riel improvisant leur propre mise en scène. »[4] Dans le domaine du théâtre, comme dans tous les autres, c'est le bouillonnement des années 1960 qui a permis l'essor d'un corpus franco-manitobains dans chacune de ces disciplines.

Les boîtes à chansons: un phénomène de masse

Le phénomène étonnant des boîtes à chansons au Manitoba débuta modestement au milieu des années 1960 pour atteindre des sommets inattendus et soutenus jusqu'au milieu des années 1970, donc pendant une dizaine d'années. D'une certaine façon les boîtes à chansons franco-manitobaines ont redirigé l'enthousiasme qu'avait eu la population pour CKSB durant les années 40 et 50 vers sa jeunesse vivante, vibrante et souvent innovatrice. Ce furent les pépinières d'un grand nombre de chansonniers et de musiciens dont certains se produisent sur la scène encore aujourd'hui.

---

[4] Ingrid Joubert, « Louis Riel sur la scène francophone de l'Ouest canadien », *Francophonies d'Amérique*, n° 2, 1992, p. 134.

Antoine Gaborieau, reconnu généralement comme le fondateur de l'organisme Le 100 Nons et qu'on pourrait même appeler le père de la chanson française au Manitoba s'il en est un, a publié en 1992 une histoire de l'organisme[5] où il retrace les origines du phénomène des boîtes à chansons à un organisme qui s'appelait La Relève, fondé en 1961. Mais auparavant il y avait eu d'autres manifestations culturelles qui attiraient des auditoires de centaines sinon de milliers de personnes, notamment les grandes chorales du Jésuite Martial Caron, les Festivals de la chanson, présentés chaque année à partir du milieu des années 1940 jusqu'au milieu des 1960. Ces chorales étaient des agglomérations de chorales locales venant de tous les coins du Manitoba français, réunies sous la direction du P. Caron, et qui présentaient un grand spectacle devant des salles combles année après année au théâtre Playhouse à Winnipeg. D'autres organismes ont pris naissance ou existaient déjà durant les années 50, notamment la Société lyrique de Saint-Boniface, sous la direction de Marius Benoist, la chorale des Intrépides, fondée en 1957 par Marcien Ferland, les Blés au vent fondé par Guy Boulianne et les Mélo-Manies. (Gaborieau, p. 3) Tout cela pour dire que les boîtes à chansons n'étaient pas apparues comme des champignons en terrain inculte ; au contraire, elles prenaient leurs racines dans une longue tradition musicale déjà bien établie en 1960.

Évidemment le concept même de la boîte à chansons ne tenait pas ses origines du Manitoba ; il s'est produit dans la foulée d'une longue lignée d'antécédents, notamment en France et surtout au Québec, anticipées par La Bolduc durant les années 30, mais en pleine éclosion durant la Révolution tranquille grâce aux Félix Leclerc, Vigneault, Pauline Julien, Raymond Lévesque, Claude

---

[5] Antoine Gaborieau, A., *Une histoire à chanter*, Saint-Boniface, Les Éditions du Blé, 1992.

Léveillée et Jean-Pierre Ferland, pour ne nommer que ceux-là. La spécificité du phénomène en sol manitobain découle du fait qu'il était réellement une réalisation du terroir, impliquant dans leur organisation des centaines de chansonniers locaux et éventuellement d'auteurs-compositeurs-interprètes, de musiciens et d'organisateurs (éducateurs, parents, élèves) ainsi que de foules excédant souvent les 500 par spectacle et parfois le millier… et ce à maintes reprises chaque année pendant près d'une dizaine d'années. Mais avant d'analyser ce phénomène en plus grand détail, revenons à l'Association Québec-Manitoba et son fondateur.

Saint-Boniface, désert culturel. Caricature de Bernard Mulaire publiée dans le Courrier, *10 février 1965.*

L'extraordinaire saga d'« André Tremblay » et de l'Association Québec-Manitoba

L'Association Québec-Manitoba (AQM) vit le jour durant le mois d'avril 1965. Dans un communiqué publié début mai, l'AQM décrivit son objectif, beaucoup plus vaste à l'origine que ce qu'elle réalisa :

> L'Association Québec-Manitoba, consciente de l'importance de l'apport québécois dans la vie franco-manitobaine, s'engage à favoriser tous les échanges possibles pour présenter à notre milieu l'éventail le plus complet des activités du Québec, soulignant ainsi les liens étroits qui existent déjà entre le Manitoba et le Québec. (*Courrier*, 5 mai 1965).

Il est vrai, comme nous l'avons souligné plus haut, que le Québec était déjà très, sinon trop, présent dans les médias francophones, mais l'AQM visait à amener en personne les artistes québécois afin d'assurer une expérience personnelle directe. Un comité de direction comprenant plusieurs membres fut établi.[6] En réalité, ce fut une initiative d'André Tremblay, qui en était son créateur et son âme dirigeante, du moins au début. Le grand apport de l'AQM à la communauté franco-manitobaine fut l'organisation d'une série de spectacles mettant en vedette à peu près tous les chansonniers de la nouvelle vague québécoise de l'époque (Pierre Calvé, Raoul Roy et Gilles Vigneault durant les premiers mois de 1965). C'était déjà beaucoup, mais on était bien loin de l'organisation subversive et radicale que certains ont dépeinte ou soupçonnée. Dans la revue *Maclean's*, par exemple, Heather Robertson

---

[6] André Martin (annonceur à CKSB), président; Raymond Hébert, vice-président; Marie Laurencelle (CKSB), secrétaire; Paul Savoie (étudiant), responsable des chansonniers; Noëlie Palud, publicitaire; Christian Leroy (annonceur à CKSB), propagandiste; Claire Audet (bibliothécaire), responsable des conférences; André Tremblay, organisateur.

affirmait,[7] d'un ton relevant du plus pur jaunisme, que Tremblay avait fondé « a 13-man cell of angry young revolutionaries known as *L'Association Québec-Manitoba* ». Elle ajoutait que Tremblay « drew some of the best young minds in St. Boniface to his little band », incluant Michel Monnin, alors âgé de 19 ans, fils du juge Alfred Monnin de la Cour d'appel du Manitoba. Nous avons nommé huit membres de cette « petite bande » ci-desssus, et pas un, sauf peut-être Tremblay lui-même était *angry*, encore moins *revolutionary* ! Robertson a raison cependant d'affirmer que l'AECFM avait concocté toutes sortes de théories voulant que Tremblay était un séparatiste radical qui voulait induire la jeunesse franco-manitobaine en erreur et, pire, qu'il était financé par le RIN (Rassemblement pour l'Indépendance Nationale, un des partis précédant le Parti Québécois fondé par René Lévesque en 1968). La réalité est bien plus banale. Il est certain qu'André Tremblay était un séparatiste radical ; d'ailleurs sa liste d'auteurs de prédilection, qu'il avait décrite lui-même en entrevue, révèle amplement ses tendances idéologiques. Il est vrai aussi qu'il n'hésitait pas à s'exprimer ouvertement à tort et à travers devant qui que ce soit au sujet de sa marotte, l'indépendance du Québec. Mais entre cela et la « subversion », il y a une grande marge. Si cela choquait quelques Franco-Manitobains d'entendre parler de séparatisme, il faut se rappeler que c'est Georges Allaire, étudiant au Collège, bon Franco-Manitobain et fils d'un membre de La Patente, qui le premier avait lancé l'argument en faveur de cette option, d'abord dans les pages du journal étudiant *Frontières* et ensuite dans *La Liberté.*

L'AQM eut un autre effet majeur sur notre communauté, social celui-là plutôt que culturel. Après chaque concert, il fallait organiser une réception après le spectacle pour fêter la vedette du jour (il y en eut une douzaine en tout, sur une période d'un an et demi).

---

[7] 22 janvier 1966.

*Caricature de Bernard Mulaire suite au départ d'« André Tremblay » pour la Bolivie à la fin de 1965 et à la parution d'un article tendancieux rédigé par Heather Robertson (H.R.) au début de 1966. À noter les cloches de la Cathédrale qui jouent « Liberate »! (*Courrier, *23 février 1965)*

Or, certains membres de la « haute société » de Saint-Boniface à l'époque se faisaient un plaisir de remplir cette fonction. Je me souviens comme si c'était hier de réceptions chaleureuses et animées tenues chez le Dr Jean-Marie Huot et son épouse Lucille, chez le juge Alfred Monnin, et plusieurs autres. Ces réceptions étaient un lieu de rencontre privilégié entre la jeunesse, qui se sentait exclue des institutions de la communauté, et les aînés qui les contrôlaient. Il va sans dire que les conversations s'échauffaient souvent mais il faut ajouter qu'elles étaient toujours respectueuses. Surtout, elles devinrent un autre point de pression en faveur du renouveau institutionnel. Les nouvelles idées et les nouveautés culturelles brassaient la cage…

À l'automne de 1965, l'AQM annonçait ses premiers spectacles de la nouvelle saison ; d'abord Jean-Pierre Ferland qui devait présenter trois spectacles en tout à la fin octobre, dont deux à Saint-Boniface et un à Notre-Dame-de-Lourdes, financés par le ministère des Affaires culturelles du Québec. Quelques jours après seulement, c'était au tour de Monique Leyrac de se présenter sur la scène de l'Académie, accompagnée d'André Gagnon au piano. (*Courrier*, 20 oct. 1965) Et deux semaines plus tard, le grand Félix Leclerc luimême donnait deux spectacles à Saint-Boniface, au Collège de Saint-Boniface et à l'Académie. Entretemps l'AQM avait organisé une exposition d'objets d'art venue du Québec et connue sous le nom de « Tournesol Métiers d'Art »[8]; elle fut présentée à la librairie Lumen du 9 au 24 novembre.

Face à cette pléthore d'activités, le jeune critique Roger Boulet, lui qui avait déploré un an avant le manque d'activités culturelles à Saint-Boniface, concluait maintenant que « Tout compte fait, les temps changent. L'activité culturelle, il y en a, grâce à André Tremblay et l'AQM ». (*Courrier*, 10 nov. 1965)

Et soudain c'en était fini pour André Tremblay à Saint-Boniface. L'AQM annonçait, suite à une réunion spéciale, que Bruno Lagacé assumait la présidence de l'organisme.[9] L'identité d'« André Tremblay » était révélée ; il s'agissait bien de Gilles de Lalonde, qui était parti, le 30 novembre 1965, pour le Mexique ou la Bolivie. Roger Boulet, au nom de l'AQM, affirmait qu'il était « excellent annonceur, peut-être un des meilleurs qu'ait connu CKSB». Boulet ajouta qu'il avait été « congédié de ce poste pour des raisons vagues » et enchaîna en faisant le bilan de son passage au Manitoba :

> Il faut louer le travail de Gilles de Lalonde au Manitoba. Il nous a apporté la culture canadienne-française. C'était, hélas, quelque chose de neuf et quelque chose d'original dans notre milieu. C'était aussi quelque chose de nécessaire. Mais Gilles de Lalonde voulait, au moyen de cette association, diffuser la culture

[8] Le Tournesol avait été fondé par les artisans québécois Gaétan Beaudin, Marc-André Beaudin, Bernard Chaudron, De Passillé-Sylvestre, Léo Gervais, Marcel Juneau, Pierre Legault et Edith Martin. (*Courrier*, 3 novembre 1965)

[9] Les autres membres étaient Roger Boulet, secrétaire ; André Martin, trésorier, Gilles Gagné, président du comité de réception, et Marie Laurencelle, publiciste.

québécoise et par conséquent faire prendre conscience aux gens de leur condition au Manitoba : celle de Québécois exilés. Il voulait que les gens reconnaissent le Québec comme leur patrie véritable et reconnaissent aussi que la solution de tout leur problème de survivance était de retourner au Québec, qui inévitablement s'acheminait vers l'indépendance nationale.

Boulet ajoutait toutefois qu'il fallait distinguer entre ses intentions en fondant l'AQM et ce que l'AQM apporta au milieu, soit une dizaine de récitals de chansonniers québécois en moins d'un an :

> Le résultat fut que les gens prirent conscience d'une culture canadienne-française ; c'est-à-dire qu'ils prirent conscience de leur culture. Ils prirent conscience aussi d'une réalité qu'ils ne peuvent partager : c'est que le Québec s'achemine vraisemblablement vers l'indépendance nationale si les courants actuels prédominent. Le problème se pose donc en noir et blanc : si le Québec devient indépendant, les minorités françaises perdant alors leur statut « officiel » selon la Confédération et se rangeant parmi les autres groupes ethniques à l'intérieur des cadres d'un pays unilingue anglais (le Canada), que fera-t-on ? Retourner au Québec et demeurer français ou demeurer au Manitoba (Canada) et s'assimiler à la majorité anglophone ?
>
> Ma réponse personnelle serait de demeurer au Manitoba, tout en reconnaissant que mes origines culturelles sont canadiennes-françaises. Je demeurerais ici en étranger mais il me serait impossible de m'assimiler. Je serais toujours citoyen canadien. Car je sais d'expérience qu'au Québec, je serais étranger aussi. Je parle français, mais je ne suis pas du Québec. Mon arrière grand-père l'était, mais pas moi.
>
> Si mes concitoyens sont du même avis (et je crois qu'ils le sont) l'Association Québec-Manitoba devra prendre une orientation plus réaliste que celle qu'avait choisie son fondateur. (*Courrier*, 8 déc. 1965)

La semaine suivante, le nouveau président de l'AQM renchérissait :

> Un certain émoi a été suscité dans notre milieu en raison de l'article paru la semaine dernière dans le Courrier sur le fondateur de l'Association Québec-Manitoba.
>
> Le but du fondateur en faisant venir des chansonniers était bien de solutionner le problème de la survivance en incitant les Franco-Manitobains à « retourner » au Québec. Aucun des membres de l'AQM n'a souscrit à ce but lorsqu'il a été énoncé et aucun membre n'y souscrit aujourd'hui.
>
> Le but de l'équipe actuelle est de faire connaître et goûter la culture canadienne-française à tous les Franco-Manitobains et au plus grand nombre possible de Manitobains de langue anglaise. (*Courrier*, 15 déc. 1965)

Charlotte Hébert souligna de son côté que « le fait même que M. Tremblay ait eu besoin d'utiliser un pseudonyme est raison suffisante pour que le poste ait décidé de le congédier ». Elle ajouta que plusieurs autres organismes s'occupaient de diffuser la culture canadienne-française, notamment le poste CKSB lui-même qui « nous a initié aux chansonniers canadiens-français en les mettant sur les ondes depuis quelques années », ainsi que le poste de télévision CBWFT. (*Courrier*, 22 déc. 1965)

Ainsi se termina l'épisode « André Tremblay » à Saint-Boniface. Les circonstances de son départ soudain, et j'ajouterais même le fait qu'il se soit donné une fausse identité durant son passage au Manitoba français, n'entachent en rien les contributions qu'il y apporta, à savoir (par l'influence qu'il a eue sur moi, entre autres) une approche plus agressive dans l'analyse de notre milieu dans les pages du *Courrier* et la création et son animation énergique de l'AQM. Ceux qui, comme Heather Robertson et bien d'autres à l'époque, ont maintenu qu'il avait formé une bande de petits séparatistes serviles à la cause et à lui-même, s'étaient trompés.

Au Manitoba, l'AQM fit son chemin pendant plusieurs années encore, mais à un rythme plus ralenti. Enfin, en 1968, l'AQM fut remplacé par un nouvel organisme, le « Comité des grands spectacles »,[10] qui, travaillant de concert avec les 100 Nons, devait présenter durant les années qui suivirent des artistes de grande renommée tels que Hugues Aufray, Georges Dor, Mireille Mathieu, Tex Lecor et Adamo. Son plus grand succès fut sans contredit la présentation de Gilbert Bécaud à la nouvelle salle du Centenaire de Winnipeg le 24 novembre 1968 devant une salle comble de 2 300 personnes. Pour les artistes et musiciens de Saint-Boniface le haut point fut la visite de Bécaud au 100 Nons le samedi soir 23 novembre après qu'une foule de 200 personnes l'eut accueilli à l'aéroport. « M. 100 000 volts » s'y plaisait tellement qu'il invita un groupe de jeunes à son hôtel, le Fort Garry, pour prendre un verre avec lui. Daniel Lavoie, un des heureux élus, gardera cette impression de cette soirée inoubliable : « Ça devait être charmant pour cet artiste, habitué à la lumière et l'intensité de la renommée parisienne et française, de découvrir au fond du Canada ces passionnés fans que nous étions ». (Gaborieau, p. 220)

Le phénomène des boîtes à chansons au Manitoba français

Il y avait eu des « soirées de variétés » organisées au Manitoba au début des années 60 (notamment le 28 novembre 1965 à La Broquerie, avec Louis Dubé et « Les Brunettes »), mais ce sont les élèves et les éducateurs de la division scolaire de la Rivière-Rouge qui présentèrent, le 4 février 1966, le premier événement appelé « boîte à chansons » au Manitoba. Il s'agissait de la « Cave à Onil », ainsi nommée en honneur de son organisateur principal, le frère Onil Dépôt, c.s.v. Elle eut lieu au Collège d'Otterburne et rassembla

---

[10] L'abbé Léo Couture, Marie Benoist-Martin, Maxime Desaulniers, André Martin et Antoine Gaborieau. (Gaborieau, p. 38)

quelque 500 jeunes de Saint-Pierre, Saint-Malo, Saint-Jean-Baptiste, Sainte-Agathe et le Collège d'Otterburne. Selon Gaborieau, « cette première boîte à chansons devait être le prélude d'une vague qui déferla bientôt sur tous les centres franco-manitobains. » (1992, p. 8)

Cette première boîte fut une réalisation de La Relève, une de ses dernières d'ailleurs, puisqu'elle fut remplacée le 14 mai 1966 par « Les Jeunes Franco-Manitobains », qui voulait se donner un mandat plus orienté vers le théâtre et la chanson. Le même soir, au centre Notre-Dame à Saint-Boniface, se tenait la première boîte à chansons provinciale des JFM, le « Feu Roulant ». *La Liberté* décrivit ainsi l'événement, soulignant qu'il avait été organisé par une cinquantaine de jeunes et d'adultes :

> Ce grand spectacle mémorable, qui a su attirer 1,000 spectateurs enthousiastes, fut le triomphe de la coopération, de la joie, de la jeunesse '66. Ce fut le « Breakthrough » de la gêne, des complexes, de tout ce qui a pu nous faire craindre jusqu'ici de passer pour Canadiens français. (19 mai 1966)[11]

Après un hiatus de quelques mois, voilà que la « boîte à chansons » reprend de plus belle à l'automne, avec des spectacles à Otterburne (14 octobre 1966, 800 spectacteurs); La Broquerie (21 oct., 300 spectateurs); Saint-Boniface (29 oct., pour commémorer le 50e anniversaire de l'AÉCFM; 1 500 spectateurs ; (c'est à cette boîte d'ailleurs que l'on retrouve pour la première fois le nom de Gérald, plus tard Daniel, Lavoie).[12] Suivirent, cinq boîtes en novembre, dont une à Somerset (11 nov.) à laquelle on retrouve Gérald Paquin et « les Fugitifs ». Dans tous ces cas, les auditoires se chiffraient dans

---

[11] La liste complète des artistes et des techniciens ainsi que leurs centres de provenance se trouve dans Gaborieau (1992), p. 10.

[12] Étudiant, il se produisait déjà sur scène au Collège de Saint-Boniface avec un groupe qui s'appelait les Nomads vers 1964.

les centaines. (Gaborieau, 1992, p. 12) On aurait pu croire qu'un certain épuisement s'installerait chez la gent étudiante (et enseignante !) mais il en fut rien : le 3 décembre 1966 le « Donjon de la chanson », présenté au centre Notre-Dame, fut un autre triomphe, rassemblant 1 200 « copains et copines » venant d'une douzaine de centres franco-manitobains. Parmi les artistes se trouvaient Louis Dubé, Gérard Jean, Suzanne Jeanson, David Dandeneau, Gérald Paquin, Monique Ducharme, Marcel Gosselin, Le Trianon (Léo Dufault, Diane et Gisèle Vermette), et Ronald Lamoureux. On y retrouve également le groupe de musiciens Les Opportunistes, dont faisant partie Gérald (Daniel) Lavoie.[13]

La modernité, dans ce domaine comme dans tous les autres, a trouvé ses détracteurs. Dans ce cas-ci, la « maman de jeunes », Mme Laurent Dubé de La Broquerie, s'en est faite la porte-parole. Soulignant les aspects positifs de la boîte du 14 mai 1966, elle a avoué être « peinée et choquée » de voir

> ces 'filles à gogo', qui venaient trop souvent sur la scène détourner l'attention de l'auditoire des chansons interprétées. Comment une jeune fille qui se respecte et veut se faire respecter, consent-elle à s'exhiber ainsi en public dans des contorsions pareilles, inventées par le diable lui-même ?
>
> Le corps humain n'est-il pas créé à l'image de Dieu et le Temple de l'Esprit-Saint ? Que de larmes amères ne doit-il pas couler des yeux de la Reine des Martyrs, elle qui est venue sur la terre pour relever la dignité de la 'femme', quand elle voit ces jeunes filles, qui devraient être des lys de pureté, se livrer en pareils spectacles ! Et vous ? Jeune homme, aimeriez-vous voir votre future épouse se conduire ainsi ? Je vous entend répondre un 'non' catégorique. (*La Liberté*, 2 juin 1966)

---

[13] Ses membres étaient Bernard Brunet, Gérald Bohémier (plus tard membre des Louis Boys), Philippe Kleinschmit et Gérald Lavoie.

Quoi qu'il en soit, ce phénomène des boîtes à chansons franco-manitobaines, lancé avec tant d'éclat en 1966, continua pendant de nombreuses années, jusqu'à 1973 environ, alors qu'il devait perdre peu à peu sa popularité, autant auprès des auditoires que des organisateurs, surtout les élèves, encadrés par les éducateurs et les parents. Ce fut tout de même la pépinière de musiciens et d'artistes qui ont continué à contribuer musicalement à leur communauté pendant des décennies et même jusqu'à un demi-siècle pour certains d'entre eux et elles.

Et il y eut de grands succès aussi sur le plan national. C'est Antoine Gaborieau qui avait pris l'initiative d'approcher Radio-Canada afin que des jeunes Franco-Manitobains puissent se présenter pour la première fois à la télévision nationale de Radio-Canada :

> Devant les succès que remportait un peu partout la chanson française, l'ambition gagna peu à peu les adultes comme les jeunes. Pourquoi nos artistes manitobains ne pourraient-ils pas participer au 'Concours 28 jours' de 'Jeunesse Oblige' organisé annuellement par Radio-Canada de Montréal ? Après tout, les Franco-Manitobains comme les Québécois ne payaient-ils pas leurs impôts ? C'est en raisonnant ainsi qu'un beau jour l'auteur se rendit à Montréal, frappa à la porte de Radio-Canada et obtint que quatre candidats de chez nous fassent partie du prochain concours qui devait se tenir dans la métropole canadienne en février 1967. Il fallait donc organiser une boîte à chansons provinciale qui réunirait les meilleurs talents de la province parmi lesquels cinq juges choisiraient nos représentants pour ce concours. (Gaborieau, p. 13)

Au fait ce fut l'origine du « Donjon de la chanson », qui fut suivi d'une audition le 17 décembre pour les participants qui n'y avaient pas eu l'occasion d'y chanter seuls. En fin de compte, les jeunes choisis pour se rendre à Montréal furent Yvonne Asselin, Louis Dubé, Marcel Gosselin et Michelle Pelletier. (Gaborieau, p. 15) Accompagnés d'Antoine Gaborieau, ils se rendirent au Québec le 19 février 1967 « pour y vivre trois jours d'aventure, de travail et de joie » et surtout, pour y compléter le premier enregistrement. La semaine suivante, Louis Dubé est rappelé à Montréal pour participer à la grande finale du concours. En 1968, Marcel Gosselin sera le premier lauréat non-québécois du Concours 28 jours de Radio-Canada. Évidemment tous les déplacements étaient financés localement par des individus comme Véronique Stanners, elle-même une femme francophone progressiste très impliquée dans le mouvement des boîtes à chansons à Saint-Boniface ainsi que dans divers organismes; pas question d'octrois gouvernmentaux à l'époque ! (Gaborieau, p. 16)

La fondation du 100 Nons

En rétrospective, il peut sembler logiquement inévitable que cet engouement pour les boîtes à chansons en sol manitobain mène à la création d'une boîte permanente, mais ce n'était pas évident à l'époque, compte tenu du temps et de l'énergie (bénévoles) que cela impliquait. Toutefois, c'est encore Roger Boulet qui, selon Antoine Gaborieau lui-même (p. 19) aurait le premier lancé l'idée. Suite au grand spectacle appelé Panorama 67[14] présenté au Playhouse le 27 mai et organisé par Antoine Gaborieau et le père André Surprenant, Boulet écrivait, dans les pages du *Courrier*:

> Devant le succès assez extraordinaire du Panorama '67 samedi dernier au Playhouse, je suis persuadé qu'il y en avait qui se sont sentis bien vieux tout à coup. Dépassés. J'apercevais autour de moi certaines gens qui semblaient même refuser d'applaudir et

---

[14] Ce spectacle mettait en vedette une foule d'interprètes et de musiciens, dont les plus remarqués furent le duo de Monique Ducharme et Gérald Allard, Suzanne Jeanson, David Dandeneau (accompagné de Claude Boux), les 123 (Ronald Lamoureux, Gilles Beaudette et Guy Château), Marcel Gosselin, Léo Dufault et Louis Dubé, ainsi que l'orchestre (Gérald Bohémier, Gérald Lavoie, Philippe Kleinschmit et Bernard Brunet).

Photo des Nomads (le nom du groupe était en anglais) lors de la boîte à chansons Panorama 67 : Gérald (Daniel) Lavoie au saxophone, Gérald Backeland, caché à la batterie, Noël Joyal à la guitare, Gérald Paquin et Dave Baert. (Photo Perrin, La Liberté et le Patriote, *25 mai 1967).*

> de partager l'enthousiasme général. C'est peut-être une réaction normale chez ceux-là qui approchent l'âge sénatorial, mais je constate que certains, qui n'ont guère dix ans de plus que moi, demeurent absolument apathiques devant le dynamisme évident et l'énergie débordante de ma génération, qui, pourtant, n'est pas loin d'être la leur.
>
> Souhaitons, enfin, qu'il y aura un Panorama '68. Entretemps, il serait opportun de songer sérieusement à l'établissement d'un club-discothèque pour favoriser l'épanouissement de tout ce talent que nous a fait voir Panorama '67. (*Courrier*, 31 mai 1967)

Pour sa part, Roger Léveillé publiait dans *La Liberté* un compte-rendu plus critique de la soirée, concluant tout de même que « Il y a du talent, et les occasions pour qu'il se montre doivent se reproduire plus fréquemment. La culture est la seule démonstration concrète de notre langue. Ce fut un plaisir ! » (J.R.L, dans *La Liberté,* 1 juin 1967)

C'est dans la foulée de ce spectacle, de l'énergie et la créativité qu'il engendra chez tous ses responsables, adultes aussi bien que jeunes, que fut créé le 100 Nons. Gaborieau rappelle le contexte, à savoir que les sœurs des SS Noms de Jésus et Marie quittaient l'ancienne Académie Saint-Joseph pour intégrer le nouvel Institut Collégial Louis-Riel durant l'été de 1967. La communauté offrit l'édifice à la paroisse de la Cathédrale, offre acceptée par le curé progressiste d'alors, l'abbé Deniset-Bernier. Celui-ci se chargea de la création d'un conseil d'administration de l'édifice, qui devint le premier Centre culturel de Saint-Boniface (1967-1974), dont le gérant était Marcel Marcoux. Lors d'une réunion des Jeunes Franco-Manitobains à la fin de l'été de 1967, c'est sœur Paul-de-la-Croix (Marcelle Lemaire) qui lança l'idée : pourquoi ne pas tenter d'obtenir un local dans ce nouveau centre ? L'idée fut bien reçue, et l'organisme avait maintenant un local, qui est rapidement devenu une boîte à chansons permanente. De multiples talents se mobilisèrent pour effectuer la transformation de cette ancienne salle de classe en une boîte, notamment ceux de Marcel Gosselin qui en conçut le décor psychédélique. Le coût de l'aménagement, y compris l'achat d'un piano usagé, de projecteurs, etc. n'atteignit pas les 2 500 $. (Gaborieau, p. 23-26) C'est Antoine Gaborieau lui-même qui fournit cette somme, sous forme d'un prêt. Gaborieau assumait (informellement, comme il le souligne) la direction de la nouvelle boîte, avec un exécutif formé de jeunes.[15]

En très peu de temps, la nouvelle boîte était fonctionnelle et le premier spectacle fut présenté les vendredi et samedi 13 et 14 octobre 1967. (Gaborieau, p. 26-27) Afin de prélever des fonds, des invitations furent lancées à la population adulte, dont 110 assistèrent aux deux premiers spectacles. (La boîte pouvait accueillir 60

[15] Roger Auger, président, Maurice Auger, trésorier, et Gérald Allard, direction des programmes. Le prêt fut remboursé au complet en deux ans, puisque les artistes et les musiciens avaient consenti à ne toucher à aucun cachet tant que la dette ne soit pas effacée. (Gaborieau, p. 25-26)

personnes.) Au programme, plusieurs des artistes qui avait fait fureur au Panorama 67, notamment Gérald (Daniel) Lavoie, qui plus tard se rappelait que « Je suis certain que j'étais moins excité et heureux le soir de ma première à l'Olympia que le soir d'ouverture du 100 Nons ». (Gaborieau, p. 220)

L'engouement continua. Pendant deux mois, des spectacles avaient lieu toutes les fins de semaine, avec relâche seulement la fin de semaine du 24 novembre, alors que Donald Lautrec et Ginette Reno se présentaient sur scène à Saint-Boniface, grâce à l'AQM. (Gaborieau, p. 28) Et ce fut ainsi pendant quelques années ; évidemment le 100 Nons établit un rythme de croisière un peu moins frénétique, présentant éventuellement trois ou quatre spectacles par mois, faisant le plus souvent salle comble. Mais malgré les émotions fortes qu'avaient provoquées l'arrivée du 100 Nons chez les artistes musicaux de Saint-Boniface, les boîtes à chansons locales et régionales continuèrent, en suivant plus ou moins la même formule « itinérante » pour les têtes d'affiche en y ajoutant les artistes locaux, et ce jusqu'au début des années 70. Ce qui fait qu'il y avait toujours de la musique française à un endroit ou l'autre presque chaque semaine au Manitoba. De plus en plus aussi, les interprètes devenaient aussi compositeurs. Et certains commençaient à percer sur le plan national. Le premier grand succès, certainement celui qui fut le plus remarqué au Manitoba et ailleurs, fut la victoire de Gérald Paquin accompagné de Gérard (« Ziz ») Jean au Festival de Granby en décembre 1973. (Gaborieau, p. 85-86) Si les artistes interprétaient souvent les grands succès de l'époque, « les boîtes à chansons, selon Roger Léveillé, ouvrent la voie à la chanson populaire francophone *made in* Manitoba. »[16]

---

[16] J.R. Léveillé, « Saint-Boniface, le Collège et la modernité culturelle », dans A. Fauchon et C. Harvey (dir.), *Saint-Boniface 1908-2008 : reflets d'une ville*, Saint-Boniface, Presses universitaires de Saint-Boniface, 2008, p. 169-175.

Cinq prennent le large, quatre reviennent, ou, « les dieux de l'amour »

Pendant des décennies, et peut-être depuis toujours, le Québec présente des murs quasi-infranchissables pour les artistes francophones vivant ailleurs au Canada. Un petit groupe parmi les meilleurs chanteurs et musiciens franco-manitobains décida de tenter sa chance au Québec. Gérard (« Ziz ») Jean a raconté cette histoire, qui mérite d'être reprise ici :

> Nous avons quitté le Manitoba, cinq anciens du 100 Nons, au printemps de 1970: Gérald Paquin, Daniel (Gérald) Lavoie, Norman Paul, Philippe Kleinschmit et moi-même, pour faire 'fureur et fortune' dans la musique au Québec. Depuis quelques mois déjà ce groupe d'amis couvait l'ambition de faire de la musique à plein temps. Compte tenu de nos compétences dans les deux langues et de notre bagage culturel assez unique, le Québec nous parut être un tremplin logique pour lancer une carrière. Est-ce le hasard ou le destin qui a conclu qu'un certain agent-gérant québécois se trouva à ce moment-là à la recherche d'un groupe bilingue pour remplacer un autre groupe qui venait de se dissoudre ? J'ignore toujours comment ce gérant est tombé sur nous, petit groupe de Saint-Boniface, mais l'affaire semblait parfaite. (L'homme en question, Réjean Rancourt, se trouve être encore aujourd'hui [en 1992] le gérant de Daniel Lavoie.) Par contre, petit inconvénient : le nom. Les contrats avaient été établis entre divers hôtels et le groupe *Les dieux de l'amour*; nous devions adopter ce nom pour pouvoir démarrer, nom que nous trouvions prétentieux et ridicule, nom qui nous répugnait malgré toutes les assurances que 'ça marcherait'. C'était notre première rencontre avec une certaine réalité québécoise, notamment la 'quétainerie'.
>
> Que d'aventures, de découvertes et de déceptions nous attendaient. Nous avions 'tourné' dans ce que j'aime appeler le circuit 'Z'. Tous les hôtels dans lesquels nous avons joué ont peu après passé au feu ! Il y en a même un qui a brûlé deux fois ! Notre répertoire n'avait rien pourtant de si incendiaire. Quelques Beatles,

> des Doors, du Bécaud, du Aznavour, du Guess Who, du Chicago, du Ferland : non, le problème était plutôt l'acabit des clubs dont nous étions en quelque sorte le dernier espoir. Ce fut une année où se sont succédé de petits succès, des contrats brisés, des problèmes de véhicules, des économies épuisées, des peines d'amour et des découvertes de gens et de paysages extraordinaires. Au bout de l'année, le rêve était en déconfiture mais les amitiés étaient soudées. Tous, à l'exception de Daniel Lavoie, nous réintégrions Saint-Boniface pour nous remettre d'aplomb et fouetter d'autres chats. (cité dans Gaborieau, p. 56)

Il est à souligner que deux des quatre qui sont revenus ont atteint d'autres sommets musicaux, quoique peut-être pas à la hauteur de leurs rêves, notamment le lancement d'un microsillon devenu classique au Manitoba français, « Finalement », en 1976 qui incluait la chanson de Ziz, *Histoire d'antan*, devenue l'hymne officieux de la francophonie manitobaine. De son côté, Daniel Lavoie avait lancé, fin 1975 au Québec, son premier microsillon, *S'endormir pour oublier*. Et *the rest*, comme on dit, *is history*.

L'éclosion des arts visuels

Les arts visuels connurent aussi une renaissance durant les années 60. Il y avait eu bien sûr des artistes au Manitoba français avant cette époque, dont les mieux connus sont peut-être Pauline Boutal (1894-1992) et Nicholas Constantin Tauffenbach (1829-1890), les deux nés en Europe et les deux morts dans leur terre d'adoption, le Manitoba. Les deux aussi étaient notamment des portaitistes, Mme Boutal nous laissant des peintures de plusieurs des grands personnages franco-manitobains de son époque et Tauffenbach, des portraits de plusieurs des personnages historiques du 19e siècle, notamment le poète Pierre Falcon, Mgr Ritchot et Elzéar Lagimodière. Mais il serait difficile de parler d'un milieu des arts franco-manitobains ou même d'une pratique généralisée.

Soudainement, durant les années 1960, il y eut comme une explosion de jeunes talents au Manitoba français. La plupart commencent au Collège, sous la tutelle des jeunes jésuites mais dépassent rapidement les murs de l'institution.[17] Nous n'avons malheureusement que très peu de documentation de cette période d'intense créativité ; elle se résume à quelques articles fragmentaires dans les Actes d'une vingtaine de colloques organisés par le CEFCO (Centre d'études franco-canadiennes de l'Ouest, fondé en 1978, dont le siège social est à l'Université de Saint-Boniface) et dans les *Cahiers franco-canadiens de l'Ouest*. Un des seuls textes rédigés par un des acteurs de l'époque est donc d'une importance inestimable ;

[17] Certains en firent même une carrière ; au fait chaque cas est unique. Roger Boulet, par exemple, commença à peindre sérieusement à 17 ou 18 ans alors qu'il était encore au Collège de Saint-Boniface. Plusieurs de ses toiles se trouvent dans la voûte du Centre culturel franco-manitobain ; il fit carrière subséquemment dans le monde des arts, surtout comme directeur de musées de beaux-arts dans l'Ouest canadien et auteur de biographies d'artistes mais non comme artiste professionnel. Bernard Mulaire fit ses débuts comme caricaturiste pour le *Courrier* et se lança intensément par la suite dans une carrière d'artiste professionnel, alors qu'il connut un grand succès sur le plan national durant les années 1970 et 1980 pour ensuite cesser abruptement ses activités dans ce domaine. Roger Lafrenière fit aussi ses débuts à cette époque, et il poursuit sa carrière artistique jusqu'à ce jour ; ses toiles se vendent dans les galeries de Winnipeg et d'ailleurs. Pauline Morier aussi a fait carrière comme artiste professionnelle à Montréal, où elle déménagea après avoir terminé ses études à Winnipeg. Elle laissa elle aussi sa marque au *Courrier*, où elle publia en 1965 une série de chroniques documentant son voyage de jeunesse en Europe. (Roger Boulet pour sa part y contribua comme critique, chroniqueur et finalement rédacteur-en-chef pour un certain temps.) Marcel Gosselin, homme à multiples talents, s'était fait remarquer d'abord comme chansonnier dans les boîtes à chansons franco-manitobaines, mais il s'orienta rapidement vers une carrière dans les beaux-arts ; sa réputation est maintenant nationale, surtout comme peintre et sculpteur mais aussi comme auteur et chansonnier, et il continue à produire jusqu'à ce jour. Réal Bérard, connu surtout comme caricaturiste de longue date à *La Liberté* (version contemporaine) est aussi un peintre de renom, dans un genre qu'on pourrait décrire comme « populiste » ou « naïf ». Les carrières de tous ces artistes franco-manitobains, et bien d'autres encore, ont pris leurs racines dans les années 1960 et la grande majorité d'entre eux produisent encore, un demi-siècle plus tard.

Photo inédite de Roger Boulet prise en novembre 1962 par Roger Turenne.

il s'agit d'un petit fascicule d'une trentaine de pages rédigé par Bernard Mulaire et publié en 2002 à l'occasion d'une exposition tenue au Centre du patrimoine à Saint-Boniface.[18]

Bernard Mulaire y fait état notamment de deux expositions organisées durant les années 60, soit en 1965 et en 1969. La première avait eu lieu à la Bibliothèque publique de Saint-Boniface et avait sans doute bénéficié du dynamisme et de l'ouverture d'esprit de la bibliothécaire-en-chef à l'époque, Claire Audet. Cette exposition résolument avant-gardiste regroupant les œuvres d'une quinzaine d'artistes franco-manitobains,[19] organisée par Bernard Mulaire,

[18] Bernard Mulaire, *Tracer un espace en arts visuels*, Saint-Boniface, Éditions Ink, 2002.

[19] Arthur Aubin, Thérèse Aubin, René Avanthay, Roger Boulet, Louise Chénier, Claude Dorge, Lorraine Dumont, Joe Fafard, Claudette Guay, Roger Lafrenière, Georges Léger, Paul Léveillé, Roger Léveillé, Roland Mahé, Pauline Morier et Bernard Mulaire.

L'atelier de Saint-Boniface, 28 mars au 3 avril 1965. Pour la première fois, une exposition formelle réunit les artistes de la nouvelle génération franco-manitobaine. Dans l'ordre habituel, assis : Pauline Morier, Paul Léveillé, Roland Mahé et Louise Chénier; debout : Roger Léveillé, Bernard Mulaire, Claude Dorge, Roger Boulet et René Avanthay. (SHSB-9027)

avait comme nom « L'atelier de Saint-Boniface » et fut présentée du 28 mars au 3 avril 1965. Comme le souligne Mulaire, quelques-uns des artistes étaient encore étudiants au Collège de Saint-Boniface et d'autres, un peu plus âgés, étaient inscrits à des cours d'arts plastiques ou avaient terminé ces études. Il ajoute que

> Certains de ces jeunes, au destin encore flou, ont le sentiment de participer à un moment privilégié, d'audace pour eux-mêmes et pour la communauté. Par la suite, la plupart d'entre eux se distingueront dans la sphère culturelle. (Mulaire, 2002, p. 13)

Mulaire souligne aussi que c'était la première participation à une exposition publique pour Joe Fafard, qui se tailla par la suite une réputation internationale comme sculpteur.

En 1967, année du centenaire de la Confédération, le Musée de Saint-Boniface accueille une exposition d'œuvres de francophones au moment de son inauguration. Plus modeste, elle met en vedette les œuvres de seulement quatre artistes, mais non les moindres, malgré leur jeune âge (tous au début de la vingtaine) : Roger Boulet, Roger Lafrenière, Pauline Morier et Bernard Mulaire. Dans l'ancien couvent des Sœurs Grises, arrivées au Manitoba du Québec en 1844, « toiles et sculptures de facture contemporaine occupent la partie arrière de la chapelle du couvent que Sœur Eulalie Lagrave avait décorée autrefois ». (Mulaire, 2002, p. 14)

Dans le cadre du Congrès de la Société franco-manitobaine de 1969, une grande exposition regroupant les œuvres de 17 artistes,[20] surtout franco-manitobains, fut présentée au Centre culturel de Saint-Boniface. Pour la première fois, la communauté francophone invite Tony Tascona, l'« artiste chevronné résidant à Saint-Boniface depuis sa naissance,» à participer à une de ses expositions. (Mulaire, 2002, p. 17) Il est à noter aussi que Tascona avait été un des élèves de Gabrielle Roy durant les années 30 à l'école Provencher, un de ces « petits immigrants » qu'elle aimait tellement.

Si Robert Charlebois avait eu son *Osstidcho* à Montréal en 1968, cinq artistes franco-manitobains,[21] affirmant fièrement leur identité en plein cœur de la ville de Winnipeg, montèrent leur *Krysdamodybo Show* dans la Gallery 21 du 16 au 31 mars 1970. Sur l'affiche « sourit une grenouille qui ne laisse aucun doute sur la '*frogcité*' des exposants ». (Mulaire, 2002, p. 20) Mais ces expositions ne furent qu'un prélude à l'événement principal qui confirma

[20] Thérèse Aubin, Réal Bérard, Roger Boulet, Pauline Boutal, Raymond Brunet, Marcel Debreuil, Paul Fillion, Marcel Gosselin, Roger Lafrenière, Hélène Lemay, Marcien Ferland, Christian Leroy, Mme Marcel Morier, Pauline Morier, Bernard Mulaire, Mme J. Ragot et Tony Tascona.

[21] Roger Boulet, Raymond Brunet, Marcel Debreuil, Marcel Gosselin, Bernard Mulaire.

et qui valida l'arrivée d'un mouvement artistique franco-manitobain moderne : ce fut l'ouverture d'une galerie permanente dans le nouveau Centre culturel franco-manitobain en septembre 1975:

> L'inauguration de la galerie d'art du Centre culturel franco-manitobain à l'automne 1975 représente un tournant pour les artistes franco-manitobains. Jamais auparavant avaient-ils eu accès à un lieu d'exposition aussi professionnel à Saint-Boniface.
>
> L'ancien Centre culturel de Saint-Boniface avait rallié les artistes. Dès 1970, Bernard Mulaire, artiste et membre du Conseil du CCSB, avait fait valoir, avec l'appui de Philip Fry, conservateur à la Winnipeg Art Gallery, l'importance de prévoir une salle d'exposition dans les plans du futur CCFM. Irène Mahé demandait alors dans les pages de *La Liberté et le Patriote*: « Y a-t-il place pour une galerie d'art à St-Boniface » ? L'année suivante, les artistes se regroupaient au sein d'un premier Comité des beaux-arts.
>
> Quand le CCFM ouvrit ses portes avec fanfare en 1974, il comprenait un espace pouvant servir de salle d'exposition. Quoique cet espace se trouvait dans un état brut, la directrice du nouveau centre, Marie Fournier, aidée par les membres du Comité des beaux-arts, notamment Roger Lafrenière, y monta pour l'occasion la première exposition particulière, accordée à Pauline Boutal. Marthe Benoist signait le catalogue. (Mulaire, 2002, p. 21-22)

Une série de sept expositions suivirent, à un rythme accéléré, comme s'il fallait récupérer le temps perdu. Les expositions alimentent des publications, encore d'autres créations, souvent impliquant les mêmes artistes :

> La série des expositions de 1975-1976 galvanise les énergies. Les Éditions du Blé, nouvellement fondées en 1974, publient les catalogues des six premières expositions. Ces plaquettes, regroupées dans la collection 'Miroir', constituent les premières publications en arts de la maison d'édition. (Mulaire, 2002, p. 23)

Ce bref périple du côté des arts visuels démontre la très grande fluidité chez les artistes franco-manitobains, leur multidisciplinarité (passant aisément d'une discipline artistique à une autre, de la peinture à la sculpture à la littérature, par exemple) et leur influence sur les générations d'artistes qui suivirent. Il démontre aussi que la confluence des activités artistiques, culturelles et littéraires ainsi que la multitude de boîte à chansons et de représentations théâtrales créait une demande d'espaces appropriées, de galeries, de salles de spectacle, demande qui fut finalement assouvie avec la construction du Centre culturel franco-manitobain en 1974.

Étienne Gaboury, ou l'invention d'un nouvel art franco-manitobain

S'il y eut un grand innovateur sur la scène artistique franco-manitobaine, ce fut bien l'architecte Étienne Gaboury. Non seulement cet éminent personnage, un des plus grands artistes issus de notre milieu, a-t-il participé activement et directement à la transformation institutionnelle de la communauté, comme nous l'avons vu dans les chapitres précédents, il a également transformé l'espace physique de Saint-Boniface, sans compter l'ampleur de son œuvre ailleurs au Manitoba, au Canada et sur le plan international. On oublie souvent aujourd'hui que c'est durant les années 60 qu'il a créé parmi ses plus grandes œuvres et parmi ses plus innovatrices.

Il n'a pas été beaucoup question du Concile Vatican II jusqu'ici dans notre récit, quoique cette période de renouveau profond (mais malheureusement temporaire) au sein de l'Église catholique constitue une espèce de toile de fond pour les changements qui se produisaient dans les institutions de cette communauté franco-manitobaine fortement catholique à l'époque. Or c'est Étienne Gaboury qui fut le laïc franco-manitobain le plus impliqué dans cette transformation. Il étudiait à fond les documents émanant de Vatican au début des années 60, avec l'aide d'ailleurs de Mgr Baudoux lui-même, qui, comme on l'a vu, s'impliqua profondément, au moins sur le plan intellectuel, dans ce mouvement de renouveau. Ainsi Étienne Gaboury, en façonnant ses œuvres, eut-il à affronter directement les valeurs spirituelles catholiques traditionnelles. Dans les paroisses franco-manitobaines, son œuvre fut donc une source à la fois de conflit et de renouveau spirituel, le plaçant en plein cœur d'une autre dimension de la transformation institutionnelle de la communauté franco-manitobaine.

Le destin voulut que parmi les toutes premières œuvres de Gaboury se trouvent trois églises érigées au Manitoba, dont deux au cœur de Saint-Boniface. Dans tous les cas, leur gestation se fit par une analyse approfondie par l'architecte des principes de Vatican II alliée à sa sensibilité artistique et à sa formation axée sur les grands courants de sa profession à l'époque.[22]

Étienne Gaboury subit son baptême de feu en concevant et en réalisant sa première église, construite à Saint-Claude au Manitoba en 1963. C'est le curé de la paroisse, l'abbé Pierre Gagné, qui l'avait retenu pour concevoir la nouvelle église, et l'architecte eut de nombreuses discussions avec lui sur la réforme liturgique au sein de l'Église ; on établit comme premier principe l'idée que tous les sacrements devaient être accessibles à la communauté, que toutes les activités sacramentelles soient des activités communautaires. Il fallait aussi épurer la liturgie, enlever tout le faux, l'artificiel ; aussi il fallait réorienter l'autel vers la congrégation ; tout cela changeait radicalement le concept de l'Église. Partant de ces principes, Gaboury présenta trois séries de plans au curé et à son comité, le troisième intégrant un nouveau presbytère à l'église elle-même. Le plan, au dire de Gaboury lui-même, était passablement avant-gardiste pour l'époque, mais malgré tout le dernier plan fut accepté. Une fois construite, par contre, l'église suscita de vives réactions négatives de la part du curé et des paroissiens :

---

[22] Entrevue avec Étienne Gaboury, février 2012. Cette histoire fut racontée par l'architecte lors de cette entrevue, et les citations de Gaboury viennent de cette source.

> Ils n'ont pas été choqués lorsqu'ils ont vu les plans, mais lorsque l'église a été construite, l'abbé Gagné et la communauté ont été un peu révoltés, un peu choqués. J'ai même eu un commentaire de l'abbé Gagné à un moment donné, il m'a dit, « On s'est fait fourrer, je me suis fait fourrer. » Alors je lui ai dit, M. l'abbé, vous ne vous êtes pas fait fourrer du tout, vous avez eu une église incroyable pour le montant que vous avez payé dans ce sens que c'est du solide, ça va durer cent ans, deux cents ans. Mais il sentait qu'il s'était fait fourrer dans le sens que ce n'était pas l'église qu'ils avaient imaginée.

Gaboury était très fier de cette église, qui rappelle la célèbre chapelle de Le Corbusier à Ronchamp, construite durant les années 1950, et en peu de temps, deux ou trois ans peut-être, les paroissiens eux-mêmes vinrent à l'apprécier à sa juste valeur : « Un jour j'ai amené quelqu'un à Saint-Claude pour lui faire visiter l'église. Une paroissienne de passage est venue me voir et elle m'a dit, 'Vous savez M. Gaboury, on l'aime beaucoup notre église.' C'est alors que je me suis rendu compte que c'était devenu *leur* église. »

Au milieu des années 1960, l'architecte Gaboury conçut et réalisa une deuxième église, celle-ci encore plus avant-gardiste, surtout du point de vue liturgique : il s'agit de la « St. Anne's Church and Rectory », construite à Regina en 1967. C'est durant cette période également qu'il commença à concevoir une des œuvres les plus marquantes de sa carrière, l'église du Précieux-Sang à Saint-Boniface, construite en 1968. Il avait été approché par le curé de la paroisse, l'oblat Aurèle Lemoine, qui avait en tête un grand projet, une église d'environ mille places. Gaboury suivit le même processus qu'à Saint-Claude, à savoir de nombreuses discussions autour de la liturgie, suivi de la présentation de plans. Lors d'une rencontre critique avec le comité, voilà que des incidents fortuits vinrent entacher la présentation des plans finaux : un membre du comité renversa une bière sur les plans et un deuxième, arrivé en retard, écrasa la maquette qui se trouvait dans un coin près de la porte mais qui n'avait pas encore été dévoilée au comité. Selon Gaboury, certains avaient des réticences, mais après ces incidents fâcheux, personne n'osa s'opposer au projet tel que conçu, et l'architecte reçut le feu vert.

Cette église devint un de ses projets les plus controversés, autant durant la construction (l'entrepreneur général Robert Bockstael se plaignait à qui voulait bien l'entendre de la complexité du projet) qu'après sa réalisation. La réaction des paroissiens ressembla beaucoup à celle des paroissiens de Saint-Claude : très négative durant les deux premières années, mais de plus en plus favorable par la suite. Aujourd'hui c'est un édifice reconnu comme étant exemplaire d'un style architectural canadien, admiré par des visiteurs qui viennent de partout ; elle est peut-être l'œuvre la mieux connue d'Étienne Gaboury.

Le 22 juillet 1968, la communauté franco-manitobaine vécut une des plus grandes tragédies de son histoire, à savoir l'incendie qui emporta son immense cathédrale à deux tours située au cœur de Saint-Boniface, au bord de la rivière Rouge, face au centre-ville de Winnipeg. J'ai vu moi-même la cathédrale en flammes et j'avoue avoir eu des sentiments très forts mais très mixtes à l'époque : d'abord l'excitation du moment, de voir les flammes avaler ce monument, cette pierre angulaire de notre société ; ensuite un profond sentiment de perte, comme celle d'un parent ; et plus tard, la réalisation que j'avais là devant les yeux un symbole on ne peut plus clair de la destruction de l'ancien ordre et de la possibilité qu'un ordre nouveau, moins clérical et plus communautaire, vienne s'installer chez nous.

Étienne Gaboury vécut les séquelles de cet événement tragique plus intensément que la plupart d'entre nous. Malgré le fait qu'il était perçu comme une bête noire dans certains cercles depuis l'église du Précieux-Sang, il ne fut pas écarté d'avance lorsque la paroisse de la Cathédrale en vint à choisir l'architecte de l'édifice qui viendrait remplacer l'ancienne structure. À deux occasions, en pleine réunion publique, il dût subir les insultes de certains participants à l'endroit de son œuvre la plus récente. « En tout cas, dit l'un d'eux, une chose qu'on veut pas c'est une autre église Précieux-Sang ! », aux grands applaudissements de la foule. C'est un prêtre, l'abbé Léo Beaulieu, qui souligna la présence de Gaboury au fond de la salle et qui rappela à l'auditoire leurs devoirs de chrétiens.

Éventuellement il y eut appel de soumissions, et Gaboury décida de se lancer dans la compétition. Cette fois, il fit face à un comité paroissial conservateur et décidé de l'encadrer le plus possible ;[23] en plus, il dût composer avec une enveloppe financière très serrée. En effet, l'archevêché ou le comité avait décidé de n'affecter que la moitié des fonds reçus en assurances (environ 1,2 millions $) à la construction du nouvel édifice, soit environ 650 000 $. À un moment donné, en développant sa soumission, Gaboury eut une vision de ce que pourrait être la nouvelle cathédrale :

> Travaillant dans les ruines, il m'est venu une image d'une cathédrale qui, au lieu d'être comme la vieille cathédrale, un grand espace, on aurait une cathédrale qui serait comme une série de chapelles, des aires d'activités liturgiques. Avec l'idée, en parlant d'oécuménisme, de permettre à d'autres groupes de venir… par exemple, l'espace liturgique central serait comme un grand théâtre qui permettrait toutes sortes d'activités liturgiques.

Lorsque vint le moment de négocier les conditions financières du projet, le comité exigea une garantie absolue qu'en aucune circonstance l'architecte n'excéderait son budget. En revanche, le comité lui accordait pleine liberté artistique… mais comme Gaboury lui-même le dit, « Malheureusement j'avais si peu d'argent que cette liberté ne valait pas grand chose. Alors ce serait ça, un édifice de

---

23 Deux des membres les plus actifs du comité furent le Dr Clément Lavoie et l'entrepreneur Gabriel Soulodre.

milles places et très peu pour la liturgie, zéro. Toute la liturgie de Vatican II, ils n'étaient pas intéressés. » Autre élément assez étonnant du mandat qu'il reçut : il était entièrement libre de démolir les ruines de l'ancienne cathédrale s'il le voulait, ce qui aurait sans doute été financièrement avantageux, et avantageux même sur le plan liturgique ; mais il décida rapidement de construire le nouvel édifice à l'intérieur des ruines. Plus tard, le comité accepta de fournir des sommes additionnelles pour incorporer le parquet de l'ancienne cathédrale au nouvel édifice, à même les ruines stabilisées. L'ameublement fut exclu du contrat de l'architecte, et il fut ajouté une fois la construction terminée, sans son avis. Aujourd'hui, Étienne Gaboury considère que le nouvel édifice ressemble plus à une simple église qu'à une cathédrale, dans ses proportions, et que, d'une certaine façon, ce fut une occasion ratée. Par contre, la nouvelle structure fut bien accueillie par les paroissiens dès son ouverture.

À travers toute cette histoire, il est paradoxal que Mgr Baudoux, pourtant si imbu de Vatican II pour y avoir participé très activement à chaque étape, ne soit apparemment pas intervenu pour s'assurer que la nouvelle liturgie soit au cœur de la nouvelle cathédrale. Car des trois églises catholiques conçues par Étienne Gaboury durant les années 60 au Manitoba, c'est l'église qui reflète le moins cette liturgie.

Les écrivains : *Frontières* et au-delà

Si les boîtes à chansons avaient été une pépinière féconde pour les jeunes chanteurs et musiciens au milieu des années 60, le journal étudiant *Frontières* au Collège de Saint-Boniface le fut encore plus pour les jeunes écrivains. Ce journal ne dura que six ans, de 1960 à 1966, mais il a laissé un legs important de textes rédigés par de jeunes écrivains, dont plusieurs laissèrent une marque importante dans divers domaines, y compris l'écriture, dans différents genres. La première année, 1960-1961, l'aviseur était le très populaire jeune Jésuite Pierre Fortier (qui quitta les Jésuites peu de temps après son départ de Saint-Boniface pour faire une brillante carrière comme professeur au collège Glendon à Toronto)[24]. Mon premier article en tant qu'étudiant universitaire parut dans le premier numéro, publié en novembre 1960. Je l'avais rédigé avec mon camarade de classe Michel-Claude Lavoie, qui fit, par la suite, une carrière remarquable à Radio-Canada à Montréal, après avoir lui-même passé quelques années chez les Jésuites. Rejetant déjà les carcans, nous l'avions rédigé... en anglais ! Sujet : « The Poet in Canada » ; c'était un compte-rendu critique d'une conférence sur la poésie canadienne qui avait eu lieu à l'Université du Manitoba. Par la suite, j'y ai contribué plusieurs articles chaque année, devenant rédacteur en chef en 1962-1963.

En relisant sa quarantaine de livraisons sur cette période de six ans, ce qui frappe, c'est la diversité et la profondeur des articles, compte tenu du fait que ce n'était, en fin de compte, qu'un journal étudiant. Le collège offrant alors le « cours classique » de huit ans, les pages de *Frontières* étaient ouvertes à des étudiants de tous les niveaux, mais en pratique la grande majorité provenait d'étudiants du niveau universitaire. Autre constat, en y revenant 50 ans plus tard : les débats francs, mais respectueux, qui s'y déroulaient. Il y avait, par exemple, Georges Allaire, qui déblatérait sans cesse contre les tendances socialistes et communistes au sein de notre société, qui, pour lui, se manifestaient dans la laïcisation, l'abandon de la pratique religieuse, les taux de divorce qui allaient en augmentant, etc. Évidemment d'autres lui répondaient, ce qui faisait un débat continu très vivant mais jamais personnalisé. Une autre évidence : les conseillers jésuites, soit, au cours des années, les pères

[24] Il est décédé à Toronto en 2007.

Pierre Leduc, André Surprenant et Robert Trempe, nous accordaient une grande liberté dans le choix des sujets et dans la façon de les traiter ; ainsi, nous avons été imbus de liberté de pensée et de liberté d'expression, grâce en bonne partie j'en suis sûr à ces jeunes Jésuites qui n'avaient que quelques années de plus que nous. En même temps, ils ne faisaient aucun compromis sur la forme : il fallait que les articles soient bien pensés et bien rédigés, sinon ils étaient rejetés ou retravaillés jusqu'à ce qu'ils rencontrent ces normes élevées.

Les sujets couvraient toute la gamme, mais la majorité portaient sur les arts et la politique. En arts, on ne se limitait pas à de simples comptes-rendus descriptifs mais on s'efforçait à adopter des perspectives critiques par rapport aux films, aux livres et aux concerts, surtout de musique classique, qui nous intéressaient. Parmi les noms qui reviennent le plus souvent au cours des années, on retrouve Roger Boulet, lui aussi un des contributeurs de la première heure, Roger Turenne (qui fournissait déjà, à l'époque, des photos au journal en plus d'assurer sa mise en page pendant quelques années et d'y publier des textes), et, un peu plus tard, Roger Léveillé, qui en devint le rédacteur en chef en 1963-1964, et Paul Savoie. Tous ces gens se distinguèrent par la suite dans le monde de l'édition. Roger Léveillé atteignit éventuellement les sommets de la reconnaissance en tant que romancier et poète, et Paul Savoie publia, pour sa part, une vingtaine de textes dans différents genres, en anglais aussi bien qu'en français. Roger Boulet, après avoir passé un an ou deux chez les Franciscains, trouva sa vocation du côté des arts, devenant directeur de plusieurs musées de beaux-arts et publiant plusieurs catalogues et biographies de peintres canadiens. Roger Turenne, après une carrière de 25 ans dans le service diplomatique canadien, publia un essai photographique[25] et il continue jusqu'à ce jour à façonner des essais photographiques d'une grande sophistication en utilisant les nouveaux

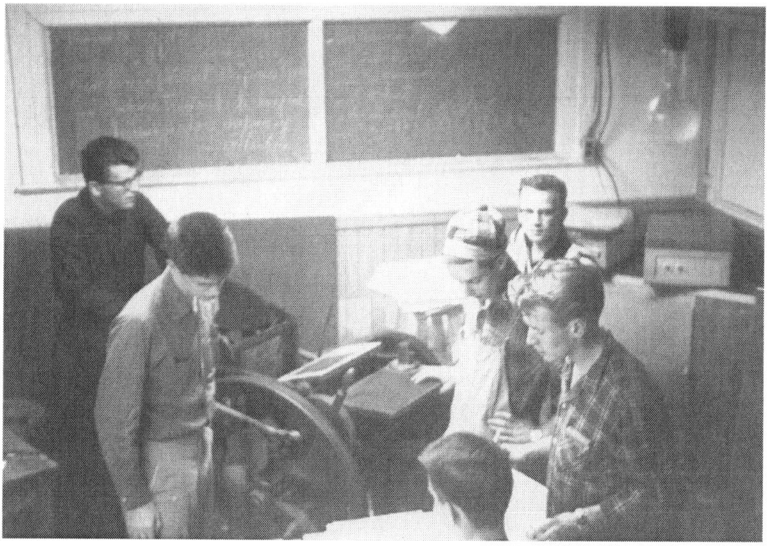

L'équipe d'impression de Frontières, *autour d'une presse qui, d'après Roger Turenne, datait de la fin du 19ᵉ siècle. Selon Turenne, qui avait travaillé à la mise en pages du journal pendant plusieurs années, cette presse avait l'avantage d'être ancienne, et donc simple; ainsi lorsqu'il fallait remplacer une pièce défectueuse, c'était assez facile de fabriquer une pièce équivalente. À gauche, le P. Pierre Leduc et Raymond Hébert. (Photo Roger Turenne, novembre 1962.)*

médias. Bernard Mulaire, qui devait se faire connaître plus tard comme caricaturiste, dessinateur et peintre, contribua lui aussi à *Frontières*. Bref, à peu près tous ceux et celles qui ont été associés à *Frontières*, dans une capacité ou une autre, ont continué à écrire, professionnellement ou autrement, par la suite.

D'une certaine façon, l'« apprentissage » de ces auteurs en herbe continua pendant un certain temps. Dans le cas de Roger Boulet et de Bernard Mulaire, il faut mentionner une autre de leurs œuvres estudiantines qui demeure : il s'agit de la revue *Canticle*, publiée en annexe au journal étudiant de l'Université du Manitoba,

---

[25] Roger Turenne, *Mon pays noir sur blanc : regards sur le Manitoba français*, Saint-Boniface, Les Éditions du Blé, 1981.

The Manitoban en 1967-1968, alors qu'ils étudiaient à la faculté des beaux-arts. Ses onze livraisons survivent dans les archives,[26] témoignage d'une tentative avant-gardiste d'intégrer dessins, textes et photos dans un artéfact imprimé de forme inédite. Le logo de la publication avait été dessiné par Bernard Mulaire dans le style fleuri, populaire à l'époque, d'Aubrey Beardsley. Les deux contribuèrent aussi abondamment au *Courrier* pendant ses premières années. Plus tard, Roger Léveillé y fut aussi un contributeur. Ces trois artistes et auteurs contribuèrent aussi à *La Liberté* durant les années 60.

Enfin, on vit l'éclosion, presque prédéterminé, de tous ces talents sur la scène artistique franco-manitobaine, à la fin des années 60: Boulet et Mulaire dans les expositions dont nous avons parlé plus haut; Roger Léveillé, qui, avec la publication en 1968 de son premier livre, *Tombeau*, « révolutionnait le petit monde des Lettres de l'Ouest » par la publication de ce récit poétique qui, selon l'Encyclopédie canadienne, « non seulement dénotait, chez ce tout jeune homme, une étrange attirance pour la mort, liée au désir charnel, mais bouleversait les normes classiques du roman : quasi-absence de personnages et de trame narrative, forme éclatée, style elliptique, etc. » À Saint-Boniface, c'est Louis-Philippe Corbeil qui le premier signala l'arrivée de ce nouveau talent, dans un éditorial publié dans le *Courrier* (20 nov. 1968) intitulé « Naissance littéraire » et qui en dit autant sur l'auteur que sur Léveillé :

> Je m'émerveille à l'art du jeune auteur. Roger sans doute apprit ses secrets de la phrase française et de ses rythmes au Collège de Saint-Boniface dans les classes de lettres, des très compétents professeurs jésuites ou autres. À travers le volume ces petites phrases semblables aux envolées de mitrailles des films « gangsters » américains qui rappellent le Rimbaud des « Illuminations ».

---

[26] À l'Université de Saint-Boniface.

> D'autres sauvagement cahotantes sur la page qui simulent ces chanteurs « Beatles » ou autres que j'exècre. Ou encore au hasard du livre ces belles grandes phrases remplies de labiales et d'e muets, chères à Valéry, qui imitent le rythme enrêvé, un peu brumeux, du repos post-coïtal et très masculin.
>
> Une autre qualité du volume est sa brièveté. En ce genre d'écrit l'écueil est la longueur, qui dégénère en une répétition et un ronflement qui produit le sommeil chez le lecteur. Tel ce Réjean Ducharme des pays du Québec qui a fait un beau livre si vous en jetez la moitié.
>
> Vous entendrez parler de Roger Léveillé. Saint-Boniface se glorifie de l'avoir dans son sein.

Léveillé a publié depuis une trentaine d'œuvres et a récolté un grand nombre d'honneurs dans le monde artistique et littéraire. Pour sa part, Paul Savoie publia son premier livre, *Salamandre*, un recueil de poésie, aux Éditions du Blé en 1974; ce fut d'ailleurs la première publication de cette toute nouvelle maison d'édition au Manitoba français, suivie d'une deuxième, les Éditions des Plaines, en 1979. Des centaines d'autres œuvres sont venues s'y ajouter depuis, ce qui fait qu'on peut parler aujourd'hui sans exagération d'une « littérature franco-manitobaine ». Léveillé se rappelle qu'une partie essentielle de sa formation comme écrivain durant les années 1960 fut sa participation à un petit « cénacle » chez Louis-Philippe Corbeil où des jeunes écrivains en herbe se rencontraient pour parler littérature et bien d'autres choses :

> Au cours des années 1960, Louis-Philippe Corbeil a fait figure d'animateur littéraire auprès d'une génération de jeunes, principalement collégiens, intéressés aux beaux-arts, à la musique, à la poésie, à la philosophie; ceux qu'il appelait affectueusement « mes enfants ». Il recevait chez lui, dans son étude ou au salon, et prêtait volontiers un choix de livres introuvables ailleurs, sauf peut-être dans les bibliothèques du collège de Saint-Boniface et de l'université du Manitoba.

> Il a également joué un rôle d'animateur littéraire comme libraire. Il exhortait les propriétaires de [la librairie] à faire venir du « nouveau »: la littérature québécoise qui commençait à s'imposer, Hubert Aquin, Paul-Marie Lapointe, Roland Giguère, Paul Chamberland par exemple; même des titres comme *Calorifère* de Claude Péloquin; puis les nouveaux romanciers de France.[27]

Dans une de ses nombreuses œuvres documentaires,[28] Léveillé retrace méticuleusement cette évolution depuis ses débuts, en se concentrant surtout sur la production littéraire et théâtrale à partir des années 1970. Certaines caractéristiques sautent aux yeux lorsqu'on effectue ce tour d'horizon. D'abord, les origines diverses des auteurs, débordant la serre-chaude ethnique strictement « franco-manitobaine ». Ensuite, la diversité des genres, allant de romans populaires au post-modernisme, ce qui pouvait mener la professeure Rosmarin Heidenreich à conclure déjà en 1986 que

> Works like [these] bear witness to the fact that there is a sufficient confidence on the part of the developing literature to create, from the regional specificities of a very small linguistic and cultural minority, a universal paradigm which is ready to measure itself against the parameters created by the major works of our time.[29]

Autre caractéristique de cette littérature émergente : l'adoption sinon la valorisation d'un langage du terroir, dans la foulée de Michel Tremblay. Sauf qu'au Manitoba français, cela voulait dire aussi l'incorporation d'une bonne dose d'anglais. Ainsi on voit, au cours des décennies, la publication d'œuvres littéraires et théâtrales où

---

[27] J.R. Léveillé, « Louis-Philippe des Grandes Errances », dans J.R. Léveillé, *Parade ou les autres*, Saint-Boniface, Les Éditions du Blé, 2005, p. 69.

[28] J.R. Léveillé, *Parade ou les autres*. Saint-Boniface, Les Éditions du Blé, 2005.

[29] Cité dans J.R. Léveillé, « De la modernité et de l'histoire de la littérature franco-manitobaine », dans J.R. Léveillé, *Parade*, p. 29.

l'on fait libéralement usage de l'anglais. Contrairement au Québec, la grande majorité des auteurs franco-manitobains sont bilingues et, loin de rejeter la langue anglaise ou de la voir comme une menace, ces auteurs embrassent cette deuxième langue comme une valeur positive et même comme une partie essentielle de leur être, de leur identité profonde. J'ai entendu Paul Savoie, lors d'un colloque international à Grenoble en 1995, affirmer que lui enlever l'anglais, ce serait comme le trancher en deux... il fit alors un geste indiquant une scission verticale de son corps, de la tête aux pieds.

Il y en eut un, tout de même, qui s'exila de Saint-Boniface, non pas au Québec mais pour faire carrière comme dramaturge à New York. Il s'agit de Guy Gauthier, sorte de Jack Kerouac franco-manitobain, un autre membre du cénacle de L.-P. Corbeil, dont une pièce, *Spotlights*, fut présentée en traduction française (*Projecteurs*) au sous-sol de la Cathédrale de Saint-Boniface en 1965. Selon la professeure Annette Saint-Pierre, Guy Gauthier étouffait dans le Saint-Boniface ultra conservateur du début des années 1960, et il décida d'abandonner sa langue et sa province natales pour faire fortune aux États-Unis. Selon Saint-Pierre,

> Le théâtre trop moderne et quelque fois trop abstrait de Guy Gauthier n'avait pas de chance de se développer dans la petite ville de Saint-Boniface. Le jeune auteur trouvant que les citoyens étaient trop lents à se « moderniser » décida alors de s'expatrier.[30]

Plusieurs de ses pièces furent publiées, mais après 1975 il se concentra surtout sur la rédaction de ses journaux intimes, dont certains sont encore disponibles sur le marché aujourd'hui.[31] Léveillé souligne que Guy Gauthier n'a pas abandonné complètement le français, langue qu'il parle encore couramment d'ailleurs, et une

---

30 Cité dans J.R. Léveillé, « Rapport des écrivains franco-manitobains à la langue française », dans J.R. Léveillé, *Parade,* p. 95.

31 Voir, par exemple, G. Gauthier, *Water and Earth*, Impassio, 2002.

ou deux de ses œuvres en français, dont au moins une pièce de théâtre, survivent encore.[32]

Peu de temps après, à partir des années 1970, des dramaturges comme Roger Auger et Claude Dorge pouvaient faire craquer cette cabane à leur façon, apportant enfin un souffle de modernité à la création théâtrale franco-manitobaine. Au fait, il ne serait pas exagéré de dire que la révolution tranquille culturelle du milieu des années 1960 a permis l'expression d'une architecture unique, résolument moderne qui est devenu le visage du Saint-Boniface contemporain, a facilité l'éclosion d'une musique franco-manitobaine, a conduit à la création d'un corpus littéraire et de ses institutions variées, a mené à une pratique artistique étendue et à la fondation de galeries, et a permis le développement d'une dramaturgie bien franco-manitobaine. Au fond, ces années ont enraciné la culture franco-manitobaine telle qu'elle est devenue et se manifeste toujours.

Autres sources du renouveau social et culturel franco-manitobain

Durant les années 1960 d'autres organismes franco-manitobains subirent les vents parfois cinglants du changement. La Société historique, par exemple, la plus ancienne de l'Ouest canadien, fondée en 1902, était devenue ankylosée au début des années 60 et fonctionnait de façon plus ou moins démocratique. Après une longue lutte interne, l'organisme s'assainit (malheureusement après l'effusion d'un peu de sang avec le départ éventuel de son directeur de longue date, Henry Lane).[33] Côté patrimoine aussi, l'ouverture

[32] J.R. Léveillé, « Petite histoire de la modernité du théâtre franco-manitobain », dans J.R. Léveillé, *Parade*, p. 342-345.

[33] Voir notamment le *Courrier* du 26 octobre 1966; *La Liberté* du 3 novembre 1966; le *Courrier* du 30 novembre 1966, du 25 janvier 1967, du 17 mai 1967 et du 22 mai 1968.

du Musée de Saint-Boniface le 23 juin 1967 dans les murs de l'ancien couvent érigé en 1844 pour accueillir les Sœurs grises venues du Québec, vint valoriser l'histoire des francophones au Manitoba, avant les vagues subséquentes d'engouement pour Louis Riel.

La création d'un centre culturel à Saint-Boniface ne peut pas, non plus, passer sous silence. Déjà dans son numéro d'été publié en juillet 1963, le journal étudiant *Frontières* faisait état de discussions à Saint-Boniface d'un centre ; une maquette pour un nouveau centre avait même été dessinée par Étienne Gaboury. En fin de compte, avec le transfert de l'Académie Saint-Joseph à un groupe laïc, le premier Centre culturel de Saint-Boniface vit le jour le 27 septembre 1967. L'ancienne académie abrita ce centre jusqu'à la création du Centre culturel franco-manitobain en 1974. Un des premiers groupes à intégrer les murs du centre culturel de Saint-Boniface fut le 100 Nons, comme nous l'avons vu plus haut. Une gamme d'activités sociales et culturelles, notamment plusieurs concerts de l'Association Québec-Manitoba et des Jeunesses Musicales, eurent lieu dans ces locaux ; ainsi il ne faudrait pas négliger la contribution à la vie sociale et au leadership futur de ce centre à la communauté franco-manitobaine, même si au départ la majorité des groupes qui occupèrent ses locaux au début étaient à caractère social plutôt que culturel.[34] En même temps, des organismes qui existaient depuis longtemps à Saint-Boniface disparaissaient, notamment le Cercle Ouvrier et la Société St-Jean-Baptiste, dont les activités se résumaient de toute façon au début des années 1960 à une soirée annuelle de soupe aux pois pour les politiciens manitobains organisée par Théobald Hébert et son fils Georges. Cette activité disparut vers la fin des années 60.

[34] Les premiers organismes qui emménagèrent dans ce centre furent la Jeunesse ouvrière catholique, une école maternelle, une classe d'infirmières, l'Association d'éducation, le Cercle Molière et la Librairie Lumen. (*Courrier*, 4 octobre 1967)

Alors que certains organismes dépérissaient ou disparaissaient, d'autres se transformaient et se revitalisaient. C'est le cas entre autres de la Jeunesse ouvrière catholique, qui semble s'être muté en Mouvement des Jeunes Travailleurs (MJT), touchant plus de mille jeunes manitobains, garçons et filles, du Manitoba français. La JOC

Un NUMÉRO D'ÉTÉ, Pourquoi Pas?

Vous tenez entre vos mains le résultat d'une idée tout à fait originale: la publication de numéros d'été de notre journal. On en parlait dès la parution du dernier numéro de l'année, mais . . . "un journal étudiant paraît seulement pendant l'année scolaire! Un numéro d'été, 'ça ne se fait pas!' " Nous répondons: "Pourquoi pas? Ça se fait, et ça s'est fait!" S'il y avait quelque doute sur l'enthousiasme qui règne chez les collégiens universitaires, ce numéro devrait aller loin pour dissiper ces doutes.

C'est une idée à continuer, les étés à venir. Le précédent est créé, maintenant: il n'est pas impossible de publier des numéros d'été.

Un nouveau pas en avant a été fait dans l'établissement solide de notre journal "Frontières" comme une influence positive dans la communauté franco-manitobaine. Maintenant, nous ne pouvons plus retourner en arrière.

FRONTIÈRES

Vol. IV, no 1 Journal des étudiants (en vacances) du Collège de Saint-Boniface Juillet 1963

Un projet pour établir un centre culturel prend de l'envergure

par Raymond Hébert.

Une idée court actuellement dans différents cercles canadiens-français à Saint-Boniface: l'établissement d'une centre culturel et récréatif franco-manitobain. On a tenu quelques réunions déjà, auxquelles étaient invitées toutes les personnes intéressées à la réalisation éventuelle de ce projet. Entre autres, il y eut la réunion du 14 mai, au Collège de St-Boniface, où un comité provisoire fut choisi. M. Bernard Aubry en fut élu président, et M. Jean Bérubé, vice-président. On trouve sur ce comité des représentants du Cercle Ouvrier, des Chevaliers de Colomb, du Cercle Molière, etc. Ce comité tint une réunion plénière le 11 juin, pour dessiner un plan d'action plus

La une du journal étudiant Frontières, *été 1963.*

au Manitoba connut un nouveau souffle de vie au Manitoba avec l'embauche par le diocèse de l'animateur laïc Roland Marcoux à l'été de 1966. Travaillant de concert avec l'abbé Léo Beaulieu, Marcoux était, durant ces années-là, une véritable girouette, multipliant des initiatives auprès des jeunes et des curés partout dans le diocèse de Saint-Boniface, c'est-à-dire dans de nombreuses localités manitobaines, comme en fait état un rapport de ses activités par l'abbé Léo Beaulieu à Mgr Baudoux daté du 10 février 1967. (Fonds Baudoux, B256/67) Le MJT était animé surtout par les abbés Léo Beaulieu et Louis Laurencelle ainsi que par Marcoux lui-même. (*La Liberté*, 4 mai 1967) C'est dans la création de cet organisme et des activités d'animation sociale qui en découlèrent que le côté progressiste de Mgr Baudoux s'est le mieux manifesté durant son mandat comme archevêque de Saint-Boniface. Ce mouvement chrétien devint en fait une pépinière de nouveau leadership pour la communauté, mais l'organisme lui-même fut sans lendemain, disparaissant au début des années 1970, comme la plupart des autres œuvres archiépiscopales de Mgr Baudoux d'ailleurs.

Autre foyer de dynamisme culturel francophone durant ces années-là : le consulat de France à Winnipeg, notamment durant le mandat de Damien Giordani du début jusqu'au milieu des années 1960. Le consul et son épouse avaient rapidement développé un intérêt et une affection réelle et sentie pour la communauté franco-manitobaine. Leurs listes d'invités lors de réceptions à leur résidence étaient hétéroclites et garantissaient de vives discussions sur les questions du jour, c'est-à-dire des controverses qui balayaient la communauté à l'époque. Leur legs fut bien plus important pour les Franco-Manitobains que celui de Rossillon !

Et puis, il y eut les États généraux du Canada français, ce forum où s'est pratiquée, sur une période de trois ans (1966-1968), la scission entre le Québec et les autres communautés francophones canadiennes. Ensevelissement de l'ancienne identité canadienne-française (qui pourtant refuse de l'être, même chez grand nombre de Québécois, jusqu'à ce jour…) et création éventuelle des multiples identités de la « francophonie canadienne », euphémisme inventé par les souverainistes – identités telles que « Franco-Manitobains », « Fransaskois », etc. C'est Rhéal Teffaine qui était à la tête de la délégation manitobaine formée de 30 personnes[35] choisie en 1967 qui devinrent de plus en plus cyniques par rapport au processus à mesure qu'il se déroulait. Il fut décidé, par exemple, lors des assises préliminaires en novembre 1966, que les délégués des autres provinces n'auraient pas, aux prochaines assises, droit de vote sur les questions engageant l'avenir du Québec. Il devint de plus en plus clair qu'au fond les États Généraux, noyautés par des souverainistes tels que le président Jacques-Yvan Morin, Rosaire Morin et Michel Pelletier, visaient la reconnaissance d'une « nation canadienne-française » dont le Québec constituait le territoire national et qui avait le droit « de disposer d'elle-même et de choisir librement le régime politique sous lequel elle entend vivre ». (Résolution adoptée aux assises de 1967; *La Liberté*, 30 nov. 1967) Inspirés par la vague de décléricalisation, de contestation et de renouveau institutionnel de la Révolution tranquille québécoise qu'ils suivaient de près, les jeunes contestataires manitobains apprirent à connaître, par ces mêmes voix québécoises, les limites du

[35] Louis-M. Aubry, Louis Bernardin, P. Roméo Bédard, Étienne Bohémier, Marcel Boulanger, Joseph Chabalier, l'abbé Léo Couture, Aimé Delaquis, J.A. Desrosiers, Louis Dubé, Georges Forest, l'abbé J.M. Gagné, Maurice Gauthier, Armand Guénette, l'abbé Charles Halpin, Raynald Labossière, le Fr. Camille Légaré, Louis Lemoing, Jacques Molicard, Fernand Paquin, Hubert Philippot, Roger Poiron, Mme Yvette Privé, Hubert Préfontaine, Dr Georges Sabourin, Sœur Marie-Henri, Albert St-Hilaire, Rhéal Teffaine, René Toupin, Maurice Therrien. (*La Liberté*, 16 novembre 1967)

« modèle québécois » chez eux. Ces limites étaient définies par l'attachement profond chez la plupart au fédéralisme canadien et aux plaines infinies de l'Ouest, porteuses d'un destin tout aussi infini, comme nous l'avait dit Riel. Et le rejet des « Canadiens-français » par le Québec aux États-Généraux, malgré les déchirements qu'il provoqua à court terme, démontra que le projet culturel au Manitoba français et ailleurs au Canada devenait encore plus urgent.[36]

---

[36] Pour une analyse détaillée des effets à long terme des États généraux sur une autre minorité francophone, celle de l'Ontario, voir Gaétan Gervais, *Des gens de résolution : le passage du Canada français à l'Ontario français*, Sudbury, Prise de parole, 2003.

CHAPITRE 10

Vers un renouveau franco-manitobain

Le Manitoba français de 1970 était très différent de celui de 1960. Dans un secteur après l'autre, on constate une transformation institutionnelle rapide et irréversible durant cette décennie, presqu'un écho, en fait, de la Révolution tranquille au Québec, sans l'élément séparatiste.

Les nouvelles institutions, notamment la Société franco-manitobaine, étaient très dynamiques au début, continuant sur la voie de l'animation sociale qui avait mené à sa création et qui produisit effectivement plusieurs leaders dans la nouvelle génération. La communauté franco-manitobaine entra ainsi dans une nouvelle période de son histoire, période que l'on peut décrire comme celle de l'activisme social (1969-1974), caractérisée par des manifestations et des revendications fortes et même agressives auprès des gouvernements fédéral et provincial. Le leadership était passé d'un groupe d'intellectuels qui se dispersèrent à la fin des années 1960 à des jeunes encore plus frondeurs que les intellectuels qui les avaient précédés, à la grande différence que ces jeunes tenaient les nouvelles institutions pour acquis ; la contestation n'était plus interne. Leur objectif commun était d'exiger des gouvernements qu'ils fournissent à la communauté les outils nécessaires à son épanouissement. Ils connurent beaucoup de succès, grâce en partie à la présence du député Laurent Desjardins au sein du cabinet Schreyer, sympathique à la minorité francophone, sans compter que les francophones constituaient un élément électoral important au sein de plusieurs circonscriptions provinciales. Ainsi, grâce aux efforts de ce groupe,[1] la communauté connut des gains importants, surtout dans le domaine de l'éducation : légalisation complète de l'école française en 1970, création de l'Institut pédagogique au Collège de Saint-Boniface en 1972, ouverture du nouveau Centre culturel franco-manitobain en 1974 et création du Bureau de l'éducation française (BEF) au Ministère de l'éducation en 1975, suivi de la nomination du premier sous-ministre adjoint responsable de ce bureau en 1976. Les activistes avaient succédé aux intellectuels contestataires et les progrès se firent à pas de géant.

À compter du milieu des années 1970, peut-être avec la création du BEF, débute une longue période de consolidation bureaucratique ; les institutions s'assoient sur des bases administratives solides et deviennent nanties de ressources financières et humaines de plus en plus importantes. De nouveaux organismes se créent, avec des mandats de plus en plus spécialisés, et avec le temps eux aussi, jouissant d'un financement principalement fédéral d'année en année, se bureaucratisent, au point où aujourd'hui le Manitoba français compte plus d'une quarantaine d'organismes avec une mission d'envergure provinciale ou régionale. Ainsi, depuis plusieurs décennies, en plus de la bureaucratisation, la diversification et la spécialisation des organismes mènent à la fragmentation organisationnelle de la communauté. Facteur significatif également : dès 1973, les jeunes obtinrent un organisme bien à eux, le Conseil jeunesse provincial,

---

[1] Les plus influents parmi eux furent Roger Collet, Albert Lepage (tous deux élus à la présidence de la Société franco-manitobaine au début des années 1970), Hubert Gauthier (fils de Maurice Gauthier), Gérard Lécuyer (élu plus tard député provincial et ministre dans le cabinet de Howard Pawley (1981-1988), Raymond Poirier, Gérard Gagnon, Marcel Lécuyer et Roland Marcoux. Tous avaient été formés en animation sociale.

Le gouvernement néo-démocrate sous Edward Schreyer fut élu le 25 juin 1969; trois mois plus tard des représentants de la SFM rencontraient M. Schreyer, accompagné du député de Saint-Boniface Laurent Desjardins. La SFM présenta un mémoire ambitieux au premier ministre, y compris la création d'écoles françaises au Manitoba. De g. à d. : Rhéal Teffaine, Philippe Jubinville, Suzanne Prince, Étienne Gaboury, Maurice Gauthier, le premier ministre Schreyer, le député Laurent Desjardins, Albert Lepage et Jacques Molicard. (Photo : Perrin)

ce qui réduisit de façon importante leur désir de se faire entendre au sein de la SFM.

Un nouveau vocable est utilisé durant ce parcours, celui des « acquis »… car effectivement, la communauté a « acquis » énormément depuis les années 1960. Mais avec ces acquis vient un certain embourgeoisement, un certain confort (la grande majorité des postes en éducation et ailleurs sont stables et bien rémunérés) au point où nous oublions peut-être de nous poser les questions fondamentales. En d'autres mots, la bureaucratisation est devenue le cléricalisme d'aujourd'hui : alors que les prêtres et les religieuses semblaient omniprésents à l'époque, aujourd'hui c'est une attitude suffisante, une façon d'analyser bureaucratique qu'on retrouve partout. Certes il y en a, comme Georges Forest[2] qui sont sortis du moule, mais ils sont rares. Le mot d'ordre est la collégialité. Entretemps, même si le français domine partout dans ces institutions et ces organismes, il est devenu plus que jamais une langue utilitaire, surtout aux yeux des jeunes, qui ne semblent pas voir qu'une langue peut mener à des plaisirs culturels qui lui sont propres.

Il faut se rendre à l'évidence : la problématique sociolinguistique des années 1960 demeurent entière. Le nombre de mariages exogames, une réalité dans notre société, continue d'augmenter, entraînant de nouveaux défis identitaires et sociologiques. La mondialisation et les nouvelles technologies, et surtout les nouveaux médias, présentent un univers bien plus complexe pour la nouvelle génération franco-manitobaine que ne l'était celui de leurs grands-parents dans les années 1960.

La pléthore d'institutions et d'organismes semble impuissante devant ces nouveaux phénomènes, mais elle ne l'est sûrement pas.

[2] Georges Forest a poursuivi sa lutte contre la loi inéquitable de 1890 abolissant le français comme langue officielle au Manitoba jusqu'en Cour suprême, où il remporta une victoire éclatante en 1979. Au début de sa lutte, il n'avait à peu près pas d'appui de la part des organismes franco-manitobains.

Une révolution éducative à faire

Dans le domaine scolaire, un texte récent rédigé par l'ancien doyen de la Faculté d'éducation à l'Université de Saint-Boniface, Roger Legal, constate que « le système est encore imparfait et insuffisant puisqu'il ne permet pas d'atteindre les résultats auxquels la minorité francophone a droit : le maintien et le développement de sa langue et de sa culture par le biais de l'éducation. »[3] Il y présente de nombreuses suggestions, fournies par ses étudiants de maîtrise, la plupart des enseignants pratiquants, pour améliorer le système scolaire dans le sens d'un renouveau profond. Il est sûr que ces suggestions en soi ne constituent ni un programme ni un plan d'action, puisqu'elles ne sont pas intégrées ni priorisées dans une analyse globale ; néanmoins, si les autorités y donnaient suite, cela équivaudrait à une « révolution tranquille en éducation française » au Manitoba.

Il faudrait bâtir sur ce cri de cœur qui vise la réforme d'un secteur vital à l'avenir de la communauté. Même si nos problèmes sont différents, de moindre envergure et plus « gérables » grâce aux nouvelles structures, il est temps de les examiner de près. Le problème central au Manitoba français dans le secteur scolaire est le fait que malgré les institutions fortes que représentent la Faculté d'éducation, la Division scolaire franco-manitobaine (DSFM) et le Bureau d'éducation française (BEF), ces institutions réunies n'ont pas réussi à enrayer le phénomène de l'anglicisation de la jeunesse ni à lui inculquer des valeurs identitaires et culturelles plus fortes que celles qu'elle possédait il y a vingt ans, avant l'arrivée de la DSFM. On a nettement l'impression que les jeunes ne regardent pas plus la télévision française qu'en 1992, qu'ils n'écoutent pas plus la radio française, qu'ils ne lisent pas plus *La Liberté*. De plus, très peu d'entre eux sont imprégnés de la culture francophone en général, encore moins de la culture franco-manitobaine. Une étude menée en 1993 par la chercheure

[3] Disponible en ligne, http://la-liberte.mb.ca/a-vous-la-parole/manifeste-en-education-francaise-au-manitoba

Liliane Rodriguez, de l'Université de Winnipeg, a repris l'enquête Dulong en utilisant certains outils de mesure du professeur Dulong auprès d'élèves des mêmes écoles ou leur équivalent.[4] Elle conclut, par exemple, que le nombre d'anglicismes avait beaucoup augmenté chez les élèves des mêmes écoles, 30 ans plus tard. Cette tendance s'était donc établie au cours de plus d'une génération ; il est loin d'être sûr qu'elle ait été renversée avec l'apparition de la DSFM. Chose certaine, nous ne possédons pas les données pour dire si la situation s'est améliorée de façon importante depuis les 20 dernières années ou qu'elle s'est détériorée ; les outils existent pour nous fournir ces données, si nous voulons les utiliser.

De nouveaux défis sont certes venus rendre la situation plus complexe, notamment la poussée vers le recrutement des « ayant-droits » ainsi que l'arrivée d'un nombre grandissant d'immigrants. Depuis 10 ou 15 ans, on tente d'intégrer dans nos écoles françaises ceux qu'on a baptisés les « ayant-droits », c'est-à-dire les enfants qui ont droit à une éducation en français (et non pas en immersion française) à cause de leur statut, en vertu de la *Charte canadienne des droits et libertés*.[5] Cette campagne a connu un certain succès, ce qui vient renflouer le nombre d'élèves inscrits à la DSFM; mais on n'évalue ni systématiquement ni scientifiquement les implications de ce phénomène sur la qualité de l'enseignement en français. Car il faut se rendre à l'évidence : un assez grand nombre de ces enfants ne parlent pas français au foyer ; ils arrivent donc à l'école avec une connaissance très limitée de la langue écrite aussi bien que parlée, ce qui risque fort d'entraîner un enseignement qui se nivelle vers le bas, en s'adaptant pédagogiquement aux élèves les moins compétents en français plutôt qu'à ceux qui maîtrisent déjà la langue en arrivant à l'école.

---

[4] Liliane Rodriguez, *La langue française au Manitoba (Canada)*, Tübingen, Max Niemeyer Verlag, 2006; disponible en ligne.

[5] C'est-à-dire que l'un ou l'autre des parents ait été éduqué en français.

On a beau dire, « On va les aider à s'adapter ! », c'est peut-être peine perdue ou pire, si l'on considère le milieu scolaire dans son ensemble. La politique officielle de la DSFM est de fournir des ressources supplémentaires aux écoles qui accueillent ces « ayant-droits » sans porter atteinte aux ressources existantes. Avec les phases d'accueil prévues, on tient pour acquis qu'un élève essentiellement anglophone à cinq ou six ans deviendra automatiquement francophone un an ou deux plus tard, sans que cela ait d'effet sur la pédagogie et sur l'enseignement en classe. Il me semble que cette prémisse, qui est au cœur de la campagne de recrutement des « ayant-droits », est fausse, et qu'elle est entrain de faire de nos écoles françaises des écoles d'immersion. Des commentaires anecdotiques d'enseignants dans les écoles françaises au fil des ans révèlent que l'arrivée de cette clientèle provenant de foyers bilingues a eu un effet anglicisant important sur l'école française. Ce n'est sûrement pas pour cela qu'ont combattu les pionniers des écoles françaises au Manitoba.

Compte tenu de ces nouvelles problématiques, et compte tenu des données fragmentaires de Rodriguez et de Legal, il y aurait lieu, à mon sens, de créer une commission d'enquête ou tout du moins un comité d'étude dirigé par des éducateurs ou des éducatrices de réputation nationale en milieu francophone pour analyser toutes ces questions. En d'autres mots, il est peut-être temps, 50 ans plus tard, d'effectuer une nouvelle « enquête Dulong ». Et de grâce, qu'on ne conclue pas à l'avance qu'il faut plus d'argent ! Certains, comme l'avocat Antoine Hacault et Roger Legal, ont avancé l'idée que le système scolaire francophone est peut-être moins bien nanti que le système anglophone et que, si c'était effectivmeent le cas, un recours à l'article 24 de la *Charte canadienne des droits et libertés* pourrait être initié pour obtenir des réparations. C'est un argument qu'il ne faudrait utiliser qu'après longue et mûre réflexion, et surtout après avoir vu si nous ne pouvons pas en faire plus avec les ressources dont nous disposons déjà, car ce serait vu comme un coup de massue par la population anglophone somme toute assez sympathique à l'éducation française à l'heure actuelle.

Pendant des décennies, on nous a promis qu'une division scolaire serait la solution, peut-être pas à tous nos problèmes éducatifs en langue française mais à bon nombre d'entre eux. Certainement, nous disait-on, il y aurait une augmentation marquée dans la fierté d'être francophone, et que cela serait une source de consolidation de la francophonie au Manitoba. Dans tout cela, il faudrait que les éducatrices et les éducateurs évitent d'avoir recours à leur réflexe préféré, à savoir de blâmer les parents de la situation, comme l'avaient fait certains de leurs prédécesseurs au début des années 1960. Il est évident que les parents ont un rôle majeur dans le maintien de la langue et de la culture, surtout en assurant un maximum de français au foyer ; mais le réseau scolaire doit aussi assumer ses responsabilités. À l'origine, dans leur formation à la Faculté d'éducation, on doit offrir aux futurs enseignantes et enseignants des cours obligatoires sur la culture franco-manitobaine. J'ai personnellement des doutes sur la littératie culturelle des enseignantes et des enseignants en général, mais ils devraient au moins avoir des notions solides sur la culture francophone de notre province. En admettant qu'ils aient déjà des notions de la « grande » littérature française et québécoise, il me semble que cela relève entièrement du mandat de la Faculté d'éducation de créer un ou deux cours où ils apprendraient à connaître les corpus franco-manitobains en littérature, en beaux-arts, en musique, en théâtre et en architecture. Pour ce qui est de l'école, il revient aussi entièrement au BEF et à la DSFM de mettre sur pied des cours sur la culture franco-manitobaine, ou au moins d'intégrer un tel contenu dans les cours déjà existants de littérature française, tout comme on pourrait y intégrer les films ou vidéos réalisés en français au Manitoba.

Ainsi, c'est le système scolaire, aujourd'hui comme jadis, qui est le mieux outillé pour mener une francisation et une *culturation* plus approfondie, au-delà de ce qui est prévu dans les programmes scolaires, par exemple au niveau parascolaire. Et il revient au système (BEF et DSFM) de « mesurer les extrants », c'est-à-dire les résultats concrets de notre enseignement en français. On pourrait envisager une enquête approfondie à plusieurs facettes, comme je l'ai suggéré plus haut, pour faire le tour de la question ; mais il faudrait ensuite mettre sur pied une étude longitudinale, menée avec les mêmes paramètres d'année en année, ou au moins à intervalles réguliers (deux ou trois ans) pour voir l'évolution des élèves sur plusieurs plans. Ainsi nous saurons avec passablement de précision où nous en sommes et comment corriger le tir.

Un Rallye quinquennal

Le passage de l'ancienne Association d'Éducation, par la voie du Rallye du Manitoba français, à la Société franco-manitobaine a donné un nouveau visage à notre communauté. Bien d'autres événements s'ensuivirent, surtout dans le sens de la création de nombreux organismes et de nouvelles institutions, tant dans le domaine social qu'économique.

En même temps, on déplore souvent que nos grands ralliements sont choses du passé. Les assemblées annuelles de la Société franco-manitobaine attirent à peine 100 ou 125 personnes, et il en est de même pour tous les autres organismes. À la surface, pour les observateurs externes et même internes, il s'agirait là d'un signe concret d'apathie ou d'un manque d'intérêt. Il faut se rappeler que la quarantaine d'organismes qui existent aujourd'hui n'existaient pas en 1960 et que si l'on compte, mettons 50 ou 100 participants à chaque assemblée générale annuelle de chaque organisme, cela donne des chiffres imposants. Car nous l'avons déjà dit : les institutions et les organismes franco-manitobains sont généralement en bonne santé, quoique peut-être, dans certains cas, sclérosés, atteints de la rouille bureaucratique ; il ne manque que l'étincelle pour enflammer tout cela, au moins de temps à autre.

Il faut, en bref, se dépoussiérer, sortir collectivement de notre condition de « confort et d'indifférence », sortir de nos gonds, tenter de voir les choses de façon nouvelle, autant dans l'analyse de nos problématiques que dans celle de l'élaboration des solutions. Dans cet effort, la pensée critique est plus précieuse que jamais, dans tous les domaines. Vers la fin des années 1980, la SFM avait ressenti un malaise semblable et avait initié une vaste consultation de la communauté franco-manitobaine qu'on a appelé « les États-généraux du Manitoba français ». Il en est ressorti une prise de conscience commune de « l'état de la communauté » et un certain nombre d'initiatives concrètes. Le danger, toujours, dans de tels projets, c'est que l'on n'y donne pas suite. Dans le passé, les grands congrès périodiques de l'Association d'éducation, malgré leur formule devenue vieillotte au début des années 60, servaient tout de même à mobiliser les troupes dans un but commun. Le Rallye du Manitoba français a rempli le même rôle mais plus en profondeur, puisque la journée du Rallye elle-même fut le fruit de près d'un an d'animation sociale partout au Manitoba français. Il s'ensuivit une mobilisation et une dynamisation de la communauté qui mena directement à l'émergence d'un nouveau leadership. Aujourd'hui le leadership se renouvelle mais par la voie de la bureaucratie : nos chefs de file les mieux connus sont les « bureaucrates de la communauté ». Il faut qu'il y ait une façon de développer un leadership en-dehors du cadre établi.

Il faudrait, par exemple, assurer un certain roulement au sein de nos organismes. Dans un univers qui change rapidement, il est essentiel d'établir des mandats fixes pour nos chefs de file de la bureaucratie, en plus d'assurer une évaluation rigoureuse de leur performance. Sur ce plan, le modèle universitaire fonctionne bien : l'on nomme un président d'université pour un terme fixe, habituellement de cinq ans, renouvelable pour un second terme de cinq ans, après une évaluation rigoureuse de la performance. La limite des termes d'office est normalement de 10 ans. Il me semble que cette règle pourrait facilement être appliquée à nos organismes. Sans parler de certains anachronismes qui survivent au niveau des conseils d'administration de notre communauté, comme par exemple la Société historique de Saint-Boniface qui élit encore ses présidents pour des mandats renouvelables indéfiniment, comme on le faisait durant les années 50.

Au niveau de la mobilisation, on pourrait reprendre l'idée du Rallye mais sous une forme contemporaine et en faire un événement régulier. Cela pourrait se faire en alignant périodiquement, à tous les cinq ans par exemple, les assemblées annuelles de tous les organismes franco-manitobains en y ajoutant peut-être même les institutions comme l'Université de Saint-Boniface. La périodicité de l'événement permettrait justement une planification soignée pour minimiser les chevauchements de réunions de groupes à vocation semblable et pour maximiser les rencontres d'affaires conjointes, favoriser les partenariats et organiser des événements sociaux et des spectacles de haute qualité. Idéalement, ce rallye quinquennal serait précédé d'une sorte d'animation sociale, où l'on retournerait aux petites villes et aux villages pour trouver le leadership émergent dans tous les secteurs, et cerner les enjeux locaux et provinciaux. Une telle approche permettrait un renouveau perpétuel du leadership au-delà du cadre de la bureaucratie communautaire.

Nos défis ne se situent plus sur le plan de la consolidation des institutions ni sur celui de l'obtention de nouveaux droits. Il faut évidemment être vigilants lorsque nos droits ou nos acquis sont menacés, mais les défis les plus importants aujourd'hui sont plus difficiles à cerner et sont centrés, comme toujours, sur la jeunesse et la façon dont elle vit sa francophonie, à l'école d'abord mais aussi en lien avec les médias traditionnels et nouveaux et, surtout par rapport à sa culture spécifiquement franco-manitobaine et à la culture francophone universelle.

Annexes

ANNEXE I

Liste des personnalités

Il ne s'agit pas ici de biographies complètes, mais simplement de renseignements pertinents à notre récit que nous avons réussi à cueillir sur des personnalités ayant joué un rôle prépondérant dans notre histoire.

Allaire, Alexandre (1905-1974). Maître du Bureau de poste de Norwood (Manitoba) durant de nombreuses années. Membre de l'Ordre de Jacques Cartier (OJC). Membre du Conseil d'administration de l'Association d'Éducation des Canadiens-français du Manitoba (AÉCFM) durant les années 1960.

Allaire, Georges, né en 1944. Franco-Manitobain d'origine, diplômé du Collège de Saint-Boniface, souverainiste québécois mais d'idéologie intégriste chrétienne, il a fait sa vie au Québec comme professeur de philosophie. Avec son épouse suisse, il a mené sa propre revanche des berceaux, et sa progéniture en 2012 se chiffrait à plus d'une cinquantaine.

Arpin, Maurice (1923-1983). Avocat renommé de Winnipeg, né en milieu francophone, diplômé du Collège de Saint-Boniface, il a travaillé dans des institutions francophones telles que la radio CKSB et le Collège de Saint-Boniface. Conseiller du premier ministre Duff Roblin, d'esprit frondeur, il a toujours appuyé la nouvelle génération dans sa contestation de l'élite établie.

Baudoux, Mgr Maurice (1902-1988). Archevêque de l'archidiocèse de Saint-Boniface, 1955-1974. Jeune prêtre en Saskatchewan, il était activiste, se rendant même à la Chambre des Communes pour plaider en faveur des agriculteurs de sa province. Très actif dans les débats de Vatican II. Membre de l'Ordre de Jacques Cartier, il a toujours défendu le lien entre langue et foi au Manitoba français durant les années 1950 et 1960.

Bernier, Raymond (1900-1984). Douanier de profession pendant 35 ans, il a été activiste francophone dynamique durant sa jeunesse et ensuite durant les années 1930 et 1940, ayant participé à la création et à la vitalité de nombreux organismes franco-manitobains. Dernier président de l'AÉCFM avant l'élection du nouveau Conseil de l'AÉCFM en 1965, il était considéré vieux jeu et idéologiquement dépassé par la nouvelle génération. Membre de la première heure de l'OJC.

Boulet, Roger H., né en 1944. Historien de l'art, administrateur de musées de beaux arts et artiste, il a contribué dès ses débuts au journal étudiant *Frontières*, au *Courrier* et au journal étudiant de l'Université du Manitoba, *The Manitoban*. Formé à l'École des beaux-arts de cette université, il a participé à plusieurs expositions avant-gardistes à Saint-Boniface et à Winnipeg avec d'autres de sa génération.

Bruns, Joseph H., frère marianiste, directeur de l'École Provencher et ensuite directeur général de la Division scolaire de Saint-Boniface pendant une douzaine années durant les années 1950 et 1960. Conseiller de Mgr Maurice Baudoux et de personnalités politiques sur les questions scolaires au Manitoba, surtout celles touchant à la religion et à la langue.

De Lalonde, Gilles (« André Tremblay »). Né au Québec vers 1940. Séparatiste engagé, associé, selon les rumeurs de l'époque, à des groupes séparatistes radicaux au Québec durant les années 1960. Annonceur au poste de radio CKSB (Manitoba) en 1965 sous le faux nom de « André Tremblay » et fondateur de l'Association Québec-Manitoba. Annonceur à la radio alternative LS-Radio à Lévis au Québec en 1970-1971.

Desaulniers, Maxime (1925-2008). Il a été directeur du poste radiophonique CKSB au Manitoba après son achat par Radio-Canada (1973-1983) et plus tard directeur de la radio et de la télévision de Radio-Canada au Manitoba. Élu au Conseil de l'AÉCFM en 1965, il a fait partie de l'équipe, avec Maurice Gauthier, qui a jeté les bases de la nouvelle Société Franco-Manitobaine entre 1965 et 1968.

Desjardins, Laurent (1923-2012). Conseiller de la ville de Saint-Boniface (1951-1954) puis député libéral de Saint-Boniface de 1959 à 1969, alors qu'il entrait au gouvernement nouvellement élu d'Edward Schreyer. Pilier de la communauté franco-manitobaine, considéré « vieille garde » malgré son jeune âge, il fut fortement contesté par la nouvelle génération durant les années 1960 et au début des 1970.

Durocher, Raymond, (1910-1997). Oblat de Marie-Immaculée né aux États-Unis, décédé à Saint-Boniface après avoir vécu de nombreuses années en Ontario où il fut actif dans la campagne pour le financement des écoles séparées catholiques dans cette province. Rédacteur en chef de *La Liberté et le Patriote*, 1956-1962 et ensuite directeur du journal (1962-1965).

Gaborieau, Antoine (1926-2010). Enseignant et professeur au Collège universitaire de Saint-Boniface, il représente la transition entre l'ancien ordre institutionnel et le nouveau. Membre de la Commission des 15 du Rallye du Manitoba français et ensuite membre de l'exécutif de la nouvelle Société Franco-Manitobaine. Il fut un des fondateurs du mouvement des boîtes à chansons au Manitoba et ensuite de l'organisme Le 100 Nons qui a produit de nombreux chansonniers et musiciens franco-manitobains, dont le plus célèbre est Daniel Lavoie.

Gaboury, Étienne. Né en 1930, diplômé du Collège de Saint-Boniface, il est devenu l'un des architectes les mieux connus et les plus influents du Manitoba et du Canada. Il a joué un rôle important en animation sociale (le Rallye du Manitoba français et les commissions qui en découlèrent) pour devenir ensuite le deuxième président de la nouvelle

Société franco-manitobaine, après Maurice Gauthier. Son leadership laissa une marque profonde tant sur les institutions franco-manitobaines que sur le renouveau artistique au Manitoba français.

Gauthier, Maurice (1924-2001). Fonctionnaire provincial (sous-ministre) et fédéral (Bureau du Commissaire aux langues officielles à Winnipeg), il guida habilement le passage de l'ancien ordre au nouveau au Manitoba français durant les années 1960, assumant à tour de rôle la présidence de l'AÉCFM durant ses derniers jours et celle de la SFM durant ses premiers.

Hébert, Raymond-Marc, né en 1944. Professeur émérite en sciences politiques à l'Université de Saint-Boniface. Co-fondateur (avec Don Lobb) du *St. Boniface Courier* (*Courrier* de Saint-Boniface) en 1964 et plus tard premier sous-ministre adjoint au Ministère de l'éducation manitobain responsable de l'éducation française (1976-1979). Diplômé du Collège de Saint-Boniface en 1964 lors de la fondation du *Courrier* et ancien rédacteur en chef du journal étudiant *Frontières*, il a été l'un des principaux contestataires des idéologies et des structures dominantes de la communauté franco-manitobaine au milieu des années 1960.

Lagacé, Bruno, né en 1938. Économiste agricole et conseiller en développement rural, surtout en Afrique, 1975-1999. Au milieu des années 1960, il était très impliqué dans le renouveau institutionnel de la communauté franco-manitobaine. À la fin de 1967 et au début de 1968, il publia dans le *Courrier* une série de 13 articles intitulée « Les visages de mon peuple » qui contient la première étude de l'élite de la communauté ; il en nomma les membres les « mandarins » (petits, grands et moyens). L'expression survit jusqu'à ce jour au Manitoba français, du moins chez les aînés.

Leblanc, Paul-Émile, né en 1943. Diplômé du Collège de Saint-Boniface, fonctionnaire fédéral (Patrimoine canadien), il a remplacé temporairement René Rottiers au secrétariat de l'AÉCFM après son congédiement en 1966.

Leech, Lorne (1927-2005) Président de Lance Publishing, éditeur du journal *St. Boniface Courier* durant les années 1960. Plus tard membre du conseil de la ville de Winnipeg pendant une quinzaine d'années.

Léveillé, J. Roger, né en 1945. Poète, romancier et auteur de renommée nationale et internationale, il a également fait une longue carrière à la Société Radio-Canada où il a réalisé plusieurs séries d'émissions. Son œuvre artistique a été reconnue à maintes reprises, ce qui fait de lui aujourd'hui l'auteur francophone le mieux connu du Manitoba et de l'Ouest canadien. Ancien rédacteur en chef du journal étudiant *Frontières* et plus tard, brièvement, du *Courrier*.

Monnin, Alfred, OC, OM, C.R., né en 1920. Nommé juge de la Cour du banc de la Reine du Manitoba en 1957 et à la Cour d'appel du Manitoba en 1962. Membre de l'OJC. Pilier de la communauté franco-manitobaine durant les années 1960 et après. Considéré membre de la « vieille garde » durant cette période, malgré sa jeunesse relative à l'époque. Fortement contesté dans son rôle communautaire par la nouvelle génération.

Monnin, Michel, né en 1946. Nommé juge de la Cour d'appel du Manitoba en 1995. Au milieu des années 1960, il était étudiant au Collège de Saint-Boniface et ensuite à la Faculté de droit de l'Université du Manitoba. Membre actif de la « nouvelle génération », il prenait souvent des positions idéologiques antagonistes à celles de son père Alfred.

Mulaire, Bernard, né en 1945. Artiste et historien de l'art, formé d'abord au Collège de Saint-Boniface et ensuite aux États-Unis et au Québec où il s'est installé définitivement, il a été l'un des leaders du mouvement modernisateur de l'art au sein de la communauté franco-manitobaine. Il est l'auteur de nombreuses caricatures cinglantes au *Courrier* et à *La Liberté et le Patriote* durant les années 1960.

Préfontaine, Hubert (1935-1975). Administrateur, consultant et haut fonctionnaire du Manitoba, du Nouveau-Brunswick et de la Saskatchewan. Une des personnalités transformatrices du Manitoba français durant les années 1960. Organisateur du Rallye du Manitoba français, qui mena à l'abolition de l'AÉCFM et à la création de la SFM en 1968.

Préfontaine, René (1924-1984). Fonctionnaire au sein des gouvernements du Manitoba et du Canada. Secrétaire général de l'AÉCFM de 1959 à 1962. Recruté par le premier ministre manitobain Sterling Lyon à la fin des années 1970 comme sous-ministre des Affaires culturelles et du Patrimoine du Manitoba. S'il n'a pas joué un rôle important dans la transformation institutionnelle du Manitoba français, il fut plus tard l'initiateur d'une politique de services en langue française au niveau provincial.

Raymond, Pierre, l'abbé (1923-1994). Curé de diverses paroisses de l'archidiocèse de Saint-Boniface et ensuite visiteur d'écoles pour l'AÉCFM à la fin des années 1950 et au début des années 1960. Contestataire à ses heures, il fut, avec René Rottiers, le premier Franco-Manitobain contemporain à dénoncer la situation de l'enseignement en français au Manitoba au début des années 1960. Ses interventions publiques ont communiqué une impulsion certaine au mouvement en faveur des écoles françaises dans la province.

Rémillard, Léo (1918-2008). Pilier de la communauté franco-manitobaine, il a occupé plusieurs postes de direction au sein de la Société Radio-Canada, surtout dans l'Ouest canadien. Connu aussi pour ses nombreuses contributions à la troupe de théâtre du Cercle Molière au Manitoba. Un des derniers présidents de l'AÉCFM (1961-1963), il évita toutefois les affrontements qui suivirent la fin de son mandat.

Rottiers, René (1925-2004). Belge de naissance, membre de la Résistance belge et actif dans les mouvements d'action catholique, il fut secrétaire-général de l'AÉCFM de 1962 à 1966. Fortement contesté par la nouvelle génération pour son idéologie intégriste alliant langue et foi, il fut congédié par le Conseil d'administration de l'AÉCFM élu en 1965. Membre de l'OJC.

Surprenant, père André, s.j. (1927-1988). Professeur de latin et de français au Collège de Saint-Boniface durant les années 1950 et 1960, il eut une influence importante sur bon nombre d'étudiants au Collège de Saint-Boniface, surtout dans le sens de l'analyse de soi, de la créativité et de l'appréciation de la culture française et canadienne-française.

Teffaine, Rhéal E. Né en 1939, avocat de profession, il a joué un rôle-clé dans la transformation institutionnelle de la communauté francophone du Manitoba, suite notamment à son élection au conseil d'administration de l'AÉCFM en 1965. Il a participé activement à toutes les étapes qui menèrent à la création en 1968 de la Société franco-manitobaine.

Turenne, Roger, né en 1943. Membre du service diplomatique du Canada, premier conseiller du premier ministre sur les services en langue française au Manitoba, écologiste et photographe. Il est l'un des fondateurs les plus assidus du journal étudiant *Frontières* entre 1960 à 1964 et a écrit par la suite plusieurs lettres progressistes influentes durant la période transformatrice de la communauté franco-manitobaine.

Jean-Guy Vaillancourt, né en 1937. Il détient un doctorat de l'Université de Californie (Berkeley) et est maintenant professeur honoraire et associé au Département de sociologie de l' Université de Montréal. Sociologue de carrière, il est connu surtout pour ses écrits sur les mouvements sociaux écologistes et en sociologie des religions. Comme professeur de sociologie au Collège de Saint-Boniface en 1964-1965, il a eu une influence importante sur l'évolution d'une nouvelle idéologie rationaliste et laïque au Manitoba français.

ANNEXE II

La « Cause »

Article paru dans *The St. Boniface Courier*, 5 août 1964, pages 3, 11.

La question qui se pose est pressante. Le Canadien français au Manitoba est-il destiné à l'extinction ? (L'extinction et l'anglicisation sont ici synonymes.) Personne n'ignore que l'anglicisation est un danger imminent pour notre peuple canadien-français ici. Les chiffres sont là. Ils marquent une décroissance considérable dans le parler du français parmi les Franco-Manitobains, décroissance qui est encore plus remarquable chez les jeunes fréquentant les écoles au niveau secondaire. Ici, écoles publiques comme écoles privées sont également atteintes. Or ce sont les jeunes, évidemment, qui décideront de la destinée du peuple franco-manitobain.

Dans la province, la concentration de cette population canadienne-française est dans la ville de St-Boniface. En effet, 43 % des citadins de St-Boniface sont d'origine française. De nouveaux quartiers résidentiels sont en voie de développement. Par exemple, le Windsor Park. Ces quartiers augmentent la population de la ville. Mais cet accroissement se fait surtout du côté anglophone, Vraiment, il s'agit à présent de « conserver ». Cela ne va pas sans le désir, la détermination de demeurer canadien-français.

La première étape est évidemment celle de la prise de conscience. Si nous voulons continuer à survivre, il faut que nous prenions conscience que nous sommes d'origine française. Il faut ensuite choisir d'être fidèle à son héritage culturel. Cela implique que nous avons une langue et une culture distincte, différente de la langue et de la culture de la majorité anglophone. Je ne suis pas obligé de faire l'éloge de la culture et de la langue française. Nous sommes à la base du développement de ce pays et nous devrions être fiers de cette réalité historique.

Il est regrettable, cependant, que beaucoup de jeunes (6-30 ans) sont indifférents quand il s'agit de ces questions. Pour beaucoup d'entre eux, le français n'est que la langue familiale, c'est à dire une sorte de patois (slang) utile seulement à demander le sel ou le beurre au moment du repas. Il y en a évidemment qui ont déjà remplacé « sel » et « beurre » par « salt » et « butter ». On peut supposer que c'est une question d'habitude. C'est aussi un manque de conscience et de fierté. Les parents remarqueront que la langue de leurs enfants (au téléphone, par exemple) est plus souvent l'anglais que le français. Pourquoi cela ? Certes, le système d'éducation (anglais) actuel est à blâmer. Les parents doivent-ils alors recourir à la force : défense de parler l'anglais dans la maison ? Doivent-ils surveiller étroitement les lectures de leurs enfants, leurs loisirs et leurs divertissements ? Alors on verrait se soulever la jeunesse ignorante et ennuyée, car il faudrait attendre longtemps avant d'aller au cinéma français. Aussi, notre poste de radio et notre canal de télévision de langue française ne jouissent pas d'une popularité extraordinaire chez nos jeunes. Il ne faut pas s'en surprendre. Les causes ? D'abord, notre poste de radio se trouve en marge du peuple, surtout du peuple urbain, parce que beaucoup de ses programmes ne sont pas adaptés à ses auditeurs. Une bonne partie est importée de la province de Québec. Pour le reste, on a souvent l'impression d'écouter une traduction des postes anglais. Pas besoin d'interprètes pour un peuple bilingue. Les postes anglais sont là et les postes anglais sont plus puissants. Notre canal de télévision française est dans une situation analogue. Toutes les émissions nous viennent de la province du Québec. Ce n'est que cet été que nous avons une émission locale, une brève émission de quinze minutes. Or la culture québécoise, les intérêts du peuple québécois ne sont pas ceux des Franco- Manitobains. Surtout pas chez les jeunes.

Pour ce qui est de la lecture, il est fort regrettable que nous n'ayons pas de journal uniquement français à St-Boniface. Il nous faudrait un journal pour diriger l'opinion de notre peuple, un journal qui serait l'expression fidèle des idées, des opinions, des intérêts et des idéaux du peuple. Un journal qui n'aurait pas peur de la controverse, un journal indépendant de toute tutelle politique ou cléricale. Nous avons actuellement La Liberté et le Patriote, hebdomadaire publié par les RR.PP. Oblats de Winnipeg. Mais c'est bien peu. D'abord, parce qu'il représente pas l'opinion du peuple canadien-français dans sa pluralité. C'est surtout, je crois, un journal de liaison française destiné surtout aux Canadiens français des régions rurales et à tous les autres qui sont dispersés jusqu'en Colombie Anglaise et aux États-Unis. En cette qualité de journal de liaison française, je suppose qu'il remplit convenablement son rôle, grâce aux « Chroniques paroissiales ». Mais à St-Boniface, il n'atteint que la minorité très fervente, en raison de l'abondance d'informations écclésiastiques et religieuses qu'on y trouve. On pourrait souhaiter, cependant, qu'il servit mieux la population de St-Boniface, capitale évidente des Canadiens français dans les provinces de l'ouest. On pourrait souhaiter, de même, qu'il reflétât d'avantage l'aspect culturel français. Car le besoin d'un journal de culture française est plus pressant que le besoin d'un bulletin d'informations catholiques et cléricales. Pour ce genre d'informations, il y a toujours le prône.

Enfin, faut-il désespérer de la situation ? Nullement. D'abord, parce que nous avons toutes les raisons pour espérer que l'éducation dans les écoles publiques de majorité française sera donnée dans la langue française, à St-Boniface comme dans les régions rurales. C'est un début. Ensuite, nous pouvons espérer de voir se réaliser de tels projets comme le « Centre Louis-Riel » qui favoriserait certes davantage l'éclosion de la culture française dans notre ville bilingue. Avec l'apparition de ce journal, nous espérons que les Canadiens français de St-Boniface pourront enfin lire les informations et les évènements qui les concernent dans leur langue. Car le « Courrier » est un journal bilingue qui se veut le reflet et l'expression des citoyens de la ville de St-Boniface, qu'ils soient d'expression anglaise ou française. – R.B. [Roger Boulet]

ANNEXE III

ÉDITORIAL

Article paru dans *The St. Boniface Courier,* 17 mars 1965, page 3.

Il se trouve, à St-Boniface, un groupe de personnes qui s'intéressent plus que jamais aux problèmes des minorités et, en particulier, à ceux des Franco-Manitobains. Ce sont des hommes et des femmes de diverses professions, mais qui ont un trait commun en ceci, qu'ils tentent tous d'analyser objectivement différents aspects de la société canadienne-française au Manitoba, chose qui n'a jamais été faite auparavant.

Les membres de ce groupe, en plus d'être en communication assez régulière entre eux, connaissent bien le Québec, soit pour y avoir vécu, soit pour avoir eu des contacts assez rapprochés et prolongés avec des gens qui y ont demeuré.

Des discussions à la fois très vives et très sérieuses ont souvent lieu parmi les membres de ce groupe, qui ont des liens très étroits avec les milieux éducatifs. Et sur deux points en particulier, les membres de ce groupe ont atteint l'unanimité.

Le premier est le fait qu'il n'y a toujours aucun moyen d'information régulier et adéquat pour les Franco-Manitobains. Il s'agirait ici de moyens de communication dépourvus de tout préjugé et donnant une ligne de direction sûre et respectée en étant en contact direct avec la population canadienne-française de la province.

Par exemple, les Canadiens français du Manitoba ne reçoivent à peu près pas d'informations dépourvues de préjugés au sujet des courants de pensée qui balaient actuellement le Québec. Et il n'y a toujours aucune place pour l'expression honnête d'opinions au sujet des différents problèmes qui nous importent le plus. On condamne immédiatement de telles expressions honnêtes d'opinions comme étant pur sensationnalisme.

Le second point sur lequel il y a unanimité, du moins parmi les membres du groupe dont nous parlons, est le fait que le cléricalisme existe presque à l'état pur dans la société franco-manitobaine. Les services d'informations, établis de longue date, demeurent sous l'influence directe des prêtres. Seulement au point de vue physique, les institutions religieuses dominent le paysage de St-Boniface et celui des paroisses soi-disant canadiennes-françaises. Et l'opposition ou le « nihil obstat » des différentes communautés religieuses, en plus du clergé séculier, peut faire réussir ou échouer toute entreprise, qu'elle soit culturelle, économique, politique ou autre.

Par son omniprésence, qui ne peut être mise en question publiquement à cause précisément des services d'informations fermés, le cléricalisme étouffe lentement la société franco-manitobaine. Le cléricalisme en soi comme système social, est une mauvaise chose. Et au Manitoba, encore plus qu'au Québec, un bon catholique se doit d'être anticlérical, car le problème de la société française ici est beaucoup plus urgent, et dépend encore plus du franc parler.

[rédigé par Raymond Hébert]

Bibliographie

Sources archivistiques

Archives du Manitoba (AM)

Archives de la Société historique de Saint-Boniface (ASHSB)

Archives de l'Université du Manitoba (AUM)

Archives de l'Université de Saint-Boniface (AUSB)

Archives personnelles de Bruno Lagacé

Journaux

St. Boniface *Courier* (*Courrier* de Saint-Boniface)

La Liberté et le Patriote

Winnipeg Free Press

Articles et livres

BLAY, Jacqueline, « Le démembrement de l'archidiocèse de Saint-Boniface ou l'audace irlandaise (1905-1916)», *Cahiers franco-canadiens de l'Ouest*, Saint-Boniface, vol. 22, n° 1, 2010, p. 3-41.

BOCQUEL, Bernard, *Laurent Desjardins : un sportif en politique*, Saint-Boniface, Les Éditions du Blé, 2008.

BOCQUEL, Bernard, *CKSB, la radio du Petit-Canada : une émission radiographique*, Saint-Boniface, Les Éditions du Blé, 2006.

BOCQUEL, Bernard, *Au pays de CKSB, 50 ans de radio française au Manitoba*, Saint-Boniface, Les Éditions du Blé, 1996.

COLLECTIF, *Chapeau bas : Réminiscences de la vie théâtrale et musicale du Manitoba français*, première partie, Saint-Boniface, Les Éditions du Blé, 1980.

COLLECTIF, *Chapeau bas : Réminiscences de la vie théâtrale et musicale du Manitoba français*, deuxième partie, Saint-Boniface, Les Éditions du Blé, 1985.

BOSHER, J.F., *The Gaullist Attack on Canada, 1967-1997*, Montreal & Kingston, McGill-Queen's University Press, 1999.

DUBÉ, Jean-Pierre, *Le Cercle Molière, 75 ans de théâtre*, Saint-Boniface, Le Cercle Molière, 2001.

FAUCHON, André et HARVEY, Carol J. (s. la dir. de), *Saint-Boniface 1908-2008 : reflets d'une ville*, Saint-Boniface, Presses universitaires de Saint-Boniface, 2008.

GABORIEAU, Antoine, *Une histoire à chanter : historique du 100 Nons*, Saint-Boniface, Les Éditions du Blé, 1992.

GABOURY, Étienne, *Étienne Gaboury*, Saint-Boniface, Les Éditions du Blé, 2005.

GALLYS, François, *Marius Benoist (1896-1985) et la culture au Manitoba français*, Saint-Boniface, Les Éditions du Blé, 2009.

GAUTHIER, Guy, *Water and Earth*, Impassio, 2002.

GERVAIS, Gaétan, *Des gens de résolution : le passage du Canada français à l'Ontario français*, Sudbury, Prise de parole, 2003.

HÉBERT, Raymond-M., « Recension de BOCQUEL, Bernard, *Laurent Desjardins : un sportif en politique*, Saint-Boniface, Les Éditions du Blé, 2008 », *Les Cahiers franco-canadiens de l'Ouest*, Vol. 20, n° 1 et 2, Saint-Boniface, Presses universitaires de Saint-Boniface, 2008, p. 181-185.

HÉBERT, Raymond & VAILLANCOURT, Jean-Guy, « French-Canadians in Manitoba : Elites and Ideologies », dans ELLIOTT, J.L., *Minority Canadians* (vol. 2), Scarborough, Prentice-Hall, 1971.

JOUBERT, Ingrid, « Louis Riel sur la scène francophone de l'Ouest canadien », *Francophonies d'Amérique*, n° 2, 1992, p. 134.

LAGACÉ, Bruno, *La situation économique des Canadiens-français du Manitoba, 1961, 1966 et 1971*, Winnipeg, Hedlin, Menzies & Associates Ltd., 1966.

Le Cercle Molière, Cinquantième anniversaire, Saint-Boniface, Les Éditions du Blé, 1975.

LEBLANC, Paul-Émile, *L'enseignement français au Manitoba, 1916-1968*, Ottawa, Université d'Ottawa, mémoire de maîtrise, 1968.

LETOURNEAU, Léo, *The development of a language policy in Manitoba: the genesis of Bill 113*, Winnipeg, Université du Manitoba, mémoire de maîtrise, 1977.

LÉVEILLÉ, J.R., *Anthologie de la poésie franco-manitobaine*, Saint-Boniface, Les Éditions du Blé, 1990.

LÉVEILLÉ, J.R., *Parade ou les autres*, Saint-Boniface, Les Éditions du Blé, 2005.

MULAIRE, Bernard, *Tracer un espace en arts visuels*, Saint-Boniface, Ink Inc., 2002.

ROBILLARD, Denise, *Maurice Baudoux, 1902-1988 : Une grande figure de l'Église et de la société dans l'Ouest canadien*, Québec, Presses de l'Université Laval, 2009.

RODRIGUEZ, Liliane, *La langue française au Manitoba (Canada)*, Tübingen, Max Niemeyer Verlag, 2006; disponible en ligne.

ROBLIN, Duff, *Speaking for Myself: Politics and Other Pursuits*, Winnipeg, Great Plains Publications, 1999.

SAVOIE, Paul, *à tue-tête*, Montréal, L'Interligne, 1999.

TURENNE, Roger, *Mon pays noir sur blanc : regards sur le Manitoba français*, Saint-Boniface, Les Éditions du Blé, 1981.

VAILLANCOURT, Jean-Guy, *Papal Power: A Study of Vatican Control over Lay Catholic Elites*, Berkeley & Los Angeles, University of California Press, 1980.

VIEN, Rossel, *Radio française dans l'Ouest*, Montréal, Hurtubise HMH, 1977.

WILLS, Gary, *Papal Sin: Structures of Deceit*, New York, Doubleday, 2000.

Index

A

À toi, pour toujours, ta Marie-Lou, 288

Académie Saint-Joseph, 70, 169, 185, 304, 327

ACFC (Saskatchewan), voir Association Catholique Franco-Canadienne (Saskatchewan)

ACFM, voir Association des Canadiens-français du Manitoba

Action catholique, 352

Adamo, 298

Adams, Geoffrey, 214

AÉCFM, voir Association d'Éducation des Canadiens-Français du Manitoba

Afrique, 350

Alain, Jacques, 112

Allaire, Alexandre, 45, 47, 113, 119, 132, 134, 142, 143, 151, 174, 347

Allaire, Georges, 28, 293, 319, 347

Allard, Baudoin, 213, 214

Allard, Gérald, 302, 304

Allard, Jean, 159, 275

Amérique du Nord, 40

Ami du Clerc, 50

Andrich, George, 183

Animation sociale, 147, 151, 153, 157, 158, 162, 167, 170, 175, 243, 329, 333, 334, 342, 343, 349

Anne-Marie, Sœur, 150

AQM, voir Association Québec-Manitoba

Aquin, Hubert, 324

Aquin, Lionel, 222

Arcand, Jeannette, 287

Archevêque de Saint-Boniface, 18, 78, 79, 110, 260, 329

Archevêque de Winnipeg, 79

Archives de l'Université du Manitoba, 85

Archives de la parole de l'Université Laval, 81

ARDA (programme de développement rural fédéral), 148, 149, 150, 160

Aron, Raymond, 35

Arpin, Maurice, 101, 267, 269

Arpin, Philippe, 136

Asselin, Yvonne, 301

Assemblée du cours universitaire, 218, 219

Association canadienne des professeurs d'université (ACPU), 213, 214, 215

Association Catholique Franco-Canadienne (Saskatchewan), 46, 236, 240

Association d'Éducation des Canadiens-français du Manitoba (AÉCFM), 41, 46, 47, 49, 51, 53, 54, 55, 56, 58, 62, 63, 64, 66, 68, 72, 73, 74, 75, 76, 77, 78, 79, 80, 81, 84, 85, 87, 88, 89, 100, 101, 107-143, 145-152, 189, 293, 299, 347, 348, 349, 350, 352, 353

Association d'Éducation des Canadiens-Français du Manitoba – Comité de Publicité, 75, 79

Association d'Éducation des Canadiens-français du Manitoba – Comité Spécial de Révision de la Constitution de l'A.E.C.F.M., 47

Association d'Éducation des Canadiens-français du Manitoba – Comité d'Étude des Structures, 56, 152

Association d'Éducation des Canadiens-français du Manitoba – Comité de Fonctionnement Scolaire, 64, 66, 70, 72

Association d'Éducation des Canadiens-Français du Manitoba – Plan d'Action 1966, 123, 128, 131

Association de commissaires des écoles paroissiales catholiques, 85, 86, 88, 90, 93, 103, 104

Association des Anciens du Collège de Saint-Boniface, 80, 109, 205, 210

Association des Canadiens-français du Manitoba (ACFM), 111, 121, 123, 124, 126, 128, 129, 131, 133, 134, 142, 143, 149, 151, 152, 155, 156, 160, 163, 165, 166, 168, 169, 170, 172, 173, 174, 252

Association des Canadiens-français du parc Windsor, 84, 180, 181, 182

Association des commissaires, 72, 79

Association des étudiants chrétiens de l'Université du Manitoba, 121

Association des étudiants du CUSB, 220

Association des Instituteurs, 139

Association des universitaires du Collège de Saint-Boniface, 121, 128

Association des universités et collèges du Canada, 217

Association franco-manitobaine, 169

Association libérale de Saint-Boniface, 274, 275, 277, 278

Association Québec-Manitoba (AQM), 15, 96, 121, 141, 169, 192, 291-297, 305, 327, 348

Aubigny (Manitoba), 198

Aubin, Arthur, 309

Aubin, Léonce, 7

Aubin, Thérèse, 309, 311

Aubry, Bernard, 109, 113

Aubry, Jean-Paul, 159, 235, 238

Aubry, Louis-M., 330

Aubry, Louis, 121, 148, 149, 150

Audet, Claire, 5, 109, 110, 111, 118, 208, 292, 309

Aufray, Hugues, 298

Auger, Louise, 150

Auger, Maurice, 304

Auger, Roger, 289, 304, 326

Avanthay, René, 309, 310

Aznavour, Charles, 306

B

Backeland, Gérald, 303

Baert, Dave, 303

Baird, Vaughan, 282

Baril, Paul, 121

Baudoux, Mgr Maurice, 46, 47, 48, 60, 63, 76, 85, 86, 89, 90, 91, 92, 94, 97, 105, 174, 188, 189, 192, 193, 194, 195, 196, 197, 198, 199, 200, 201, 205, 209, 210, 223, 224, 228, 233, 242, 243, 245, 246, 248, 267, 313, 318, 329, 348

Beardsley, Aubrey, 322

Beatles, 26, 244, 306, 323

Beaucage, Jacques, 148, 150, 170

Beaudette, Gilles, 302

Beaudin, Gaétan, 295

Beaudin, Marc-André, 295

Beaudry-Ferland, Lorette, 105

Beaulieu, abbé Léo, 166, 167, 317, 329

Bécaud, Gilbert, 298, 306

Bédard, Roméo, 123, 227, 228, 234, 330

Beethoven, 26

Belcourt, Father, 74

Béliveau, Mgr Arthur, 78, 102, 192

Benoist-Martin, Marie, 298

Benoist, Marius, 285, 290

Benoist, Marthe, 312

Bérard, Réal, 308, 311

Bergman, 20

Berkeley (Californie), 10, 100, 135, 353

Bernardin, Louis, 330

Bernier, Raymond, 42, 44, 45, 74, 78, 88, 91, 108, 113, 119, 131, 134, 135, 137, 143, 174, 348

Bérubé, Jean, 217, 218, 219

Bétournay, Louis, 27, 45

Bétournay, Me Robert, 28, 84, 181

Bétournay, Paul, 28

Bibliothèque publique de Saint-Boniface, 309

Bill Haley et ses « Comets », 26, 244

Blay, Jacqueline, 102
Blue Cross, 146
Bocage, Jacques, voir Beaucage, Jacques
Bockstael, Robert, 316
Bocquel, Bernard, 240, 248, 249, 251, 258, 260, 277
Bohémier, Étienne, 70, 330
Bohémier, Gérald, 300, 302
Boily, Gérald, 218
Boily, N., 206
Boily, Napoléon, 208
Boisvert, Normand, 219, 220, 221
Bolivie, 294, 295
Boulanger, Marcel, 330
Boulet, Roger, 5, 7, 22, 23, 26, 29, 30, 32, 99, 295, 296, 302, 308, 309, 310, 311, 320, 321, 322, 348, 357
Boulet, William, 155
Boulianne, Guy, 290
Bourgault, Pierre, 35
Bourget, Mgr Ignace, 48, 98, 206
Boutal, Pauline, 285, 286, 287, 288, 307, 311, 312
Bouvier, abbé Lionel, 260, 261
Boux, Claude, 225, 302
Boux, Pierre, 287
Brassens, Georges, 26
Breau, Lenny, 146
Brel, Jacques, 26
Brothers of Mary, 185
Brubeck, Dave, 26
Brunet, Bernard, 300, 302
Brunet, Raymond, 311
Bruns, Joseph H., 54, 58, 63, 65, 71, 80, 83, 85, 86, 91, 179, 188, 189, 190, 191, 258, 348
Bureau de l'éducation française (BEF), 15, 334, 337, 340, 341
Bureau de poste de Norwood (Manitoba), 347
Bureau du Commissaire aux langues officielles à Winnipeg, 350
Bureau of Broadcast Measurement, 241

C

Calcul Vivant (manuel scolaire), 96
Calorifère, 324
Calvé, Pierre, 136, 292
Camus, Albert, 22
Canadian Publishers (1970) Ltd., 238
Canadian Publishers, 80, 227, 237, 238
Canticle, 321
Caron, Martial, 22, 102, 123, 124, 132, 139, 143, 148, 149, 259, 290
Cathédrale, paroisse de la, 32, 260, 304, 316
Catholic Associates (Cathos Ltd.), 195
Cave à Onil, 298
CBWFT, 244, 297
Centre culturel de Saint-Boniface, 130, 304, 311, 312, 327
Centre culturel franco-manitobain, 308, 312, 313, 327, 334
Centre d'achat Marion, 282
Centre d'études franco-canadiennes de l'Ouest (CEFCO), 308
Centre de recherches du Collège universitaire de Saint-Boniface, 125
Centre du patrimoine (Manitoba), 7, 13, 42, 44, 227, 286, 309
Centre provincial de formation de chefs (Gimli), 149
Cercle Molière, 169, 241, 265, 285, 286, 287, 288, 327, 352
Cercle Ouvrier, 327
Chabalier, Joseph, 77, 330
Chamberland, Paul, 324
Champagne, Me Roméo, 119, 181, 184
Champagne, Mme F., 86, 91
Chante-Clair, 245
Chaput, C., 77
Charlebois, Robert, 311
Charte canadienne des droits et libertés, 338, 340

Chartier, René, 251
Château, Guy, 302
Chaudron, Bernard, 295
Chénier, Louise, 309, 310
Chevaliers de Colomb du Québec, 193
Chicago (orchestre), 306
Chicago (ville), 23
Citadin (auteur anonyme), 98
Citizens' Committee, 183, 184
CKSB, 33, 34, 37, 47, 127, 228, 240-254, 265, 267, 271, 289, 292, 295, 297, 347, 348
Clercs de Saint-Viateur, 199
Cloutier, Laval, 187, 202, 215, 216, 219
Cloutier, Roland, 213, 214, 215, 216
Collège communautaire de Saint-Boniface, 216, 222
Collège d'Otterburne, voir Collège Saint-Joseph d'Otterburne
Collège de Saint-Boniface, 9, 19, 22, 31, 61, 81, 92, 102, 109, 121, 123, 124, 126, 128, 129, 132, 173, 187, 192, 198, 199, 209, 210, 212, 214, 225, 234, 245, 271, 280, 295, 299, 308, 310, 318, 322, 323, 334, 347, 349, 350, 351, 353
Collège Glendon (Toronto), 319
Collège Saint-Joseph d'Otterburne, 199, 298, 299
Collège secondaire de Saint-Boniface, 187
Collet, Normand, 222
Collet, Roger, 334
Comité des Canadiens-français de Windsor Park, 108
Comité des grands spectacles, 297
Commission des 15 du Rallye du Manitoba français, voir Commission des Quinze – Rallye du Manitoba français
Commission des Dix, 164, 165, 166
Commission des Quinze – Rallye du Manitoba français, 166, 167, 168, 169, 349
Commission des subventions aux universités, 218, 222, 223
Commission du Rallye du Manitoba français, 156, 169, 171, 172, 173, 174
Commission Hall sur l'éducation en Ontario, 228
Commission McFarlane sur l'éducation au Manitoba, 189
Commission royale sur le bilinguisme et le biculturalisme, 156, 270
Commission scolaire de Richer, 75
Comte, Élise, 53, 64, 71, 72
Concile Vatican II, 59, 92, 116, 233, 313, 314, 318, 348
Concours 28 jours, 301
Conférence Catholique du Manitoba (CCM), 85, 189
Congrès-Rallye des Franco-Manitobains, 168, 169, 170, 173, 175
Conseil de la Vie française en Amérique, 81
Conseil jeunesse provincial, 334
Consulat de France à Winnipeg, 329
Copeland, Tom, 273, 275, 276, 282
Corbeil, Louis-Philippe, 322, 323, 325
Cormier, Priscille, 121
Côté-Mercier, Gilberte, 118
Côté, Hélène, 150
Coulombe, Pierre, 23
Cour du banc de la Reine, 89, 143, 351
Courrier de Saint-Boniface/St.Boniface Courier, 5, 10, 14, 27, 28, 30, 31, 32, 33, 34, 35, 36, 37, 39, 43, 49, 50, 52, 85, 89, 93, 96, 97, 98, 99, 100, 101, 107, 111, 117, 118, 119, 124, 127, 129, 135, 137, 138, 145, 146, 150, 154, 157, 162, 181, 184, 190, 205, 210, 211, 223, 224, 228, 231, 250, 251, 262, 263, 267, 271, 275, 278, 296, 297, 302, 308, 322, 348, 350, 351, 357
Cousineau, père François, 54
Cousture, Arlette, 245
Couture, Émile, 45, 245

Couture, Eugène, 245
Couture, Eugénie, 19
Couture, Juliette, 245
Couture, Léo, 136, 248, 298, 330
Couture, Roland, 45, 47, 211, 212, 216, 241, 245, 248, 249, 251, 252, 253, 254, 265
Croisade eucharistique, 192
Crowe, Harry, 214

D

d'Eschambault, Antoine, 46, 245, 246
d'Eschambault, Henri, 45, 46, 54, 56
Dagenais, Marcel, 22
Daignault, J.-H., 45, 46
Dames Auxiliaires des Saints-Martyrs-Canadiens, 180
Damphousse, Georges, 197, 198, 212, 213, 214, 216, 219
Dandeneau, David, 300, 302
Dansereau, Auguste, 56, 70, 74, 76, 77, 79, 80, 87, 88
De Cruyenaere, Georges, 183
De Gagné, Joseph-E., 228
de Gaulle, Charles, 60, 156, 170, 270
de Lalonde, Gilles (« André Tremblay »), 10, 34, 35, 38, 96, 135, 136, 139, 265, 292, 293, 294, 295, 297, 348
de Maisonneuve, 17
De Passillé-Sylvestre, 295
de Rocquigny, J., o.m.i., 32, 98, 105, 208
de Roo, Rémi, 85
Debreuil, Marcel, 311
DeGraves, F., 90
Delaquis, Aimé, 330
Delaquis, Guy, 222
Delaquis, l'abbé Noël, 113, 114
Denis, Raymond, 243
Deniset-Bernier, Maurice, 32, 70, 86, 91, 109, 112, 113, 118, 204, 304
Deniset, Louis, 87, 88, 89, 108, 113, 119, 123, 132, 141, 143
Dennehy, Michael, 273, 282
Dépôt, frère Onil, 298
Desaulniers, Maxime, 85, 108, 112, 113, 119, 126, 132, 135, 141, 143, 148, 149, 150, 155, 156, 181, 298, 349
Desgagné, Paul, 155
Deshayes, C., 237
Deshayes, père, 237
Desjardins, Laurent, 86, 88, 89, 166, 167, 255-263, 265, 266, 268, 269, 272, 277, 278, 283, 333, 335, 349
Desorcy, Mme J., 208
Desrosiers, J.A., 330
Dickens, Charles, 143
Disgusted Student (écrivain anonyme), 185
Division de la Montagne, 63
Division de la Rivière-Rouge, 63
Division scolaire de Saint-Boniface, 80, 179, 183, 184, 185, 186, 187, 188, 189, 190, 210, 212, 348
Division scolaire de Saint-Vital, 260, 261
Division scolaire franco-manitobaine, 65, 91, 191, 337
Division scolaire Rivière-Seine, 219
Doiron, J.-R., 45
Donjon de la chanson, 300, 301
Doors, The, 306
Dor, Georges, 298
Dorge, Claude, 289, 309, 310, 326
Dorge, Gérald, 239
Doyle, Dr F.-P., 76, 77, 78, 79
Dubé, Albert, 121
Dubé, Charles-Henri, 44, 50
Dubé, Louis, 121, 155, 298, 300, 301, 302, 330
Dubé, Mme Laurent, 300
Ducharme, Alfred, 129, 131, 143
Ducharme, Monique, 300, 302
Ducharme, Réjean, 323
Dufault, Gabriel, 136

Dufault, Léo, 300, 302
Dufault, Roland, 98
Dulong, Gaston, 75, 81, 338, 339
Dulong, rapport, 81, 83
Dumas, 69
Dumont, Lorraine, 309
Duncan, G. G. (Gordon), 190
Dupont, Edgar, 21, 212
Dureault, Armand, 27, 28, 86, 110, 112, 155, 156, 184
Durocher, Raymond, o.m.i., 40, 43, 50, 55, 58, 59, 60, 61, 62, 69, 71, 73, 75, 76, 79, 80, 83, 94, 95, 97, 98, 108, 110, 111, 112, 113, 114, 115, 117, 189, 227, 228, 229, 232, 234, 349
Dussault, René, 248
Dylan, Bob, 26, 244

E

École Béliveau, 84, 179, 180, 183
École du Précieux-Sang, 93, 105, 246
École du Sacré-Cœur, 93
École Lacerte, 94, 179, 180, 184, 187
École Langevin, 92
École Marion, 161, 162
École Provencher, 18, 19, 81, 83, 189, 229, 311, 348
Éditions des Plaines, 323
Éditions du Blé, 8, 240, 258, 285, 290, 312, 321, 323, 324
Église du Précieux-Sang, 315, 316
Elisabeth II, Reine au Canada, 35
Émard, Mgr Joseph-Médard, 103
États généraux du Canada français, 169, 329
États généraux du Manitoba français, 342
États-Unis, 349
Evans, Gurney, 184

F

F.L.Q., 136
Fafard, Joe, 309
Falcon, Pierre, 307
Fanon, Franz, 35
Farouche, voir Vien, Rossel.
Fédération des Associations de Parents et Maîtres du Manitoba, 39
Fellini, 20
Ferland, Jean-Pierre, 245, 291, 294, 307
Ferland, Marcien, 290, 311
Festival de Granby, 305
Festival national d'art dramatique, 285
Festivals de la chanson, 290
Feu Roulant (boîte à chansons provinciale des JFM), 299
Fillion, Origène, 8, 159, 161, 187, 189, 213, 216, 218, 219
Fillion, Paul, 311
Finalement (chanson), 307
Fonds de défense St-Onge, 261
Forbes, Georgette, 150
Forest, Gabriel, 108
Forest, Georges, 45, 46, 47, 229, 232, 233, 282, 330, 336
Forest, Guénette et Cie, 161
Fort Garry Lance, 33
Fort Garry, hôtel, 140
Fortier, Guy, 63, 209
Fortier, Pierre, 21, 319
Fouillard, Arthur, 150
Fournier, Camille, 45, 46
Fournier, Marie, 312
Franciscains, 320
Fréchette, André, 121
Fréchette, Antoine, 187, 204
Frémont, Donatien, 45, 227
French Option, 93, 104, 184, 261
French Option, voir aussi *Loi 59*
Frontières (journal), 21, 25, 31, 293, 318, 319, 321, 327, 328, 348, 350, 351, 353

Fry, Philip, 312
Fugitifs, les (orchestre), voir Gérald Paquin et « les Fugitifs », 299
Fulton-Favreau, 63
Fulton, E. Davie, 62

G

Gaborieau, Antoine, 165-168, 170, 290, 298, 299, 301, 302, 304, 305, 307, 349
Gagné, Charles, 218
Gagné, Gérard, 121
Gagné, Gilles, 295
Gagné, abbé J.M., 315, 330
Gagné, Laurent, 121
Gagné, Pierre, 234, 314
Gagné, Raymonde, 222
Gagnon, André, 295
Gagnon, Gérard, 334
Galerie d'art du Centre culturel franco-manitobain, 312
Gallery 21, 311
Garand, Gilberte, 181
Gauthier, Guy, 325
Gauthier, Hubert, 150, 156, 159, 160, 161, 334
Gauthier, Maurice, 79, 113, 119, 131, 132, 141, 143, 147-153, 156, 159, 166-175, 215, 217, 238, 239, 252, 254, 330, 334, 335, 349, 350
Gauthier, Robert, 56
Gecewicz, Gertrude, 213, 214
Gélinas, André, 289
Gérald Paquin et « les Fugitifs », 299
Gervais, Gaétan, 331
Gervais, Léo, 295
Gervais, Valmore, 250
Giesinger, Dr Adam, 85, 86, 88
Giguère, Roland, 324
Gimli (Manitoba), 149, 151, 152, 153, 155, 170
Giordani, Damien, 329
Girard, Fernand, 222
Godbout, Jacques, 289
Gosselin, Marcel, 300
Grand Séminaire de Saint-Boniface, 39, 193, 196, 223, 224, 225
Guay, Claudette, 309
Guay, Joseph, 271-283
Guay, Renald, 214, 215, 273, 274, 276, 282
Guénette, Armand, 330
Guénette, Jean-Paul, 181
Guénette, Lucien, 54, 254
Guess Who, The, 306
Guilbault, Julie, 150
Guy, Ludger, 223
Gymnase Notre-Dame (Saint-Boniface), 65

H

Hacault, Antoine (avocat), 339
Hacault, l'abbé Antoine, voir Hacault, Mgr Antoine
Hacault, Mgr Antoine, 54, 91, 92, 93, 140, 143, 150, 210, 212
Halpin, abbé Charles, 330
Hamonic, Dr Marcel, 84, 181
Hardy, Lucien, 22
Headingley (Manitoba), 113
Hébert, Augustin, 17
Hébert, Charlotte, 297
Hébert, Georges, 18
Hébert, Jacques René, 17
Hébert, Jocelyne, 159
Hébert, Joseph « Cou-croche », 18
Hébert, Raymond, voir Hébert, Raymond-Marc
Hébert, Raymond-Marc, 9, 10, 11, 135, 137, 138, 159, 166, 201, 265, 292, 321, 350, 360
Hébert, Théobald, 327
Hedlin-Menzies, 101

Hedlin, Menzies & Associates, 146
Heidenreich, Rosmarin, 324
Hellyer, Paul, 273, 274, 275, 277
Herriot, Édouard, 20
Histoire d'antan, 307
Holy Cross (paroisse), 87
Hôpital de Saint-Boniface, 66, 85
Hôtel Frontenac, 27
Howe, C.D., 242
Huel, Raymond, 24, 98
Hull (Québec), 35, 102
Humanus Vitae, 116
Huot, Charles-Étienne, 183
Huot, Dr Jean-Marie, 294
Huot, Lucille, 294
Hutton, William J., 121

I

Ignace, saint, 20
Institut collégial Louis-Riel, 186, 187, 304
Institut collégial Norberry, 278
Institut collégial Provencher, 65, 185
Institut collégial Saint-Joseph, 65
Institut pédagogique – CUSB, 334
Institut Pédagogique de langue française, 78
Intrépides, Les, 290
Ionesco, 286

J

JAC, voir Jeunesse agricole catholique
Je m'en vais à Régina, 289
Jean XXIII, 116
Jean, Gérard, 300, 305, 306, 307
Jeanson, Suzanne, 300, 302
JEC, voir Jeunesse étudiante catholique
Jésuites, 19, 20, 21, 22, 23, 27, 158, 187, 192, 195, 201, 204, 209, 210, 212, 234, 245, 250, 272, 308, 319, 320, 322
Jeunes Franco-Manitobains, 61, 153, 299, 304
Jeunes Travailleurs, 153, 169, 328
Jeunesse agricole catholique, 192
Jeunesse étudiante catholique, 192
Jeunesse Oblige (émission), 301
Jeunesse ouvrière catholique, 192, 327, 328
Jeunesses Musicales, 327
Jobin, F.L., 89
JOC, voir Jeunesse ouvrière catholique
Joubert, Ingrid, 289
Joyal, Noël, 279, 303
Jubinville, Mgr, 45
Jubinville, Philippe, 174, 216, 335
Julien, Pauline, 26, 35, 245, 290
Juneau, Marcel, 295
Juniorat de la Sainte-Famille (Saint-Boniface), 23, 199

K

Karasevich, John, 273, 282
Kerouac, Jack, 325
Kingston Trio, 26
Kleinschmit, Philippe, 300, 302, 306
Knights of Columbus / Chevaliers de Colomb, 86, 103, 104, 105
Krysdamodybo Show, 311

L

L'atelier de Saint-Boniface, 309, 310
La Bolduc, 290
La Broquerie (Manitoba), 18, 46, 56, 57, 59, 61, 62, 298, 299, 300
La Flèche, Georges-Édouard, 243, 249, 252
La légende du vent, 285
La Liberté et le Patriote, voir *La Liberté*
La Liberté, 10, 28, 29, 30, 31, 32, 38, 39, 40, 41, 43, 55, 59, 60, 61, 62, 79, 80, 83, 93, 94, 96, 99, 107, 112, 114, 116, 118, 123, 127, 150, 152, 153, 154, 155, 158, 159, 162, 169, 173, 178, 184, 189, 227-230, 232-240, 262, 265, 266, 268, 274, 293, 299, 303, 308, 312, 322, 337, 349, 351, 357

La Montagne, région de, 152
La Patente, voir Ordre de Jacques Cartier
La Relève, 139, 290, 299
Laberge, Georges, 39, 87, 88
Labossière, Raynald, 8, 119, 143, 150, 152, 153, 330
Lacerte, Henri, 45, 46, 47, 108, 143, 184
Lacerte, Mme Henri, 184
Lachance, Cécile, 180
Lachance, Dr André, 54, 84, 181
Lafond, Raymond, 121
Lafrenière, Dr Robert, 164, 166, 167
Lafrenière, Léo, 227
Lafrenière, Rémi, 89, 101, 121, 135, 143, 261, 262, 263, 266, 267, 269
Lafrenière, Roger, 308, 309, 311, 312
Lagacé, Bruno, 107, 109, 110, 146, 149, 150, 152, 205, 207, 208, 211, 228, 262, 265, 266, 268, 295, 350
Lagacé, Michel, 25
Lagassé, Jean, 171
Lagimodière, Elzéar, 307
Lagrave, Sœur Eulalie, 311
Lamothe, Willie, 244
Lamoureux, Ronald, 300, 302
Lance Publications, 31, 32
Lancelot, Marcel, 64, 65
Lanctot, 148
Landry, Léo, 87, 88, 91, 151, 174, 269
Lane, Henry, 326
Lane, Mme Henri, 151
Langevin, Mgr Adélard, 199, 227, 234
Lapointe, Mgr, 203
Lapointe, Paul-Marie, 324
Larrabee, J. H., 92
Laurencelle, l'abbé Louis, 150, 329
Laurencelle, Marie, 292, 295
Laurencelle, Roland, 150
Laurencelle, Yvette, 215
Laurendeau-Dunton, Commission, 127
Laurier, Wilfrid, 17
Laurin, Albert, 186
Lautrec, Donald, 305
Lavoie, Daniel, 286, 298, 299, 300, 302, 303, 305, 306, 307, 349
Lavoie, Dr Clément, 317
Lavoie, Gérald (Daniel), voir Lavoie, Daniel
Lavoie, Michel-Claude, 26, 27, 319
Le 100 Nons, 53, 154, 290, 298, 302, 304, 305, 306, 327, 349
Le Cid, 288
Le Dorze, Marguerite, 252
Le Métis (journal), 227
Le Patriote (journal), 227
Le Père Duchesne (journal ultra-radical), 17
Le Ratatouille, projet de bar étudiant, 217
Le Roitelet, 289
Le Tournesol, 295
Le Trianon, 300
Leblanc, Paul-Émile, 7, 51, 61, 62, 74, 121, 132, 140, 141, 234, 250, 252, 350
Leclerc, Félix, 244, 245, 290, 295
Lecor, Tex, 298
Lecteur (écrivain anonyme), 207
Lécuyer, Gérard, 334
Lécuyer, Marcel, 334
Leduc, Pierre, 320, 321
Leech, Lorne, 33, 97, 228, 351
Legal, Louis, 121
Legal, Roger, 8, 222, 337, 339
Légaré, Camille, 330
Legault, Pierre, 295
Léger, Georges, 309
LeGoff, Christiane, 287
Lemaire, Marcelle, 304
Lemay, Hélène, 311
Lemoine, père Aurèle, 315
Lemoine, Rita, 150, 152

Lemoing, Louis, 150, 152, 153, 330
Léon XIII, 49
Lepage, Albert, 166, 167, 174, 239, 334, 335
Leroy, Christian, 246, 292, 311
Les 123, 302
Les Belles-Sœurs, 287, 288
Les Blés au vent, 290
Les Brunettes, voir Louis Dubé et « Les Brunettes », 298
Les Cloches de Saint-Boniface, 50
Les dieux de l'amour, 306
Les Louis Boys, 300
Les Nomads, 299
Les Opportunistes, 300
Lesage, Gilles, 7
Lesage, Jean, 9, 100, 101
Létourneau, Denis, 28
LeTourneau, Léo, 74, 119, 121, 166, 171, 191
Levasseur, Roger, 104, 113, 121
Léveillé, Brunelle, 80, 228, 234, 236, 237, 238, 257, 261, 264, 269
Léveillé, J. Roger, 8, 286, 289, 303, 305, 309, 310, 320, 322, 323, 324, 325, 326, 351
Léveillé, Paul, 309, 310
Léveillée, Claude, 26, 35, 291
Lévesque, Etta, 275
Lévesque, Julien, 212
Lévesque, Raymond, 290
Lévesque, René, 35, 293
Leyrac, Monique, 294
Liaison en-ligne, 289
Librairie Lumen, 295, 327
Limeliters, 26
Lisée, A., 229
Lobb, Don, 31, 33, 350
Loi 113 (Manitoba), 191, 269
Loi 59 (Manitoba), 101, 105, 153, 156, 163, 188, 191
Loi sur les langues officielles (Canada), 168, 172
Loiselle, Lucien, 121
Lorette (Manitoba), 60
Louis Dubé et « Les Brunettes », 298
Louis Riel Collegiate, 185
LS-Radio (radio alternative, Lévis, Québec), 348
Lukowycz, M., 162
Lyon, Sterling, 352

M

M.D.T. Associates, 157, 161
MacKenzie King, 242
MAEE, voir Manitoba Association for Equality in Education
Magazine Maclean, 44, 292
Maguet, Emmanuel, 150
Mahé, Irène, 287, 312
Mahé, Roland, 285, 286, 287, 288, 309, 310
Maison des Retraites, 198
Manitoba Association for Equality in Education (MAEE), 15, 85, 87-91, 93, 100-104, 115, 127, 250, 270
Manitoba Teachers' Society, 191
Marcoux, Dureault, Bétournay & Bétournay, 27
Marcoux, Henri, 150, 152
Marcoux, Laurent, 28, 266, 268
Marcoux, Marcel, 304
Marcoux, Roland, 150, 159, 160, 329, 334
Marianistes, 18, 185, 189, 229
Marie-Henri, Sœur, 159, 330
Marion, Fernand, 113, 150, 152, 166, 167
Marion, J.-A., 46
Marion, J.P. (Paul), 89
Marion, Paul, 183, 186
Marion, Siméon, 110
Marlborough, hôtel (Winnipeg), 155, 162

Martin, André, 252, 292, 295, 298
Martin, Edith, 295
Martin, Paul, 273
Marx, Karl, 35
Massicotte, Germain, 252, 254
Mathieu, Mireille, 298
Mauro, Art, 87, 90, 103, 104
McLean, Stewart, 58, 63, 79
McOuat, Art, 183, 184
McOuat, George, 183
MedoLand (laiterie), 31
Mélo-Manies, 290
Mercier, A., 238
Mexique, 33, 295
Miner, Horace, 23, 24
Minority Rights Association, 87
Missionnaires Oblats de Marie-Immaculée, 23, 31, 32, 55, 94, 123, 159, 194, 195, 199, 208, 212, 227, 229, 232, 235, 236, 237, 238, 315, 349, 357
Molgat, Gildas, 77, 256
Molicard, Jacques, 147, 148, 149, 150, 330, 335
Molin, Louis, 166, 167
Monnin, Alfred, 71, 91, 110, 143, 171, 216, 217, 247, 265, 293, 294, 351
Monnin, Michel, 28, 128, 166, 167, 254, 293, 351
Moquin, Jocelyne, 186
Morier, Mme Marcel, 311
Morier, Pauline, 308, 309, 310, 311
Morin, code, 134
Morin, Jacques-Yvan, 330
Morin, Rosaire, 330
Mouvement des Jeunes Travailleurs (MJT), 328, 329
Mulaire, Bernard, 182, 194, 257, 291, 294, 308, 309, 310, 311, 312, 321, 322, 351
Mulaire, René, 170
Muldoon, F.C., 90, 102
Muller, Céleste, 45, 91
Musée de Saint-Boniface, 327

N

Nadeau, abbé Robert, 110, 198, 202, 203
Niakwa, hôtel, 148
Norman, Paul, 306
Norwood, 87, 105, 282, 347
Notre-Dame-de-Lourdes (Manitoba), 152, 256, 294
Nouveau-Brunswick, 175, 283, 352
Nouvelle Vague française, 20

O

O'Sullivan, Joseph, 89, 90, 102
Oblats de Marie-Immaculée, voir Missionnaires Oblats de Marie-Immaulée
OJC, voir Ordre de Jacques Cartier
Ordre de Jacques Cartier au Manitoba (OJC), 15, 43, 44, 46-50, 53, 55, 59, 66, 91, 113, 119, 134, 347, 348, 351, 353
Ordre de Jacques Cartier au Manitoba, Cercle local XC Mgr Laflèche no 32, 44
Ordre de Jacques Cartier, Conseil permanent de Montréal (OJC), 46
Osstidcho, 311
Otterburne (Manitoba), 299
Ouimet, Raymond, 102

P

Pageau, abbé Joseph, 110
Painchaud, Robert, 139, 273, 282
Palud, Noëlie, 5, 39, 137, 292
Panorama 67, 302, 303, 305
Panorama 68, 303
Paquette, Raymond, 155
Paquin, Fernand, 148, 150, 156, 166, 167, 330
Paquin, Gérald, 299, 300, 303, 305, 306

Paquin, Lucien, 22
Parc Windsor (Saint-Boniface), 83, 84, 108, 179, 181, 182, 183, 184, 188, 190
Parc Windsor (Saint-Boniface), cercle local de l'Association, 83
Parc Windsor (Saint-Boniface), voir aussi Windsor Park (Saint-Boniface)
Parents et Maîtres, voir Fédération des Associations de Parents et Maîtres du Manitoba
Part-à-Dieu, campagne de la, 195, 197, 198
Parti libéral du Manitoba, 256
Parti Pris (journal), 35
Parti Québécois, 293
Patrimoine canadien (ministère fédéral), 157, 350
Patriotes (1837-1838), 17
Paul VI, 116
Pawley, Howard, 269, 334
Pearson, Lester, 270, 271, 273, 281
Pelletier, Émile, 74
Pelletier, Gérard, 168, 170, 171, 174, 270
Pelletier, Marc, 21
Pelletier, Michel, 330
Pelletier, Michelle, 301
Pelletier, Suzanne, 181
Péloquin, Claude, 324
Pembroke, diocèse, 102
Perruchot, Henri, 207
Peter, Paul and Mary, 26
Petit Séminaire de Saint-Boniface, 21, 128, 199, 200, 201, 202, 203, 204, 205, 208
Petit Séminaire pour les Indiens et les Métis à Fort-Alexandre, voir Petit Séminaire Saint-Jean (Fort-Alexandre, Manitoba)
Petit Séminaire Saint-Jean (Fort-Alexandre, Manitoba), 194, 195
Pharmacie Paquin, 27
Philippot, Hubert, 166, 167, 330
Philosophat (Saint-Boniface), 224
Piaf, Édith, 245
Pie IX, 49
Pie XII, 192
Pierre, saint, 117
Plamondon, Apollinaire, 194
Playhouse (théâtre), 290, 302
Plourde, Rév. P. O., 45
Pointe à Hébert (Saint-Boniface), 18
Pointe-à-Callière (Québec), 17
Poirier, Raymond, 334
Poiron, Anita, 8
Poiron, Roger, 113, 121, 196, 197, 330
Pontiac (Québec), 102
Poyser, M., 148, 149, 151
Préfontaine, Hubert, 113, 121, 143, 146, 147, 148, 149, 150, 152, 155, 156, 157, 160, 165, 175, 330, 351
Préfontaine, René, 55, 56, 71, 72, 171, 256, 257, 264, 352
Préjet, Sœur Lorraine, 156
Presley, Elvis, 26, 244
Presse-Ouest Ltée, 236, 237, 238, 239
Prince, Suzanne, 174, 335
Privé, Yvette, 330
Prix Etrog, 285
Prix Genie, 285
Programme « B», 187
Projecteurs, 325
Projet de loi 59, voir *Loi 59*
Provencher School, 185
Prud'homme (Saskatchewan), 242
Prud'homme, Charland, 45

Q

Québec – Affaires culturelles, 294
Québec – Office de recrutement et de la sélection du personnel de la Fonction publique, 217
Québec-Manitoba, voir Association Québec-Manitoba

Québec, 9, 10, 11, 12, 17, 18, 23, 28, 29, 33, 35, 37, 38, 41, 43, 44, 48, 66, 96, 98, 100, 103, 117, 132, 150, 156, 159, 163, 168, 169, 170, 173, 193, 217, 224, 243, 270, 271, 287, 288, 290, 292, 293, 294, 296, 297, 306, 307, 311, 323, 325, 327, 329, 330, 331, 333, 347, 348, 351, 356, 359, 360

Quidam (auteur anonyme), 111

R

R.I.N., voir Rassemblement pour l'Indépendance Nationale (RIN)

Radio Saint-Boniface Ltée, 241, 247

Radio-Canada, 46, 47, 242, 243, 253, 254, 301, 302, 319, 349, 351, 352

Radio-Ouest, 242

Ragot, Mme J., 311

Rallye du Manitoba français – Synthèses (document), 163, 164

Rallye du Manitoba français, 11, 147, 155, 156, 163, 170, 341, 342, 349, 352

Rallye du Manitoba français, voir aussi Commission des Quinze – Rallye du Manitoba français

Ramaekers, père G., 54, 71

Ranch 1050, 243

Ranch 1250, 243

Rancourt, Réjean, 306

Rassemblement pour l'Indépendance Nationale (RIN), 136, 293

Raymond, abbé Pierre, 46, 47, 54, 66, 69, 74, 109, 110, 118, 203, 205, 229, 232, 233, 248

Reggiani, Serge, 26, 249

Régie des alcools du Manitoba, 217

Régnier, Laurier, 134, 270

Reliance Press Ltd. (Transcona), 239

Rémillard, Léo, 55, 72, 352

Rémillard, Sœur Cécile, 186

Reno, Ginette, 305

Résistance belge, 352

Richard, D'Auteuil, 192

Richer (Manitoba), 75

Riel, Louis, 101, 186, 256, 289, 327, 331

Ritchot, Mgr, 307

Rivière des Outaouais, 102

Robertson, Heather, 292, 293, 294, 297

Roberval (Québec), 33, 34

Robespierre, 17

Robi, Alys, 244

Robillard, Denise, 43, 44, 46, 49, 92, 103, 192, 193, 194, 195, 196, 242

Robin, Gilbert, 219

Roblin, Duff, 87, 91, 101, 188, 255, 256, 258, 259, 261, 262, 263, 264, 267, 269, 347

Roblin, gouvernement, 62, 86, 88, 89, 93, 94, 100, 101, 105, 163, 178, 185, 186, 260, 264, 265

Rocan, Jean-Louis, 212

Rodriguez, Liliane, 338, 339

Rolling Stones, 26

Ronchamp – Chapelle de Le Corbusier, 315

Rossi, Tino, 244

Rossillon, l'affaire, 170, 171

Rossillon, Philippe, 170, 329

Rottiers, rapport, 64, 66

Rottiers, René, 46, 47, 55, 56, 58, 59, 63, 64, 65, 74, 79, 80, 123, 131, 132, 133, 134, 135, 140, 141, 142, 179, 350, 352

Roux, Jean-Louis, 289

Roy, cardinal, 121

Roy, Gabrielle, 285, 311

Roy, Jean, 200, 201

Roy, Raoul, 292

Roy, Raymond, 87

Roy, Roland, 88

Royal Albert Arms (Winnipeg), 146

Ruest, Paul, 222

S

S'endormir pour oublier, 307
Sabourin, Dr Georges, 66, 330
Saint-Adolphe (Manitoba), 47
Saint-Ambroise (Manitoba), 32, 105
Saint-Boniface (Manitoba), 18, 21, 23, 27, 29, 31, 32, 34, 35, 38, 42, 43, 44, 45, 46, 49, 50, 128, 136, 182, 185, 257, 258, 261, 262, 263, 264, 265, 266, 269, 270, 271, 272, 273, 274, 275, 276, 277, 278, 279, 280, 283, 291, 294, 295, 297, 298, 299, 302, 305, 306, 307, 309, 311, 312, 313, 314, 315, 316, 319, 322, 323, 325, 326, 327, 335, 356, 357, 359, 360
Saint-Boniface, Vieux (quartier), 179, 184, 185
Saint-Claude (Manitoba), 79, 314, 315, 316
Saint-Denis-de-Kamouraska (Québec), 23
Saint-Denis, Roger, 212
Saint-Émile (école paroissiale), 260, 261
Saint-Jean-Baptiste (Manitoba), 298
Saint-Joseph (Manitoba), 197
Saint-Léon (Manitoba), 152
Saint-Malo (Manitoba), 298
Saint-Norbert (Manitoba), 136, 146, 153
Saint-Pie-de-Guire (Sorel), 18
Saint-Pierre (Manitoba), 63, 170, 298
Saint-Pierre (Manitoba), religieuse de, 63
Saint-Pierre, Annette, 325
Saint-Simon, 35
Saint-Vital (Manitoba), 31, 260, 270
Sainte-Agathe (Manitoba), 31, 260, 270
Sainte-Anne (Manitoba), 70, 77
Sainte-Geneviève (Manitoba), 197
Saints-Martyrs-Canadiens, paroisse des (Saint-Boniface), 180, 182
Salle du Centenaire de Winnipeg, 298
Sartre, J.-P., 207
Saskatchewan, 46, 227, 236, 237, 240, 242, 348, 352
Savoie, Paul, 24, 25, 292, 320, 323, 325
Schick, Mme William, 88, 91
Schreyer, Edward, 125, 191, 239, 251, 255, 269, 333, 335, 349
Secrétariat d'État (ministère fédéral), 157, 178
Services en langue française au Manitoba, 352, 353
Shafransky, Harry, 282
Société d'assurances médicales Manitoba Medical Services, 146
Société franco-manitobaine – Comité spécial sur le rapatriement du journal *La Liberté et le Patriote*, 235
Société franco-manitobaine, 15, 119, 172, 174, 235, 237, 311, 333, 334, 341, 349, 353
Société historique de Saint-Boniface, 7, 15, 326, 343
Société lyrique de Saint-Boniface, 290
Société Saint-Jean-Baptiste, 57, 327
Sœur Paul-de-la-Croix voir Lemaire, Marcelle
Sœurs des SS. Noms de Jésus et Marie, 185, 304
Sœurs Grises, 66, 311, 327
Somerset (Manitoba), 113, 152, 196, 299
Sorel (Québec), 17, 18
Soulodre, Gabriel, 317
Spes, 195, 196
Spotlights, 325
St-Hilaire, A., 148
St-Hilaire, Albert, 150, 330
St-Vincent, Lucien, 163
St. Anne's Church and Rectory (Regina, Saskatchewan), 315
St. Boniface Courier (journal), 27, 32, 33, 135, 136, 138, 231, 350, 351, 355, 359
St. Boniface Courier (journal), voir aussi Courrier de Saint-Boniface
St. Vital Lance (journal), 33
Stangl, Joseph C., 85, 87, 90, 91, 92, 93, 95, 103, 104, 105, 260

Stanners, Véronique, 143, 302
Stringer, Roland, 218
Sullivan, Ed, 244
Sulpiciens, 193, 204, 224
Surprenant, André, 22, 26, 155, 200, 201, 202, 245, 302, 320, 353
Svoboda, l'abbé Georges, 197, 198

T

Taché, Mgr Alexandre, 24, 98, 189
Taillon, le frère, 69
Tascona, Tony, 311
Tauffenbach, Nicholas Constantin, 307
Teffaine, Rhéal, 8, 28, 110, 113, 119, 130, 131, 135, 166, 167, 168, 170, 171, 235, 237, 239, 250, 330, 335, 353
Tétrault, Aimé, 174
The Manitoban (journal), 322
The Poet in Canada, 319
The Times They Are a'Changin', 26
Théâtre du Nouveau Monde, 289
Therrien, Maurice, 239, 330
Thibault, Claude, 218
Thornton, loi, 41
Toupin, Ephrem, 245
Toupin, René, 150, 166, 167, 330
Tournesol Métiers d'Art, 295
Tous les garçons, les filles (émission radiophonique), 246
Transcona (Manitoba), 239, 273, 275
Tremblay, André, voir de Lalonde, Gilles,
Tremblay, M., 297
Tremblay, Michel, 287, 324
Tremblay, Suzanne, 286, 287
Trempe, Robert, 21, 320
Trenet, Charles, 244
Trudeau, Pierre Elliott, 168, 170, 171, 172, 175, 255, 270, 271, 273, 274, 275, 277, 278, 279, 280, 283
Trudeau, Roland, 254
Trudel, Mme E.A., 88
Truffaut, 20
Turenne, Camille « Turk », 27, 28
Turenne, Patricia, 8
Turenne, Roger, 8, 20, 22, 38, 262, 265, 266, 268, 309, 320, 321, 353

U

Un ancien (écrivain anonyme), 211
United College, 211
Université Concordia, 214
Université d'Ottawa, 132
Université de Californie (Berkeley), 10, 353
Université de Montréal – Département de sociologie, 12, 353
Université de Saint-Boniface, 7, 213, 308, 322, 337, 343, 350
Université de Winnipeg, voir University of Winnipeg
Université du Manitoba – École des beaux-arts, 322, 348
Université du Manitoba – Faculty of Education, 191
Université du Manitoba, 8, 9, 10, 19, 85, 121, 145, 191, 210, 211, 222, 271, 319, 321, 323, 348, 351
Université Laval, 81, 192
University of Winnipeg, 211, 338

V

Vaillancourt, Jean-Guy, 8, 12, 39, 40, 41, 43, 44, 50, 100, 135, 166, 353
Valéry, 323
Valiquette, Stéphane, 212
Veilleux, Michele, 165
Vermette, Diane, 300
Vermette, Gisèle, 300
Veuillot, Louis, 49
Vielfaure, Albert, 73, 166, 167, 257, 259
Vielfaure, Antonio, 74
Vien, Rossel, 5, 10, 33, 34, 43, 145, 157, 223, 240, 241, 242, 243, 244, 245, 246, 247, 250, 254, 271
Vigneault, Gilles, 26, 35, 245, 290, 292

W

Weir, Walter, 92
Wills, Gary, 116, 117
Windsor Park Collegiate, 188
Windsor Park, 108, 145, 180, 355
Winnipeg (Manitoba), 18, 27, 33, 34, 51, 69, 79, 82, 83, 102, 145, 155, 158, 159, 162, 227, 228, 254, 267, 290, 298, 308, 311, 316, 329, 347, 348, 350, 351, 357
Winnipeg Art Gallery, 312
Winnipeg Free Press, 75, 162, 165, 211, 222, 223, 261, 274
Winnipeg Tribune, 143
Winters, Robert, 274, 277

X, Y, Z

Yelle, Mgr, 192
York University, 214
Ziz, voir Jean, Gérard

Table des matières

Remerciements 7

Préface de Jean-Guy Vaillancourt 9

Mode d'emploi 13

Chapitre 1 – La formation d'un jeune contestataire 17

Chapitre 2 – La longue agonie de l'Association d'Éducation des Canadiens-français du Manitoba 51

Chapitre 3 – Le congrès de l'AÉCFM, 1965 : la cabane craque mais ne s'effondre pas 107

Chapitre 4 – Le renouveau fait son chemin 123

Chapitre 5 – Le Rallye du Manitoba français 145

Chapitre 6 – Les pionniers des écoles françaises modernes : les premières écoles françaises et la transformation de l'instruction postsecondaire 177

Chapitre 7 – Les médias entrent dans la modernité 227

Chapitre 8 – Deux icônes politiques contestés 255

Chapitre 9 – L'éclosion de la culture franco-manitobaine 285

Chapitre 10 – Vers un renouveau franco-manitobain 333

Annexes

- Annexe I – Liste des personnalités 347
- Annexe II – « La "Cause" », *Le Courrier de Saint-Boniface* 355
- Annexe III – Éditorial, *Le Courrier de Saint-Boniface* 359

Bibliographie 361

Index 365

Achevé d'imprimer
en septembre 2012
sur les presses de Hignell Book Printing
Winnipeg (Manitoba)
pour le compte des Éditions du Blé.